CONTABILIDADE BANCÁRIA

e de

INSTITUIÇÕES FINANCEIRAS

(Nível Básico)

Inácio Dantas

CONTABILIDADE BANCÁRIA

e de

INSTITUIÇÕES FINANCEIRAS

(Nível Básico)

Normas Básicas e Procedimentos Contábeis (Cosif)

Plano de Contas

Esquemas de Registros Contábeis

Exercícios completos com lançamentos contábeis, Razonetes, Balancetes, Apuração de Resultados (ARE), Demonstração do Resultado do Exercício (DRE)
e Balanço Patrimonial.

Em conformidade com o COSIF e Banco Central
do Brasil

Freitas Bastos Editora

Copyright © 2015 by Inácio Dantas

Todos os direitos reservados e protegidos pela Lei 9.610, de 19.2.1998.
É proibida a reprodução total ou parcial, por quaisquer meios,
bem como a produção de apostilas, sem autorização prévia,
por escrito, da Editora.

Direitos exclusivos da edição e distribuição em língua portuguesa:

Maria Augusta Delgado Livraria, Distribuidora e Editora

Editor: *Isaac D. Abulafia*
Revisão de Texto: *Madalena Moises*
Roseli Gonçalves
Capa e Diagramação: *Jair Domingos de Sousa*

DADOS INTERNACIONAIS PARA CATALOGAÇÃO NA PUBLICAÇÃO (CIP)

D212c

Dantas, Inácio
Contabilidade bancária e de instituições financeiras (nível básico)
Inácio Dantas. – Rio de Janeiro : Freitas Bastos, 2015.
422 p. ; 23 cm.

"Em conformidade com o COSIF e o Banco do Brasil."
"Inclui bibliografia."

ISBN 978-85-7987-214-3

1. Contabilidade bancária. 2. Instituições financeiras – Contabilidade.
I. Título.

CDD 657.833

Freitas Bastos Editora

Tel./Fax: (21) 2276-4500
freitasbastos@freitasbastos.com
vendas@freitasbastos.com
www.freitasbastos.com

*Agradeço primeiramente a Deus pela força,
determinação e inspiração recebidas.*

*Agradeço a minha esposa Márcia,
meus filhos Karina, Fernanda e Luiz Paulo
pelo constante apoio e incentivo para seguir
avante e concluir exitosamente esse projeto.*

Introdução

Uma das grandes dificuldades do estudante de Contabilidade é a transição da aprendizagem dos conceitos e da estrutura da Contabilidade Comercial para a Bancária/Financeira, e o seu completo domínio, encontrando dificuldade para assimilá-la. Isso porque, desde o primeiro semestre de Contábeis, normalmente estuda-se, em Contabilidade Comercial, "impostos recuperáveis", Custos (PEPS, Média Ponderada, etc), e na Financeira, por sua vez, não existe "estoques", Custo dos Produtos/ Mercadorias Vendidas, entre outros. Em geral, os estudantes de contabilidade também trabalham em empresas comerciais, industriais e serviços e até mesmo em escritórios contábeis, onde é grande o número de empresas desse tipo.

É, por razões próprias, a estrutura contábil Comercial menos complexa e diversificada que a Financeira, já que seu *Plano de Contas* tem um formato que permite uma visualização mais rápida, um assimilar melhor, pois não desce a detalhes de ´subcontas de subcontas´, o que facilita e acelera a aprendizagem, sejam de lançamentos contábeis, balancetes, balanços patrimoniais e relatórios Contábeis.

Tendo em vista esse fato, busca-se nesse trabalho fornecer subsídios para que o estudante inicie a prática da rotina Contábil Financeira, e encontre mais facilidade de estudo, e, por consequência, de uma aprendizagem mais rápida e eficaz.

Com relação ao trabalho deste livro, o material está em consonância com o COSIF (www.cosif.com.br). Cosif - Plano Contábil das Instituições do Sistema Financeiro Nacional. Segue as diretrizes do "Elenco de Contas" e dos "Esquemas de Registros Contábeis" os quais encontram-se no Portal Cosif (Dezembro/2014).

Os exercícios contábeis aqui propostos são direcionados para alunos iniciantes da Contabilidade Financeira. Parte-se dos fatos contábeis básicos, desde, por exemplo, a Constituição de Capital Social, etc, até elaboração final de Balanços Patrimoniais e Demonstrativo de Resultados, no padrão Bancário/ Financeiro.

Sumário

Capítulo 1

1.1.Plano de Contas Cosif 1

COSIF 1.1.5 – CLASSIFICAÇÃO DAS CONTAS 1

1.1.2.Plano de Contas (Modelo didático e reduzido) 4

Instituições de uso obrigatório do Plano de Contas – Cosif 17

COSIF 1.1.1 – OBJETIVOS.. 17

Capítulo 2

2.1.Estrutura Contábil das Demonstrações Financeiras –
Balanço Patrimonial... 19

2.2.Balanço patrimonial 20

I.ATIVO 20

1.0.0.00.ATIVO CIRCULANTE 20

1.1.0.00.Disponibilidades: 20

Norma Básica Cosif Nº 3 – Disponibilidades............................ 21

1.2.0.00.Aplicações Interfinanceiras de Liquidez: 23

Norma Básica Cosif Nº 4 – Operações Interfinanceiras de Liquidez,
Operações com Títulos e Valores Mobiliários e Derivativos.......... 23

1.3.0.00.Títulos e Valores Mobiliários..................................... 42

1.3.3.00.Instrumentos Financeiros Derivativos 42

Norma Básica Cosif Nº 35 – Instrumentos Financeiros 42

1.4.0.00.Relações Interfinanceiras e Interdependências 55

Norma Básica Cosif Nº 5 – Relações Interfinanceiras e
Interdependências 55

1.4.2.00.Créditos Vinculados 63

1.4.2.28.Reservas Compulsórias em Espécie – Banco Central............ 63

O que são as reservas compulsórias estabelecidas pelo BCB?
Qual é o seu objetivo?.. 63

Recolhimentos compulsórios, encaixe e direcionamentos
obrigatórios 63

Regras do recolhimento compulsório sobre recursos a prazo 64

Percentuais de recolhimento de "Depósito Compulsório" – Banco Central do Brasil 74

Efeito "multiplicador da Moeda" 74

1.5.0.00. Relações Interdependências 76

1.6.0.00. Operações de Crédito 76

Norma Básica Cosif nº 6 – Operações de Crédito 76

1.7.0.00.Operações de Arrendamento Mercantil – Leasing 83

Norma Básica Cosif Nº 7 – Operações de Arrendamento Mercantil.... 83

1.8.0.00. Outros Créditos 92

Norma Básica Cosif nº 9 – Outros Créditos 92

1.8.7.88. Bens Retomados ou Devolvidos 99

1.8.7.88.00-8 BENS RETOMADOS OU DEVOLVIDOS 99

1.9.0.00. Outros Valores e Bens 99

Norma Básica Cosif nº 10 – Outros Valores e Bens 100

1.9.8.40. Material de Estoque 104

1.9.9.00. Despesas Antecipadas 105

Ativo Realizável a Longo Prazo 105

2.0.0.00. ATIVO PERMANENTE 105

Norma Básica Cosif nº 11 – Ativo Permanente 106

3.0.0.00. COMPENSAÇÃO (ATIVO) 132

II. PASSIVO 133

4.0.0.00. PASSIVO CIRCULANTE 133

4.1.0.00. Depósitos 133

Norma Básica Cosif Nº 12 – Recursos de Depósitos, Aceites Cambiais, Letras Imobiliárias e Hipotecárias, Debêntures, Empréstimos e Repasses 133

4.2.0.00. Captações do Mercado Aberto 137

4.3.0.00. Recursos de Aceites e Emissões de Títulos 138

4.3.1.00. Recursos de Aceites Cambiais: 138

4.4.0.00. Relações Interfinanceiras e 138

4.5. Relações Interdependências 138

4.6.0.00. Obrigações por Empréstimos e Repasses: 139

Contabilidade Bancária e de Instituições Financeiras XI

4.7.0.00. Instrumentos Financeiros Derivativos 139

4.9.0.00. Outras Obrigações.. 139

4.9.1.00. Cobrança e Arrecadação de Tributos e Assemelhados.............. 140

Norma Básica Cosif nº 13 – Recebimentos de Tributos, Encargos
Sociais e Outros 140

Norma Básica Cosif nº 14 – Outras Obrigações................................ 143

4.10.00. PASSIVO EXIGÍVEL A LONGO PRAZO 149

5.0.0.00. RESULTADO DE EXERCÍCIOS FUTUROS 149

Norma Básica Cosif nº 15 – Resultados de Exercícios Futuros 149

6.0.0.00. PATRIMÔNIO LÍQUIDO... 150

Norma Básica Cosif Nº 16 – Patrimônio Líquido 150

Limite Mínimo de Capital dos Bancos – Capital Realizado e
Patrimônio Líquido... 157

7.0.0.00. Contas de Resultados – RECEITAS 159

8.0.0.00. Contas de Resultados – DESPESAS 159

Norma Básica Cosif nº 17 – Receitas e Despesas 159

9.0.0.00. COMPENSAÇÃO – (Passiva) 161

Norma Básica Cosif nº 18 – Contas de Compensação 161

Capítulo 3

3.Normas básicas da Demonstração de Resultados (DRE) 166

3.1.CONTAS DE RESULTADOS – RECEITAS 166

7.1.0.00.Receitas Operacionais.. 166

7.1.1.00.Receitas de Intermediação Financeira 167

7.1.1.00.Rendas de Operações de Crédito 167

7.1.2.00.Operações de Arrendamento Mercantil (Leasing) 167

7.1.3.00.Operações de Câmbio 168

Norma Básica Cosif Nº 28 – Câmbio 168

7.1.4.00.Rendas de Aplicações Interfinanceiras de Liquidez................. 177

7.1.5.00.Rendas de Instrumentos Financeiros Derivativos 181

7.1.7.00.Rendas de Prestação de Serviços 182

7.1.8.00.Rendas de Participações... 182

7.1.9.00.Outras Receitas Operacionais 183

Inácio Dantas

7.3.0.00.Receitas Não Operacionais 183

7.8.0.00.Rateios de Resultados Internos 184

7.9.0.00.Apuração de Resultado 184

8.1.1.00.Operações de Captação de Mercado 185

8.1.2.00.Operações de Empréstimos e Repasses 188

8.1.3.00.Operações de Arrendamento Mercantil (Leasing) 189

8.1.3.10.1.Depreciações dos Bens Arrendados 189

8.1.4.00.Despesas de Câmbio 189

8.1.5.00.Despesas com Títulos, Valores Mobiliários e Instrumentos Financeiros Derivativos 190

8.1.5.00.00-0 Despesas com Títulos e Valores Mobiliários e Instrumentos Financeiros Derivativos 190

8.1.6.00.Despesas de Participações.. 191

8.1.7.00.Despesas Administrativas 193

8.1.7.00.Despesas do Pessoal... 193

8.1.8.00.Aprovisionamentos e Ajustes Patrimoniais 193

8.1.9.00.Outras Despesas Operacionais.................................... 193

8.3.9.90.Despesas de Provisões Não Operacionais.................... 193

8.8.0.00.Rateio de Resultados Internos 193

8.9.0.00.Apuração de Resultado ARE 193

Capítulo 4

4.1. Exercícios Contábeis 195

   Exercício 01 195

      -Constituição do Capital Social 195

      -Aquisição de Imobilizado.. 195

      Aquisição de Intangíveis (Marcas, Softwares)............... 195

      -Material em Estoque.. 195

   Exercício 02 201

      -Captações de Empréstimos.. 201

      -Aplicações em Ouro 201

      -Captações de Depósitos de Clientes (à Vista, Poupança, a Prazo) 201

      -Despesas Antecipadas 201

Contabilidade Bancária e de Instituições Financeiras XIII

-Reservas Compulsórios Banco Central 201

Exercício 03 208

-Serviço de Compensação de Cheques 208

-Pagamento de Despesas 208

-Provisões de Despesas 208

-Rendas Operacionais 208

Suprimento de Caixa 208

-Saques de Clientes 208

-Empréstimos Compulsórios Banco Central (Depósitos à
Vista e Poupança) 208

Exercício 04 216

Parte A – Empréstimos e Títulos Descontados 216

-Empréstimos Concedidos (Pré e Pós-Fixados) – Cálculos e
Lançamentos 216

-Duplicatas Descontadas 216

Parte B – Operações de Câmbio e outros fatos contábeis 221

-Operações de Câmbio (Importação e Exportação) 221

-Adiantamentos a Clientes (Cheques Especiais, "Saques a
Descoberto") 221

-Cheques Administrativos (Cheques Visados) 221

-Cobrança Simples 221

-Transferência Eletrônica Disponível – TED 221

Parte C – Fatos Contábeis diversos 226

-Ampliação da Agência 226

Exercício 05 238

Parte A – Ajustes das "Despesas e Receitas a Apropriar" de
Empréstimos 238

-"Valor Justo" (CPC 46) (Fair Value) das Aplicações em Ouro 239

-Apropriação das Rendas de Empréstimos e Duplicatas
Descontadas (Fluência de Prazo), com cálculos e lançamentos
contábeis 239

Parte B – Ajustes das Despesas e Receitas a Apropriar e Outras 242

-"Valor Justo" de Operações de Câmbio 242

-Adiantamentos de Salários 242

-Apropriação de Aluguel do mês 242

-Provisão da Folha de Pagamentos do mês (Principio da Competência)... 242

-Apropriação das Depreciações e Amortizações do mês (Competência) 242

Exercício 06 254

Parte A – Pagamento dos Salários, recolhimento dos Impostos, Ajustes das Operações de Câmbio.. 254

-Adiantamentos de Câmbio 254

-Crédito dos Salários dos Funcionários em Conta-Movimento...... 254

-Recolhimento (pelo Banco) das suas Contribuições Sociais e Impostos... 254

-Saque de Clientes em Terminais de Caixa com Cartão de Débito 254

Parte B – Ajustes (Cobrança Simples, Resgates de Empréstimos, etc) 256

-Apropriação de Despesas Antecipadas..................................... 256

-Apropriação de Rendas de Empréstimos (Cálculos e Lançamentos Contábeis)... 256

-Resgates de Operações de Câmbio.. 256

-Baixa de Contas de Compensação dos Empréstimos................. 256

Exercício 07 262

Parte A – Complemento dos Ajustes (Apropriações de Rendas e Despesas, Câmbio, etc)... 262

-Apropriação de Despesas Antecipadas..................................... 262

-Rendas de Empréstimos (Cálculo método Exponencial e Lançamento Contábil) 262

-Baixa de Contas de Compensação 262

-Resgate de Operações de Câmbio – Importação e Exportação..... 262

Parte B – Provisões (Princípio da Competência), Depreciações e Amortizações 268

-Apropriação de Despesas (Fluência de Prazo)........................... 268

-Provisão Folha de Pagamentos do mês (Princípio da Competência)... 268

Contabilidade Bancária e de Instituições Financeiras XV

-Apropriação de Depreciações e Amortizações do mês (Competência) 268

-Operações de Financiamento Habitacional 268

Parte C – Apuração de Resultado do Exercício – ARE 277

-Apuração de Resultados – Lucros 277

-Apropriação do Imposto de Renda e Contribuição Social sobre o Lucro Líquido 277

-Demonstração de Resultado do Exercício (DRE) Padrão Banco Central do Brasil.. 277

-Balanço Patrimonial (Padrão Banco Centra do Brasil)................ 277

-Modelo de Balanço Patrimonial e DRE para Mídia..................... 277

-Exemplo Demonstrações Financeiras do Bradesco 277

Capítulo 5

5.1. Esquemas de Registros Contábeis – Cosif.................................... 290

Esquema 01.Constituição, Aumento e Redução de Capital Social..... 290

CAPITAL INICIAL – 4.1.1 290

AUMENTO DE CAPITAL – 4.1.2.. 291

REDUÇÃO DE CAPITAL – 4.1.3 294

AÇÕES EM TESOURARIA – 4.1.4 297

Esquema 03.Reservas 298

RESERVAS PATRIMONIAIS – CONTABILIZAÇÃO..................... 298

RESERVAS DE CAPITAL – 4.3.1 299

RESERVAS DE REAVALIAÇÃO – 4.3.2... 300

RESERVAS DE LUCROS – 4.3.3.. 303

Esquema 04.Depósitos à Vista 305

ESQUEMA DE REGISTRO CONTÁBIL – Nº 04 – DEPÓSITOS À VISTA 305

DEPÓSITO INICIAL – ESQUEMA 4.1 305

MOVIMENTAÇÃO DA CONTA – ESQUEMA 4.2 305

CONTA 1.1.1.10 306

CONTA 1.1.1.90 306

CHEQUE VISADO – ESQUEMA 4.8... 307

ADIANTAMENTOS A DEPOSITANTES – ESQUEMA 4.11 308

ENCERRAMENTO DA CONTA – ESQUEMA 4.13 308

Esquema 05. Depósitos de Poupança 309

ESQUEMA 5.2 – MOVIMENTAÇÃO DA CONTA DE POUPANÇA. 309

Esquema 07.Depósitos a Prazo 310

ESQUEMA DE REGISTRO CONTÁBIL – Nº 07 – DEPÓSITOS
A PRAZO 310

ESQUEMA 7.1. DEPÓSITO A PRAZO SEM EMISSÃO DE
CERTIFICADO (RDB) 311

Esquema 09. Classificação das Operações de Crédito por Nível
de Risco e Aprovisionamento 312

ESQUEMA 9.1 – CONTABILIZAÇÃO DAS OPERAÇÕES DE
CRÉDITO POR NÍVEL DE RISCO 312

Esquema 11. Recursos Nacionais para Repasses no País 314

ESQUEMA DE REGISTRO CONTÁBIL – Nº 11 – RECURSOS
NACIONAIS PARA REPASSES NO PAÍS 314

Esquema 13. Obrigações por Recebimentos Especiais 320

ESQUEMA DE REGISTRO CONTÁBIL – Nº 13 –
OBRIGAÇÕES POR RECEBIMENTOS ESPECIAIS 320

Esquema 14. Ordens de Pagamento 325

ESQUEMA DE REGISTRO CONTÁBIL – Nº 14 –
ORDENS DE PAGAMENTO 325

Esquema 16. Serviço de Compensação de Cheques e Outros Papéis. 326

ESQUEMAS DE REGISTROS CONTÁBEIS – Nº 16 326

CONTABILIDADE BANCÁRIA
ESQUEMAS DE REGISTROS CONTÁBEIS –
CONTABILIZAÇÃO
Esquema 16 – Serviço de Compensação de Cheques e
Outros Papéis 326

Esquema 17. Disponibilidades 329

ESQUEMA DE REGISTRO CONTÁBIL – Nº 17 –
DISPONIBILIDADES 329

Utilização da conta Caixa no movimento diário 330

Depósitos Bancários 331

Aplicações Temporárias em Ouro 332

Contabilidade Bancária e de Instituições Financeiras XVII

Reservas Livres em Espécie 334

1.1.3.00.00-5 RESERVAS LIVRES 335

Transferência de numerário entre dependências 335

Transferência de numerário entre instituições financeiras 336

Diferença de numerário 336

Esquema 18. Recolhimento Compulsório 337

ESQUEMA DE REGISTRO CONTÁBIL – Nº 18 – RECOLHIMENTO COMPULSÓRIO 337

Recolhimentos compulsórios – poupança 338

(Revisado em 02/07/2012) 339

Esquema 28. Operações de Crédito 342

OPERAÇÕES DE CRÉDITO – CONTABILIZAÇÃO 342

CONTABILIZAÇÃO DOS TÍTULOS DE CRÉDITO 344

Esquema 33. Bens e Imobilizações 346

ESQUEMA DE REGISTRO CONTÁBIL – Nº 33 346

Ativo Diferido/Intangível – Benfeitorias em Imóveis de Terceiros 353

BENFEITORIAS EM IMÓVEIS DE TERCEIROS 353

Esquema 36. Apuração de Resultado 356

ESQUEMA DE REGISTRO CONTÁBIL – Nº 36 356

Esquema 36 – Provisão para Imposto de Renda – Apuração de Resultados 357

CONTA: 8.9.4.10.00-6 IMPOSTO DE RENDA 357

Esquema 37. Imposto de Renda 359

ESQUEMA DE REGISTRO CONTÁBIL – Nº 37 359

Esquema 40. Cobrança Simples 362

ESQUEMA DE REGISTRO CONTÁBIL – Nº 40 362

Capítulo 6

6.1.Modelos de Formulários Contábeis 366

6.2.Documento nº 1 – Balancete / Balanço Geral – Para Entrega em meio magnético 366

6.2.Documento nº 2 – Balancete / Balanço Patrimonial – Finalidade Publicação 370

6.3. Demonstração de Resultado 375

6.4. "Razonetes" Padrão Cosif e "Apuração de Resultados – ARE" 378

DEMONSTRAÇÃO DO RESULTADO DO EXERCÍCIO 378

Levantamento de Balancetes e de Balanços, Apuração e
Distribuição de Resultados 380

1. Ajustamentos 380

2. Compensação e Balanceamento de Saldos 381

3. Apuração de Resultado 382

4. Distribuição do Resultado 383

5. Lucro por Ação e Montante de Dividendo por Ação do
Capital Social 385

6. Sobras ou Perdas Acumuladas 385

6.5. Publicação das Demonstrações Contábeis 385

COSIF 1.22.3 – PUBLICAÇÃO 385

6.6. Observações 389

6.7. Princípios Gerais 390

1. Objetivo 390

2. Escrituração 391

3. Exercício Social 393

4. Elenco de Contas 393

5. Classificação das Contas 394

6. Livros de Escrituração 398

7. Bancos Estrangeiros 401

8. Câmbio 401

9. Sociedades Ligadas 401

10. Critérios de Avaliação e Apropriação Contábil 401

Bibliografia: 404

Livros: 404

Capítulo 1

1.1. Plano de Contas Cosif

COSIF 1.1.5 – CLASSIFICAÇÃO DAS CONTAS

1.1.5.1 – **Ativo** – as contas dispõem-se em ordem decrescente de grau de liquidez, nos seguintes grupos: (Circ. 1.273; Res. 3.617 arts. 1º e 2º; Res. 3.642 art. 1º)

a) **Circulante:** [ver NOTA 1.1.5.1]

I – disponibilidades;

II – direitos realizáveis no curso dos doze meses seguintes ao balanço; [ver NOTA 1.1.5.1]

III – aplicações de recursos no pagamento antecipado de despesas de que decorra obrigação a ser cumprida por terceiros no curso dos doze meses seguintes ao balanço;

b) **Realizável a Longo Prazo:**

I – direitos realizáveis após o término dos doze meses subsequentes ao balanço;

II – operações realizadas com sociedades coligadas ou controladas, diretores, acionistas ou participantes no lucro da instituição que, se autorizadas, não constituam negócios usuais na exploração do objeto social;

III – aplicações de recursos no pagamento antecipado de despesas de que decorra obrigação a ser cumprida por terceiros após o término dos doze meses seguintes ao balanço;

c) **Permanente**:

I – Investimentos:

- participações permanentes em outras sociedades, inclusive subsidiárias no exterior;
- capital destacado para dependências no exterior;
- investimentos por incentivos fiscais;
- títulos patrimoniais;
- ações e cotas;
- outros investimentos de caráter permanente;

II – Imobilização:

- direitos que tenham por objeto bens corpóreos destinados à manutenção das atividades da entidade ou exercidos com essa finalidade, inclusive os decorrentes de operações que transfiram à entidade os benefícios, riscos e controle desses bens. Os bens objeto das operações de arrendamento mercantil devem ser registrados no ativo imobilizado das instituições arrendadoras conforme regulamentação específica;

III – Diferido:

- despesas pré-operacionais e os gastos de reestruturação que contribuirão, efetivamente, para o aumento do resultado de mais de um exercício social e que não configurem tão-somente redução de custos ou acréscimo de eficiência operacional;

IV – Intangível

- direitos adquiridos que tenham por objeto bens incorpóreos, destinados à manutenção da entidade ou exercidos com essa finalidade, inclusive aqueles correspondentes à prestação de serviços de pagamento de salários, proventos, soldos, vencimentos, aposentadorias, pensões e similares.

1.1.5.2 – **Passivo** – as contas classificam-se nos seguintes grupos: (Circ. 1.273)

a) Circulante:

- obrigações, inclusive financiamentos para aquisição de direitos do Ativo Permanente, quando se vencerem no curso dos doze meses seguintes ao balanço;

b) Exigível a Longo Prazo:

- obrigações, inclusive financiamentos para aquisição de direitos do Ativo Permanente, quando se vencerem após o término dos doze meses subsequentes ao balanço;

1.1.5.3 – **Resultados de Exercícios Futuros** – representam recebimentos antecipados de receitas antes do cumprimento da obrigação que lhes deu origem, diminuídas dos custos e despesas a elas correspondentes, quando conhecidos, a serem apropriadas em períodos seguintes e que de modo algum sejam restituíveis. (Circ. 1.273)

1.1.5.4 – **Patrimônio Líquido** – divide-se em: (Circ. 1.273)

a) Capital Social;
b) Reservas de Capital;
c) Reservas de Reavaliação;
d) Reservas de Lucros;
e) Lucros ou Prejuízos Acumulados.

1.1.5.5 – No **Circulante e no Longo Prazo**, a classificação das contas obedece às seguintes normas: [Ver Cosif 1.1.2.5. "a", Cosif 1.1.5.1. e Cosif 1.1.5.2]

Contabilidade Bancária e de Instituições Financeiras 3

a) nos balancetes de março, junho, setembro e dezembro a classificação observa segregação de direitos realizáveis e obrigações exigíveis até três meses seguintes ao balancete dos realizáveis ou exigíveis após o término desse prazo; (Circ. 1.273)

b) o levantamento dos valores realizáveis ou exigíveis até três meses e após esse prazo pode ser realizado extracontabilmente ao final de cada trimestre civil. Os relatórios e demais comprovantes utilizados no levantamento constituem documentos de contabilidade, devendo permanecer arquivados, com o movimento do dia, devidamente autenticados, para posteriores averiguações; (Circ. 1.273)

c) quando houver pagamentos e recebimentos parcelados, a classificação se faz de acordo com o vencimento de cada uma das parcelas; (Circ. 1.273)

d) as operações de prazo indeterminado, para efeito de segregação nos balancetes nos quais é exigida, classificam-se as ativas no realizável após três meses e as passivas, no exigível até três meses, ressalvados, contudo, os fundos ou programas especiais alimentados com recursos de governos ou entidades públicas e executados na forma de disposições legais ou regulamentares que, em razão das suas características de longo prazo, devem ser classificados no exigível após três meses; (Circ. 1.273)

e) na classificação, levam-se em conta o principal, rendas e encargos do período, variações monetária e cambial, rendas e despesas a apropriar; (Circ. 1.273)

f) observada a ordem das contas, os valores correspondentes ao realizável ou exigível até três meses e após três meses inscrevem-se nas colunas verticais auxiliares dos modelos de balancete e balanço geral; (Circ. 1.273)

g) para fins de publicação, além das demais disposições, os valores realizáveis e exigíveis até um ano e após um ano devem ser segregados, respectivamente, em Circulante e Longo Prazo, na forma da Lei. (Circ. 1.503 item 2)

h) para fins de publicação, os títulos e valores mobiliários classificados na categoria títulos para negociação devem ser apresentados no ativo circulante, independentemente do prazo de vencimento. (Circ. 3.068 art. 7º § único)

1.1.5.6 – **Contas Retificadoras** – figuram de forma subtrativa, após o grupo, subgrupo, desdobramento ou conta a que se refiram. (Circ. 1.273) [ver Nota 1.1.5.6]

1.1.5.7 – **Contas de Compensação** – utilizam-se Contas de Compensação para registro de quaisquer atos administrativos que possam transformar-se em direito, ganho, obrigação, risco ou ônus efetivos, decorrentes de acontecimentos futuros, previstos ou fortuitos. (Circ. 1.273)

1.1.5.8 – **Desdobramentos** – para efeito de evidenciar a fonte do recurso, o direcionamento do crédito e a natureza das operações, o Ativo e o Passivo são desdobrados nos seguintes níveis: (Circ. 1.273)

a) 1º grau – grupo;

b) 2º grau – subgrupo;

c) 3º grau – desdobramentos do subgrupo;

d) 4º grau – título;

e) 5º grau – subtítulo.

1.1.5.9 – **Subtítulos de Uso Interno** – a instituição pode adotar desdobramentos de uso interno ou desdobrar os de uso oficial, por exigência do Banco Central ou em função de suas necessidades de controle interno e gerencial, devendo, em qualquer hipótese, ser passíveis de conversão ao sistema padronizado. (Circ. 1.273)

1.1.5.10 – A vinculação das despesas e dos gastos registrados no Ativo Diferido com o aumento do resultado de mais de um exercício social deve ser baseada em estudo técnico elaborado pela entidade, coerente com as informações utilizadas em outros relatórios operacionais, demonstrando, no mínimo: (Res. 3.617 art. 2º § único)

a) – as condições mencionadas no item 1.1.5.1.c.III;

b) – o cálculo da estimativa do período em que serão usufruídos os benefícios decorrentes das aplicações.

1.1.5.11 – Os saldos existentes no Ativo Imobilizado e no Ativo Diferido constituídos antes da entrada em vigor da Resolução nº 3.617, de 30 de setembro de 2008, que tenham sido registrados com base em disposições normativas anteriores, devem ser mantidos até a sua efetiva baixa. (Res. 3.617 art. 3º)

Fonte: http://www.cosif.com.br/mostra.asp?arquivo=nb-0105

1.1.2. Plano de Contas (Modelo didático e reduzido)

Distribuição das Rubricas do Plano de Contas (Cosif)

1º Nível

BALANCETE PATRIMONIAL			
ATIVO		PASSIVO	
COSIF TÍTULOS DAS RUBRICAS			
1	CIRCULANTE E REALIZÁVEL A LONGO PRAZO	4	CIRCULANTE E EXIGÍVEL A LONGO PRAZO
		5	RESULTADO DE EXERCÍCIOS FUTUROS
2	PERMANENTE	6	PATRIMÔNIO LÍQUIDO
		7	CONTAS DE RESULTADO CREDORAS

Contabilidade Bancária e de Instituições Financeiras 5

| | | 8 | CONTAS DE RESULTADO DEVEDORAS |
| 3 | COMPENSAÇÃO | 9 | COMPENSAÇÃO |

2º Nível

BALANCETE PATRIMONIAL – CONTAS ATIVAS		BALANCETE PATRIMONIAL – CONTAS PASSIVAS	
COSIF TÍTULOS DAS RUBRICAS			
1	CIRCULANTE E REALIZÁVEL A LONGO PRAZO	4	CIRCULANTE E EXIGÍVEL A LONGO PRAZO
1.1	Disponibilidades	4.1	Depósitos
1.2	Aplicações Interfinanceiras de Liquidez	4.2	Obrigações por Operações Compromissadas
1.3	Títulos e Valores Mobíliários e Instrumentos Financeiros Derivativos	4.3	Receitas de Aceites Cambiais, Letras Imobiliárias e Hipotecárias e Debêntures
1.4	Relações Interfinanceiras	4.4	Relações Interfinanceiras
1.5	Relações Interdependências	4.5	Relações Interdependências
1.6	Operações de Crédito	4.6	Obrigações por Empréstimos e Repasses
1.7	Operações de Arrendamento Mercantil	4.7	Instrumentos Financeiros Derivativos
1.8	Outros Créditos		
1.9	Outros Valores e Bens	4.9	Outras Obrigações
		5	RESULTADO DE EXERCÍCIOS FUTUROS
		5.1	Receitas de Exercícios Futuros
2	PERMANENTE	6	PATRIMÔNIO LÍQUIDO
2.1	Investimentos	6.1	Patrimônio Líquido
2.2	Imobilizado de Uso	6.2.	Patrimônio Social (APE)
2.3	Imobilizado de Arrendamento		
2.4	Diferido		
2.5	Intangível		
		7	CONTAS DE RESULTADOS CREDORAS
		7.1	Receitas Operacionais
		7.3	Receitas Não Operacionais
		7.8	Rateio de Resultados
		7.9	Apuração de Resultados
		8	CONTAS DE RESULTADOS DEVEDORAS
		8.1	Despesas Operacionais
		8.3	Despesas Não Operacionais
		8.9	Apuração de Resultados

3	COMPENSAÇÃO	9	COMPENSAÇÃO
3.0	Compensação	9.0	Compensação
3.1	Classificação da Carteira de Créditos	9.1	Classificação da Carteira de Crédito

As contas 3.0 – Compensação, desdobram-se em:
3.0.1 – Obrigações e Riscos em Garantias Prestadas
3.0.3 – Títulos e Valores Mobiliários
3.0.4 – Custódia de Valores
3.0.5 – Cobrança
3.0.6 – Negociação e Intermediação de Valores
3.0.7 – Consórcio
3.0.8 – Contratos
3.0.9 – Controle

PLANO DE CONTAS (REDUZIDO PARA FINS DIDÁTICOS) – BANCOS E INSTITUIÇÕES FINANCEIRAS (PADRÃO COSIF)

I – ATIVO	II – PASSIVO
1.0.0.00. ATIVO CIRCULANTE	**4.0.0.00. PASSIVO CIRCULANTE**
1.1.0.00. DISPONIBILIDADES	**4.1.0.00. DEPÓSITOS**
1.1.1.00. Caixa	**4.1.1.00. Depósitos à Vista**
1.1.1.10. Caixa	4.1.1.10. Depósitos Pessoa Física
1.1.1.90. Caixa	4.1.1.20. Depósitos Pessoa Jurídica
	4.1.1.30.X. Depósitos de Instituições do Sistema Financeiro
1.1.2.00. Depósitos Bancários	4.1.1.40.X. Depósitos de Governos
1.1.2.00. Depósitos Bancários de Instituições Sem Conta Reserva	
1.1.2.10. Banco do Brasil S.A – Conta Depósitos	**4.1.2.00. Depósitos de Poupança**
1.1.2.20. Caixa Econômica Federal – Conta Depósitos	4.1.2.10. Depósitos de Poupança Livres – Pessoas Físicas
	4.1.2.20. Depósitos de Poupança Livres – Pessoas Jurídicas
1.1.2.92. Depósitos Bancários (Grupos)	
1.1.2.92.X. Banco "Bombanco S.A." – Conta Depósitos	**4.1.3.00. Depósitos Interfinanceiros**
	4.1.3.10.X. Não Ligadas
1.1.3.00. Reservas Livres	
1.1.3.10. Banco Central – Reservas Livres em Espécie	**4.1.5.00. Depósitos a Prazo**
	4.1.5.10. Depósitos a Prazo
1.1.4.00. Aplicações em Ouro	4.1.5.10.99-(-) Despesas a Apropriar de Depósitos a Prazo

Contabilidade Bancária e de Instituições Financeiras

1.1.4.10. Aplicações Temporária em Ouro

4.1.5.50. Depósitos Judiciais com Remuneração

1.1.5.00. Disponibilidades em Moedas Estrangeiras

4.2.0.00. OBRIGAÇÕES POR OPERAÇÕES COMPROMISSADAS

1.1.5.10. Bancos-Depósito de Moeda Estrangeira no País

4.2.1.00. Carteira Própria

1.1.5.20. Depósitos no Exterior em Moeda Estrangeira

4.2.2.00. Carteira de Terceiros

4.2.3.00. Carteira Livre Movimentação

4.3.0.00.RECURSOS DE ACEITES CAMBIAIS, LETRAS IMOBILIÁRIAS, HIPOTECÁRIAS E DEBÊNTURES

4.3.1.00. Recursos de Aceites Cambiais

4.3.2.00. Recursos de Letras Imobiliárias, Hipotecárias, Debêntures etc.

1.2.0.00. APLICAÇÕES INTERFINANCEIRAS DE LIQUIDEZ

4.4.0.00. RELAÇÕES INTERFINANCEIRAS

1.2.1.00. Aplicações em Operações Compromissadas

4.4.1.00. Obrigações Junto a Participação do Sistema de Liquidação

1.2.1.10.X. Letras Financeiras do Tesouro (LFT)

4.4.1.10. Cheques e outros Papéis Recebidos

1.2.1.10.X. Certificados de Depósitos Bancários (CDB)

4.4.1.20. Recebimentos a Devolver

1.2.1.10.X. Letras de Câmbio

1.2.1.10.X. Debêntures

4.4.4.00. Relações com Correspondentes

1.2.1.10.X.(-) Rendas a Apropriar

4.4.4.10. Correspondentes no Exterior em Moeda Nacional

4.4.4.30. Correspondentes no País

1.3.0.00. TÍTULOS E VALORES MOBILIÁRIOS E INSTRUMENTATIVOS FINANCEIROS DERIVATIVOS

1.3.1.00. Livres

4.5.0.00. RELAÇÕES INTERDEPENDÊNCIAS

1.3.1.05 X. Letras do Tesouro Nacional (LTN)

4.5.1.00. Recursos em Trânsito de Terceiros

1.3.1.10.X. Títulos de Renda Fixa

4.5.1.30. Cobrança de Terceiros em Trânsito

4.5.1.40. Ordens de Pagamento

1.3.3.00. Instrumentos Financeiros Derivativos

1.3.3.10.X. Operações com Ações

4.5.2.00. Transferência Interna de Recursos

4.5.2.10. Cheques e Documentos a Liquidar

1.4.0.00. RELAÇÕES INTERFINANCEIRAS

4.5.2.50. Numerário em Trânsito

1.4.1.00. Direitos Junto a Participantes do Sistema de Liquidação

1.4.1.10.X. Cheques e Outros Papéis a Devolver

4.6.0.00. OBRIGAÇÕES POR EMPRÉSTIMOS E REPASSES

Inácio Dantas

1.4.1.30.X. Cheques e Outros Papéis Remetidos

4.6.2.00. Empréstimos no País – Outras Instituições

4.6.2.10.X. Empréstimos em Moeda Nacional

1.4.2.00. Créditos Vinculados

4.6.2.10.X.Empréstimos em Moeda Estrangeira

1.4.2.10. Banco Central – Depósitos em Moedas Estrangeiras

1.4.2.15. Banco Central – Depósitos para Capital em Dinheiro

4.6.3.00. Obrigações por Empréstimos no Exterior

1.4.2.28. Reservas Compulsórias em Espécie – Banco Central

4.6.3.30. Obrigações por Empréstimos no Exterior

1.4.4.00. Relações Correspondentes

4.6.4.00. Repasses no País – Instituições Oficiais

1.4.4.30. Correspondentes no País

4.6.4.20. Obrigações por Repasses – Banco do Brasil

4.6.4.30. Obrigações por Repasses – BNDES

1.5.0.00. RELAÇÕES INTERDEPENDÊNCIAS

1.5.1.00. Recursos em Trânsito de Terceiros

4.7.0.00. INSTRUMENTOS FINANCEIROS DERIVATIVOS

1.5.1.20. Cheques de Viagens

4.7.1.00. Instrumentos Financeiros Derivativos

1.5.1.40. Ordens de Pagamento

4.7.1.30. Obrigações por compra a Termo a Pagar

4.9.0.00. OUTRAS OBRIGAÇÕES

1.5.2.00. Transferências Internas de Recursos

4.9.1.00. Cobrança e Arrecadação de Tributos e Assemelhados

1.5.2.10. Cheques e Ordens a Receber

4.9.1.10.X. IOF a Recolher

1.5.2.50. Numerário em Trânsito

4.9.1.30. Recebimento Sindical

4.9.1.35. Recebimento de Contribuições Previdenciárias

1.6.0.00. OPERAÇÕES DE CRÉDITO

4.9.1.40. Recebimento de Tributos Estaduais e Municipais

1.6.1.00. Empréstimos e Títulos Descontados

4.9.1.50. Recebimento de Tributos Federais

1.6.1.10. Adiantamentos a Depositantes (Contas Devedoras)

4.9.1.60. Recebimento de FGTS

1.6.1.20. Empréstimos

1.6.1.20.X.(-) Rendas a Apropriar – Empréstimos (Uso Interno)

4.9.2.00. Câmbio

1.6.1.30. Títulos Descontados

4.9.2.05.X. Câmbio Vendido a Liquidar

1.6.1.34. Cheques Especiais

4.9.2.35.X. Obrigações Por Compra de Câmbio

Contabilidade Bancária e de Instituições Financeiras   9

1.6.1.35. Cheques Descontados

4.9.2.36.X.(-) Adiantamentos sobre Contratos de Câmbio (ACC)

1.6.1.36. Cartões de Crédito a Receber

4.9.3.00. Sociais e Estatutárias

1.6.2.00. Financiamentos

4.9.3.1. Dividendos e Bonificações a Pagar

1.6.2.10. Financiamentos

4.9.4.00. Fiscais e Previdenciários

1.6.4.00. Financiamentos Imobiliários

4.9.4.15. Provisões para Impostos e Contribuições s/Lucros

1.6.4.30. Financiamentos Habitacionais

4.9.4.20. Impostos e Contribuições a Recolher

1.6.9.00. Provisões para Operações de Crédito

4.9.4.20.X. Impostos e Contrb.s/Salários (IR/Taxas/INSS/FGTS)

1.6.9.20.(-) Provisão para Empréstimos e Títulos Descontados

1.6.9.30.(-) Provisão para Financiamentos

4.9.5.00. Negociação e Intermediação de Valores

4.9.5.30. Credores Conta Liquidação Pendentes

1.7.0.00. OPERAÇÕES DE ARRENDAMENTO MERCANTIL

1.7.1.00. Arrendamentos Financeiros a Receber

4.9.9.00. Diversas

1.7.1.10.Arrendamentos Financeiros a Receber – Recursos Internos

4.9.9.05. Cheques Administrativos

1.7.1.20.Arrendamentos Financeiros a Receber – Recursos Externos

4.9.9.10.X. Credores por Recuros a Liberar – Vendedores

1.7.1.97.(-) Rendas a Apropriar – Arrendamentos Financeiros a Receber – Externos

4.9.9.20. Obrigações por Aquisição de Bens e Direitos

4.9.9.27.X. Salários e Vencimentos (a Pagar)

1.7.2.00. Arrendamentos Operacionais a Receber

4.9.9.30.X. 13º Salário (a Pagar)

1.7.2.10. Arrendamentos Operacionais a Receber – Recursos Internos

4.9.9.30.X. Férias (a Pagar)

1.7.1.20.Arrendmtos Operacion. a Receber – Recursos Externos

4.9.9.30.X. Aluguéis a Pagar

1.7.2.97.Rendas a Apropriar-Arrend.Operac. a Receber-Externos

4.9.9.92.X. Fornecedores

4.9.9.92.X. Contas a Pagar

1.8.0.00.OUTROS CRÉDITOS

1.8.1.00.Avais e Fianças Honrados

PASSIVO EXIGÍVEL A LONGO PRAZO

1.8.1.10. Créditos por Avais e Fianças Honrados	As Contas/Grupos correspondem às mesmas do Circulante
1.8.2.00. Câmbio	**5.0.0.00. RESULTADO DE EXERCÍCIOS FUTUROS**
1.8.2.06. Câmbio Comprado a Liquidar	**5.1.0.00. Receitas de Exercícios Futuros**
1.8.2.25. Direitos sobre Venda de Câmbio	**5.1.1.10. Rendas Antecipadas**
1.8.2.26.(-) Adiantamentos em Moeda Nacional Recebidos	5.1.1.10.X. Aluguéis
1.8.2.75.(-) Rendas a Receber de Adiantamentos Concedidos	5.1.1.10.X. Comissões sobre Abertura de Créditos
	5.1.1.10.X. Comissões sobre Fianças
1.8.3.00. Rendas a Receber	
1.8.3.30. Comissões e Corretagens a Receber	**6.0.0.00 PATRIMÔNIO LÍQUIDO**
1.8.3.60. Dividendos e Bonificações em Dinheiro a Receber	**6.1.1.00. CAPITAL SOCIAL**
1.8.3.90. Outras Rendas a Receber	6.1.1.10.X. Capital
1.8.7.00. Valores Específicos	**6.1.1.20. Aumento de Capital**
1.8.7.80. Adiantamentos de Recursos a Terceiros	6.1.1.20.13. Ações Ordinárias País
1.8.7.88. Bens Retomados ou Devolvidos	6.1.1.20.16. Ações Ordinárias Não Cumulativas e Não Resgatáveis
1.8.7.97. Direitos por Adiantamentos a Terceiros	6.1.1.20.17. Demais Ações Preferenciais – País
1.8.7.98. Cheques e Outros Valores a Receber	
	6.1.1.50.(-) Capital a Realizar
1.8.8.00. Diversos	6.1.1.50.X.(-) Capital a Realizar
1.8.8.03. Adiantamentos e Antecipações Salariais	
1.8.8.05. Adiantamentos para Pagamentos de Nossa Conta	**6.1.3.00. Reservas de Capital**
1.8.8.35. Devedores por Compra de Valores e Bens	6.1.3.99. Outras Reservas de Capital
1.8.8.10. Adiantamentos por Conta de Imobilizações	
1.8.8.80. Títulos e Créditos a Receber	**6.1.4.00. Reservas de Reavaliação**
1.8.8.92. Devedores Diversos – País	6.1.4.10. Reservas de Reavaliação de Imóveis Uso Próprio
	6.1.4.30. Reservas de Reavaliação de Bens de Coligadas
1.9.0.00. OUTROS VALORES E BENS	**6.1.5.00. Reservas de Lucros**
1.9.8.00. Outros Valores e Bens	6.1.5.10. Reserva Legal
1.9.8.10. Bens não de Uso Próprio	6.1.5.20. Reserva Estatutária

Contabilidade Bancária e de Instituições Financeiras 11

1.9.8.10.10. Imóveis

1.9.8.10.30. Veículos e Afins

1.9.8.10.40. Máquinas e Equipamentos

1.9.8.10.60. Imóveis Habitacionais

1.9.8.40. Material de Estoque

1.9.8.40.00. Material de Estoque

1.9.9.00. Despesas Antecipadas

1.9.9.10.00. Despesas Antecipadas

(Seguros, Aluguéis, Assinaturas, Manutenção, Conservação,

Comissões, Prêmios etc.)

ATIVO REALIZÁVEL A LONGO PRAZO

As contas do Circulante correspondem às mesmas nos seus respectivos Grupos no CIRCULANTE

2.0.0.00. ATIVO PERMANENTE

2.1.0.00. INVESTIMENTOS

2.1.1.00. Investimentos no Exterior

2.1.2.00. Participações em Coligadas e Controladas no País

2.1.2.10. Participações em Coligadas e Controladas

2.1.5.00. Ações e Cotas

2.1.5.10. Ações e Cotas

2.2.0.00. IMOBILIZADO DE USO

2.2.1.00.X. Móveis e Equipamentos em Estoque

2.2.2.00. Imobilizações em Curso

2.2.2.10. Imóveis

2.2.3.00. Imóveis de Uso

2.2.3.10.X. Terrenos

2.2.3.10.X. Terrenos – Reavaliações

2.2.3.10.X. Edificações

2.2.3.10.X. Edificações – Reavaliações

6.1.5.30. Reservas para Contingências

6.1.5.40. Reservas para Expansão

6.1.6.00. Ajustes de Avaliação Patrimonial

6.1.6.30. Ajustes de Combinações de Negócios

6.1.6.90. Outros ajustes de Avaliação Patrimonial

6.1.8.00. Lucros ou Prejuízos Acumulados

6.1.8.10. Lucros ou Prejuízos Acumulados

6.1.9.00.(-) Ações em Tesouraria

6.1.9.10.(-) Ações em Tesouraria

6.2.0.APE – PATRIMÔNIO SOCIAL

6.2.1.00. Recursos de Associados Poupadores (APE)

2.2.3.99.(-) Depreciação Acumulada de Imóveis de Uso – Edificações

2.2.4.00. Instalações, Móveis e Equipamentos de Uso

2.2.4.10. Instalações

2.2.4.20. Móveis e Equipamentos de Uso

2.2.4.96.(-) Depreciação Acumulada de Instalações

2.2.4.99.(-) Depreciação Acumulada de Móves/Equip. de Uso

2.2.9.00. Outros

2.2.9.30. Sistema de Processamento de Dados

2.2.9.30.X. Equipamentos de Informática

2.2.9.70. Sistema de Transporte

2.2.9.70.X. Equipamentos

2.2.9.70.X. Ferramentas

2.2.9.70.X. Veículos

2.2.9.70.X. Aeronaves

2.2.9.99.X.(-) Depreciação Acumulativa de Outras Imobilizações de Uso

2.3.0.00. IMOBILIZADO DE ARRENDAMENTO

2.3.3.00.X. Bens Arrendados – Arrendamento Operacional

2.3.3.10.X. Aeronaves

2.3.3.10.X. Imóveis

2.3.3.10.X. Máquinas e Equipamentos

2.3.3.10.X. Veículos e Afins

2.3.3.90.(-) Depreciação Acumulativa de Bens de Arrendamento Operacional

2.4.0.00. DIFERIDO

2.4.1.00. Gastos de Organização e Expansão

2.4.1.20.X. Gastos em Imóveis de Terceiros

2.4.1.70.X. Instalação e Adaptação de Dependências

2.4.1.99.(-) Amortização Acumulada do Diferido

2.5.0.00. INTANGÍVEL

2.5.1.00. Ativos Intangíveis

2.5.1.98. Outros Ativos Intangíveis

2.5.1.98.X. Marcas e Patentes

2.5.1.98.X. Direitos Autorais

2.5.1.98.X. Softwares

2.5.1.99.(-) Amortização do Intangível Acumulada

Contabilidade Bancária e de Instituições Financeiras — 13

2.5.2.00. Ágio na Aquisição de Investimentos

3.0.0.00. COMPENSAÇÃO DO ATIVO

3.0.5.00. Cobrança

3.0.5.30.X. Títulos em Cobrança Direta

3.0.5.50.X. Títulos em Cobrança no Exterior

3.1.0.00. Classificação das Carteiras de Crédito

3.1.3.00.X. Operações de Risco Nível B

3.1.4.00.X. Operações de Risco Nível C

7.0.0.00. Contas de Resultados Credoras (RECEITAS)	8.0.0.00. Contas de Resultados Devedoras (DESPESAS)
7.1.1.00. RENDAS DE OPERAÇÕES DE CRÉDITO	**8.1.1.00. OPERAÇÕES DE CAPTAÇÃO NO MERCADO**
7.1.1.03. Rendas de Adiantamentos a Depositantes	8.1.1.10. Despesas de Depósito de Poupança
7.1.1.05. Rendas de Empréstimos	8.1.1.20. Despesas de Depósitos Interfinanceiros
7.1.1.10. Rendas de Títulos Descontados	8.1.1.30. Despesas de Depósitos a Prazo
7.1.1.15. Rendas de Financiamentos	
7.1.1.65. Rendas de Financiamentos Habitacionais	
7.1.2.00. RENDAS DE ARRENDAMENTO MERCANTIL	**8.1.2.00. OPERAÇÕES DE EMPRÉSTIMOS E REPASSES**
7.1.2.10. Rendas de Arrendamentos Financeiros – Recursos Internos	8.1.2.05. Despesas de Empréstimos – SFH
7.1.2.15. Rendas de Arrendamentos Operacionais – Recursos Internos	8.1.2.55. Despesas de Repasses – BNDES
7.1.2.10. Rendas de Arrendamentos Financeiros – Recursos Internos	8.1.2.05. Despesas de Empréstimos – SFH
7.1.3.00. RENDAS DE CÂMBIO	**8.1.3.00. OPERAÇÕES DE ARRENDAMENTO MERCANTIL**
7.1.3.10. Rendas de Operações de Câmbio	8.1.3.10.0. Despesas de Arrendamentos Financeiros
7.1.3.30. Rendas de Variações e Diferenças de Taxas	8.1.3.10.1. Depreciações de Bens Arrendados
7.1.4.00. RENDAS DE APLICAÇÕES INTERFINANCEIRAS DE LIQUIDEZ	**8.1.4.00. DESPESAS DE CÂMBIO**
7.1.4.20. Rendas de Aplicações em Depósitos Interfinanceiros	8.1.4.20. Despesas de Operações de Câmbio
7.1.4.40. Rendas de Aplicações Voluntárias no Banco Central	8.1.4.50. Despesas de Variações e Diferenças de Taxas
7.1.5.00. RENDAS DE TÍTULOS E VALORES MOBILIÁRIOS E INSTRUMENTOS FINANCEIROS DERIVATIVOS	**8.1.5.00. DESPESAS COM TÍTULOS, VALORES MOBILIÁRIOS E INSTRUMENTATIVOS FINANCEIROS DERIVATIVOS**

7.1.5.10. Rendas de Títulos de Renda Fixa	8.1.5.10. Deságio na Colocação de Títulos
7.1.5.20. Rendas de Títulos de Renda Variável	8.1.5.20. Prejuízo com Títulos da Renda Fixa
7.1.5.70. Rendas de Aplicações em Ouro	8.1.5.80. TVM – Ajuste Negativo ao Valor de Mercado
7.1.5.90. TVM – Ajuste Positivo ao Valor de Mercado	**8.1.6.00. DESPESAS DE PARTICIPAÇÕES**
	8.1.6.20. Despesas de Ajustes em Investimentos Controladas e Coligadas
7.1.7.00. RENDAS DE PRESTAÇÃO DE SERVIÇOS	**8.1.7.00. DESPESAS ADMINISTRATIVAS**
7.1.7.35. Rendas de Taxa de Administração de Consórcio	8.1.7.03. Água, Energia e Gás
7.1.7.40. Rendas de Cobranças	8.1.7.04. Taxas e Emolumentos
7.1.7.50. Rendas de Corretagens de Câmbio	8.1.7.05. PCLD – Despesas para Crédito de Liquidação Duvidosa
7.1.7.94. Rendas de Pacotes de Serviços – PF	8.1.7.06. Despesas de Aluguéis
7.1.7.98.X. Rendas de Tarifas Bancárias – PJ	8.1.7.12. Despesas de Comunicações
	8.1.7.18. Despesas de Honorários
7.1.8.00. RENDAS DE PARTICIPAÇÕES	8.1.7.21. Despesas de Manutenção e Conservação de Bens
7.1.8.20. Rendas de Ajuste em Investimento e Coligadas e Controladas	8.1.7.24. Material de Expediente/Papelaria
	8.1.7.39. Despesa de Processamento de Dados
7.1.9.00. OUTRAS RECEITAS OPERACIONAIS	8.1.7.42. Despesa de Promoções e Relações Públicas
7.1.9.15. Lucros em Operações de Vendas ou Transferências de Ativos Financeiros	8.1.7.45. Despesa de Propaganda e Publicidade
7.1.9.30. Recuperação de Encargos ou Despesas	8.1.7.51. Despesas de Seguros
7.1.9.40. Rendas de Aplicações no Exterior	8.1.7.60. Despesa de Vigilância e Segurança
	8.1.7.66. Despesa de Transporte
7.1.9.47. Rendas de Aplicações em Moeda Estrageira no País	8.1.7.75. Despesa de Viagem ao País
7.1.9.70. Rendas de Garantias Prestadas	8.1.7.82. Despesas de Combustíveis
7.1.9.80. Rendas de Repasses Interfinanceiros	8.1.7.90. Multas Fiscais e de Trânsito
7.1.9.99. Outras Rendas Operacionais	8.1.7.91. Processos Cíveis
	8.1.7.99. Outras Despesas Administrativas
	8.1.7.00. Despesa do Pessoal
	8.1.7.27. Benefícios
	8.1.7.27.1. Assistência Médica
	8.1.7.27.3. Auxílio Moradia

Contabilidade Bancária e de Instituições Financeiras 15

8.1.7.27.5. Programa Alimentação ao Trabalhador (PAT)

8.1.7.30. Encargos Sociais

8.1.7.30.1. FGTS

8.1.7.30.2. Previdência Social – INSS

8.1.7.33. Proventos

8.1.7.33.1. Salários, Ordenados e Gratificações

8.1.7.33.2. Adicional Noturno

8.1.7.33.3. Férias

8.1.7.33.4. 13º Salário

8.1.7.33.5. Comissões

8.1.7.33.6. Riscos de Quebra de Caixa

8.1.7.33.7. D.S.R.

8.1.7.33.8. Horas-Extras

8.1.7.69. Despesas Tributárias

8.1.7.69.5. Demais Impostos/Tributo Federal

8.1.7.69.6.Demais Impostos/Tributo Estadual

8.1.7.69.7.Demais Impostos/Tributo Municipal

8.1.8.00. Aprovisionamentos e Ajustes Patrimoniais

8.1.8.10. Despesas de Amortização Intangível

8.1.8.10.X. Despesas de Amortização Diferido

8.1.8.10.X. Despesas de Amortização Intangível

8.1.8.20. Despesas de Depreciação

8.1.8.20. Despesas de Depreciação

8.1.8.30. Despesas de Provisões Operacionais

8.1.8.30.30. Provisões para Operações de Crédito (PCLD)

8.1.8.30.55. Perdas em Bens de Arrendamento Operacional

8.1.9.00. Outras Despesas Operacionais

8.1.9.10. Despesas de Administraç.de Fundos e Programas Sociais

	8.1.9.20. Despesas I.S.S.
	8.1.9.30. Despesas Cofins
	8.1.9.33. Despesas Pis/Pasep
	8.1.9.36. Despesas Contribuição ao SFH
	8.1.9.55. Despesas Juros ao Capital
	8.1.9.99. Outras Despesas Operacionais
7.3.0.00. RECEITAS NÃO OPERACIONAIS	**8.3.0.00. DESPESAS NÃO OPERACIONAIS**
7.3.1.00. Lucros em Transações com Valores e Bens	**8.3.1.00. Prejuízos em Transações com Valores e Bens**
7.3.1.50. Lucro na Alienação de Valores e Bens	8.3.1.50. Prejuízo na Alienação de Valores e Bens
7.3.9.00. OUTRAS RECEITAS NÃO OPERACIONAIS	**8.3.9.00. OUTRAS DESPESAS NÃO OPERACIONAIS**
7.3.9.20. Rendas de Aluguéis	8.3.9.10. Perdas de Capital
7.3.9.99. Outras Rendas Não Operacionais	8.3.9.90. Despesas de Provisões Não Operacionais
	8.3.9.99. Outras Despesas Não Operacionais
7.8.0.00. RATEIO DE RESULTADOS INTERNOS	
7.8.1.00. Rateio de Resultados Internos	
7.8.1.10. Rateio de Resultados Internos	
7.9.0.00. APURAÇÃO DE RESULTADO	**8.8.0.00. RATEIO DE RESULTADOS INTERNOS**
7.9.1.00. Apuração de Resultado do Exercício (ARE)	8.8.1.00. Rateio de Resultados Internos
	8.9.0.00. APURAÇÃO DE RESULTADO (ARE)
	8.9.1.00. Apuração de Resultado (ARE)
	8.9.1.10. Apuração de Resultado
	8.9.4.00. Imposto de Renda
	8.9.4.10. Imposto de Renda
	8.9.4.10.10. Provisão p/Imposto de Renda – Valores Correntes
	8.9.4.10.20. Provisão p/Imposto de Renda – Valores Diferidos
	8.9.4.10.30. Ativo Fiscal Diferido
	8.9.4.20. Contribuição Social
	8.9.4.20.10. Provisão p/Contribuição Social – Valores Correntes
	8.9.4.20.20. Provisão p/Contribuição Social – Valores Diferidos
	8.9.4.20.30. Ativo Fiscal Diferido

Contabilidade Bancária e de Instituições Financeiras 17

8.9.7.00. Participações nos Lucros
8.9.7.10. Participações nos Lucros
8.9.7.10.20. Administradores
8.9.7.10.30. Empregadores
8.9.7.10.40. Fundos de Assistência e Previdência
8.9.7.10.99. Outras
9.0.0.00. COMPENSAÇÃO DO PASSIVO
9.0.5.00. Cobrança
9.0.5.70.X. Cobrança por Conta de Terceiros
9.0.5.90.X. Cobrança Vinculada a Operações
9.1.0.00. Classificação de Carteira de Créditos
9.1.1.00.X. Operações de Crédito e Arrendamento Mercantil
9.1.1.00.X. Carteira de Créditos Classificados

Plano de Contas para fins Didáticos, com Códigos Reduzidos para fins de estudo – não contempla o Plano de Contas Completo.

Modelo conforme Cosif – (2014).   Fonte: http://www4.bcb.gov.br/fis/cosif/cosif.asp

Instituições de uso obrigatório do Plano de Contas – Cosif

COSIF 1.1.1 – OBJETIVOS

(Revisado Cosif em 03-11-2012)

1.1.1.1 – As normas consubstanciadas neste Plano Contábil têm por objetivo uniformizar os registros contábeis dos atos e fatos administrativos praticados, racionalizar a utilização de contas, estabelecer regras, critérios e procedimentos necessários à obtenção e divulgação de dados, possibilitar o acompanhamento do sistema financeiro, bem como a análise, a avaliação do desempenho e o controle, de modo que as demonstrações financeiras elaboradas expressem, com fidedignidade e clareza, a real situação econômico-financeira da instituição e dos conglomerados financeiros. (Circ. 1.273) – [ver NOTA 1.1.1.1]

1.1.1.2 – As normas e procedimentos, bem como as demonstrações financeiras padronizadas previstas neste Plano, são de uso obrigatório para: (Res. 2.122 art. 7º; Res. 2.828 art. 8º; Res. 2.874 art. 10 III; Circ. 1.273; Circ. 1.922 art. 1º; Circ. 2.246 art. 1º; Circ. 2.381 art. 24; Res. 3.426) – [ver NOTA 1.1.1.2]

    a) os bancos múltiplos;

    b) os bancos comerciais;

c) os bancos de desenvolvimento;

d) as caixas econômicas;

e) os bancos de investimento;

f) os bancos de câmbio;

g) as sociedades de crédito, financiamento e investimento;

h) as sociedades de crédito ao microempreendedor;

i) as sociedades de crédito imobiliário e associações de poupança e empréstimo;

j) as sociedades de arrendamento mercantil;

l) as sociedades corretoras de títulos e valores mobiliários e câmbio;

m) as sociedades distribuidoras de títulos e valores mobiliários;

n) as cooperativas de crédito;

o) os fundos de investimento;

p) as companhias hipotecárias;

q) as agências de fomento ou de desenvolvimento;

r) as administradoras de consórcio;

s) as empresas em liquidação extrajudicial.

1.1.1.3 – Sendo o Plano Contábil, um conjunto integrado de normas, procedimentos e critérios de escrituração contábil de forma genérica, as diretrizes nele consubstanciadas, bem como a existência de títulos contábeis, não pressupõem permissão para prática de operações ou serviços vedados por lei, regulamento ou ato administrativo, ou dependente de prévia autorização do Banco Central. (Circ. 1.273)

1.1.1.4 – Os capítulos deste Plano estão hierarquizados na ordem de apresentação. Assim, nas dúvidas de interpretação entre Normas Básicas e Elenco de Contas, prevalecem as Normas Básicas. (Circ. 1.273)

Fonte: http://www.cosif.com.br/mostra.asp?arquivo=nb-0101

Capítulo 2

2.1. Estrutura Contábil das Demonstrações Financeiras – Balanço Patrimonial

As normas gerais, procedimentos e critérios de escrituração contábil de elaboração das demonstrações financeiras do bancos comerciais e múltiplos encontram-se consubstanciadas no *Plano Contábil das Instituições do Sistema Financeiro Nacional – Cosif.*

A par da utilização do Cosif, cabe às instituições financeiras, ainda, a observância dos princípios fundamentais da Contabilidade, principalmente no que se refere a:

a) uso de métodos e critérios contábeis uniformes no tempo. Qualquer alteração relevante nos procedimentos deve ser registrada em notas explicativas;

b) respeito pleno ao regime de competência no registro contábil das receitas e despesas;

c) definição de um período fixo para apuração de resultados

d) independentemente da periodicidade em que os resultados são apurados, proceder à apropriação mensal dos seus valores.

O exercício social das instituições financeiras tem duração de um ano, devendo obrigatoriamente se encerrar em 31 de dezembro.

As normas gerais de escrituração contábil das instituições componentes do Sistema Financeiro Nacional são expedidas pelo Banco Central do Brasil com base em sua competência delegada pelo Conselho Monetário Nacional.

A estrutura básica dos grupos patrimoniais ativos e passivos dos bancos e das instituições financeiras apresenta-se de acordo com a Lei nº 11.638/07, Cosif, da forma seguinte:

Os conceitos de curto prazo (circulante) dos direitos e obrigações e longo prazo (não circulante), evidentemente, a orientação da Lei das Sociedades por Ações, corresponde ao tempo financeiramente de 12 (doze) meses seguintes ao encerramento do balanço para o curto prazo, e o longo prazo, para o período posterior ao término dos 12 meses subsequentes do balanço.

2.2. Balanço patrimonial

Os recursos captados pelas instituições bancárias representam suas fontes, podendo originar-se de depósitos do público em geral, de empréstimos recebidos e de seus recursos próprios (capital e reservas).

Esses recursos possuídos pelos bancos (distribuídos nos grupos de passivo e patrimônio líquido) são aplicados em seus ativos, destacando-se as disponibilidades de títulos e valores mobiliários, os empréstimos e financiamentos concedidos e as imobilizações.

Códigos do Plano de Contas e Verbetes:

I. ATIVO

1.0.0.00. ATIVO CIRCULANTE

1.1.0.00. Disponibilidades:

DISPONIBILIDADES
(Revisado em 15-02-2013)
CONCEITUAÇÃO

Disponibilidades são os recursos financeiros que se encontram à disposição imediata da Entidade, compreendendo os meios de pagamento em moeda e em outras espécies, os depósitos bancários à vista e os títulos de liquidez imediata.

As disponibilidades também podem estar representadas por moedas estrangeiras em espécie ou depositadas em bancos no país ou no exterior e por ouro em lingotes segundo os padrões negociados nas Bolsas de Valores ou Mercantis & de Futuros nacionais ou estrangeiras.

O ouro, para não perder o seu valor de negociação, deve estar custodiado nas Bolsas de Valores ou Mercantis & de Futuros ou em instituições por elas credenciadas. O refino do ouro e a apuração de seu grau de pureza deve ser feito por fundidoras credenciadas pelas Bolsas de Valores ou Mercantis & de Futuros e imediatamente depositados nestas, nos padrões pré-estabelecidos.

Muitas vezes ouve-se falar em "Caixa e Intermediários de Caixa". Neste caso, os valores intermediários são aqueles que podem ser imediatamente transformados em dinheiro, como as moedas estrangeiras, o ouro (ativo financeiro), alguns investimentos em títulos com alta liquidez, como os emitidos pelo Banco Central ou pelo Tesouro Nacional (Títulos Públicos) e ainda os investimentos feitos mediante operações compromissadas por um dia útil (*overnight*).

Contabilidade Bancária e de Instituições Financeiras 21

Os valores disponíveis estão sempre contabilizados em moeda corrente no País, que pode estar em caixa (na própria empresa), depositados ou custodiados em Bancos no País ou no exterior ou, ainda, nas Bolsas de Valores. Veja também os **Sistemas de Registro Liquidação e Custódia** existentes.

As quantidades de valores custodiados em outras instituições, como as Aplicações em Ouro e os Títulos e Valores Mobiliários, devem estar contabilizadas em **Contas de Compensação – Custódia**.

Conforme o explicado no Esquema de Contabilização das **Disponibilidades**, as quantidades de ouro e de moedas estrangeiras podem ser controladas em **Contas de Compensação – Controle**.

SERVIÇO PÚBLICO DE ESCRITURAÇÃO DIGITAL (SPED)

Veja a NBC-CTG-2001 – Formalidades da Escrituração Contábil em Forma Digital para Fins de Atendimento ao Sistema Público de Escrituração Digital (SPED)

- Segundo o **Plano de Contas Referencial** da Receita Federal (**SPED**), o grupo das Disponibilidades deve ser subdividido nas seguintes contas básicas (Caixa e Intermediários de Caixa):
- Caixa
- Bancos
- Recursos no Exterior Decorrentes de Exportação
- Contas Bancárias – Subvenções
- Contas Bancárias – Doações
- Contas Bancárias – Outros Recursos Sujeitos a Restrições
- Valores Mobiliários – Mercado de Capitais Interno
- Valores Mobiliários – Mercado de Capitais Externo
- Valores Mobiliários – Aplicações de Subvenções
- Valores Mobiliários – Aplicações de Doações
- Valores Mobiliários – Aplicações de Outros Recursos Sujeitos a Restrições
- Outras

CONTABILIZAÇÃO

A contabilização das Disponibilidades deve ser efetuada em contas apropriadas de conformidade com a função e o funcionamento de cada uma.

Veja o Esquema de Contabilização sobre **Disponibilidades**

(...)

Fonte: http://www.cosif.com.br/mostra.asp?arquivo=p_contas11

Norma Básica Cosif nº 3 – Disponibilidades

1. Caixa

1 – As diferenças de numerário contabilizam-se: (Circ. 1.273)

a) quando a menor, em DEVEDORES DIVERSOS – PAÍS, no subtítulo de uso interno Diferenças de Caixa, com indicação do nome do funcionário responsável, transferindo-se a diferença não regularizada, após esgotados todos os meios usuais e normais de cobrança, até o final do semestre seguinte para PERDAS DE CAPITAL. Admite-se a transferência antes desse prazo, se ficar comprovada a impossibilidade de recuperação;

b) quando a maior, em CREDORES DIVERSOS – PAÍS, no subtítulo de uso interno Diferenças de Caixa, transferindo-se a diferença não regularizada até o final do semestre seguinte ao da ocorrência para GANHOS DE CAPITAL.

2 – Os cheques e outros papéis registrados transitoriamente na conta CAIXA não podem compor o saldo da conta no fim do dia, que expressará, exclusivamente, o numerário existente. (Circ. 1.273)

3 – Quaisquer recebimentos ou pagamentos realizados no expediente normal, ou mesmo fora dele, não podem ser pós-datados e integram o movimento do dia, para efeito de contabilização. (Circ. 1.273)

4 – A instituição deve providenciar a conferência periódica do saldo de caixa, pelo menos por ocasião dos balancetes e balanços, procedimento extensivo a todas as dependências da sociedade que tenham sob sua responsabilidade a guarda e controle de numerário, devendo o respectivo termo de conferência, devidamente autenticado, ser arquivado para posteriores averiguações. (Circ. 1.273)

2. Reservas Livres em Espécie

1 – As reservas em espécie de instituições sujeitas a recolhimento compulsório ou a encaixe obrigatório, mesmo quando voluntárias, registram-se na conta específica do subgrupo Relações Interfinanceiras, observado o disposto no item 1.5.2.5. (Circ. 1.273)

2 – As reservas bancárias de instituições não sujeitas a recolhimento compulsório ou a encaixe obrigatório são registradas em BANCO CENTRAL – RESERVAS LIVRES EM ESPÉCIE. (Circ. 1.273)

3. Aplicações em Ouro

1 – As aquisições de ouro no mercado físico registram-se em APLICAÇÕES TEMPORÁRIAS EM OURO pelo custo total, em subtítulos de uso interno que identifiquem suas características de quantidade, procedência e qualidade. (Circ. 1.273)

2 – O saldo das aplicações em ouro físico ou certificado de custódia de ouro e o saldo dos contratos de mútuo de ouro, por ocasião dos balancetes e

Contabilidade Bancária e de Instituições Financeiras 23

balanços, devem ser ajustados com base no valor de mercado do metal, fornecido pelo Banco Central do Brasil. (Circ. 2.333 art. 1º itens I, II)

3 – A contrapartida do ajuste positivo ou negativo, efetuado na forma do item anterior, deve ser registrada em conta adequada de receita ou despesa operacional, respectivamente. (Circ. 2.333 art. 1º § único)

4 – As despesas de transporte, custódia, refino, chancela, impostos e outras inerentes ao ciclo operacional de negociação do metal, bem como de corretagem, devem ser agregadas ao custo do ouro. (Circ. 2.333 art. 2º)

5 – A instituição deve providenciar a conferência periódica do estoque de ouro, pelo menos por ocasião dos balancetes e balanços, devendo o respectivo termo de conferência, devidamente autenticado, ser arquivado para posteriores averiguações. No caso da custódia do estoque em outra instituição, devem ser arquivados os respectivos comprovantes e efetuados os registros correspondentes nas adequadas contas de compensação. (Circ. 1.273)

4. Conciliações

1 – Deve-se manter em dia a contabilização de todos os fatos que impliquem movimentação das contas integrantes de Disponibilidades, sendo indispensável sua conciliação periódica por ocasião dos balancetes e balanços, com adoção das providências necessárias para a regularização das pendências antes do encerramento do semestre. (Circ. 1.273)

2 – Os documentos de conciliações realizadas devem ser autenticados e arquivados para posteriores averiguações. (Circ. 1.273)

1.2.0.00. Aplicações Interfinanceiras de Liquidez:
Entende-se como aplicações em operações interfinanceiras os depósitos a prazo fixo efetuados em instituições do mercado financeiro. (Cosif)

Norma Básica Cosif nº 4 – Operações Interfinanceiras de Liquidez, Operações com Títulos e Valores Mobiliários e Derivativos

1. Classificação dos Títulos e Valores Mobiliários em Categorias

1 – Os títulos e valores mobiliários adquiridos por instituições financeiras e demais instituições autorizadas a funcionar pelo Banco Central do Brasil, exceto cooperativas de crédito, agências de fomento e sociedades de crédito ao microempreendedor, devem ser registrados pelo valor efetivamente pago, inclusive corretagens e emolumentos, e devem ser classificados nas seguintes categorias: (Circ. 3.068 art. 1º)
 a) títulos para negociação;
 b) títulos disponíveis para venda;

c) títulos mantidos até o vencimento.

2 – Na categoria títulos para negociação, devem ser registrados aqueles adquiridos com o propósito de serem ativa e frequentemente negociados. (Circ. 3.068 art. 1º § 1º)

3 – Na categoria títulos disponíveis para venda devem ser registrados os que não se enquadrem nas categoria descritas nas alíneas "a" e "c" do item 1. (Circ. 3.068 art. 1º § 2º)

4 – Na categoria títulos mantidos até o vencimento, devem ser registrados os títulos e valores mobiliários, exceto ações não resgatáveis, para os quais haja intenção e capacidade financeira da instituição de mantê-los em carteira até o vencimento. (Circ. 3.068 art. 1º § 3º)

5 – A capacidade financeira de que trata o item 4 deve ser comprovada com base em projeção de fluxo de caixa, desconsiderada a possibilidade de venda dos títulos mantidos até o vencimento. (Circ. 3.129 art. 1º)

6 – O disposto nos itens 1,2,3,4 e 5 também se aplica aos títulos e valores mobiliários negociados no exterior. (Circ. 3.068 art. 1º § 5º)

7 – Os títulos e valores mobiliários classificados nas categorias referidas no item 1, alíneas "a" e "b", devem ser ajustados pelo valor de mercado, no mínimo por ocasião dos balancetes e balanços, computando-se a valorização ou a desvalorização em contrapartida: (Circ. 3.068 art. 2º)

a) à adequada conta de receita ou despesa, no resultado do período, quando relativa a títulos classificados na categoria títulos para negociação;

b) à conta destacada do patrimônio líquido, quando relativa a títulos classificados na categoria títulos disponíveis para venda, pelo valor líquido dos efeitos tributários.

8 – Para fins do ajuste previsto no item 7, a metodologia de apuração do valor de mercado é de responsabilidade da instituição e deve ser estabelecida com base em critérios consistentes e passíveis de verificação, que levem em consideração a independência na coleta de dados em relação às taxas praticadas em suas mesas de operação, podendo ser utilizado como parâmetro: (Circ. 3.068 art. 2º § 1º)

a) o preço médio de negociação no dia da apuração ou, quando não disponível, o preço médio de negociação no dia útil anterior;

b) o valor líquido provável de realização obtido mediante adoção de técnica ou modelo de precificação.

c) o preço de instrumento financeiro semelhante, levando em consideração, no mínimo, os prazos de pagamento e vencimento, o risco de crédito e a moeda ou indexador;

9 – Os ganhos ou perdas não realizados registrados em conta destacada do patrimônio líquido, na forma do disposto na alínea "b" do item 7, devem

Contabilidade Bancária e de Instituições Financeiras 25

ser transferidos para o resultado do período quando da venda definitiva dos títulos e valores mobiliários classificados na categoria títulos disponíveis para venda. (Circ. 3.068 art. 2º § 2º)

10 – Os títulos e valores mobiliários, exceto ações não resgatáveis, classificados na categoria títulos mantidos até o vencimento, de que trata a alínea "c" do item 1, devem ser avaliados pelos respectivos custos de aquisição, acrescido dos rendimentos auferidos, os quais devem impactar o resultado do período. (Circ. 3.068 art. 3º)

11 – Os rendimentos produzidos pelos títulos e valores mobiliários devem ser computados diretamente no resultado do período, independentemente da categoria em que classificados, observado que os relativos a ações adquiridas há menos de seis meses devem ser reconhecidos em contrapartida à adequada conta que registra o correspondente custo de aquisição. (Circ. 3.068 art. 4º)

12 – A reavaliação dos títulos e valores mobiliários quanto à sua classificação, de acordo com os critérios previstos no item 1, somente poderá ser efetuada por ocasião da elaboração dos balanços semestrais. (Circ. 3.068 art. 5º)

13 – A transferência para categoria diversa deve levar em conta a intenção e a capacidade financeira da instituição e ser efetuada pelo valor de mercado do título ou valor mobiliário, observando-se, ainda, os seguintes procedimentos: (Circ. 3.068 art. 5º § 1º)

  a) na hipótese de transferência da categoria de títulos para negociação para as demais categorias, não será admitido o estorno dos valores já computados no resultado decorrentes de ganhos ou perdas não realizados;

  b) na hipótese de transferência da categoria títulos disponíveis para venda, os ganhos e perdas não realizados, registrados como componente destacado no patrimônio líquido, devem ser reconhecidos no resultado do período:

  I – imediatamente, quando para a categoria títulos para a negociação;

  II – em função do prazo remanescente até o vencimento, quando para a categoria títulos mantidos até o vencimento.

  c) na hipótese de transferência da categoria mantidos até o vencimento para as demais categorias, os ganhos e perdas não realizados devem ser reconhecidos:

  I – imediatamente no resultado do período, quando para a categoria títulos para a negociação;

  II – como componente destacado no patrimônio líquido, quando para a categoria títulos disponíveis para a venda.

14 – A transferência da categoria títulos mantidos até o vencimento para as demais categorias somente poderá ocorrer por motivo isolado, não usual, não recorrente e não previsto, ocorrido após a data da classificação, de modo a não descaracterizar a intenção evidenciada pela instituição quando da classificação nessa categoria. (Circ. 3.068 art. 5º § 2º)

15 – As operações de alienação de títulos públicos federais classificados na categoria títulos mantidos até o vencimento, simultaneamente à aquisição de novos títulos da mesma natureza, com prazo de vencimento superior e em montante igual ou superior ao dos títulos alienados, não descaracterizam a intenção da instituição financeira quando da classificação dos mesmos na referida categoria. (Res. 3.181 art. 1º) 16 – Deve permanecer à disposição do Banco Central do Brasil a documentação que servir de base para a reclassificação, devidamente acompanhada de exposição de motivos da administração da instituição. (Circ. 3.068 art. 5º § 3º)

17 – As perdas de caráter permanente com títulos e valores mobiliários classificados nas categorias títulos disponíveis para venda e títulos mantidos até o vencimento devem ser reconhecidas imediatamente no resultado do período, observado que o valor ajustado em decorrência do reconhecimento das referidas perdas passa a constituir a nova base de custo. (Circ. 3.068 art. 6º)

18 – Admite-se a reversão das perdas mencionadas no item 17 desde que por motivo justificado subsequente ao que levou ao seu reconhecimento, limitada ao custo de aquisição, acrescida dos rendimentos auferidos. (Circ. 3.068 art. 6º § único)

19 – As instituições devem manter à disposição do Banco Central do Brasil os relatórios que evidenciem, de forma clara e objetiva, os procedimentos previstos nesta seção do Cosif. (Circ. 3.068 art. 9º)

20 – Constatada impropriedade ou inconsistência nos processos de classificação e de avaliação, o Banco Central do Brasil poderá determinar, a qualquer tempo, a reclassificação dos títulos e valores mobiliários, com o consequente reconhecimento dos efeitos nas demonstrações financeiras. (Circ. 3.068 art. 9º § único)

21 – Quando da alienação de título ou valor mobiliário classificado nas categorias títulos para negociação ou títulos disponíveis para venda, os valores registrados nas rubricas TVM – AJUSTE POSITIVO AO VALOR DE MERCADO, código 7.1.5.90.00-6, e TVM – AJUSTE NEGATIVO AO VALOR DE MERCADO, código 8.1.5.80.00-6, no semestre em que ocorrer a operação, devem ser reclassificados para a adequada conta de resultado do período que registre o lucro ou prejuízo na operação. (Cta-Circ. 3.026 item 9)

22 – O disposto no item 17 não se aplica às ações recebidas pelo Banco Nacional de Desenvolvimento Econômico e Social (BNDES) em transferência da União para aumento de capital e classificadas na categoria "títulos disponíveis para venda", na forma da Circular nº 3.068, de 8 de novembro de 2001, que representem no máximo 25% (vinte e cinco por cento) da carteira de títulos e valores mobiliários. (Res. 4.175 art. 2º)

Contabilidade Bancária e de Instituições Financeiras 27

2. Títulos de Renda Variável

1 – Compõem a carteira de títulos de renda variável: (Circ. 1.273)

   a) as ações subscritas ou havidas por investimentos compulsórios, destinadas à negociação em mercado;

   b) os bônus de subscrição de companhias abertas;

   c) os certificados e as cotas de fundos de renda variável;

   d) ações adquiridas no mercado para livre negociação;

   e) outros títulos adquiridos ou subscritos.

2 – As ações e cotas recebidas em bonificação, sem custo para a instituição, não alteram o valor de custo das aplicações no capital de outra sociedade, mas a quantidade das novas ações ou cotas é computada para a determinação do custo médio unitário. (Circ. 1.273)

3 – Os rendimentos produzidos pelos títulos, inclusive cotas de fundos de renda variável, registram-se a débito de DIVIDENDOS E BONIFICAÇÕES EM DINHEIRO A RECEBER, quando declarados e ainda não recebidos, em contrapartida com RENDAS DE TÍTULOS DE RENDA VARIÁVEL, para as ações/cotas adquiridas há mais de 6 (seis) meses, ou em contrapartida com a conta que registra o custo de aquisição para as ações/cotas adquiridas há menos de 6 (seis) meses. (Circ. 1.273)

4 – Os resultados obtidos na venda de títulos de renda variável contabilizam--se na data da operação. (Circ. 1.273)

5 – Quando houver contrato de distribuição, cada entidade envolvida na operação registra a parte da corretagem que lhe couber, pelo valor líquido. (Circ. 1.273)

6 – As ações da própria instituição adquiridas e mantidas em tesouraria figuram subtrativamente no Patrimônio Líquido, retificando a conta de reserva que deu origem aos recursos nelas aplicados. (Circ. 1.273)

7 – Nas operações de empréstimos de ações da carteira própria, devem ser observados os seguintes procedimentos contábeis: (Cta-Circ. 2.747 item 1)

   a) os direitos relativos a empréstimo de ações devem ser registrados no título DIREITOS POR EMPRÉSTIMOS DE AÇÕES, em contrapartida ao título TÍTULOS DE RENDA VARIÁVEL;

   b) a valorização das ações cedidas por empréstimo e a remuneração contratada na operação devem ser registradas no título RENDAS DE DIREITOS POR EMPRÉSTIMOS DE AÇÕES, em contrapartida ao título DIREITOS POR EMPRÉSTIMOS DE AÇÕES;

   c) a desvalorização das ações cedidas por empréstimo deve ser registrada no título RENDAS DE DIREITOS POR EMPRÉSTIMOS DE AÇÕES, até o limite do saldo da conta, e o que exceder, no título OUTRAS DESPESAS OPERACIONAIS.

8 – As entidades tomadoras de ações por empréstimo devem observar os seguintes procedimentos contábeis: (Cta-Circ. 2.747 item 2)

a) as ações recebidas por empréstimo devem ser registradas no título TÍTULOS DE RENDA VARIÁVEL, em contrapartida ao título CREDORES POR EMPRÉSTIMOS DE AÇÕES;

b) a remuneração contratada (encargos e emolumentos) e a valorização das ações tomadas por empréstimo devem ser registradas na conta DESPESAS DE EMPRÉSTIMOS NO PAÍS – OUTRAS INSTITUIÇÕES, em contrapartida à conta CREDORES POR EMPRÉSTIMOS DE AÇÕES;

c) a desvalorização das ações tomadas por empréstimo deve ser registrada no título DESPESAS DE EMPRÉSTIMOS NO PAÍS – OUTRAS INSTITUIÇÕES, até o limite do saldo da conta, e o que exceder, no título OUTRAS RENDAS OPERACIONAIS.

3. Títulos de Renda Fixa

1 – Definição de Carteira: (Circ. 1.273)

a) Carteira Própria Bancada é representada pelos títulos que permanecem em estoque, livres para negociação, oriundos de compras definitivas ou recompras, registrados em TÍTULOS DE RENDA FIXA;

b) Carteira Própria Financiada é composta dos títulos com compromisso de recompra não vinculados a revendas, ou seja, os títulos da carteira própria da instituição vinculados ao mercado aberto, registrados em TÍTULOS DE RENDA FIXA – VINCULADOS A RECOMPRAS;

c) Carteira de Terceiros Bancada é formada pelos títulos adquiridos com compromisso de revenda e não repassados, ou seja, não vendidos com compromisso de recompras, registrados em REVENDAS A LIQUIDAR – POSIÇÃO BANCADA;

d) Carteira de Terceiros Financiada compreende os títulos adquiridos com compromisso de revenda e repassados, isto é, vendidos com compromisso de recompra, registrados em REVENDAS A LIQUIDAR – POSIÇÃO FINANCIADA;

e) Aplicações em Depósitos Interfinanceiros correspondem aos Depósitos Interfinanceiros efetuados em outras instituições.

2 – Formação da Carteira Própria: (Circ. 1.273)

a) compõem a carteira de títulos de renda fixa os seguintes títulos:
- Letras Financeiras do Tesouro;
- Notas do Tesouro Nacional;
- Letras do Tesouro Nacional;
- Bônus do Tesouro Nacional;
- Letras do Banco Central;
- Notas do Banco Central;

Contabilidade Bancária e de Instituições Financeiras

- Bônus do Banco Central;
- Obrigações dos Tesouros Estaduais e Municipais;
- Debêntures Conversíveis em ações;
- Debêntures Inconversíveis;
- Letras de Câmbio;
- Letras Imobiliárias;
- Letras Hipotecárias;
- Certificados de Depósito Bancário;
- Obrigações da Eletrobras;
- Títulos da Dívida Agrária;
- Cotas de Fundos de Renda Fixa;
- outros títulos assemelhados, seja aqueles com renda prefixada, pós-
  --fixada, seja flutuante (taxa variável);

b) a aquisição de títulos de renda fixa para formação de carteira própria registra-se pelo valor efetivamente pago, inclusive comissão de colocação, na data da compra definitiva e, no caso de venda, o valor líquido efetivamente recebido;

c) os rendimentos atribuídos aos títulos contabilizam-se mensalmente, ou em períodos menores, pelo método exponencial ou linear, de acordo com a cláusula de remuneração do título, com base na taxa de aquisição, de tal maneira que, na data correspondente ao dia do vencimento, os seus valores estejam atualizados em razão da fluência de seus prazos;

d) as rendas dos títulos, inclusive cotas de fundos de renda fixa, são debitadas na própria conta que registra os títulos, a crédito de RENDAS DE TÍTULOS DE RENDA FIXA;

e) os prêmios de continuidade recebidos em dinheiro, nos casos de repactuação dos prazos de vencimento de debêntures pertencentes à sociedade, contabilizam-se a crédito da adequada conta de rendas a apropriar, para a apropriação mensal ou em períodos menores, em razão da fluência de seu prazo, a crédito de RENDAS DE TÍTULOS DE RENDA FIXA;

f) lucros ou prejuízos apurados na venda definitiva de títulos da espécie são contabilizados a crédito de LUCROS COM TÍTULOS DE RENDA FIXA ou a débito de PREJUÍZOS COM TÍTULOS DE RENDA FIXA;

g) as rendas dos títulos de renda fixa devem ser reconhecidas até a data da venda definitiva, e o lucro ou prejuízo será a diferença entre o preço de venda e o valor atualizado até a data da operação. (Cta-Circ. 2.799 item 2)

h) quando da alienação de título ou valor mobiliário classificado nas categorias títulos para negociação ou títulos disponíveis para venda, os valores registrados nas rubricas TVM – AJUSTE POSITIVO AO VALOR DE MERCADO, código 7.1.5.90.00-6, e TVM – AJUSTE NEGATIVO

AO VALOR DE MERCADO, código 8.1.5.80.00-6, no semestre em que ocorrer a operação, devem ser reclassificados para a adequada conta de resultado do período que registre o lucro ou prejuízo na operação. (Cta-Circ. 3.026 item 9)

3 – Operações Compromissadas:

a) venda com compromisso de recompra: (Circ. 1.273)

I – os títulos de renda fixa utilizados para lastrear as operações da espécie são destacados no Ativo mediante transferência para TÍTULOS DE RENDA FIXA – VINCULADOS A RECOMPRAS, a crédito de TÍTULOS DE RENDA FIXA, na data da operação, pelo valor médio contábil atualizado, por tipo e vencimento do papel, devendo ser avaliado na forma do item 1.4.3.2;

II – tais operações devem ser registradas a crédito de RECOMPRAS A LIQUIDAR – CARTEIRA PRÓPRIA e RECOMPRAS A LIQUIDAR – CARTEIRA DE TERCEIROS, conforme sejam lastreadas com títulos próprios ou de terceiros, pelo seu valor de liquidação, devidamente retificado, em subtítulo de uso interno, pela parcela correspondente às despesas a apropriar;

III – considera-se despesa a diferença entre o valor de recompra e o de venda (valor de liquidação menos o valor de captação); o seu reconhecimento contábil se dá segundo o regime de competência, "pro rata" dias, em razão da fluência do prazo das operações;

b) compra com compromisso de revenda: (Circ. 1.273)

I – os financiamentos concedidos mediante lastro com títulos de renda fixa são registrados a débito de REVENDAS A LIQUIDAR – POSIÇÃO BANCADA ou REVENDAS A LIQUIDAR – POSIÇÃO FINANCIADA, pelo seu valor de liquidação, retificado pelo valor das rendas a apropriar;

II – considera-se renda a diferença entre os valores de revenda e de compra (valor de liquidação menos o valor de aplicação); o seu reconhecimento contábil se dá segundo o regime de competência, pro rata dias, em razão da fluência do prazo das operações;

III – os títulos adquiridos com compromisso de revenda e utilizados para lastrear operações de venda com compromisso de recompra são transferidos de REVENDAS A LIQUIDAR – POSIÇÃO BANCADA para REVENDAS A LIQUIDAR – POSIÇÃO FINANCIADA, pelo custo médio contábil atualizado e, quanto aos custos da operação, dá-se o mesmo tratamento contido nos subitens 1.4.3.3.a. II e III;

c) operações com títulos de emissão ou aceite próprio: (Cta-Circ. 2.867 itens 2 a 5, Res. 3.339, Cta-Circ. 3.718)

Operações vedadas desde 3 de julho de 2006.

Contabilidade Bancária e de Instituições Financeiras

d) procedimentos a serem observados em operações compromissadas realizadas com acordo de livre movimentação: (Circ. 3.252 art. 2º)

I – pelo vendedor: reclassificar o título entregue como lastro da operação do desdobramento de subgrupo Livres, código 1.3.1.00.00-7, para o adequado subtítulo contábil da rubrica TÍTULOS OBJETO DE OPERAÇÕES COMPROMISSADAS COM LIVRE MOVIMENTAÇÃO, código 1.3.7.10.00-2;

II – pelo comprador:
- registrar os títulos objeto da operação no adequado subtítulo da rubrica TÍTULOS RECEBIDOS COMO LASTRO EM OPERAÇÕES COMPROMISSADAS COM LIVRE MOVIMENTAÇÃO, código 3.0.6.35.00-5;
- registrar, quando da venda definitiva do título, passivo referente à obrigação de devolução do título na rubrica OBRIGAÇÕES VINCULADAS A OPERAÇÕES COMPROMISSADAS COM TÍTULOS DE LIVRE MOVIMENTAÇÃO, código 4.2.3.40.00-3, avaliado pelo valor de mercado do título;
- as variações no valor de mercado do título que aumentem o saldo do passivo devem ser reconhecidas como despesas de operações compromissadas no subtítulo Carteira Livre Movimentação, código 8.1.1.50.40-5, e, aquelas que reduzem o saldo do passivo, como receitas de operações compromissadas no subtítulo Posição Vendida, código 7.1.4.10.40-9, devendo ser compensadas as variações positivas e negativas, desde que dentro do próprio semestre e relativas a uma mesma operação;
- reclassificar, quando da venda definitiva do título, a operação compromissada da rubrica REVENDAS A LIQUIDAR – POSIÇÃO BANCADA, código 1.2.1.10.00-5, ou REVENDAS A LIQUIDAR – CÂMARAS DE LIQUIDAÇÃO E COMPENSAÇÃO – OPERAÇÕES GENÉRICAS, código 1.2.1.35.00-4, no último caso por meio de conta redutora de subtítulo de uso interno, para o adequado subtítulo contábil da rubrica REVENDAS A LIQUIDAR – POSIÇÃO VENDIDA, código 1.2.1.30.00-9.

e) caracteriza-se como "genérica" a operação compromissada com cláusula de livre movimentação em que os títulos mobiliários que servem de lastro à transação são determinados com base no valor financeiro líquido das operações realizadas no dia, pela câmara ou prestador de serviços de liquidação e de compensação, dentre um conjunto de diferentes tipos de título aceitos nessa modalidade. (Circ. 3.252 art. 3º § 1º)

f) considerações finais: devem ser mantidos controles analíticos extracontábeis, relativamente às contas abaixo, com as seguintes informações: (Circ. 1.273)

TÍTULOS DE RENDA FIXA, TÍTULOS DE RENDA FIXA – VINCU-LADOS A RECOMPRAS, TÍTULOS DE RENDA FIXA EM GARANTIA e as de títulos vinculados ao Banco Central:
- Papel;
- Tipo;
- Vencimento;
- Quantidade;
- Valor contábil na data-base.

REVENDAS A LIQUIDAR – POSIÇÃO BANCADA e REVENDAS A LIQUIDAR – POSIÇÃO FINANCIADA:
- Papel;
- Tipo;
- Vencimento;
- Quantidade;
- Data da compra;
- Valor da compra;
- Data da revenda;
- Valor da revenda.

RECOMPRAS A LIQUIDAR – CARTEIRA PRÓPRIA e RECOMPRAS A LIQUIDAR – CARTEIRA DE TERCEIROS:
- Papel;
- Tipo;
- Vencimento;
- Quantidade;
- Data da venda;
- Valor da venda;
- Data da recompra;
- Valor da recompra.

4 – Aplicações em Depósitos Interfinanceiros: (Circ. 1.273)
    a) entende-se como aplicações em operações interfinanceiras os depósitos a prazo fixo efetuados em instituições do mercado financeiro;
    b) com relação às contas do desdobramento, a instituição deve:
        I – instituir controles analíticos que permitam identificar os depositá-rios e as características dos depósitos efetivados (valor, taxa, prazo e vencimento), bem como os rendimentos apropriados e a apropriar;
        II – realizar conciliações periódicas, por ocasião dos balancetes, com os extratos fornecidos pela CETIP, que devem ser autenticadas e arquivadas para posteriores averiguações.
    c) os valores correspondentes às aplicações em depósitos interfinancei-ros de emissão de sociedades que ingressem em regime especial, que

Contabilidade Bancária e de Instituições Financeiras

não possuam garantia de resgate, devem ser objeto de constituição de provisão para dar cobertura ao valor não realizável, que se registra em PROVISÃO PARA PERDAS EM APLICAÇÕES EM DEPÓSITOS INTERFINANCEIROS.

4. Instrumentos Financeiros Derivativos

1 – As operações com instrumentos financeiros derivativos realizadas por conta própria pelas instituições financeiras, demais instituições autorizadas a funcionar pelo Banco Central do Brasil e administradoras de consórcios devem ser registradas observados os seguintes procedimentos: (Circ. 3.082 art. 1º)

a) nas operações a termo deve ser registrado, na data da operação, o valor final contratado deduzido da diferença entre esse valor e o preço à vista do bem ou direito em subtítulo retificador de uso interno da adequada conta de ativo ou passivo, reconhecendo as receitas e despesas em razão do prazo de fluência dos contratos, no mínimo, por ocasião dos balancetes mensais e balanços;

b) nas operações com opções deve ser registrado, na data da operação, o valor dos prêmios pagos ou recebidos na adequada conta de ativo ou passivo, respectivamente, nela permanecendo até o o efetivo exercício da opção, se for o caso, quando então deve ser baixado como redução ou aumento do custo do bem ou direito, pelo efetivo exercício, ou como receita ou despesa, no caso de não exercício, conforme o caso;

c) nas operações de futuro deve ser registrado o valor dos ajustes diários na adequada conta de ativo ou passivo, devendo ser apropriados como receita ou despesa, no mínimo, por ocasião dos balancetes mensais e balanços;

d) nas operações de swap deve ser registrado o diferencial a receber ou a pagar na adequada conta de ativo ou passivo, devendo ser apropriado como receita ou despesa, no mínimo, por ocasião dos balancetes mensais e balanços;

e) nas operações com outros instrumentos financeiros derivativos, deve ser realizado registro em contas do ativo ou passivo de acordo com as características do contrato, inclusive aqueles embutidos, que devem ser registrados separadamente em relação ao contrato a que estejam vinculados.

2 – Entende-se por instrumentos financeiros derivativos aqueles cujo valor varia em decorrência de mudanças em taxa de juros, preço de título ou valor mobiliário, preço de mercadoria, taxa de câmbio, índice de bolsa de valores, índice de preço, índice ou classificação de crédito, ou qualquer outra variável similar específica, cujo investimento inicial seja inexistente ou pequeno em relação ao valor do contrato, e que sejam liquidados em data futura. (Circ. 3.082 art. 1º § 1º)

3 – O valor de referência das operações citadas no item 1 deve ser registrado em contas de compensação. (Circ. 3.082 art. 1º § 2º)

4 – O registro do resultado apurado nas operações de que trata o item 1 deve ser realizado individualmente, sendo vedada a compensação de receitas com despesas em contratos distintos. (Circ. 3.082 art. 1º § 3º)

5 – Na apuração do resultado mensal deve ser realizada a compensação de receitas com despesas anteriormente registradas, desde que dentro do próprio semestre e relativas a um mesmo contrato. (Circ. 3.082 art. 1º § 4º)

6 – Nas operações a termo, os títulos e valores mobiliários adquiridos devem ser classificados em uma das categorias previstas na Circular 3.068, de 8 de novembro de 2001, na data do recebimento do ativo objeto da operação. (Circ. 3.082 art. 1º § 5º)

7 – As operações com instrumentos financeiros derivativos de que tratam os itens 1 a 6 devem ser avaliadas pelo valor de mercado, no mínimo, por ocasião dos balancetes mensais e balanços, computando-se a valorização ou a desvalorização em contrapartida à adequada conta de receita ou despesa, no resultado do período, observado, quando for o caso, o disposto nos itens 10 a 19. (Circ. 3.082 art. 2º)

8 – Para fins da avaliação prevista no item 7, a metodologia de apuração do valor de mercado é de responsabilidade da instituição e deve ser estabelecida com base em critérios consistentes e passíveis de verificação, que levem em consideração a independência na coleta de dados em relação às taxas praticadas em suas mesas de operação, podendo ser utilizado como parâmetro: (Circ. 3.082 art. 2º § 1º)

   a) o preço médio de negociação representativa no dia da apuração ou, quando não disponível, o preço médio de negociação representativa no dia útil anterior;

   b) o valor líquido provável de realização obtido mediante adoção de técnica ou modelo de precificação;

   c) o preço de instrumento financeiro semelhante, levando em consideração, no mínimo, os prazos de pagamento e vencimento, o risco de crédito e a moeda ou indexador;

   d) o valor do ajuste diário no caso das operações realizadas no mercado futuro.

9 – Quando o instrumento financeiro derivativo for contratado em negociação associada à operação de captação ou aplicação de recursos, a valorização ou desvalorização decorrente de ajuste a valor de mercado poderá ser desconsiderada, desde que: (Circ. 3.150 art. 1º)

   a) não seja permitida a sua negociação ou liquidação em separado da operação a ele associada;

Contabilidade Bancária e de Instituições Financeiras 35

    b) nas hipóteses de liquidação antecipada da operação associada, a mesma ocorra pelo valor contratado;

    c) seja contratado pelo mesmo prazo e com a mesma contraparte da operação associada.

10 – As operações com instrumentos financeiros derivativos destinadas a *hedge* devem ser classificadas em uma das categorias a seguir: (Circ. 3.082 art. 3º)

    a) *hedge* de risco de mercado;

    b) *hedge* de fluxo de caixa.

11 – Para fins do disposto no item 10 entende-se por *hedge* a designação de um ou mais instrumentos financeiros derivativos com o objetivo de compensar, no todo ou em parte, os riscos decorrentes da exposição às variações no valor de mercado ou no fluxo de caixa de qualquer ativo, passivo, compromisso ou transação futura prevista, registrado contabilmente ou não, ou ainda grupos ou partes desses itens com características similares e cuja resposta ao risco objeto de *hedge* ocorra de modo semelhante. (Circ. 3.082 art. 3º § 1º)

12 – Na categoria *hedge* de risco de mercado devem ser classificados os instrumentos financeiros derivativos que se destinem a compensar riscos decorrentes da exposição à variação no valor de mercado do item objeto de *hedge*. (Circ. 3.082 art. 3º § 2º)

13 – Na categoria *hedge* de fluxo de caixa devem ser classificados os instrumentos financeiros derivativos que se destinem a compensar variação no fluxo de caixa futuro estimado da instituição. (Circ. 3.082 art. 3º § 3º)

14 – Os títulos e valores mobiliários classificados na categoria mantidos até o vencimento, na forma prevista no art. 1º da Circular 3.068, de 8 de novembro de 2001, podem ser objeto de *hedge* para fins de registro e avaliação contábil, observado que o instrumento financeiro derivativo deverá ser avaliado de acordo com critérios estabelecidos nos itens 1 a 6, desconsiderada a valorização ou desvalorização decorrente de ajuste a valor de mercado. (Circ. 3.129 art. 2º)

15 – Os instrumentos financeiros derivativos destinados a *hedge* e os respectivos itens objetos de *hedge* devem ser ajustados ao valor de mercado, no mínimo, por ocasião dos balancetes mensais e balanços, observado o seguinte: (Circ. 3.082 art. 4º)

    a) para aqueles classificados na categoria referida no item 10, alínea "a", a valorização ou desvalorização deve ser registrada em contrapartida a adequada conta de receita ou despesa, no resultado do período;

    b) para aqueles classificados na categoria referida no item 10, alínea "b", a valorização ou desvalorização deve ser registrada:

I – a parcela efetiva, em contrapartida a conta destacada do patrimônio líquido, deduzida dos efeitos tributários;

II – qualquer outra variação, em contrapartida a adequada conta de receita ou despesa, no resultado do período.

16 – Entende-se por parcela efetiva aquela em que a variação no item objeto de *hedge*, diretamente relacionada ao risco correspondente, é compensada pela variação no instrumento de hedge, considerando o efeito acumulado da operação. (Circ. 3.082 art. 4° § 1°)

17 – Os ganhos ou perdas decorrentes da valorização ou desvalorização mencionadas no alínea "b", inciso I, do item 15, devem ser reconhecidos no resultado simultaneamente ao registro contábil das perdas e ganhos no item objeto de *hedge*. (Circ. 3.082 art. 4° § 2°)

18 – As operações com instrumentos financeiros derivativos destinadas a *hedge* nos termos do contido nos itens 10 a 17 devem atender, cumulativamente, às seguintes condições: (Circ. 3.082 art. 5°)

a) possuir identificação documental do risco objeto de *hedge*, com informação detalhada sobre a operação, destacados o processo de gerenciamento de risco e a metodologia utilizada na avaliação da efetividade do *hedge* desde a concepção da operação;

b) comprovar a efetividade do *hedge* desde a concepção e no decorrer da operação, com indicação de que as variações no valor de mercado ou no fluxo de caixa do instrumento de *hedge* compensam as variações no valor de mercado ou no fluxo de caixa do item objeto de *hedge* num intervalo entre 80% (oitenta por cento) e 125% (cento e vinte e cinco por cento);

c) prever a necessidade de renovação ou de contratação de nova operação no caso daquelas em que o instrumento financeiro derivativo apresente vencimento anterior ao do item objeto de *hedge*;

d) demonstrar, no caso dos compromissos ou transações futuras objetos de *hedge* de fluxo de caixa, elevada probabilidade de ocorrência e comprovar que tal exposição a variações no fluxo de caixa pode afetar o resultado da instituição;

e) não ter como contraparte empresa integrante do consolidado econômico-financeiro, observado o disposto nos arts. 3° e 18 da Resolução 2.723, de 31 de maio de 2000, alterada pela Resolução 2.743, de 28 de junho de 2000.

19 – O não atendimento, a qualquer tempo, das exigências previstas no item 18 implica observância dos critérios previstos no item 7 e imediata transferência, ao resultado do período, no caso do *hedge* de fluxo de caixa, dos valores referentes à operação registrados em conta destacada do patrimônio líquido, na forma da alínea "b", do item 15. (Circ. 3.082 art. 5° § único)

Contabilidade Bancária e de Instituições Financeiras 37

20 – Os instrumentos financeiros que não possuam as características previstas no item 2 não podem ser utilizados como instrumentos de *hedge* para fins contábeis, nos termos dos itens 10 a 17. (Circ. 3.082 art. 7º)

21 – As instituições devem manter à disposição do Banco Central do Brasil os relatórios que evidenciem, de forma clara e objetiva, os procedimentos para registro e avaliação contábil de instrumentos financeiros derivativos. (Circ. 3.082 art. 8º)

22 – Verificada impropriedade ou inconsistência nos processos de classificação e de avaliação, o Banco Central do Brasil poderá determinar a reclassificação dos instrumentos financeiros derivativos, com o consequente reconhecimento dos efeitos nas demonstrações financeiras, na forma dos itens 7 e 8. (Circ. 3.082 art. 8º § único)

23 – O valor das operações com instrumentos financeiros derivativos realizadas por conta de terceiros deve ser registrado nas adequadas contas de compensação. (Circ. 3.082 art. 10)

24 – O valor dos ajustes diários e dos prêmios de opção deve ser registrado na adequada conta de ativo ou passivo representativa dos direitos e obrigações assumidos pela instituição financeira intermediadora junto a bolsa de valores, bolsa de mercadorias e de futuros ou sistema de registro, liquidação e custódia autorizado pelo Banco Central do Brasil. (Circ. 3.082 art. 10 § único)

25 – Os valores a receber, por cliente, nas operações com instrumentos financeiros derivativos, devem ser computados para efeito da verificação do atendimento do limite de diversificação de risco estabelecido por meio da Resolução 2.844, de 29 de junho de 2001, e regulamentação específica. (Circ. 3.082 art. 11)

26 – O registro das operações de *swap* deve seguir os seguintes procedimentos: (Circ. 2.771 art. 2º §§ 1º, 2º; Circ. 2.779 art. 1º item II §§ 1º, 2º; Circ. 2.951)

    a) para efeito do cálculo do custo de reposição dos contratos de *swap*, são utilizadas as taxas médias de *swaps* regularmente calculadas, apuradas e divulgadas pela Bolsa de Mercadorias & de Futuros (BM&F) com base em coleta de preços realizada junto às instituições participantes do mercado interfinanceiro de *swaps*;

    b) na hipótese da não disponibilidade da taxa de que trata a alínea anterior, o custo de reposição da operação é igual ao valor apurado por ocasião do último cálculo efetuado;

    c) nas situações previstas na alínea anterior, considera-se o prazo remanescente, para efeito do cálculo de risco, como contado a partir da data da última apuração do custo de reposição da operação (*mark to market*);

d) para fins da avaliação da operação de *swap* a valor de mercado segundo o conceito *mark to market*, nos termos da alínea "c", pode ser utilizado, na hipótese de prazo intermediário aos constantes na tabela de taxas médias de *swaps* divulgada pela Bolsa de Mercadorias & Futuros (BM&F), método de interpolação para obtenção do correspondente valor da taxa;

e) a escolha do método de interpolação referido na alínea anterior fica a critério de cada instituição, devendo sua aplicação dar-se de forma consistente;

f) as planilhas relativas à aplicação do método de interpolação escolhido nos termos da alínea anterior devem ser mantidas, na sede da instituição, à disposição do Banco Central do Brasil;

g) os valores líquidos a receber, relativos a rendas auferidas com operação de "intermediação de *swap*", na forma definida na alínea seguinte, devem ser registrados a débito de OPERAÇÕES DE INTERMEDIAÇÃO DE *SWAP*, código 1.8.4.53.00-3, em contrapartida à conta Intermediação de *Swap*, código 7.1.5.80.50-4.

h) são conceituadas como "intermediação de *swap*" as operações de *swap* realizadas no âmbito das bolsas de valores ou de mercadorias e de futuros que atendam, cumulativamente, aos seguintes requisitos:

I – a instituição intermediadora figure como um dos titulares, em cada uma das operações;

II – sejam realizadas no mesmo dia, por meio de uma mesma instituição, membro de bolsa de valores ou de bolsa de mercadorias e de futuros, e de um mesmo membro de compensação, e registradas simultaneamente;

III – tenham, como referência, os mesmos ativos objeto, com a instituição intermediadora assumindo posições inversas nas negociações referidas no inciso I;

IV – sejam realizadas por meio de contratos com garantia da bolsa de valores ou da bolsa de mercadorias e de futuros;

V – possuam, à exceção das taxas negociadas e das posições inversas nos ativos objeto, características idênticas;

VI – as liquidações antecipadas abranjam a totalidade das posições assumidas na operação;

VII – o resultado líquido das negociações seja positivo para a instituição intermediadora.

i) As operações de "intermediação de *swap*" devem estar amparadas por documento emitido pelas bolsas de valores ou pelas bolsas de mercadorias e de futuros que comprove a sua realização, nos termos da alínea anterior.

Contabilidade Bancária e de Instituições Financeiras 39

5. Derivativos de Crédito

1 – Nas operações de *swap* de crédito deve ser registrado na data da contratação, no título contábil DERIVATIVOS DE CRÉDITO – ATIVO, pela contraparte transferidora do risco, o valor pago ou a pagar referente à taxa de proteção pela transferência do risco de crédito, sendo apropriado como despesa em razão do prazo de fluência do contrato, ou apropriado integralmente quando da ocorrência do evento de crédito, avaliado mensalmente, no mínimo, pelo valor de mercado. (Cta-Circ. 3.073 item 2, I)

2 – Nas operações de *swap* de taxa de retorno total deve ser registrado, no título contábil DERIVATIVOS DE CRÉDITO –ATIVO, o valor a receber, tendo como contrapartida a adequada conta de receita, avaliado mensalmente, no mínimo, pelo valor de mercado. (Cta-Circ. 3.073 item 2, II)

3 – Nas operações de *swap* de crédito deve ser registrado na data da contratação, no título contábil DERIVATIVOS DE CRÉDITO – PASSIVO, pela contraparte receptora do risco, o valor recebido ou a receber referente à taxa de proteção pela recepção do risco de crédito, sendo apropriado como receita em razão do prazo de fluência do contrato, ou apropriado integralmente quando da ocorrência do evento de crédito, avaliado, no mínimo, mensalmente pelo valor de mercado. (Cta-Circ. 3.073 item 6, I)

4 – Nas operações de *swap* de taxa de retorno total deve ser registrado, no título contábil DERIVATIVOS DE CRÉDITO PASSIVO, o valor a pagar, tendo como contrapartida a adequada conta de despesa, avaliado, no mínimo, mensalmente pelo valor de mercado. (Cta-Circ. 3.073 item 6, II)

5 – Quando da ocorrência de evento de crédito que, de acordo com disposição contratual, implique transferência do ativo subjacente, deve ser procedida a baixa, pela instituição detentora do ativo, com o consequente registro, pela contraparte na operação, do ativo devidamente ajustado pela adequada provisão. (Cta-Circ. 3.073, item 8)

6 – Aplicam-se aos derivativos de crédito os critérios para registro e avaliação de instrumentos financeiros derivativos estabelecidos neste Plano Contábil. (Cta-Circ. 3.073, item 9)

6. Disposições Gerais

1 – A instituição deve adotar controles internos capazes de identificar os títulos e valores mobiliários de sua propriedade, evidenciando os respectivos emitentes, datas de emissão, datas de vencimento, taxas de rendimento, custo de aquisição, tipo e forma, valores presentes e rendimentos apropriados mensalmente. (Circ. 1.273)

2 – Títulos e valores mobiliários de sociedade em regime especial, que não possuam garantia de resgate, registram-se em TÍTULOS E VALORES

MOBILIÁRIOS DE SOCIEDADES EM REGIME ESPECIAL. (Circ. 1.273)

3 – Os títulos e valores mobiliários de sociedades em regime concordatário que tenham cotação e estejam sendo negociados em bolsa, não devem ser transferidos para TÍTULOS E VALORES MOBILIÁRIOS DE SOCIEDADES EM REGIME ESPECIAL. (Circ. 1.273)

4 – Os títulos entregues por terceiros devem ser custodiados na própria entidade ou em instituição autorizada a manter serviço de custódia, observados os critérios de inventário geral obrigatório previstos no item 1.20.1.7. (Circ. 1.273)

5 – Os títulos e valores mobiliários dados em garantia devem ser registrados nas adequadas contas patrimoniais integrantes do desdobramento de subgrupo Vinculados à Prestação de Garantias. (Cta-Circ. 2.921 itens 1, 2 e 3)

6 – O somatório dos saldos das rubricas TÍTULOS PARA NEGOCIAÇÃO, código 3.0.3.30.00-1, TÍTULOS DISPONÍVEIS PARA VENDA, código 3.0.3.40.00-8, e TÍTULOS MANTIDOS ATÉ O VENCIMENTO, código 3.0.3.50.00-5, deve corresponder ao saldo do subgrupo TÍTULOS E VALORES MOBILIÁRIOS E INSTRUMENTOS FINANCEIROS DERIVATIVOS, código 1.3.0.00.00-4, subtraído do saldo do desdobramento de subgrupo Instrumentos Financeiros Derivativos, código 1.3.3.00.00-3. (Cta-Circ. 3.023 item 44)

7 – As instituições devem manter controles extracontábeis suficientes à disposição do Banco Central do Brasil e dos auditores independentes contendo, no mínimo, as seguintes informações para cada título ou valor mobiliário:
a) valor patrimonial, desdobrado em: (Cta-Circ. 3.023 item 45)
    I – custo de aquisição;
    II – ágio ou deságio;
    III – rendimentos auferidos;
    IV – ajuste ao valor de mercado;
    V – perdas permanentes;
b) resultado do período, desdobrado em:
    I – rendimentos auferidos;
    II – ajuste ao valor de mercado;
    III – perdas permanentes.

8 – As instituições devem manter controles extracontábeis suficientes à disposição do Banco Central do Brasil e dos auditores independentes contendo, no mínimo, as seguintes informações para cada instrumento financeiro derivativo: (Cta-Circ. 3.023 item 46)
a) valor patrimonial, desdobrado em:

Contabilidade Bancária e de Instituições Financeiras 41

    I – custo de aquisição, acrescido dos rendimentos auferidos;

    II – ajuste ao valor de mercado.

  b) resultado, desdobrado em:

    I – rendimentos auferidos;

    II – ajuste ao valor de mercado.

9 – Deve ser realizada a compensação das valorizações e desvalorizações computadas no resultado do período ou em conta destacada do patrimônio líquido, neste último caso para os títulos classificados na categoria disponível para venda, decorrentes do ajuste ao valor de mercado, desde que dentro do próprio semestre e relativas a um mesmo título ou valor mobiliário ou instrumento financeiro derivativo. (Cta-Circ. 3.023 item 47)

10 – As empresas em liquidação extrajudicial devem classificar os seus títulos e valores mobiliários na categoria títulos disponíveis para venda. (Cta--Circ. 3.023 item 48, Cta-Circ. 3.033 item 5)

11 – O ajuste ao valor de mercado no item objeto de *hedge* deve ser registrado na conta de resultado em que se reconheça as outras rendas ou despesas relacionadas àquele item. (Cta-Circ. 3.023 item 49)

12 – Os direitos junto ao Tesouro Nacional, decorrentes de operações de securitização realizadas pela União, devem ser registrados nos títulos e subtítulos adequados do subgrupo TÍTULOS E VALORES MOBILIÁRIOS E INSTRUMENTOS FINANCEIROS DERIVATIVOS, código 1.3.0.00.00-4, do Cosif, cabendo observar, em relação aos mesmos, os critérios estabelecidos pela Circular 3.068, de 8 de novembro de 2001. (Cta-Circ. 3026 item 11)

O que são CDB e RDB?

a) Os Certificados de Depósito Bancário (CDB) e os Recibos de Depósito Bancário (RDB) são títulos privados representativos de depósitos a prazo feitos por pessoas físicas ou jurídicas. Podem emitir CDB os bancos comerciais, múltiplos, de investimento, de desenvolvimento e a Caixa Econômica Federal. Podem emitir RDB, além desses, as sociedades de crédito, financiamento e as cooperativas de crédito a seus associados.

    Qual o prazo mínimo para aplicação e resgate de CDB e RDB?

b) O prazo mínimo varia, dependendo do tipo de remuneração contratada.

    Qual a principal diferença entre CDB e RDB?

    O CDB pode ser negociado por meio de transferência. O RDB é inegociável e intransferível.

    Fonte: http://www.bcb.gov.br/?APLICACOESFAQ

1.3.0.00. Títulos e Valores Mobiliários

Os títulos e valores mobiliários adquiridos por instituições financeiras e demais instituições autorizadas a funcionar pelo Banco Central do Brasil, exceto cooperativas de crédito, agências de fomento e sociedades de crédito ao microempreendedor, devem ser registrados pelo valor efetivamente pago, inclusive corretagens e emolumentos, e devem ser classificados nas seguintes categorias: (Circ. 3.068 art. 1º)

a) títulos para negociação;

b) títulos disponíveis para venda;

c) títulos mantidos até o vencimento.

(*Cosif*)

Segundo a Lei nº 6.385/76, em seu artigo 2º, os **valores mobiliários** sujeitos ao seu regime são: *ações, partes beneficiárias e debêntures, os cupões desses títulos e os bônus de subscrição; certificados de depósito de valores mobiliários e outros títulos criados ou emitidos pelas sociedades anônimas, a critério do Conselho Monetário Nacional*, excluindo-se, entretanto, *os títulos da dívida pública federal, estadual ou municipal e os títulos cambiais de responsabilidade de instituição financeira, exceto as debêntures.*

Fonte: http://www.cvm.gov.br/port/Public/publ/1monografia.asp

(Ver Norma Básica Cosif – Grupo de Contas 1.2.)

1.3.3.00. Instrumentos Financeiros Derivativos

Norma Básica Cosif nº 35 – Instrumentos Financeiros

1. Conceitos

1 – Para fins de registro contábil, considera-se: (Res. 3.534 art. 2º)

a) instrumento financeiro: qualquer contrato que dê origem a um ativo financeiro para uma entidade e a um passivo financeiro ou instrumento de capital próprio para outra;

b) ativo financeiro:

I – dinheiro;

II – instrumento de capital próprio de outra entidade;

III – direito contratual de:

1 – receber dinheiro ou outro ativo financeiro de outra entidade; ou

2 – trocar ativos financeiros ou passivos financeiros com outra entidade em condições que sejam potencialmente favoráveis à própria entidade.

IV – contrato a ser ou que possa ser liquidado com instrumento de capital próprio da entidade e que seja:

Contabilidade Bancária e de Instituições Financeiras 43

1 – instrumento financeiro não-derivativo para o qual a entidade esteja ou possa estar obrigada a receber um número variável de instrumentos de capital próprio da entidade; ou

2 – instrumento financeiro derivativo a ser ou que possa ser liquidado por outra forma que não pela troca de um valor fixo em dinheiro ou outro ativo financeiro por um número fixo de instrumento de capital próprio da entidade;

  c) passivo financeiro:

   I – obrigação contratual de:

   1 – entregar dinheiro ou outro ativo financeiro para outra entidade; ou

   2 – trocar ativos financeiros ou passivos financeiros com outra entidade em condições que sejam potencialmente desfavoráveis à própria entidade.

   II – contrato a ser ou que possa ser liquidado com instrumento de capital próprio da entidade e que seja:

   1 – instrumento financeiro não-derivativo para o qual a entidade esteja ou possa estar obrigada a entregar um número variável de instrumentos de capital próprio da entidade; ou

   2 – instrumento financeiro derivativo a ser ou que possa ser liquidado por outra forma que não pela troca de um valor fixo em dinheiro ou outro ativo financeiro por um número fixo de instrumento de capital próprio da entidade.

  d) instrumento de capital próprio: qualquer contrato que evidencie interesse residual nos ativos de uma entidade após a dedução de todos os seus passivos;

  e) valor justo: quantia pela qual um ativo pode ser negociado ou um passivo liquidado, entre partes informadas, não relacionadas e em condições de equilíbrio;

  f) transferência de controle de ativo financeiro: quando o comprador ou cessionário passa a deter, na prática, o direito de vender ou de transferir o ativo financeiro em sua totalidade, de forma autônoma e sem imposição de restrições adicionais em decorrência da operação original de venda ou de transferência.

2 – Para as finalidades de que tratam as alíneas "b", inciso IV. 2, e "c", inciso II.2 do item anterior, os instrumentos de capital próprio da entidade não incluem instrumentos que sejam contratos para recebimento ou entrega futuros dos instrumentos de capital próprio da entidade. (Res. 3534 art. 3º)

2. Operações de Venda ou de Transferência de Ativos Financeiros

1 – As instituições financeiras e demais instituições autorizadas a funcionar pelo Banco Central do Brasil devem baixar um ativo financeiro quando: (Res. 3.533 art. 1º)

a) os direitos contratuais ao fluxo de caixa do ativo financeiro expiram; ou

b) a venda ou transferência do ativo financeiro se qualifica para a baixa nos termos da Resolução 3.533, de 31 de janeiro de 2008.

2 – As instituições referidas no item 1.35.2.1 devem classificar a venda ou a transferência de ativos financeiros, para fins de registro contábil, nas seguintes categorias: (Res. 3.533 art. 2º)

a) operações com transferência substancial dos riscos e benefícios;

b) operações com retenção substancial dos riscos e benefícios;

c) operações sem transferência nem retenção substancial dos riscos e benefícios.

3 – Na categoria operações com transferência substancial dos riscos e benefícios devem ser classificadas as operações em que o vendedor ou cedente transfere substancialmente todos os riscos e benefícios de propriedade do ativo financeiro objeto da operação, tais como: (Res. 3.533 art. 2º § 1º)

a) venda incondicional de ativo financeiro;

b) venda de ativo financeiro em conjunto com opção de recompra pelo valor justo desse ativo no momento da recompra;

c) venda de ativo financeiro em conjunto com opção de compra ou de venda cujo exercício seja improvável de ocorrer.

4 – Na categoria operações com retenção substancial dos riscos e benefícios devem ser classificadas as operações em que o vendedor ou cedente retém substancialmente todos os riscos e benefícios de propriedade do ativo financeiro objeto da operação, tais como: (Res. 3.533 art. 2º § 2º)

a) venda de ativo financeiro em conjunto com compromisso de recompra do mesmo ativo a preço fixo ou o preço de venda adicionado de quaisquer rendimentos;

b) contratos de empréstimo de títulos e valores mobiliários;

c) venda de ativo financeiro em conjunto com *swap* de taxa de retorno total que transfira a exposição ao risco de mercado de volta ao vendedor ou cedente;

d) venda de ativo financeiro em conjunto com opção de compra ou de venda cujo exercício seja provável de ocorrer;

e) venda de recebíveis para os quais o vendedor ou o cedente garanta por qualquer forma compensar o comprador ou o cessionário pelas perdas de crédito que venham a ocorrer, ou cuja venda tenha ocorrido em conjunto com a aquisição de cotas subordinadas do Fundo de Investimento

Contabilidade Bancária e de Instituições Financeiras 45

em Direitos Creditórios (FIDC) comprador, observado o disposto nos itens 1.35.2.6 a 1.35.2.9.

5 – Na categoria operações sem transferência nem retenção substancial dos riscos e benefícios devem ser classificadas as operações em que o vendedor ou cedente não transfere nem retém substancialmente todos os riscos e benefícios de propriedade do ativo financeiro objeto da operação. (Res. 3.533 art. 2° § 3°)

6 – A avaliação quanto à transferência ou retenção dos riscos e benefícios de propriedade dos ativos financeiros é de responsabilidade da instituição e deve ser efetuada com base em critérios consistentes e passíveis de verificação, utilizando-se como metodologia, preferencialmente, a comparação da exposição da instituição, antes e depois da venda ou da transferência, relativamente à variação no valor presente do fluxo de caixa esperado associado ao ativo financeiro descontado pela taxa de juros de mercado apropriada, observado que: (Res. 3.533 art. 3°)

a) a instituição vendedora ou cedente transfere substancialmente todos os riscos e benefícios quando sua exposição à variação no valor presente do fluxo de caixa futuro esperado é reduzida significativamente;

b) a instituição vendedora ou cedente retém substancialmente todos os riscos e benefícios quando sua exposição à variação no valor presente do fluxo de caixa futuro esperado não é alterada significativamente.

7 – A avaliação definida no item 1.35.2.6 não é necessária nos casos em que a transferência ou retenção dos riscos e benefícios de propriedade do ativo financeiro seja evidente. (Res. 3.533 art. 3° § 1°)

8 – Presume-se que os riscos e benefícios do ativo financeiro foram retidos pelo vendedor ou cedente quando o valor da garantia prestada, por qualquer forma, para compensação de perdas de crédito, for superior à perda provável ou ainda quando o valor das cotas subordinadas de Fundo de Investimento em Direitos Creditórios (FDIC) adquiridas for superior à perda provável. Mais especificamente, fica caracterizada a retenção substancial dos riscos e benefícios quando o valor da garantia prestada, de qualquer forma, para compensação de perdas de crédito, ou quando o valor das cotas subordinadas de Fundo de Investimento em Direitos Creditórios (FDIC) adquiridas, for superior à perda média histórica do ativo financeiro objeto da operação de venda ou de transferência, ajustada para as condições correntes da economia, acrescida de dois desvios-padrões. (Res. 3.533 art. 3° § 2°; Cta-Circ. 3.361 item 1)

9 – A avaliação definida no item 1.35.2.6 não pode ser divergente entre as instituições referidas no item 1.35.2.1 que sejam contraparte em uma mesma operação. (Res. 3.533 art. 3° § 3°)

10 – Para o registro contábil da venda ou da transferência de ativos financeiros classificada na categoria operações com transferência substancial dos riscos e benefícios, devem ser observados os seguintes procedimentos:
a) pela instituição vendedora ou cedente: (Res. 3.533 art. 4°)
I – o ativo financeiro objeto de venda ou de transferência deve ser baixado do título contábil utilizado para registro da operação original;
II – o resultado positivo ou negativo apurado na negociação deve ser apropriado ao resultado do período de forma segregada;
b) pela instituição compradora ou cessionária, o ativo financeiro adquirido deve ser registrado pelo valor pago, em conformidade com a natureza da operação original, mantidos controles analíticos extracontábeis sobre o valor original contratado da operação.

11 – No caso de venda ou de transferência de título ou valor mobiliário classificado pelo vendedor ou cedente na categoria títulos disponíveis para venda, deve ser observado o disposto no art. 2° § 2° da Circular n° 3.068, de 8 de novembro de 2001. (Res. 3.533 art. 4° § único)

12 – Para o registro contábil da venda ou da transferência de ativos financeiros classificada na categoria operações com retenção substancial dos riscos e benefícios, devem ser observados os seguintes procedimentos: (Res. 3.533 art. 5°)
a) pela instituição vendedora ou cedente:
I – o ativo financeiro objeto da venda ou da transferência deve permanecer, na sua totalidade, registrado no ativo;
II – os valores recebidos na operação devem ser registrados no ativo tendo como contrapartida passivo referente à obrigação assumida;
III – as receitas e as despesas devem ser apropriadas de forma segregada ao resultado do período pelo prazo remanescente da operação, no mínimo mensalmente.
b) pela instituição compradora ou cessionária:
I – os valores pagos na operação devem ser registrados no ativo como direito a receber da instituição cedente;
II – as receitas devem ser apropriadas ao resultado do período, pelo prazo remanescente da operação, no mínimo mensalmente.

13 – Para o registro contábil da venda ou da transferência de ativos financeiros classificada na categoria operações sem transferência nem retenção substancial dos riscos e benefícios, com transferência de controle do ativo financeiro objeto da negociação, devem ser observados os procedimentos definidos nos itens 1.35.2.10 e 1.35.2.11 e, adicionalmente, reconhecidos separadamente como ativo ou passivo quaisquer novos direitos ou obrigações advindos da venda ou da transferência. (Res. 3.533 art. 6°)

Contabilidade Bancária e de Instituições Financeiras   **47**

14 – Para o registro contábil da venda ou da transferência de ativos financeiros classificada na categoria operações sem transferência nem retenção substancial dos riscos e benefícios, com retenção do controle do ativo financeiro objeto da negociação, devem ser observados os seguintes procedimentos: (Res. 3.533 art. 7º)

a) pela instituição vendedora ou cedente:

I – o ativo permanece registrado na proporção do seu envolvimento continuado, que é o valor pelo qual a instituição continua exposta às variações no valor do ativo transferido;

II – o passivo referente à obrigação assumida na operação deve ser reconhecido;

III – o resultado positivo ou negativo apurado na negociação, referente à parcela cujos riscos e benefícios foram transferidos, deve ser apropriado proporcionalmente ao resultado do período de forma segregada;

IV – as receitas e despesas devem ser apropriadas de forma segregada ao resultado do período, pelo prazo remanescente da operação, no mínimo mensalmente.

b) pela instituição compradora ou cessionária:

I – os valores pagos na operação devem ser registrados da seguinte forma:

1 – a proporção correspondente ao ativo financeiro, para o qual o comprador ou cessionário adquire os riscos e benefícios, deve ser registrada no ativo em conformidade com a natureza da operação original;

2 – a proporção correspondente ao ativo financeiro, para o qual o comprador ou cessionário não adquire os riscos e benefícios, deve ser registrada no ativo como direito a receber da instituição cedente.

II – as receitas devem ser apropriadas ao resultado do período, pelo prazo remanescente da operação, no mínimo mensalmente.

15 – Para efeito do disposto no alínea "a", Inciso I do item 1.35.2.14, quando o envolvimento continuado adquirir a forma de garantia, de qualquer natureza, esse valor deverá ser o menor entre o valor do próprio ativo financeiro e o valor garantido. (Res. 3.533 art. 7º § único)

16 – O ativo financeiro vendido ou transferido e o respectivo passivo gerado na operação, quando houver, bem como a receita e a despesa decorrentes, devem ser registrados de forma segregada, vedada a compensação de ativos e passivos, bem como de receitas e despesas. (Res. 3.533 art. 8º)

17 – A operação de venda ou de transferência de ativos financeiros, cuja cobrança permaneça sob a responsabilidade do vendedor ou cedente, deve ser registrada como cobrança simples por conta de terceiros. (Res. 3.533 art. 9º)

18 – Eventuais benefícios e obrigações decorrentes do contrato de cobrança devem ser registrados como ativos e passivos pelo valor justo. (Res. 3.533 art. 9° § único)

19 – Para o registro contábil dos ativos financeiros oferecidos em garantia de operações de venda ou de transferência, devem ser observados os seguintes procedimentos: (Res. 3.533 art. 10)

a) pela instituição vendedora ou cedente:

I – reclassificar o ativo de forma separada de outros ativos financeiros de mesma natureza, caso a instituição compradora ou cessionária tenha o direito contratual de vendê-lo ou de oferecê-lo como garantia em uma outra operação;

II – baixar o ativo financeiro, caso se torne inadimplente na operação para a qual ofereceu o ativo financeiro como garantia e não tenha mais o direito de exigir a sua devolução.

b) pela instituição compradora ou cessionária:

I – reconhecer o passivo, pelo valor justo, referente à obrigação de devolver o ativo financeiro recebido como garantia à instituição vendedora ou cedente, caso o tenha vendido;

II – reconhecer o ativo financeiro pelo valor justo ou baixar a obrigação citada no inciso I, conforme o caso, se a instituição vendedora ou cedente se tornar inadimplente na operação para a qual ofereceu o ativo financeiro em garantia e não tenha mais o direito de exigir a sua devolução.

20 – Exceto na situação citada na alínea "b", Inciso II do item 1.35.2.19, a instituição vendedora ou cedente deve continuar reconhecendo o ativo financeiro oferecido em garantia, e a instituição compradora ou cessionária não deve reconhecê-lo como seu ativo. (Res. 3.533 art. 10 § único)

21 – Devem ser divulgadas, quando relevantes, informações em notas explicativas às demonstrações contábeis contendo, no mínimo, os seguintes aspectos relativos a cada categoria de classificação: (Res. 3.533 art. 11)

a) operações com transferência substancial dos riscos e benefícios e operações sem transferência nem retenção substancial dos riscos e benefícios, para as quais o controle foi transferido: o resultado positivo ou negativo apurado na negociação, segregado por natureza de ativo financeiro;

b) operações com retenção substancial dos riscos e benefícios:

I – a descrição da natureza dos riscos e os benefícios aos quais a instituição continua exposta, por categoria de ativo financeiro;

II – o valor contábil do ativo financeiro e da obrigação assumida, por categoria de ativo financeiro.

c) operações sem transferência nem retenção substancial dos riscos e benefícios, para as quais o controle foi retido:

Contabilidade Bancária e de Instituições Financeiras   49

I – a descrição da natureza dos riscos e benefícios aos quais a instituição continua exposta, por categoria de ativo financeiro;

II – o valor total do ativo financeiro, o valor que a instituição continua a reconhecer do ativo financeiro e o valor contábil da obrigação assumida, por categoria de ativo financeiro.

22 – As disposições previstas nesta seção do Cosif: (Res. 3.533 art. 12)
   a) aplicam-se também às operações de venda ou de transferência de parcela de ativo financeiro ou de grupo de ativos financeiros similares;
   b) somente devem ser aplicadas à parcela de ativo financeiro se o objeto da venda ou transferência for parte especificamente identificada do fluxo de caixa do ativo financeiro ou proporção do fluxo de caixa do ativo financeiro;
   c) devem ser aplicadas sobre o ativo financeiro na sua totalidade, nos demais casos.

23 – As instituições referidas no 1.35.2.1 devem manter à disposição do Banco Central do Brasil, pelo prazo mínimo de cinco anos, ou por prazo superior em decorrência de legislação específica ou de determinação expressa, os documentos que evidenciem de forma clara e objetiva os critérios para classificação e registro contábil das operações de venda ou de transferência de ativos financeiros. (Res. 3.533 art. 13)

24 – Verificada impropriedade ou inconsistência nos processos de classificação e de registro contábil da operação de venda ou de transferência de ativos financeiros, o Banco Central do Brasil poderá determinar sua reclassificação, registro ou baixa, com o consequente reconhecimento dos efeitos nas demonstrações contábeis. (Res. 3.533 art. 14)

25 – Os ativos financeiros oferecidos em garantia de operações de venda ou de transferência devem ser:
   a) reclassificados, de forma separada de outros ativos financeiros de mesma natureza, para conta específica, caso existente, ou em subtítulo de uso interno, pela instituição vendedora ou cedente, caso a instituição compradora ou cessionária tenha o direito contratual de vendê-los ou oferecê-los em garantia em uma outra operação;
   b) objeto de nota explicativa específica, para fins de divulgação nas demonstrações contábeis, segregado por tipo de ativo financeiro. (Cta--Circ. 3.360 item 9)

26 – Para fins de cálculo da taxa efetiva deve-se considerar no fluxo de caixa futuro todas as receitas e despesas diretamente associadas à operação, inclusive todas as taxas pagas ou recebidas, custos de transação, prêmios ou descontos. (Cta-Circ. 3.360 item 10)

27 – As coobrigações oferecidas em operações de venda ou de transferência de ativos financeiros continuam a ser registradas nas apropriadas contas de compensação. (Cta-Circ. 3.360 item 11)

28 – Para as operações contratadas anteriormente à entrada em vigor da Resolução nº 3.809, de 28 de outubro de 2009, para as quais tenha sido utilizada a faculdade prevista no art. 2º da Resolução nº 3.673, de 26 de dezembro de 2008, ficam mantidos os procedimentos de registro e divulgação estabelecidos na Resolução nº 3.533, de 2008, até os respectivos vencimentos. (Res. 3.809 art. 1º parágrafo único)

29 – As instituições financeiras e demais instituições autorizadas a funcionar pelo Banco Central do Brasil devem elaborar nota explicativa específica às demonstrações contábeis, divulgando o montante das operações objeto de venda ou de transferência com retenção substancial dos riscos e benefícios e a descrição da natureza dos riscos e os benefícios aos quais a instituição continua exposta, por categoria de ativo financeiro. (Res. 3.809 art. 2º)

30 – Fica facultado às instituições financeiras e demais instituições autorizadas a funcionar pelo Banco Central do Brasil o diferimento do resultado líquido negativo decorrente de renegociação de operação de crédito anteriormente cedida. (Res. 4.036 art. 1º)

31 – Para efeito do disposto no item anterior, a renegociação da operação deve ser realizada pelo devedor da operação original, uma única vez, com a mesma instituição financeira. (Res. 4.036 art. 1º § 1º)

32 – A faculdade de que trata o item 30 aplica-se somente às operações cedidas até a edição da Resolução nº 4.036, de 30 de novembro de 2011. (Res. 4.036 art. 1º § 2º)

33 – Considera-se renegociação a composição de dívida, a prorrogação, a novação, a concessão de nova operação para liquidação parcial ou integral de operação anterior ou qualquer outro tipo de acordo que implique alteração nos prazos de vencimento ou nas condições de pagamento originalmente pactuadas. (Res. 4.036 art. 1º § 3º)

34 – O prazo máximo para o diferimento deve ser 31 de dezembro de 2015 ou o prazo de vencimento da operação renegociada, dos dois o menor, observado o método linear. (Res. 4.036 art. 2º)

35 – A utilização da faculdade prevista no item 30 vincula-se à existência de controle interno individualizado, por operação, que possibilite o cálculo exato do valor a ser estornado, bem como de sua apropriação ao resultado. (Res. 4.036 art. 3º)

36 – O disposto na Resolução nº 4.036, de 2011, não se aplica às operações liquidadas antecipadamente com recursos do próprio mutuário ou com re-

Contabilidade Bancária e de Instituições Financeiras　　　　51

cursos transferidos por outra instituição, nos termos da Resolução n° 3.401, de 6 de setembro de 2006. (Res. 4.036 art. 4°)

37 – As instituições referidas no item 30 devem manter à disposição do Banco Central do Brasil, pelo prazo mínimo de cinco anos, os documentos que evidenciem de forma clara e objetiva o disposto na Resolução n° 4.036, de 2011.(Res. 4.036 art. 5°)

38 – As garantias transferidas pelos cedentes dos créditos escrituram-se no sistema de contas de compensação, a débito de DEPOSITÁRIOS DE VA-LORES EM GARANTIA, quando as mesmas ficarem sob a guarda dos cedentes ou de terceiros, como fiéis depositários, ou VALORES EM GA-RANTIA, quando as garantias ficarem na posse do cessionário do direito, em contrapartida com DEPOSITANTES DE VALORES EM GARANTIA, em ambos os casos. (Circ. 1.273)

39 – As informações a respeito de cessões de créditos a companhia securitiza-dora controlada ou coligada a cedente, direta ou indiretamente, e os cedidos com coobrigação ou outra forma de retenção de risco devem ser regular-mente prestadas a Central de Risco de Crédito. (Res. 2686 art. 2° § único)

40 – O registro contábil disciplinado pela Carta Circular n° 3.543 não exime a instituição da observância do disposto na Resolução n° 2.682, de 21 de dezembro de 1999, relativamente à classificação das referidas operações em sua integralidade. (Cta-Circ. 3.543 art. 9°)

41 – Os procedimentos para classificação, registro contábil e divulgação de operações de venda ou de transferência de ativos financeiros preconizados pela Resolução n° 3.533, de 31 de janeiro de 2008, devem ser aplicados so-mente às operações realizadas a partir de 1° de janeiro de 2012. (Cta--Circ. 3.543 art. 10)

INSTRUMENTOS FINANCEIROS DERIVATIVOS

DEFINIÇÕES

O que são derivativos?

Segundo a BM&F/Bovespa, os Derivativos são instrumentos financeiros que têm seus preços derivados (daí o nome) do preço de mercado de um bem ou de outro instrumento financeiro. Por exemplo, o mercado futuro de petró-leo é uma modalidade de derivativo cujo preço é referenciado dos negócios realizados no mercado à vista de petróleo, seu instrumento de referência. No caso de um contrato futuro de dólar, ele deriva do dólar à vista; o futuro de café, do café à vista, e assim por diante.

Uma operação com derivativos pode ter diferentes objetivos, mas os qua-tro principais são: proteção, alavancagem, especulação e arbitragem.

Entenda cada um deles:

a) – *Hedge*: é como seu fosse um seguro de preço. Objetiva proteger o participante do mercado físico de um bem ou ativo contra variações adversas de taxas, moedas ou preços.

b) – **Alavancagem**: os derivativos têm grande poder de alavancagem, já que a negociação com esses instrumentos exige menos capital do que a compra do ativo à vista. Assim, ao adicionar posições de derivativos a seus investimentos, você pode aumentar a rentabilidade total deles a um custo menor.

c) – **Especulação**: o mesmo que tomar uma posição no mercado futuro ou de opções sem uma posição correspondente no mercado à vista. Nesse caso, o objetivo é operar a tendência de preços do mercado.

d) – **Arbitragem**: significa tirar proveito da diferença de preços de um mesmo produto negociado em mercados diferentes. O objetivo é aproveitar as discrepâncias no processo de formação de preços dos diversos ativos e mercadorias e entre vencimentos.

Quais são os tipos de mercado derivativo?

Segundo a BM&F/Bovespa, são quatro os tipos de mercado derivativo: a termo, futuro, de opções e de *swap*. Conheça suas definições:

1) – **Mercado a termo**: Como comprador ou vendedor do contrato a termo, você se compromete a comprar ou vender certa quantidade de um bem (mercadoria ou ativo financeiro) por um preço fixado, ainda na data de realização do negócio. A data de realização do negócio e a realização são pré-estabelecidas para uma data futura. Os contratos a termo somente são liquidados integralmente no vencimento. Podem ser negociados em bolsa e no mercado de balcão.

2) – **Mercado futuro**: Deve-se entender o mercado futuro como uma evolução do mercado a termo. Você se compromete a comprar ou vender certa quantidade de um ativo por um preço estipulado para a liquidação em data futura. A definição é semelhante, tendo como principal diferença a liquidação de seus compromissos somente na data de vencimento, no caso do mercado a termo. Já no mercado futuro, os compromissos são ajustados diariamente às expectativas do mercado referentes ao preço futuro daquele bem, por meio do ajuste diário (mecanismo que apura perdas e ganhos). Além disso, os contratos futuros são negociados somente em bolsas.

3) – **Mercado de opções**: No mercado de opções, negocia-se o direito de comprar ou de vender um bem por um preço fixo numa data futura. Quem adquirir o direito deve pagar um prêmio ao vendedor tal como num acordo seguro.

Contabilidade Bancária e de Instituições Financeiras 53

4) – Mercado de *swap*: No mercado de *swap*, negocia-se a troca de rentabilidade entre dois bens. Pode-se definir o contrato de *swap* como um acordo, entre duas partes, que estabelecem a troca de fluxo de caixa tendo como base a comparação da rentabilidade entre dois bens. A operação de *swap* é muito semelhante à operação a termo, uma vez que sua liquidação ocorre integralmente no vencimento.

O que são e quais são os Instrumentos Financeiros Derivativos?

Segundo o Cosif, entende-se por Instrumentos Financeiros Derivativos aqueles cujo valor varia em decorrência de mudanças em taxa de juros, preço de título ou valor mobiliário, preço de mercadoria, taxa de câmbio, índice de bolsa de valores, índice de preço, índice ou classificação de crédito, ou qualquer outra variável similar específica, cujo investimento inicial seja inexistente ou pequeno em relação ao valor do contrato, e que sejam liquidados em data futura.

A Comissão de Valores Mobiliários (CVM) expediu a **Instrução CVM 467/2008** que dispõe sobre a aprovação de contratos derivativos admitidos à negociação ou registrados nos mercados organizados de valores mobiliários.

• Ainda segundo o Banco Central do Brasil, entre as operações com as citadas características de Instrumentos Financeiros Derivativos estão:
• **Derivativos Financeiros e Agropecuários**
• **Derivativos de Crédito**
• **Operações Compromissadas**
• **Fundos Derivativos**

Operações de *Hedge*

OPERAÇÕES COMPROMISSADAS

As operações compromissadas foram reguladas pelo Conselho Monetário Nacional (CMN) para serem lastreadas por Títulos Públicos e Títulos Privados. Veja a consolidação das normas em vigor sobre **Operações Compromissadas** (MNI 2-14).

Veja quais são os **Sistemas de Registro, Custódia e Liquidação Financeira**

Mas existem contratos de operações compromissadas que podem ser realizados por meio da BM&F/Bovespa.

Quais são as operações compromissadas por recompra e revenda constantes do Clearing de Ativos?

Veja quais são os **tipos de contrato de operações compromissadas** que podem ser negociados mediante o Clearing de Ativos (sistema de registro liquidação e custódia) da BM&F/ Bovespa

FUNDOS DERIVATIVOS

O que são Fundos Derivativos?

Esses fundos aplicam em ativos de renda fixa pré ou pós-fixados e tendem a investir de forma agressiva em mercados mais sofisticados como futuros, opções e swaps de forma a maximizar o retorno. Fonte: Intra Corretora.

OPERAÇÕES DE *HEDGE*

Quando as operações com instrumentos Financeiros Derivativos são consideradas como *HEDGE*?

Segundo o Cosif expedido pelo Banco Central do Brasil, entende-se por *hedge* a designação de um ou mais instrumentos financeiros derivativos com o objetivo de compensar, no todo ou em parte, os riscos decorrentes da exposição às variações no valor de mercado ou no fluxo de caixa de qualquer ativo, passivo, compromisso ou transação futura prevista, registrado contabilmente ou não, ou ainda grupos ou partes desses itens com características similares e cuja resposta ao risco objeto de *hedge* ocorra de modo semelhante.

A BM&F/Bovespa deixa claro que **Hedge** é uma espécie de seguro para manutenção do preço de mercado. Objetiva proteger o participante do mercado físico de um bem ou ativo contra variações adversas de taxas, de moedas ou de preços de negociação (precificação = formação de preços). As operações de *hedge* podem ser efetuadas nos Mercados Futuros de Ouro, de Taxas de Juros, de Moedas e de Índices.

Portanto, as operações de *Hedge* visam a proteção de Ativos ou Passivos para evitar perdas com a desvalorização (menor valia) de Ativos Financeiros e no sentido de também perdas com a valorização (mais valia) de Passivos.

As operações com instrumentos financeiros derivativos destinadas a *hedge*, nas instituições do SFN devem ser classificadas em uma das categorias a seguir:

a) *hedge* de risco de mercado;

b) *hedge* de fluxo de caixa.

É considerado operação de *Hedge* quando o instrumento financeiro derivativo for contratado em negociação associada à operação de captação ou aplicação de recursos, a valorização ou desvalorização decorrente de ajuste a valor de mercado poderá ser desconsiderada, desde que:

a) não seja permitida a sua negociação ou liquidação em separado da operação a ele associada;

b) nas hipóteses de liquidação antecipada da operação associada, a mesma ocorra pelo valor contratado;

c) seja contratado pelo mesmo prazo e com a mesma contraparte da operação associada.

Fonte: http://www.cosif.com.br/mostra.asp?arquivo=mtvm_instrfinancder

Contabilidade Bancária e de Instituições Financeiras 55

1.4.0.00. Relações Interfinanceiras e Interdependências

Essas contas são relevantes aos bancos, pois são resultados dos serviços de compensação de cheques, créditos vinculados e os repasses interfinanceiros.

A compensação de cheques, função elementar dos bancos comerciais, envolve os serviços de pagamentos e recebimentos de cheques e outros papéis liquidáveis na praça.

Os créditos vinculados registram os vários depósitos efetuados pela instituição junto ao Banco Central, identificados como de natureza compulsória ou vinculados a determinadas operações especiais.

Os repasses interfinanceiros representam os créditos do banco decorrente de repasses efetuados a outras instituições. Os valores são registrados de conformidade com a natureza dos recursos (repasse de recursos do crédito rural, repasses de recursos externos, etc.).

Na hipótese de o banco manter correspondentes no exterior e no País, instituições financeiras ou não, o fluxo de recursos originado dessas operações é também registrado nesse grupo.[1]

[1]do livro "Estrutura e Análise de Balanços, Atlas, Alexandre Assaf Neto

Norma Básica Cosif Nº 5 – Relações Interfinanceiras e Interdependências

1. Serviço de Compensação de Cheques e Outros Papéis

1 – Compensação de Pagamentos – na contabilização de cheques e outros papéis liquidáveis na praça pelo Serviço de Compensação, observam-se as seguintes normas: (Circ. 1.273)

   a) os cheques e outros papéis apresentados à instituição sacada registram--se a débito das contas adequadas, com a mesma data da sessão de troca;

   b) os cheques e documentos recebidos em devolução registram-se na data de sua ocorrência.

2 – Compensação de Recebimentos: (Circ. 1.273)

   a) ressalvado o disposto nos incisos I e II desta alínea, o expediente para recebimento de cobranças liquidáveis pelo Serviço de Compensação encerra-se em horário que permita o encaminhamento das fichas de compensação, no mesmo dia, àquele serviço, inclusive as relativas a títulos pagos com cheques emitidos contra outros bancos:

   I – as fichas de compensação relativas ao Documento de Crédito podem ser encaminhadas ao serviço até o dia útil imediato ao do recebimento, desde que no dia do recebimento os valores respectivos desses documentos sejam contabilizados em CREDORES DIVERSOS – PAÍS, no subtítulo de uso interno Compensação de Recebimentos a Remeter;

   II – na ocorrência de feriado municipal em praça centralizadora de Sistema Integrado Regional de Compensação, as fichas de compensação relativas a Bloquete de Cobrança e a Documento de Crédito podem ser encaminhadas ao Serviço de Compensação até o dia útil imediato ao do recebimento, devendo ter seus valores contabilizados, no dia do acolhimento, em CREDORES DIVERSOS – PAÍS, no subtítulo de uso interno Compensação de Recebimentos – Feriado na Centralizadora.

b) registram-se na data da sessão de troca do Serviço de Compensação:

I – os recebimentos feitos pela instituição a serem liquidados pelo Serviço de Compensação (fichas de compensação remetidas);

II – os recebimentos pelo Serviço de Compensação considerados bons, bem como os que serão devolvidos (fichas de compensação recebidas).

c) registram-se na data da sessão de devolução os recebimentos que foram encaminhados ao Serviço de Compensação no dia da sessão de troca (fichas de compensação remetidas), mas que foram devolvidos por outras instituições.

3 – Compensação Integrada: (Circ. 1.273)

a) na compensação integrada de pagamentos e recebimentos, observam-se as normas relativas ao Serviço de Compensação de Cheques e Outros Papéis;

b) à dependência centralizadora cabe remeter ao Serviço de Compensação os documentos seus e os das outras dependências, utilizando nas liquidações a adequada conta do subgrupo Disponibilidades;

c) o trânsito de documentos entre as dependências que participam da compensação integrada (centralizadas) e a centralizadora (participa diretamente da compensação) se faz por intermédio de DEPENDÊNCIAS NO PAÍS, ou, opcionalmente, com utilização normal das diversas contas do Serviço de Compensação de Cheques e Outros Papéis;

d) a conta CHEQUES E OUTROS PAPÉIS A REMETER AO SERVIÇO DE COMPENSAÇÃO pode ser utilizada a nível de dependência centralizada.

2. Créditos Vinculados/Obrigações Vinculadas

1 – Os valores em moeda estrangeira depositados no Banco Central registram--se em BANCO CENTRAL – DEPÓSITOS EM MOEDAS ESTRANGEIRAS, cujo saldo deve ser reajustado mensalmente, com base na taxa de compra da moeda estrangeira depositada, fixada pelo Banco Central para fins de balancetes e balanços. (Circ. 1.273)

2 – Os demais depósitos efetuados no Banco Central, compulsórios ou vinculados a operações especiais, registram-se pelos respectivos valores e atualizam-se segundo sua movimentação. (Circ. 1.273)

3 – Os juros e ajustes monetários sobre os depósitos em moeda estrangeira no Banco Central, bem como sobre outros recolhimentos e depósitos que se constituem em créditos vinculados, apropriam-se a crédito de RENDAS

Contabilidade Bancária e de Instituições Financeiras 57

DE CRÉDITOS VINCULADOS AO BANCO CENTRAL, subtítulo de uso interno adequado. (Circ. 1.273)

4 – Os depósitos mantidos por bancos de desenvolvimento em instituições oficiais, vinculados a convênios de repasse de linhas de crédito ou de prestação de serviços, registram-se nesse desdobramento e sujeitam-se às demais instruções, quando aplicáveis. (Circ. 1.273)

5 – A parcela de reservas bancárias livres dos bancos comerciais – parcela cuja utilização não comprometa o cumprimento da média no período – deve ser reclassificada, por ocasião dos balancetes e balanços, para BANCO CENTRAL – RESERVAS LIVRES EM ESPÉCIE, do subgrupo Disponibilidades; no primeiro dia útil imediato, efetua-se a reversão desse lançamento. (Circ. 1.273)

6 – Com relação às contas do desdobramento, a instituição deve: (Circ. 1.273)
  a) proceder a conciliação periódica, pelo menos uma vez por mês, sendo obrigatória por ocasião de balanços;
  b) manter controles analíticos que permitam identificar a natureza dos depósitos e sua vinculação específica.

7 – Os valores recolhidos ao Banco Central em dinheiro ou títulos na forma do disposto no art. 3º, parágrafo único, da Resolução nº 2.099, de 17 de agosto de 1994, relativos a depósitos de acionistas ou quotistas para suprir a deficiência verificada no enquadramento do patrimônio líquido da instituição, devem ser registrados em BANCO CENTRAL – OUTROS DEPÓSITOS, código 1.4.2.35.00-5. (Cta-Circ. 2.541 item 18)

8 – As instituições que optarem pela novação de dívidas e responsabilidades junto ao Fundo de Compensação de Variações Salariais (FCVS), no momento da entrega do requerimento previsto no inciso III do art. 2º da Medida Provisória nº 1.520-2, de 22 de novembro de 1996:
  a) podem reverter a provisão constituída sobre os créditos objeto de novação; (Cta-Circ. 2.704 item 1 I)
  b) devem, se efetuada a reversão da respectiva provisão constituída, registrá-la em contrapartida ao resultado do período. (Cta-Circ. 2.704 item 1 II);
  c) fica limitado o reconhecimento de receitas correspondente aos encargos previstos para a novação, inclusive relativamente às parcelas de responsabilidade do Fundo nos contratos "em ser". (Circ. 2.801 art. 1º § 2º)

9 – A partir do momento em que houver a realização de operações regulares no mercado secundário, as instituições que optaram pela novação devem constituir provisão para ajustar o crédito ao valor de mercado. (Cta-Circ. 2.704 item 2)

10 – Os procedimentos relativos à opção pela novação dos créditos do FCVS, bem como os respectivos efeitos no resultado e no patrimônio líquido devem ser quantificados e divulgados nas notas explicativas das demons-

58 *Inácio Dantas*

trações financeiras do período em que for realizada mencionada opção. (Cta-Circ. 2.704 item 3)

11 – O procedimento contábil previsto nos itens 8 e 9 anteriores não contempla os aspectos fiscais, sendo de inteira responsabilidade da instituição a observância das normas pertinentes. (Cta-Circ. 2.704 item 4)

12 – Os encargos relativos às operações de Redesconto do Banco Central devem ser apropriados a débito da conta DESPESAS DE REDESCONTO DO BANCO CENTRAL, em razão da fluência de seus prazos. (Cta-Circ. 2.900 item 8)

13 – As operações de Redesconto do Banco Central, na modalidade de compra, com compromisso de revenda, devem ser computadas para efeito dos limites operacionais estabelecidos no art. 7º do Regulamento anexo à Resolução nº 2.675, de 21 de dezembro de 1999, observadas as demais condições previstas naquele Regulamento. (Cta-Circ. 2.900 item 10)

3. Repasses Interfinanceiros

1 – Nos repasses a outras instituições, os créditos decorrentes registram-se de conformidade com a natureza dos recursos, observando-se a sistemática de contabilização vigente para as operações ativas, segundo as características de cada operação contratada. (Circ. 1.273)

2 – Com relação às contas do desdobramento, a instituição deve adotar controles analíticos que permitam identificar os devedores e as características dos repasses efetivados (valor, encargos, prazo, vencimento), bem como os encargos apropriados. (Circ. 1.273)

4. Relações com Correspondentes

1 – Registra-se no desdobramento Relações com Correspondentes o fluxo de recursos que se processa com terceiros, instituições financeiras ou não, realizado para atender aos objetivos firmados no documento que formalizou a condição de correspondente. (Circ. 1.273)

2 – Com relação às contas do desdobramento, a instituição deve: (Circ. 1.273)
a) proceder a conciliação periódica, pelo menos uma vez por mês;
b) manter controles analíticos que permitam a identificação dos saldos devedores e credores, a procedência dos valores registrados e as pendências que compõem o saldo das contas;
c) providenciar, mensalmente, a cobertura dos saldos resultantes das relações com correspondentes e exigir igual procedimento para regularização dos saldos que lhe forem favoráveis.

3 – Na elaboração de balancetes e balanços não é permitida a compensação de saldos devedores e credores de instituições correspondentes distintas. (Circ. 1.273)

Contabilidade Bancária e de Instituições Financeiras 59

5. Recursos em Trânsito de Terceiros

1 – Entendem-se por recursos em trânsito de terceiros as transferências em processamento entre as diversas dependências e departamentos da instituição para cumprimento de ordens de pagamento, cobranças, recebimentos e pagamentos por conta de terceiros e sociedades ligadas. (Circ. 1.273)

2 – Nas instituições que efetuam, mediante convênio, pagamentos por conta de sociedades ligadas, os registros são feitos a débito da conta de depósitos, se efetuados na dependência centralizadora, ou na conta PAGAMENTOS EM TRÂNSITO DE SOCIEDADES LIGADAS, se realizados em outras dependências. (Circ. 1.273)

3 – Consideram-se sociedades ligadas, para aplicação do disposto no item anterior, aquelas enquadráveis nas condições do item 1.1.9. (Circ. 1.273)

4 – Os pagamentos habituais por conta de terceiros, efetuados necessariamente com base em convênios, registram-se a débito da conta de depósitos se processados na dependência centralizadora, ou a débito de PAGAMENTOS EM TRÂNSITO DE TERCEIROS quando efetuados por outras dependências. As transferências para a dependência detentora da conta que acolhe os débitos contabilizam-se simultaneamente com os pagamentos efetuados. (Circ. 1.273)

5 – Caracterizam-se como cobrança os procedimentos e serviços executados para a realização de créditos consubstanciados em títulos, efeitos comerciais, documentos e papéis de qualquer natureza, entregues por terceiros ou por outras dependências da própria instituição, oportuna e obrigatoriamente registrados em contas de compensação. (Circ. 1.273)

6 – Os recebimentos por conta de terceiros e de sociedades ligadas, não precedidos de registro em conta de compensação, que não se definem para efeito contábil como papéis em cobrança, registram-se: (Circ. 1.273)

a) quando se tratar de carnês, bilhetes de seguro, contas de água, luz, telefone e outras, nas contas de depósitos dos titulares ou cm RECEBIMENTOS EM TRÂNSITO DE TERCEIROS ou RECEBIMENTOS EM TRÂNSITO DE SOCIEDADES LIGADAS, se realizados em outras dependências;

b) quando se tratar de arrecadação de tributos em geral, contribuições previdenciárias, sindicais e outras, em conta adequada do subgrupo Outras Obrigações – Cobrança e Arrecadação de Tributos e Assemelhados, com transferência para a centralizadora mediante a utilização de RECEBIMENTOS EM TRÂNSITO DE TERCEIROS, quando a dependência arrecadadora não for a responsável, nos termos do convênio, pelo repasse aos beneficiários.

7 – Não é permitida a utilização de uma única conta para registro, tanto dos pagamentos, quanto dos recebimentos. (Circ. 1.273)

8 – A remuneração dos serviços prestados pela instituição a ligadas deve ser cobrada com base em tarifas estipuladas de acordo com critérios estabelecidos em cláusula específica que deve constar dos convênios. É obrigatória a manutenção dos convênios firmados, nas sedes das instituições, à disposição do Banco Central. (Circ. 1.273)

9 – Devem ser registrados em conta de depósitos à vista do beneficiário os valores correspondentes às seguintes operações: (Circ. 2.535 art. 1º caput, com redação dada pela Circ. 3.001 art. 1º)

   a) cobrança de créditos de qualquer natureza, direitos ou valores, representados ou não por títulos, inclusive cheques;

   b) recebimento de carnês, contas ou faturas de concessionárias de serviços públicos e prestações de consórcios, bem como quaisquer outros valores, não abrangidos no inciso anterior;

   c) coleta de numerário, inclusive cheques, realizada por meio de serviço especializado mantido ou contratado pela instituição financeira ou pelo próprio interessado;

   d) lançamentos interdependências e outros assemelhados.

10 – O registro contábil das operações de que trata o item 9 deve ser efetuado na conta de depósitos à vista do credor dos valores cobrados, arrecadados ou colocados à sua disposição. (Circ. 2.535 art. 1º § 1º, com redação dada pela Circ. 3.001 art. 1º)

11 – Em se tratando de beneficiário não titular de conta de depósitos à vista na instituição, os recursos por essa recebidos na forma do item 9 devem ser transferidos para instituição onde o beneficiário mantenha conta de depósitos à vista, à qual também se aplicam as disposições desta seção. (Circ. 2.535 art. 1º § 2º, com redação dada pela Circ. 3.001 art. 1º)

12 – Fica dispensada a realização de depósitos nos termos do item 9 quando a instituição estiver atuando na prestação de serviços de administração de recursos destinados à aplicação e ao resgate de investimentos por conta e ordem de seus clientes, hipótese em que os recursos poderão ser registrados em conta de depósitos à vista de titularidade da instituição, vinculadas a contas correntes não movimentáveis por cheque abertas em nome dos respectivos clientes, cuja movimentação deve observar as condições estabelecidas na legislação e na regulamentação aplicáveis. (Circ. 2.535 art. 1º § 3º, com redação dada pela Circ. 3.001 art. 1º)

13 – Os valores relativos a recebimentos por conta de terceiros devem ser registrados, na dependência detentora da conta corrente de depósitos do beneficiário, no título contábil DEPÓSITOS VINCULADOS, código

Contabilidade Bancária e de Instituições Financeiras 61

4.1.1.85.00-1, pelo período de tempo em que tais recursos estiverem indisponíveis para movimentação pelo titular, por força de convênio. (Circ. 2.535 art. 1º)

14 – Os valores relativos a recebimentos por conta de terceiros não detentores de conta corrente devem ser registrados na dependência encarregada do pagamento ou repasse ao beneficiário pelo período de tempo em que tais recursos estiverem indisponíveis, por força do convênio, no título contábil DEPÓSITOS VINCULADOS. (Circ. 2.535 art. 1º § 1º)

15 – Eventuais recebimentos não caracterizados nos termos do item 13 devem ser registrados, na mesma data, diretamente na conta corrente do favorecido, no desdobramento do subgrupo Depósitos à Vista. (Circ. 2.535 art. 1º § 2º)

16 – Os recursos colocados à disposição da instituição pelos correntistas para, nos termos de convênio específico, efetuar pagamentos em seu nome, devem ser registrados no título contábil DEPÓSITOS VINCULADOS, até a execução da ordem. (Circ. 2.535 art. 2º)

17 – No caso de ser a liquidação finalizada em outra dependência, a transferência deve ser efetuada em contrapartida ao título contábil ORDENS DE PAGAMENTO, código 4.5.1.40.00-4. (Circ. 2.535 art. 2º § único)

6. Ordens de Pagamento

1 – As dependências encarregadas do cumprimento de ordens de pagamento devem manter: (Circ. 1.273)
   a) controles que permitam a conferência, a qualquer tempo, das pendências a seu cargo;
   b) registros que comprovem efetivas providências para a identificação e localização dos beneficiários das ordens pendentes.

2 – A conta ORDENS DE PAGAMENTO expressa, nos balancetes e balanços, o saldo líquido das ordens entre as diversas dependências no país – emissão menos cumprimento , de modo que revele a efetiva exigibilidade decorrente do serviço. (Circ. 1.273)

7. Transferências Internas de Recursos

1 – Entende-se por transferências internas de recursos a movimentação em processamento entre dependências e departamentos, as quais não representem, na ocasião da execução ou correspondência dos respectivos lançamentos, alterações nas posições de direitos ou obrigações em relação a terceiros. (Circ. 1.273)

2 – Nas transferências de recursos entre as dependências da instituição observa-se que: (Circ. 1.273)

a) a remessa de dinheiro em espécie escritura-se em NUMERÁRIO EM TRÂNSITO;

b) as cessões de disponibilidades mantidas em Reservas Livres junto ao Banco Central registram-se em SUPRIMENTOS INTERDEPENDÊNCIAS;

c) os débitos e créditos entre as dependências e os departamentos da instituição contabilizam-se em DEPENDÊNCIAS NO PAÍS, quando não estiver prevista a utilização de conta específica;

d) não são permitidas quaisquer pendências por ocasião dos balancetes e balanços em contas interdependências relacionadas com a transferência de receitas ou despesas entre sede, dependências ou departamentos.

8. Disposições Gerais

1 – Nas transferências interdependências efetuadas por intermédio de sistema de processamento de dados, quando o referido sistema, automaticamente, executa ou corresponde o lançamento no mesmo dia, não permitindo a manutenção de pendências, pode ser utilizada unicamente a conta DEPENDÊNCIAS NO PAÍS, independentemente da natureza dos valores transferidos. (Circ. 1.273)

2 – Periodicamente, após conciliação, transferem-se para DEPENDÊNCIAS NO PAÍS os valores efetivamente liquidados, permanecendo nas contas específicas do subgrupo Relações Interdependências apenas os registros ainda sem correspondência, sendo que no decorrer dos meses de junho e dezembro o procedimento é obrigatório. (Circ. 1.273)

3 – A sistemática de conciliação e baixa prevista no item anterior deve ser programada de forma que os lançamentos se processem simultaneamente, em todas as dependências da instituição ou na centralizadora, se adotado o sistema de escrituração centralizada, para não permitir a ocorrência de inversão de saldos a nível global. (Circ. 1.273)

4 – Com vistas ao levantamento de adequada posição econômico-financeira, os avisos de lançamentos interdependências devem ser expedidos no dia da contabilização e ser correspondidos no dia do seu recebimento, sendo obrigatória a adoção de controles que permitam identificar as datas de expedição e recebimento dos mesmos. (Circ. 1.273; Circ. 2.535 art. 3º)

5 – A compensação e o balanceamento de saldos de contas que envolvam lançamentos interdependências seguem a norma do item 1.20.2. (Circ. 1.273)

6 – A instituição deve manter controles analíticos que permitam identificar todas as pendências que integram o saldo de cada conta do subgrupo, assim como efetuar conciliações periódicas, no mínimo uma vez por mês e por ocasião dos balanços, adotando, de imediato, as providências necessárias a sua regularização. (Circ. 1.273)

1.4.2.00. Créditos Vinculados

1.4.2.28. Reservas Compulsórias em Espécie – Banco Central

O que são as reservas compulsórias estabelecidas pelo BCB? Qual é o seu objetivo?

O BCB está autorizado pela Lei nº 4.595, com a redação dada pela Lei nº 7.730, de 31de janeiro de 1989, a instituir recolhimento compulsório de até 100% sobre os depósitos à vista e até 60% de outros títulos contábeis das instituições financeiras.

Obedecidos aos limites máximos estabelecidos, a Diretoria Colegiada do BCB pode alterar as alíquotas de recolhimento compulsório a qualquer tempo. As instituições financeiras podem ser obrigadas a se enquadrarem às novas alíquotas imediatamente (quando o objetivo do BCB for impactar imediatamente essas instituições) ou após algum prazo.

O recolhimento compulsório sobre recursos à vista incide sobre os depósitos à vista e sob aviso, e também sobre recursos transitórios acolhidos pelos bancos, como cheques administrativos, recebimentos de tributos e assemelhados, recursos em trânsito de terceiros e recursos oriundos de garantias realizadas.

O objetivo das reservas compulsórias é esterilizar parte dos recursos captados pelas instituições financeiras de forma a controlar a liquidez agregada e reduzir a capacidade de criação de moeda pelas instituições financeiras. Ao realizar crédito em conta corrente, uma instituição bancária cria meios de pagamento que, ao serem utilizados pelo tomador de crédito, geram depósito em outra instituição financeira, que passa a dispor da capacidade de gerar novo crédito a outro cliente, e assim por diante. A repetição desse mecanismo mostra a capacidade do setor bancário de multiplicar a moeda. No intuito de reduzir essa capacidade, o BCB exige que certa parcela dos depósitos à vista e de outras rubricas contábeis da rede bancária permaneça depositada na autoridade monetária.

Fonte:http://www1.bcb.gov.br

Recolhimentos compulsórios, encaixe e direcionamentos obrigatórios

O Banco Central tem à sua disposição, segundo a teoria clássica, três instrumentos para a realização da política monetária: operações de mercado aberto, redesconto e recolhimentos compulsórios. Os recolhimentos compulsórios constituem-se em um instrumento à disposição do Banco Central para influenciar a quantidade de moeda na economia. Eles representam uma parcela dos depósitos captados pelos bancos que devem ser mantidos compulsoriamente "esterilizados" no Banco Central. A alíquota dos recolhimentos compulsórios é um dos determinantes do multiplicador monetário, ou seja, do quociente da oferta de moeda em relação à base monetária. Por exemplo, diminuições na alíquota farão com que os bancos possam emprestar maior parcela das suas reservas e, portanto, aumentarão a quantidade total de moeda para uma dada quantidade de base monetária.

Atualmente, no Brasil, existem as seguintes modalidades de recolhimentos compulsórios e de encaixe obrigatório:
- Recolhimento compulsório sobre recursos à vista;
- Recolhimento compulsório sobre recursos de depósitos e de garantias realizadas;
- Encaixe obrigatório sobre recursos de depósitos de poupança;
- Recolhimento compulsório sobre recursos a prazo;
- Exigibilidade adicional sobre depósitos.

Existem, além desses, três tipos de recolhimento compulsório que atualmente estão com alíquotas iguais a zero:
- Recolhimento compulsório sobre a concessão de aval, fiança ou outras garantias em operações de empréstimos/financiamentos entre pessoas físicas ou jurídicas não financeiras (Circular nº 2.563, de 27 de abril de 1995);
- Recolhimento compulsório sobre operações ativas e passivas (Circular nº 2.511, de 2 de dezembro de 1994);
- Recolhimento compulsório sobre posição vendida de câmbio (Circular nº 3.548, de 8 de julho de 2011).

Além dos recolhimentos compulsórios, há outros tipos de recolhimento obrigatórios realizados no Banco Central. São eles:
- os depósitos decorrentes de insuficiência no direcionamento para operações de financiamento imobiliário dos recursos captados em depósitos de poupança;
- insuficiência no direcionamento dos recursos captados em depósitos à vista para operações de crédito destinadas à população de baixa renda e a microempreendedores; e
- o decorrente da insuficiência no direcionamento para crédito rural[1].

Circular nº 3.569 de 22/12/2011 / Banco Central do Brasil (Bacen) (D.O.U. 26/12/2011)

Regras do recolhimento compulsório sobre recursos a prazo

Redefine e consolida as regras do recolhimento compulsório sobre recursos a prazo.

---

[1] Para mais esclarecimentos sobre o depósito decorrente da insuficiência no direcionamento para crédito rural dos recursos captados em depósitos à vista, consultar o Manual do Crédito Rural (MCR).
Fonte: http://www.bcb.gov.br/?COMPULSORIOS

Contabilidade Bancária e de Instituições Financeiras 65

Circular n° 3.569 de 22/12/2011
(Ver Carta-Circular Bacen n° 3.541 de 2012)
A Diretoria Colegiada do Banco Central do Brasil, em sessão extraordinária realizada em 22 de dezembro de 2011, com base nos arts. 10, incisos III e IV, e 34 da Lei n° 4.595, de 31 de dezembro de 1964, nos arts. 66 e 67 da Lei n° 9.069, de 29 de junho de 1995, e na Circular n° 3.529, de 29 de março de 2011, Resolve:

Art. 1° O recolhimento compulsório sobre recursos a prazo, ao qual se sujeitam os bancos comerciais, bancos múltiplos, bancos de desenvolvimento, bancos de investimento, bancos de câmbio, caixas econômicas e sociedades de crédito, financiamento e investimento, deve observar as regras desta Circular.

Art. 2° Constitui Valor Sujeito a Recolhimento (VSR) a soma dos saldos inscritos nas seguintes rubricas contábeis do Plano Contábil das Instituições do Sistema Financeiro Nacional (Cosif):

I – 4.1.3.10.60-1 Ligadas – Sociedade de Arrendamento Mercantil;
II – 4.1.3.10.65-6 Ligadas com Garantia – Sociedade de Arrendamento Mercantil;
III – 4.1.3.10.70-4 Não Ligadas – Sociedade de Arrendamento Mercantil;
IV – 4.1.3.10.75-9 Não Ligadas com Garantia – Sociedade de Arrendamento Mercantil;
V – 4.1.5.10.00-9 Depósitos a Prazo;
VI – 4.3.1.00.00-8 Recursos de Aceites Cambiais;
VII – 4.3.4.50.00-2 Cédulas Pignoratícias de Debêntures;
VIII – 4.2.1.10.80-0 Títulos de Emissão Própria; e
IX – 4.9.9.12.20-7 Contratos de Assunção de Obrigações – Vinculados a Operações Realizadas no Exterior.

Art. 3° A base de cálculo da exigibilidade de recolhimento compulsório sobre recursos a prazo corresponde à média aritmética dos VSR apurados nos dias úteis do período de cálculo, deduzida de R$ 30.000.000,00 (trinta milhões de reais).

Parágrafo único. O período de cálculo compreende os dias úteis de uma semana, com início na segunda-feira e término na sexta-feira.

Art. 4° A exigibilidade de recolhimento compulsório é apurada mediante a aplicação da alíquota de 20% (vinte por cento) sobre a base de cálculo de que trata o art. 3°.

Art. 5° A exigibilidade, calculada na forma do art. 4°, será deduzida das seguintes parcelas:

I – R$ 3.000.000.000,00 (três bilhões de reais), para as instituições financeiras independentes ou integrantes de conglomerado financeiro cujo Nível I do Patrimônio de Referência (PR) seja inferior a R$ 2.000.000.000,00 (dois bilhões de reais);

II – R$ 2.000.000.000,00 (dois bilhões de reais), para as instituições financeiras independentes ou integrantes de conglomerado financeiro cujo Nível I do PR seja igual ou superior a R$ 2.000.000.000,00 (dois bilhões de reais) e inferior a R$ 5.000.000.000,00 (cinco bilhões de reais);

III – R$ 1.000.000.000,00 (um bilhão de reais), para as instituições financeiras independentes ou integrantes de conglomerado financeiro cujo Nível I do PR seja igual ou superior a R$ 5.000.000.000,00 (cinco bilhões de reais) e inferior a R$ 7.000.000.000,00 (sete bilhões de reais);

IV – zero, para as instituições financeiras independentes ou integrantes de conglomerado financeiro cujo Nível I do PR seja igual ou superior a R$ 7.000.000.000,00 (sete bilhões de reais).

§ 1º Para fins da dedução de que trata este artigo, será considerada a última posição disponível do valor correspondente ao Nível I do PR, cujo prazo regulamentar para remessa esteja esgotado, apurado na forma estabelecida na Resolução nº 3.444, de 28 de fevereiro de 2007, e informado ao Banco Central do Brasil por intermédio do Demonstrativo de Limites Operacionais (DLO) – Documento 2.041.

§ 2º Para as instituições financeiras em início de atividade, o valor correspondente ao Nível I do PR será considerado zero enquanto não houver posição disponível nos termos do § 1º deste artigo.

§ 3º As instituições financeiras cujas exigibilidades sejam iguais ou inferiores a R$ 500.000,00 (quinhentos mil reais) estão isentas do recolhimento compulsório de que trata esta Circular, devendo, no entanto, prestar as informações conforme estabelecido no art. 8º desta Circular.

Art. 6º A exigibilidade apurada vigora da sexta-feira da semana posterior ao encerramento do período de cálculo, ou do dia útil seguinte, se a sexta-feira não for dia útil, até a quinta-feira subsequente, devendo ser cumprida em espécie, mediante recolhimento em conta específica.

§ 1º O saldo de encerramento diário da respectiva conta de recolhimento deve corresponder a 100% (cem por cento) da exigibilidade, observado o disposto no art. 11 desta Circular.

§ 2º O recolhimento da exigibilidade deve ser efetuado exclusivamente por instituição titular de conta Reservas Bancárias ou de Conta de Liquidação, que comandará a respectiva transferência a crédito da conta de recolhimento.

§ 3º A conta de recolhimento pode ser livremente movimentada pela instituição titular, a crédito de sua conta Reservas Bancárias ou Conta de Liquidação, durante o horário estabelecido para o funcionamento do Sistema de Transferência de Reservas (STR) do Banco Central do Brasil.

§ 4º A instituição não titular de conta Reservas Bancárias nem de Conta de Liquidação pode movimentar sua conta de recolhimento a crédito de conta Reservas Bancárias de sua livre escolha a cada movimentação.

Art. 7º A instituição financeira que não observar as normas relativas à manutenção de saldo nas contas de recolhimento no Banco Central do Brasil, relativas ao recolhimento compulsório sobre recursos a prazo, incorre no pagamento de custo financeiro, na forma estabelecida na regulamentação em vigor.

Art. 8º A instituição deve fornecer, até o dia útil imediatamente anterior à data em que se inicia a vigência da respectiva exigibilidade, os dados diários relativos ao VSR do período de cálculo.

§ 1º A instituição está dispensada de prestar as respectivas informações caso a base de cálculo permaneça inalterada em relação à do período de cálculo anterior.

§ 2º Na hipótese de ausência de informações relativas a um período de cálculo até o prazo fixado no caput deste artigo, será atribuído à base de cálculo o valor relativo ao período anterior.

§ 3º A instituição que informar ou alterar os dados após o prazo fixado no caput deste artigo incorre no pagamento de multa, na forma prevista na regulamentação em vigor.

Art. 9º A instituição financeira sujeita ao recolhimento compulsório de que trata esta Circular, não titular de conta Reservas Bancárias ou de Conta de Liquidação, deverá indicar a instituição financeira titular de conta Reservas Bancárias à qual serão encaminhadas as cobranças, pertinentes a custos financeiros e multas, e creditadas eventuais devoluções.

Art. 10 O saldo de encerramento diário da conta de recolhimento no Banco Central do Brasil, observado o limite de que trata o § 3º, receberá a seguinte remuneração, calculada com base na Taxa Selic, de que tratam os §§ 1º e 3º do art. 2º da Circular nº 2.900, de 24 de junho de 1999:

1/252

R = S x [(1+ Selic) − 1], onde

R = remuneração a ser creditada, expressa com duas casas decimais, com arredondamento matemático;

S = saldo de encerramento da conta de recolhimento, limitado de acordo com o § 3º; Selic = Taxa Selic anual, no formato unitário, expressa com quatro casas decimais, referente à data do saldo a ser remunerado. (Caput do art. 10 com redação dada pela Circular nº 3.576, de 10 de feverciro de 2012.)

(Redação Anterior)

§ 1º A remuneração de que trata o caput é creditada na respectiva conta de recolhimento às 16h30 do dia útil seguinte.

§ 2º Os resultados parciais de multiplicação, divisão e potenciação utilizados na expressão algébrica do cálculo da remuneração devem conter oito casas decimais, com arredondamento matemático.

§ 3º O saldo de recolhimento a ser remunerado, conforme o caput, está limitado ao menor entre os seguintes valores:

(Redação Anterior)

I – da exigibilidade subtraída das deduções previstas nos arts. 11 e 11-A desta Circular; (Redação dada pela Circular nº 3.594, de 21 de maio de 2012.)

II – da exigibilidade multiplicada pelo percentual de: (NR dada pela Circular Bacen nº 3.712, de 2014.)

(Redação Anterior)

a) 50% (cinquenta por cento), a partir dos períodos de cálculo e de cumprimento com início, respectivamente, em 4 e 15 de agosto de 2014; (NR dada pela Circular Bacen nº 3.712, de 2014.)

(Redação Anterior)

b) 40% (quarenta por cento), a partir dos períodos de cálculo e de cumprimento com início, respectivamente, em 25 de agosto e 5 de setembro de 2014; (NR dada pela Circular Bacen nº 3.715, de 2014.)

(Redação Anterior)

c) 100% (cem por cento) a partir dos períodos de cálculo e cumprimento com início, respectivamente, em 10 e 21 de agosto de 2015. (NR dada pela Circular Bacen nº 3.715, de 2014.)

(Redação Anterior)

d) 64% (sessenta e quatro por cento) a partir dos períodos de cálculo e de cumprimento com início, respectivamente, em 13 e 24 de agosto de 2012; (Revogado pela Circular nº 3.594, de 21 de maio de 2012.)

e) 50% (cinquenta por cento) a partir dos períodos de cálculo e de cumprimento com início, respectivamente, em 15 e 26 de outubro de 2012; (NR dada pela Circular Bacen nº 3.609, de 2012.)

(Redação Anterior)

f) 64% (sessenta e quatro por cento) a partir dos períodos de cálculo e de cumprimento com início, respectivamente, em 1º e 12 de julho de 2013; (NR dada pela Circular Bacen nº 3.660, de 2013.)

(Redação Anterior)

g) 73% (setenta e três por cento) a partir dos períodos de cálculo e de cumprimento com início, respectivamente, em 11 e 22 de novembro de 2013; (NR dada pela Circular Bacen nº 3.660, de 2013.)

(Redação Anterior)

h) 82% (oitenta e dois por cento) a partir dos períodos de cálculo e de cumprimento com início, respectivamente, em 13 e 24 de janeiro de 2014; e (NR dada pela Circular Bacen nº 3.660, de 2013.)

(Redação Anterior)

i) 100% (cem por cento) a partir dos períodos de cálculo e de cumprimento com início, respectivamente, em 17 e 28 de março de 2014. (NR dada pela Circular Bacen nº 3.660, de 2013.)

(Redação Anterior)

Contabilidade Bancária e de Instituições Financeiras 69

Art. 11. O recolhimento de que trata o art. 6º poderá ser efetuado com dedução do valor equivalente ao das seguintes operações:

I – aquisição interbancária de operações de crédito originadas na instituição cedente e registradas na rubrica contábil 3.1.0.00.00-0 Classificação das Carteiras de Crédito, do Plano Contábil das Instituições do Sistema Financeiro Nacional (Cosif), admitida a coobrigação do cedente;

II – aquisição de direitos creditórios oriundos de operações de arrendamento mercantil contabilizadas na instituição cedente, seja instituição financeira ou sociedade de arrendamento mercantil;

III – aquisição de Letras Financeiras, com valor de dedução limitado ao utilizado na data de referência de 25 de julho de 2014 e informado até 1º de agosto de 2014, observado o disposto no art. 34 da Lei nº 4.595, de 31 de dezembro de 1964. (NR dada pela Circular Bacen nº 3.715, de 2014.)

(Redação Anterior)

IV – aquisição de cotas de Fundos de Investimento em Direitos Creditórios (FDIC) organizados pelo Fundo Garantidor de Créditos (FGC) e de cotas de Fundos de Investimento Multimercado e de Fundos de Investimento de Renda Fixa titulados pelo FGC, cujos portfólios sejam compostos, predominantemente, de Certificados de Depósitos Bancários (CDB), de Letras de Câmbio (LC), de Letras Financeiras (LF) e de Letras de Arrendamento Mercantil (LAM), emitidos por conglomerados financeiros ou instituição financeira que atenda às condições estabelecidas no inciso II do § 1º;

V – aquisição de direitos creditórios, depósitos bancários, Letras de Arrendamento Mercantil, Letras de Câmbio e Letras Financeiras de propriedade do FGC;

VI – aplicação primária em depósitos interfinanceiros com garantia dos ativos de que tratam os incisos I e II, contratados até 29 de junho de 2012;

VII – aplicação primária em depósitos interfinanceiros de instituições não ligadas, contratados até 29 de junho de 2012;

VIII – aquisição de Letras Financeiras realizada até 25 de julho de 2014, observado o disposto no art. 34 da Lei nº 4.595, de 31 de dezembro de 1964. (NR dada pela Circular Bacen nº 3.712, de 2014.)

(Redação Anterior)

§ 1º Para fins da dedução de que trata este artigo:

I – são vedadas:

a) a recompra, nas aquisições de ativos de que tratam os incisos I a V;

b) as aquisições de ativos e Letras Financeiras e a aplicação em depósitos interfinanceiros entre instituições financeiras integrantes do mesmo conglomerado;

c) a utilização de depósitos interfinanceiros vinculados ao cumprimento de direcionamentos obrigatórios;

d) o resgate antecipado total ou parcial de depósitos interfinanceiros; e

e) a captação de recursos, pela instituição financeira ou outra integrante do mesmo conglomerado que esteja utilizando as alternativas de dedução do recolhimento de que tratam os incisos VI, VII e VIII, das mesmas contrapartes das operações utilizadas para dedução e em volume igual ou inferior ao por ela investido ou depositado;

II – são consideradas elegíveis, na condição de cedentes, vendedoras, depositárias ou emissoras, as instituições financeiras independentes e instituições financeiras integrantes de conglomerados financeiros que apresentarem, relativamente ao mês de dezembro de 2013, valor de Patrimônio de Referência (PR), Nível I, apurado na forma estabelecida pela Resolução nº 4.192, de 1º de março de 2013, inferior a R$ 3.500.000.000,00 (três bilhões e quinhentos milhões de reais). (NR dada pela Circular Bacen nº 3.712, de 2014.)

(Redação Anterior)

III – a dedução do valor equivalente ao somatório dos ativos de que tratam os arts. 11 e 11-A poderá ser realizada até o limite de 60% (sessenta por cento) da exigibilidade, a partir do período de cálculo com início em 25 de agosto de 2014, observados os prazos definidos no art. 12; (NR dada pela Circular Bacen nº 3.715, de 2014.)

(Redação Anterior)

IV – a soma das aquisições de ativos de uma mesma instituição independente ou das instituições de um mesmo conglomerado financeiro está limitada, para fins de dedução, ao maior entre os seguintes valores: (NR dada pela Circular Bacen nº 3.712, de 2014.)

(Redação Anterior)

a) 1% (um por cento) da exigibilidade diária da cessionária, depositante ou adquirente relativa ao período de cálculo de 27 de junho a 1º de julho de 2011;

b) R$ 100.000.000,00 (cem milhões de reais); ou

c) 50% (cinquenta por cento) do valor do PR, Nível I, relativo ao mês de dezembro de 2013, da instituição financeira independente ou do conglomerado financeiro ao qual pertença a instituição, na condição de cedente, vendedora, emissora ou depositária. (NR dada pela Circular Bacen nº 3.712, de 2014.)

(Redação Anterior)

Contabilidade Bancária e de Instituições Financeiras 71

V – as aquisições de operações de crédito e de Letras Financeiras de que tratam os incisos I e VIII do caput deste artigo, efetivadas de 14 de setembro de 2012 a 25 de julho de 2014, serão computadas com o fator de multiplicação de 1,2. (NR dada pela Circular Bacen nº 3.712, de 2014.)

(Redação Anterior)

§ 2º Os critérios de elegibilidade estabelecidos no inciso II do § 1º deste artigo não se aplicam às instituições financeiras, na condição de vendedoras no mercado secundário, dos ativos de que trata o inciso VIII deste artigo. (Incluído pela Circular nº 3.576, de 10 de fevereiro de 2012.)

§ 3º As operações de que tratam os incisos I a VIII deste artigo, em que figure na condição de cedente, vendedora, depositária ou emissora, instituição financeira elegível pelos critérios do inciso II do § 1º, exclusivamente em razão dos parâmetros referentes a dezembro de 2011, somente poderão ser utilizadas para dedução do recolhimento compulsório a partir dos períodos de cálculo e cumprimento com inícios, respectivamente, em 9 e 20 de abril de 2012. (Incluído pela Circular nº 3.576, de 10 de fevereiro de 2012.)

§ 4º – A instituição financeira independente ou o conglomerado financeiro que, com os dados do Cosif referentes ao final de cada semestre, a começar por dezembro de 2012, não atender ao disposto no inciso II, alíneas "b" e "c", do § 1º tornar-se-á inelegível à condição de cedente, vendedora, depositária ou emissora, a partir: (NR dada pela Circular Bacen nº 3.609, de 2012.)

(Redação Anterior)

I – do mês de abril do ano seguinte, para a posição relativa ao mês de dezembro; e (NR dada pela Circular Bacen nº 3.609, de 2012.)

(Redação Anterior)

II – do mês de outubro do mesmo ano, para a posição relativa ao mês de junho. (NR dada pela Circular Bacen nº 3.609, de 2012.)

(Redação Anterior)

§ 5º A condição de inelegibilidade de que trata o § 4º será revista nas datas referidas em seus incisos I e II.

Art. 11-A A instituição financeira sujeita ao recolhimento de que trata esta Circular poderá deduzir, do valor a ser recolhido, além das operações relacionadas no art. 11: (NR dada pela Circular Bacen nº 3.715, de 2014.)

(Redação Anterior)

I – o saldo das operações para financiamento e arrendamento mercantil de motocicletas, contratadas a partir de 14 de setembro de 2012, desde que contabilizadas em seu ativo e originadas: (NR dada pela Circular Bacen nº 3.715, de 2.014)

(Redação Anterior)

a) pela própria instituição financeira; (Incluído pela Circular Bacen nº 3.715, de 2014.)

b) por outra instituição financeira integrante do mesmo conglomerado financeiro; ou (Incluído pela Circular Bacen nº 3.715, de 2014.)

c) por instituição financeira controlada direta ou indiretamente, inclusive de forma compartilhada. (Incluído pela Circular Bacen nº 3.715, de 2014.)

II – o valor calculado em função das operações de crédito para financiamento e arrendamento mercantil de automóveis e de veículos comerciais leves contratadas a partir de 25 de agosto de 2014, observadas a parte final e as alíneas do inciso anterior, da seguinte forma:

$D = 5x (S – Mxn)$;

D = valor a ser deduzido, se positivo;

S = saldo devedor atualizado das concessões contratadas a partir de 25 de agosto de 2014;

M = média diária de concessões de operações de crédito para financiamento e arrendamento mercantil de automóveis e de veículos comerciais leves, apurada no período de 1º de janeiro a 30 de junho de 2014 e informada no Sistema de Informações de Créditos – SCR, excluídos os refinanciamentos;

n = nº de dias úteis contados do dia 25 de agosto de 2014 ao último dia do período de cálculo.

(NR dada pela Circular Bacen nº 3.715, de 2014.)

(Redação Anterior)

III – o valor calculado em função das operações de crédito, concedidas a partir de 27 de outubro de 2014, para capital de giro, observadas a parte final e as alíneas do inciso I, da seguinte forma:

$G = 5 x (J – K x n)$, em que:

G = valor a ser deduzido, se positivo;

J = saldo devedor atualizado das concessões contratadas a partir de 27 de outubro de 2014;

K = média diária de concessões de operações de crédito para capital de giro, apurada no período de 1º de janeiro a 30 de junho de 2014 e informada no Sistema de Informações de Créditos (SCR), excluídos os refinanciamentos;

n = nº de dias úteis contados do dia 27 de outubro de 2014 ao último dia do período de cálculo. (NR dada pela Circular Bacen nº 3.723, de 2014.)

(Redação Anterior)

§ 1º A dedução de que trata o caput poderá ser efetuada pela instituição financeira enquanto as operações de crédito permanecerem contabilizadas em seu ativo, observado o limite previsto no art. 11, § 1º, inciso III, desta Circular,

Contabilidade Bancária e de Instituições Financeiras 73

no valor equivalente ao total dos saldos devedores atualizados relativos ao último dia de cada período de cálculo.

§ 2º Para fins da dedução de que trata este artigo, é vedada a utilização de financiamentos para quitação antecipada de operações contratadas em outra instituição financeira, de que trata a Resolução nº 3.401, de 6 de setembro de 2006, ou de refinanciamentos de contratos realizados na própria instituição. (Art. 11-A incluído pela Circular nº 3.594, de 21 de maio de 2012.)

§ 3º As operações para financiamento e arrendamento mercantil de automóveis e de veículos comerciais leves, contratadas até 14 de setembro de 2012, nos termos da Circular nº 3.594, de 21 de maio de 2012, e as contratadas no período de 28 de julho a 22 de agosto de 2014, nos termos da Circular nº 3.712, de 24 de julho de 2014, permanecem válidas para dedução no recolhimento compulsório sobre recursos a prazo até o de seus respectivos vencimentos. (NR dada pela Circular Bacen nº 3.715, de 2014.)

(Redação Anterior)

Art. 12. A instituição financeira cessionária, depositante ou adquirente, poderá deduzir, enquanto de posse do ativo e observados os limites previstos nos incisos III e IV do § 1º do art. 11 desta Circular, o valor total efetivamente desembolsado nas operações de que tratam os incisos do art. 11, em cada período de cálculo definido no parágrafo único do art. 3º, a partir do correspondente período de cumprimento, observado que:

I – nas aquisições de operações de crédito, pelo prazo médio a decorrer ponderado das operações objeto da cessão;

II – nas aplicações em depósitos interfinanceiros, pelo prazo da operação acordado entre a instituição depositante e a depositária, admitidos os prazos de resgate de seis meses, no mínimo, e de dezoito meses, no máximo;

III – nas aquisições do FGC, pelos prazos dos respectivos ativos; e

IV – nas aquisições de Letras Financeiras, pelo prazo das operações.

Parágrafo único. Para fins da dedução de que trata esta Circular, será considerado o saldo informado relativo ao último dia de cada período de cálculo, que deverá ser o acumulado das operações realizadas até o período.

Art. 13. O valor das operações passíveis de dedução na forma estabelecida no art. 11 deverá ser liquidado, obrigatoriamente, por intermédio de Transferência Eletrônica Disponível no Sistema de Transferência de Reservas (STR), diretamente entre as instituições financeiras, salvo se:

I – a instituição financeira cedente for cliente da instituição cessionária, hipótese em que a liquidação deverá ser realizada exclusivamente por crédito em conta-corrente;

II – envolver a negociação de títulos e valores registrados em sistema de compensação e de liquidação, situação em que deverão ser observados os procedimentos estabelecidos nos regulamentos do sistema.

Art. 14. As aquisições e depósitos de que tratam os incisos do art. 11, para fins de dedução de recolhimento, deverão ser informados pelas instituições cedentes, cessionárias, depositantes, depositárias, emissoras e adquirentes ao Departamento de Operações Bancárias e de Sistema de Pagamentos (Deban), estritamente na forma por ele determinada.

Art. 15. Os valores relativos a operações contratadas até a data de publicação desta Circular e computados na forma da Circular nº 3.427, de 19 de dezembro de 2008, e alterações posteriores, permanecem válidos para fins de dedução do recolhimento estabelecido em seu art. 3º, incisos I a XI, até o final dos respectivos prazos definidos em seu art. 4º.

Art. 16. Esta Circular entra em vigor na data de sua publicação, produzindo efeitos a partir do período de cálculo com início em 13 de fevereiro e término em 17 de fevereiro de 2012, cujo ajuste ocorrerá em 24 de fevereiro de 2012.

Art. 17. Ficam revogadas as Circulares nº 3.091, de 1º de março de 2002, 3.427, de 19 de dezembro de 2008, 3.456, de 29 de junho de 2009, 3.468, de 28 de setembro de 2009, 3.485, de 24 de fevereiro de 2010, 3.513, de 3 de dezembro de 2010, e 3.542, de 24 de junho de 2011, bem como o art. 1º da Circular nº 3.528, de 23 de março de 2011.

ALDO LUIZ MENDES

Diretor de Política Monetária

Percentuais de recolhimento de "Depósito Compulsório" – Banco Central do Brasil

Data: 04.09.2014

Valor Sujeito a Recolhimento.

É na circular do encaixe de poupança que está estabelecido o prazo para envio das informações do direcionamento de poupança.

Circular nº 3.569/2011 – nova alíquota a partir do período de cálculo com início em 10

Fonte:http://www.bcb.gov.br/htms/novaPaginaSPB/Resumo_das_normas_dos_compuls%C3%B3rios.pdf

Efeito "multiplicador da Moeda"

Ex. Consideremos, num exemplo hipotético, que não exista a "Recolhimento Compulsório".

Contabilidade Bancária e de Instituições Financeiras

José Recebeu R$ 100,00, ficou com R$ 20,00 no bolso e depositou R$ 80,00 no Banco, conta "Depósitos à Vista". Percurso dos R$ 80,00 depositados:

Tabela 1

Pessoas que receberam Empréstimos			Banco recebeu em Depósito, ficou com parte em Caixa e Emprestou:				Banco Emprestou Para:	
Nome	Tinha $:	Ficou em Caixa:	Depositou	Recebeu em depósito:	Ficou Em Caixa:	Emprestou	Nome	Valor $
José	100,00	20,00	80,00	80,00	40,00	40,00	A	40,00
A	40,00	10,00	30,00	30,00	10,00	20,00	B	20,00
B	20,00	10,00	10,00	10,00	5,00	5,00	C	5,00
C	5,00	5,00	--					
T.		45,00			55,00			65,00

Resumo: Ficou em Caixa com as pessoas: R$ 45,00
Ficou em Caixa com o Banco: R$ 55,00
O Banco ficou com créditos a receber: R$ 65,00
Total do Dinheiro Escritural: R$ 165,00

Como nesse exemplo, não há o "Depósito Compulsório"; o Banco pôde emprestar quanto quis dos seus depósitos. Assim, o dinheiro fez um "efeito multiplicador", totalizando no exemplo R$ 165,00, ou seja, 65% a mais que o dinheiro original.

Por outro lado, aplicando-se o "Recolhimento Compulsório", de 45% sobre os R$ 80,00 originais de José, só poderiam ficar para empréstimo pelo banco R$ 36,00. Ou seja, o "efeito multiplicador" da moeda (escritural) teria um impacto muito menor.

Fonte: O Autor

Resumo didático dos percentuais do "Recolhimento Compulsório" que usaremos nos Exercícios deste livro:

Tabela 2 – Modalidades de Compulsórios (Resumo prático):

Compulsório:	Alíquota
Recursos à Vista	45%
Recursos a Prazo	20%
Depósito de Poupança	20%

Inácio Dantas

Mais informações sobre "Recolhimento Compulsório", Parte III, "Esquema de Lançamentos Contábeis n° 33".

1.5.0.00. Relações Interdependências

Incluem os recursos em trânsito de terceiros e transferências internas de recursos.

Obs.: Essas duas Contas Contábeis têm suas correspondentes (contrapartidas) no Passivo.

Os recursos em trânsito de terceiros são basicamente as transferências em processamento entre as diversas dependências e departamentos da instituição, visando cumprir **ordens de pagamento, cobranças, recebimentos e pagamentos por conta de terceiros.**

As transferências internas de recursos refletem a movimentação financeira em processamento entre **dependências** e **departamentos do banco**, a qual não pode exercer qualquer alteração nos direitos e obrigações em relação a terceiros.[1]

[1] do livro "Estrutura e análise de Balanços, Atlas, Alexandre Assaf Neto (Ver Norma Básica Cosif 1.4.)

1.6.0.00. Operações de Crédito

As operações de crédito distribuem-se segundo as seguintes modalidades: (Circ. 1.273)

    a) empréstimos – são as operações realizadas sem destinação específica ou vínculo à comprovação da aplicação dos recursos. São exemplos os empréstimos para capital de giro, os empréstimos pessoais e os adiantamentos a depositantes;

    b) títulos descontados – são as operações de desconto de títulos;

    c) financiamentos – são as operações realizadas com destinação específica, vinculadas à comprovação da aplicação dos recursos. São exemplos os financiamentos de parques industriais, máquinas e equipamentos, bens de consumo durável, rurais e imobiliários. (Cosif)

Norma Básica Cosif n° 6 – Operações de Crédito

1. Classificação das Operações de Crédito

1 – Na classificação das operações de crédito, pelos diversos títulos contábeis, deve-se ter em conta: (Circ. 1.273)

Contabilidade Bancária e de Instituições Financeiras 77

a) a aplicação dada aos recursos, por tipo ou modalidade de operação;

b) a atividade predominante do tomador do crédito.

2 – As operações de crédito distribuem-se segundo as seguintes modalidades: (Circ. 1.273)

a) empréstimos – são as operações realizadas sem destinação específica ou vínculo à comprovação da aplicação dos recursos. São exemplos os empréstimos para capital de giro, os empréstimos pessoais e os adiantamentos a depositantes;

b) títulos descontados – são as operações de desconto de títulos;

c) financiamentos – são as operações realizadas com destinação específica, vinculadas à comprovação da aplicação dos recursos. São exemplos os financiamentos de parques industriais, máquinas e equipamentos, bens de consumo durável, rurais e imobiliários.

3 – Em operações de repasse, a instituição pode proceder ao seu registro segundo a origem dos recursos em desdobramentos de uso interno, sem prejuízo do disposto no item anterior. (Circ. 1.273)

4 – Mediante a utilização de subtítulos de uso interno ou de sistema computadorizado paralelo, as aplicações em operações de crédito devem ser segregadas segundo a atividade predominante do tomador do crédito, de forma que permita o preenchimento dos documentos da Estatística Econômico-Financeira previstos na seção 1.19. (Circ. 1.273)

5 – Os saldos credores em contas de empréstimo devem ser inscritos, diariamente, pelo valor global, em SALDOS CREDORES EM CONTAS DE EMPRÉSTIMOS E FINANCIAMENTOS, do Passivo Circulante, no subtítulo adequado. (Circ. 1.273)

6 – As operações de crédito rural alongadas na forma da Resolução nº 2.238, de 31 de janeiro de 1996, bem assim aquelas renegociadas na forma do seu art. 1º, inciso IX, devem ser reclassificadas para subtítulos de uso interno específicos dos subtítulos contábeis destinados ao registro das operações de financiamento rural originalmente efetuadas, observada a atividade preponderante desenvolvida pelo tomador do crédito. (Cta-Circ. 2.642 item 1)

7 – O recebimento, em produto, das parcelas de operações alongadas deve ser registrado, pelo valor correspondente ao da parcela a ser amortizada, no título DEPOSITÁRIOS DE VALORES EM CUSTÓDIA, subtítulo De Terceiros, código 3.0.4.30.20-0, tendo como contrapartida o título DEPOSITANTES DE VALORES EM CUSTÓDIA, código 9.0.4.80.00-1. (Cta--Circ. 2.642 item 6)

8 – Os valores repassados à instituição financeira pela Companhia Nacional de Abastecimento (Conab), contra entrega dos produtos e sua incorporação aos estoques governamentais, devem ser transferidos ao Tesouro Nacional na mesma data do seu recebimento, promovendo-se a simultânea baixa dos registros efetuados na forma do item anterior. (Cta-Circ. 2.642 item 7)

9 – As operações de desconto de notas promissórias rurais, duplicatas rurais e títulos assemelhados devem ser registradas nos títulos e subtítulos adequados do desdobramento do subgrupo Financiamentos Rurais e Agroindustriais, código 1.6.3.00.00-0. (Cta-Circ. 2.723 item 1)

2. Classificação das Operações de Crédito por Nível de Risco e Provisionamento

1 – As instituições financeiras e demais instituições autorizadas a funcionar pelo Banco Central do Brasil devem classificar as operações de crédito, em ordem crescente de risco, nos seguintes níveis: nível AA; nível A; nível B; nível C; nível D; nível E; nível F; nível G e nível H. (Res. 2.682 art. 1º I/IX)

2 – A classificação da operação no nível de risco correspondente é de responsabilidade da instituição detentora do crédito e deve ser efetuada com base em critérios consistentes e verificáveis, amparada por informações internas e externas, contemplando, pelo menos, os seguintes aspectos: (Res. 2.682 art. 2º I, II)

a) em relação ao devedor e seus garantidores:

I – situação econômico-financeira;

II – grau de endividamento;

III – capacidade de geração de resultados;

IV – fluxo de caixa;

V – administração e qualidade de controles;

VI – pontualidade e atrasos nos pagamentos;

VII – contingências;

VIII – setor de atividade econômica;

IX – limite de crédito;

b) em relação à operação:

I – natureza e finalidade da transação;

II – características das garantias, particularmente quanto à suficiência e liquidez;

III – valor.

3 – A classificação das operações de crédito: (Res. 2.682 art. 2º parágrafo único, 3º)

Contabilidade Bancária e de Instituições Financeiras 79

a) de titularidade de pessoas físicas deve levar em conta, também, as situações de renda e de patrimônio, bem como outras informações cadastrais do devedor;

b) de um mesmo cliente ou grupo econômico deve ser definida considerando aquela que apresentar maior risco, admitindo-se excepcionalmente classificação diversa para determinada operação, observado o disposto na alínea "b" do item anterior.

4 – A classificação da operação nos níveis de risco de que trata o item 1.6.2.1 deve ser revista: (Res. 2.682 art. 4º I e II; Cta-Circ. 2.899 item 12 I e II)

a) mensalmente, por ocasião dos balancetes e balanços, em função de atraso verificado no pagamento de parcela de principal ou de encargos, devendo ser observado, no mínimo:

I – atraso entre 15 (quinze) e 30 (trinta) dias: risco nível B;

II – atraso entre 31 (trinta e um) e 60 (sessenta) dias: risco nível C;

III – atraso entre 61 (sessenta e um) e 90 (noventa) dias: risco nível D;

IV – atraso entre 91 (noventa e um) e 120 (cento e vinte) dias: risco nível E;

V – atraso entre 121 (cento e vinte e um) e 150 (cento e cinquenta) dias: risco nível F;

VI – atraso entre 151 (cento e cinquenta e um) e 180 (cento e oitenta) dias: risco nível G;

VII – atraso superior a 180 (cento e oitenta) dias: risco nível H;

b) com base nos critérios estabelecidos nos itens 2 e 3;

I – a cada 6 (seis) meses, para operações de um mesmo cliente ou grupo econômico cujo montante seja superior a 5% (cinco por cento) do patrimônio líquido ajustado;

II – uma vez a cada 12 (doze) meses, em todas as situações, exceto na hipótese prevista no item 1.6.2.6;

c) por ocasião da revisão mensal prevista na alínea "a", a reclassificação da operação para categoria de menor risco, em função da redução do atraso, esta limitada ao nível estabelecido na classificação anterior;

d) para efeito do disposto no inciso anterior, deve ser considerada classificação anterior a classificação mais recente efetuada com base nos critérios estabelecidos nos itens 1.6.2.2 e 3, observada a exigência prevista na alínea "b".

5 – Com relação ao disposto no item anterior deve ser observado: (Res. 2.682 art. 4º § 1º,2º; Res. 2.697 art. 5º)

a) para as operações com prazo a decorrer superior a 36 (trinta e seis) meses admite-se a contagem em dobro dos prazos previstos na alínea "a";

b) o não atendimento ao ali disposto implica a reclassificação das operações do devedor para o risco nível H, independentemente de outras medidas de natureza administrativa.

6 – As operações de crédito contratadas com cliente cuja responsabilidade total seja de valor inferior a R$ 50.000,00 (cinquenta mil reais) podem ser classificadas mediante adoção de modelo interno de avaliação ou em função dos atrasos consignados na alínea "a" do item 1.6.2.4, observado que a classificação deve corresponder, no mínimo, ao risco nível A, bem como que o Banco Central do Brasil pode alterar o valor de que se trata. (Res. 2.682 art. 5º e parágrafo único; Res. 2.697 art. 2º)

7 – A provisão para fazer face aos créditos de liquidação duvidosa deve ser constituída mensalmente, não podendo ser inferior ao somatório decorrente da aplicação dos percentuais a seguir mencionados, sem prejuízo da responsabilidade dos administradores das instituições pela constituição de provisão em montantes suficientes para fazer face a perdas prováveis na realização dos créditos: (Res. 2.682 art. 6º I/VIII)

a) 0,5% (cinco décimos por cento) sobre o valor das operações classificadas como de risco nível A;

b) 1% (um por cento) sobre o valor das operações classificadas como de risco nível B;

c) 3% (três por cento) sobre o valor das operações classificadas como de risco nível C;

d) 10% (dez por cento) sobre o valor das operações classificados como de risco nível D;

e) 30% (trinta por cento) sobre o valor das operações classificados como de risco nível E;

f) 50% (cinquenta por cento) sobre o valor das operações classificados como de risco nível F;

g) 70% (setenta por cento) sobre o valor das operações classificados como de risco nível G;

h) 100% (cem por cento) sobre o valor das operações classificadas como de risco nível H.

8 – A operação classificada como de risco nível H deve ser transferida para conta de compensação, com o correspondente débito em provisão, após decorridos 6 (seis) meses da sua classificação nesse nível de risco, desde que apresente atraso superior a 180 dias, não sendo admitido o registro em período inferior. A operação classificada na forma deste item deve permanecer registrada em conta de compensação pelo prazo mínimo de 5 (cinco) anos e enquanto não esgotados todos os procedimentos para cobrança. (Res. 2.682 art. 7º e parágrafo único; Cta-Circ. 2.899 item 12 VI)

Contabilidade Bancária e de Instituições Financeiras 81

9 – A operação objeto de renegociação deve ser mantida, no mínimo, no mesmo nível de risco em que estiver classificada, observado que aquela registrada como prejuízo deve ser classificada como de risco nível H, bem como que: (Res. 2.682 art. 8º § 1º/3º)

   a) admite-se a reclassificação para categoria de menor risco quando houver amortização significativa da operação ou quando fatos novos relevantes justificarem a mudança do nível de risco;

   b) o ganho eventualmente auferido por ocasião da renegociação deve ser apropriado ao resultado quando do seu efetivo recebimento;

   c) considera-se renegociação a composição de dívida, a prorrogação, a novação, a concessão de nova operação para liquidação parcial ou integral de operação anterior ou qualquer outro tipo de acordo que implique alteração nos prazos de vencimento ou nas condições de pagamento originalmente pactuadas.

10 – É vedado o reconhecimento no resultado do período de receitas e encargos de qualquer natureza relativos a operações de crédito que apresentem atraso igual ou superior a 60 (sessenta) dias, no pagamento de parcela de principal ou encargos. (Res. 2.682 art. 9º)

11 – As instituições devem manter adequadamente documentadas sua política e procedimentos para concessão e classificação de operações de crédito, os quais devem ficar à disposição do Banco Central do Brasil e do auditor independente. A documentação deve evidenciar, pelo menos, o tipo e os níveis de risco que se dispõe a administrar, os requerimentos mínimos exigidos para a concessão de empréstimos e o processo de autorização. (Res. 2.682 art. 10 e parágrafo único)

12 – Devem ser divulgadas em nota explicativa às demonstrações financeiras informações detalhadas sobre a composição da carteira de operações de crédito, observado, no mínimo: (Res. 2.682 art. 11 I/III; Res. 2.697 art. 3º)

   a) distribuição das operações, segregadas por tipo de cliente e atividade econômica;

   b) distribuição por faixa de vencimento;

   c) montantes de operações renegociadas, lançados contra prejuízo e de operações recuperadas, no exercício;

   d) distribuição nos correspondentes níveis de risco previstos no item 1, segregando-se as operações, pelo menos, em créditos de curso normal com atraso inferior a 15 (quinze) dias, e vencidos com atraso igual ou superior a 15 (quinze) dias.

13 – O auditor independente deve elaborar relatório circunstanciado de revisão dos critérios adotados pela instituição quanto à classificação nos níveis

82   *Inácio Dantas*

de risco e de avaliação do provisionamento registrado nas demonstrações financeiras. (Res. 2.682 art. 12)

14 – O Banco Central do Brasil pode determinar: (Res. 2.682 art. 13 I/VI)
   a) reclassificação de operações com base nos critérios estabelecidos nesta seção, nos níveis de risco de que trata o item 1;
   b) provisionamento adicional, em função da responsabilidade do devedor junto ao Sistema Financeiro Nacional;
   c) providências saneadoras a serem adotadas pelas instituições, com vistas a assegurar a sua liquidez e adequada estrutura patrimonial, inclusive na forma de alocação de capital para operações de classificação considerada inadequada;
   d) alteração dos critérios de classificação de créditos, de contabilização e de constituição de provisão;
   e) teor das informações e notas explicativas constantes das demonstrações financeiras;
   f) procedimentos e controles a serem adotados pelas instituições.

15 – O disposto nesta seção: (Res. 2.682 art. 14,15)
   a) aplica-se também às operações de arrendamento mercantil e a outras operações com características de concessão de crédito;
   b) não contempla os aspectos fiscais, sendo de inteira responsabilidade da instituição a observância das normas pertinentes.

16 – A provisão para créditos de liquidação duvidosa deve ser constituída sobre o valor contábil dos créditos mediante registro a débito de DESPESAS DE PROVISÕES OPERACIONAIS e a crédito da adequada conta de provisão para operações de crédito. No caso de insuficiência, reajusta-se o saldo das contas de provisão a débito da conta de despesa. No caso de excesso, reajusta-se o saldo das contas de provisão a crédito da conta de despesa, para os valores provisionados no período, ou a crédito de REVERSÃO DE PROVISÕES OPERACIONAIS, se já transitados em balanço. (Cta-Circ. 2.899 item 12 III)

17 – O disposto no item anterior aplica-se também às provisões adicionais eventualmente constituídas em função da classificação das operações de crédito contratadas até 29 de fevereiro de 2000, nos diferentes níveis de risco previstos no item 1.6.2.1. (Cta-Circ. 2.899 item 12 IV)

18 – Para fins de constituição de provisão em operações de arrendamento mercantil, deve-se considerar como base de cálculo o valor presente das contraprestações dos contratos, utilizando-se a taxa interna de retorno de cada contrato na forma do previsto no item 1.11.8.5. (Cta-Circ. 2.899 item 12 V)

Contabilidade Bancária e de Instituições Financeiras 83

19 – Os créditos baixados como prejuízo devem ser registrados em contas próprias do sistema de compensação, em subtítulos adequados à identificação do período em que ocorreu o registro, devendo ser mantido controle analítico desses créditos, com identificação das características da operação, devedor, valores recuperados, garantias e respectivas providências administrativas e judiciais, visando a sua recuperação. (Cta-Circ. 2.899 item 12 VII)

20 – O ganho eventualmente auferido por ocasião da renegociação de operações de crédito, calculado pela diferença entre o valor da renegociação e o valor contábil dos créditos, deve ser registrado em subtítulo de uso interno da própria conta que registra o crédito e ser apropriado ao resultado somente quando do seu recebimento, mediante registro na conta RENDAS DE OPERAÇÕES DE CRÉDITO, segundo critérios previstos na renegociação ou proporcionalmente aos novos prazos de vencimento. (Cta-Circ. 2.899 item 12 VIII)

21 – Os créditos baixados como prejuízo e porventura renegociados devem ser registrados pelo exato valor da renegociação, observado o disposto no inciso anterior quanto ao registro do ganho eventualmente auferido, a crédito da conta RECUPERAÇÃO DE CRÉDITOS BAIXADOS COMO PREJUÍZO, com baixa simultânea dos seus valores das respectivas contas de compensação. (Cta-Circ. 2.899 item 12 IX)

22 – No caso de recuperação de créditos mediante dação de bens em pagamento, devem ser observados os seguintes procedimentos: (Cta-Circ. 2.899 item 12 X)

    I – quando a avaliação dos bens for superior ao valor contábil dos créditos, o valor a ser registrado deve ser igual ao montante do crédito, não sendo permitida a contabilização do diferencial como receita;

    II – quando a avaliação dos bens for inferior ao valor contábil dos créditos, o valor a ser registrado limita-se ao montante da avaliação dos bens.

23 – Na recuperação de créditos ainda não baixados como prejuízo que atendam ao disposto no inciso II do item anterior, o montante que exceder ao valor de avaliação do bem deve ser registrado a débito da adequada conta de provisão para operações de crédito, até o limite desta, e a diferença, se ainda houver, a débito de DESPESAS DE PROVISÕES OPERACIONAIS. (Cta-Circ. 2.899 item 12 XI)

24 – Considera-se valor contábil dos créditos o valor da operação na data de referência, computadas as receitas e encargos de qualquer natureza, observado o disposto no item 1.6.2.10. (Cta-Circ. 2.899 item 13)

84   *Inácio Dantas*

25 – Os créditos titulados por empresas concordatárias devem ser classificados levando-se em conta os novos prazos e condições estabelecidos nas sentenças judiciais homologatórias das respectivas concordatas. (Com 2559)

26 – Às custas judiciais e outros gastos ressarcíveis referentes a créditos em situação anormal ou baixados como prejuízo, aplicam-se os seguintes procedimentos: (Circ. 1.273; Res. 2.682 art. 1° I/IX)

a) escrituram-se em DEVEDORES DIVERSOS – PAÍS ou em despesas, enquanto mantidas referidas operações nas contas de origem;

b) escrituram-se em despesas as relativas a créditos já baixados como prejuízo.

27 – As instituições financeiras, detentoras de créditos realizados com recursos de origem interna vencidos e vincendos, contratados com a Siderurgia Brasileira S.A. (Sidebras) não abrangidos pelas disposições da Resolução n° 1.757, de 29 de outubro de 1990, e que tenham sido objeto de refinanciamento e reescalonamento junto ao Governo Federal, podem: (Res. 1.904 art. 1°; Res. 2.682 art. 1° I/IX)

a) estornar para a conta de origem os valores relativos àqueles créditos;

b) manter em contas de rendas a apropriar os encargos relativos aos períodos anteriores à repactuação, para reconhecê-los como receita efetiva quando de seu recebimento;

c) registrar os respectivos encargos a decorrer em contas de rendas a apropriar, observadas a periodicidade mensal, os quais somente são reconhecidos como receita efetiva quando do seu recebimento.

28 – Prevalecem as condições de que trata o item anterior enquanto o crédito renegociado não tenha sido cedido, ou de qualquer forma transferido ou utilizado. (Res 1.904 art. 1° § 1°)

29 – Ocorrendo a cessão, transferência ou utilização do crédito, de que trata o item 27, as correspondentes rendas a apropriar integram a receita do mês, ocasião em que é igualmente levada à conta cabível de resultado a eventual diferença entre o valor do crédito e o preço da operação em questão. (Res. 1.904 art. 1° § 2°)

30 – A instituição que se utilizar da faculdade prevista no item 29, desta seção, deve aplicá-la, uniformemente, durante todo o período de vigência dos respectivos créditos resultantes da repactuação e evidenciá-la em nota explicativa nas demonstrações financeiras publicadas, quantificando seus efeitos no resultado. (Res. 1.904 art. 1° § 3°)

31 – Para as operações de crédito rural objeto de renegociação ao amparo de decisões do Conselho Monetário Nacional, ficam facultadas em relação às regras previstas na Resolução n° 2.682, de 21 de dezembro de 1999: (Res. 3.749 art. 1° I,II)

Contabilidade Bancária e de Instituições Financeiras 85

a) a classificação em categorias de menor risco, conforme previsão do seu art. 3° (Cosif 1.6.2.3.b), sem considerar a existência de outras operações de natureza diversa classificadas em categoria de maior risco;

b) a observância ao disposto no seu art. 8° (Cosif 1.6.2.9), podendo a instituição em atendimento a critérios consistentes e previstos naquela resolução, reclassificar a operação para categoria de menor risco.

32 – Para efeito do disposto no item anterior, considera-se renegociação a composição de dívida, a prorrogação, a novação, a concessão de nova operação para liquidação parcial ou integral de operação anterior ou qualquer outro tipo de acordo que implique alteração nos prazos de vencimento ou nas condições de pagamento originalmente pactuadas. (Res. 3.749 art. 1° § 1°)

33 – O disposto no item 1.6.2.31 aplica-se somente caso o devedor se mantenha na atividade regular de produção agropecuária. (Res. 3.749 art. 1° § 2°)

34 – O disposto nos itens 1.6.2.31 a 1.6.2.33 aplica-se também às operações de crédito rural realizadas com recursos do Fundo Constitucional de Financiamento do Centro-Oeste (FCO) e do Fundo de Amparo ao Trabalhador (FAT) abrangidas por autorizações de refinanciamentos, renegociações ou prorrogações específicas dos respectivos Órgãos ou Conselhos Gestores, desde que as referidas operações sejam realizadas com risco dos agentes financeiros. (Res. 3.749 art. 2°)

3. Disposições Gerais

1 – A comissão de abertura de crédito recebida antecipadamente registra-se em RENDAS ANTECIPADAS e apropria-se mensalmente *pro rata temporis*. Pode ser reconhecida como receita efetiva no ato do recebimento, se estabelecida em até 3% (três por cento) do valor da operação. (Circ. 1.273)

2 – As composições de dívidas de operações, originalmente classificadas como Operações de Crédito, devem ser mantidas no mesmo subgrupo, apenas com a reclassificação contábil, se for o caso. (Circ. 1.273)

3 – As composições de dívidas de operações anteriormente classificadas em outros subgrupos, que guardarem características de operações de crédito, classificam-se no adequado desdobramento do subgrupo Operações de Crédito. (Circ. 1.273)

4 – As operações de crédito realizadas sob a forma de consórcio, em que uma instituição financeira assuma a condição de líder da operação, devem ser registradas de forma proporcional entre todas as instituições participantes. Igual procedimento deve ser adotado para escrituração das receitas e despesas. (Circ. 1.273)

5 – As instituições financeiras, demais entidades autorizadas a funcionar pelo Banco Central e as administradoras de consórcio devem ajustar os con-

tratos de mútuo de ouro, mensalmente, com base no valor de mercado do metal, fornecido pelo Banco Central do Brasil. (Circ. 2.333 art. 1°, item II)

1.7.0.00. Operações de Arrendamento Mercantil – Leasing

1. O que é uma operação de leasing?

O leasing é um contrato denominado na legislação brasileira como "arrendamento mercantil". As partes desse contrato são denominadas "arrendador" e "arrendatário", conforme sejam, de um lado, um banco ou sociedade de arrendamento mercantil e, de outro, o cliente. O objeto do contrato é a aquisição, por parte do arrendador, de bem escolhido pelo arrendatário para sua utilização. O arrendador é, portanto, o proprietário do bem, sendo que a posse e o usufruto, durante a vigência do contrato, são do arrendatário. O contrato de arrendamento mercantil pode prever ou não a opção de compra, pelo arrendatário, do bem de propriedade do arrendador.

2. O leasing é uma operação de financiamento?

O leasing é uma operação com características legais próprias, não se constituindo operação de financiamento. Nas operações de financiamento, o bem é de propriedade do mutuário, ainda que alienado, já no ato da compra.

3. Existe limitação de prazo no contrato de leasing?

Sim. O prazo mínimo de arrendamento é de dois anos para bens com vida útil de até cinco anos e de três anos para os demais.

Por exemplo: para veículos, o prazo mínimo é de 24 meses, e para outros equipamentos e imóveis, o prazo mínimo é de 36 meses (bens com vida útil superior a cinco anos). Existe, também, modalidade de operação, denominada leasing operacional, em que o prazo mínimo é de 90 dias.

4. É possível quitar o leasing antes do prazo definido no contrato?

Sim. Caso a quitação seja realizada após os prazos mínimos previstos na legislação e na regulamentação (artigo 8° do Regulamento anexo à Resolução CMN 2.309, de 1996), o contrato não perde as características de arrendamento mercantil.

Entretanto, caso realizada antes dos prazos mínimos estipulados, o contrato perde sua caracterização legal de arrendamento mercantil e a operação passa a ser classificada como de compra e venda a prazo (artigo 10 do citado Regulamento). Nesse caso, as partes devem arcar com as consequências legais e contratuais que essa descaracterização pode acarretar.

5. Pessoa física pode contratar uma operação de leasing?

Sim. As pessoas físicas e empresas podem contratar leasing.

Contabilidade Bancária e de Instituições Financeiras

6. Incide IOF no arrendamento mercantil?

Não. O IOF não incide nas operações de leasing. O imposto que será pago no contrato é o Imposto Sobre Serviços (ISS).

7. Ficam a cargo de quem as despesas adicionais?

Despesas como seguro, manutenção, registro de contrato, ISS e demais encargos que incidam sobre os bens arrendados são de responsabilidade do arrendatário ou do arrendador, dependendo do que for pactuado no contrato de arrendamento. Contudo, esse assunto não é da competência do Banco Central.

– Base normativa:

As operações de leasing são disciplinadas pela Lei n° 6.099, de 1974, e pela Resolução CMN 2.309, de 1996, e respectivas alterações posteriores.

Fonte: http://www.bcb.gov.br/?LEASINGFAQ

Norma Básica Cosif n° 7 – Operações de Arrendamento Mercantil

1. Operações ao Amparo da Portaria MF 564/78

1 – As contraprestações a receber, assim entendidas como a soma de todas as contraprestações a que contratualmente se obriga o arrendatário, nelas inclusas, se for o caso, as comissões de compromisso de que trata o item 1.7.3, registram-se a débito das adequadas contas do subgrupo Operações de Arrendamento Mercantil, em contrapartida com: (Circ. 1.273)

   a) VALOR A RECUPERAR, pelo registro desse valor, calculado com base no item 1.11.8.4;

   b) as adequadas contas retificadoras do subgrupo, pela diferença entre o montante das contraprestações a receber e o valor a recuperar.

2 – As receitas de arrendamento de que trata a alínea "b" do item anterior são apropriadas ao final de cada mês, em razão de fluência dos respectivos prazos de vencimento, na forma do que dispõe o item 7 da Portaria MF 564/78, independentemente de seu recebimento, a crédito da adequada conta de receita efetiva do desdobramento Rendas de Arrendamento Mercantil. (Circ. 1.273)

3 – A correção monetária postecipada ou a correção cambial incidente sobre contratos de arrendamento são registradas a débito das adequadas contas de Operações de Arrendamento Mercantil, em contrapartida com: (Circ. 1.273)

   a) as adequadas contas retificadoras do subgrupo, pelo valor de correção das receitas da espécie, ao mesmo índice de correção das contrapresta-ções a receber;

   b) a adequada conta de receita efetiva, pela diferença entre o valor de correção das contraprestações a receber e o valor creditado na forma da alínea "a" anterior.

4 – Os encargos das operações ao amparo da Portaria MF 564/78 apropriam-
-se em conformidade com os critérios de avaliação e apropriação contábil
nela previstos, até a sua extinção. (Circ. 1.273)

2. Operações ao Amparo da Portaria MF 140/84

1 – As contraprestações a receber, assim entendidas a soma de todas as contraprestações a que contratualmente se obriga o arrendatário, são registradas
a débito das adequadas contas do subgrupo Operações de Arrendamento
Mercantil, em contrapartida a adequada conta retificadora do subgrupo.
(Circ. 1.273)

2 – As contraprestações são computadas como receita efetiva na data em que
forem exigíveis. (Circ. 1.273)

3 – A correção monetária ou a correção cambial incidentes sobre os contratos
de arrendamento são registradas a débito das adequadas contas do subgrupo, em contrapartida com: (Circ. 1.273)

a) as adequadas contas retificadoras do subgrupo, pelo valor de correção
das receitas da espécie, ao mesmo índice de correção das contraprestações a receber;

b) a adequada conta de receita efetiva do desdobramento Rendas de Arrendamento Mercantil, pela diferença entre o valor da correção das contraprestações a receber e o valor creditado na forma da alínea "a", anterior,
caso exista tal diferença.

4 – Os encargos das operações ao amparo da Portaria MF 140/84 apropriam-
--se em conformidade com os critérios de avaliação e apropriação contábil
nela previstos, até a sua extinção.

3. Adiantamentos a Fornecedores e Comissões de Compromisso

1 – Os adiantamentos a fornecedores e as respectivas comissões de compromisso devidas pelo arrendatário antes do início do contrato de arrendamento registram-se a débito de ADIANTAMENTOS A FORNECEDORES
POR CONTA DE ARRENDATÁRIOS ou ADIANTAMENTOS A FOR-
NECEDORES POR CONTA DE SUBARRENDATÁRIOS. (Circ. 1.429)

2 – As comissões de compromisso devidas em função dos adiantamentos a
fornecedores são registradas a débito de ADIANTAMENTOS A FORNE-
CEDORES POR CONTA DE ARRENDATÁRIOS ou ADIANTAMEN-
TOS A FORNECEDORES POR CONTA DE SUBARRENDATÁRIOS
e a crédito de RENDAS A APROPRIAR DE COMISSÕES DE COM-
PROMISSO DE ARRENDAMENTOS ou RENDAS A APROPRIAR DE
COMISSÕES DE COMPROMISSO DE SUBARRENDAMENTOS, dos
desdobramentos dos subgrupos Arrendamentos Financeiros a Receber ou
Subarrendamentos a Receber. (Circ. 1.429)

Contabilidade Bancária e de Instituições Financeiras 89

3 – As comissões de compromisso são apropriadas como receita efetiva na data em que forem exigíveis, nas contas de rendas de arrendamentos ou de subarrendamentos, conforme o caso. (Circ. 1.429)

4 – Se as comissões de compromisso forem recebíveis por inclusão nas contraprestações a receber, observa-se que: (Circ. 1.429)

   a) são apropriadas como receita efetiva nas datas em que tais contraprestações forem exigíveis;

   b) o valor de adiantamentos a fornecedores por conta de arrendatários ou de subarrendatários transfere-se para BENS ARRENDADOS, na data de início do contrato;

   c) o valor de rendas a apropriar de comissões de compromisso de arrendamentos ou de subarrendamentos transfere-se para RENDAS A APROPRIAR DE ARRENDAMENTOS FINANCEIROS A RECEBER – RECURSOS INTERNOS ou outra conta adequada.

4. Comissões de Agenciamento

1 – As comissões de agenciamento ou negociação são apropriadas no mês em que for firmado o contrato de arrendamento, a crédito da adequada conta do desdobramento do subgrupo Rendas de Arrendamento Mercantil. (Circ. 1.273)

5. Operações de Subarrendamento – Ativas

1 – As contraprestações a receber, assim entendidas a soma de todas as contraprestações a que contratualmente se obriga o subarrendatário, são registradas a débito da adequada conta do desdobramento Subarrendamentos a Receber, em contrapartida com a adequada conta retificadora do desdobramento. (Circ. 1.273)

2 – As contraprestações são computadas como receitas de subarrendamento na data em que forem exigíveis, a crédito de RENDAS DE SUBARRENDAMENTOS. (Circ. 1.273)

3 – A correção cambial incidente sobre as operações de subarrendamento deve ser registrada a débito da adequada conta de Subarrendamentos a Receber, em contrapartida com: (Circ. 1.273)

   a) RENDAS A APROPRIAR DE SUBARRENDAMENTOS A RECEBER, pelo valor da correção das receitas da espécie, ao mesmo índice de correção das contraprestações a receber;

   b) a adequada conta de Rendas de Arrendamento Mercantil, pela diferença entre o valor de correção das contraprestações a receber e o valor creditado em RENDAS A APROPRIAR DE SUBARRENDAMENTOS A RECEBER, caso exista tal diferença.

6. Operações de Cessão de Contratos de Arrendamento – Cessionário

1 – As operações da espécie registram-se a débito das adequadas contas do subgrupo Operações de Arrendamento Mercantil, em contrapartida com o VALOR A RECUPERAR e as adequadas contas retificadoras do subgrupo, no caso de contratos ao amparo da Portaria MF 564/78, e somente em contrapartida com as adequadas contas retificadoras do subgrupo, no caso de operações ao amparo da Portaria MF 140/84. (Circ. 1.273)

2 – Os bens objeto do contrato de arrendamento devem ser registrados nos desdobramentos Bens Arrendados – Arrendamento Financeiro ou Bens Arrendados – Arrendamento Operacional, em contrapartida com: (Circ. 1.273)

a) a adequada conta de Disponibilidades, pelo valor líquido pago na operação;

b) DEPRECIAÇÃO ACUMULADA DE BENS DE ARRENDAMENTO FINANCEIRO ou DEPRECIAÇÃO ACUMULADA DE BENS DE ARRENDAMENTO OPERACIONAL, pelo valor da depreciação incorrida durante o prazo contratual;

c) a adequada conta de Rendas de Arrendamento Mercantil, no caso de lucro na operação;

d) a adequada conta de Despesas de Arrendamento Mercantil, no caso de prejuízo na operação.

7. Operações de Cessão de Contratos de Arrendamento – Cedente

1 – As operações da espécie contabilizam-se a débito da adequada conta de Disponibilidades em contrapartida com as adequadas contas do subgrupo Operações de Arrendamento Mercantil. (Circ. 1.273)

2 – A parcela de DEPRECIAÇÃO ACUMULADA DE BENS DE ARRENDAMENTO FINANCEIRO ou DEPRECIAÇÃO ACUMULADA DE BENS DE ARRENDAMENTO OPERACIONAL deve ser estornada, para sua baixa, em contrapartida, respectivamente, com os desdobramentos Bens Arrendados – Arrendamento Financeiro ou Bens Arrendados – Arrendamento Operacional. (Circ. 1.273)

3 – A parcela de rendas a apropriar do subgrupo deve ser estornada, para sua baixa, em contrapartida com: (Circ. 1.273)

a) as contas adequadas do subgrupo Operações de Arrendamento Mercantil pelo valor necessário à sua baixa;

b) as contas adequadas dos desdobramentos Bens Arrendados – Arrendamento Financeiro ou Bens Arrendados – Arrendamento Operacional, pelo valor necessário à sua baixa;

c) as contas adequadas do desdobramento de Rendas de Arrendamento Mercantil, no caso de lucro na operação;

Contabilidade Bancária e de Instituições Financeiras 91

d) as contas adequadas do desdobramento de Despesas de Arrendamento Mercantil, no caso de prejuízo na operação.

8. Cessão de Créditos de Operações de Arrendamento Mercantil

1 – Os direitos de créditos cedidos ou adquiridos contabilizam-se, no cedente ou cessionário, segundo as normas previstas na seção 1.35. (Circ. 1.273)

9. Operações de Subarrendamento – Passivas

1 – As contraprestações a pagar, assim entendidas a soma de todas as contraprestações a que contratualmente se obriga a instituição, junto ao arrendador no exterior, registram-se a crédito de OBRIGAÇÕES POR SUBARRENDAMENTOS NO EXTERIOR. (Circ. 1.273)

2 – As contraprestações são computadas como DESPESAS DE OBRIGAÇÕES POR SUBARRENDAMENTOS na data em que forem exigíveis. (Circ. 1.273)

3 – A correção cambial incidente sobre os recursos da espécie deve ser registrada a crédito de OBRIGAÇÕES POR SUBARRENDAMENTOS NO EXTERIOR. (Circ. 1.273)

10. Antecipação do Valor Residual Garantido

1 – As parcelas de antecipação do Valor Residual Garantido escrituram-se em CREDORES POR ANTECIPAÇÃO DE VALOR RESIDUAL, em contrapartida com a adequada conta de Disponibilidades. (Circ. 1.273)

2 – A despesa de atualização dos valores residuais garantidos recebidos antecipadamente deve ser registrada nos títulos DESPESAS DE ARRENDAMENTOS FINANCEIROS ou DESPESAS DE ARRENDAMENTOS OPERACIONAIS, subtítulo Outras Despesas de Arrendamentos. (Cta-Circ. 2.636 item 1 inciso I)

11. Classificação das Operações de Arrendamento Mercantil e Provisionamento

1 – A classificação das operações de arrendamento mercantil em função do risco e a constituição de provisão em montantes suficientes para fazer face a perdas prováveis na realização dos créditos devem obedecer às normas previstas no item 1.6.2. (Res. 2.682 art. 14)

2 – Para fins de constituição de provisão em operações de arrendamento mercantil, deve-se considerar como base de cálculo o valor presente das contraprestações dos contratos, utilizando-se a taxa interna de retorno de cada contrato na forma do disposto na Circular nº 1.429, de 20 de janeiro de 1989, e constante do item 1.11.8. (Cta-Circ. 2.899 item 12 V)

12. Disposições Gerais

1 – As composições de dívidas de Créditos de Arrendamento Mercantil, quando não caracterizada a renovação do contrato de arrendamento, devem ser reclassificadas para a adequada conta do subgrupo Outros Créditos. (Circ. 1.273)

2 – Mediante a utilização de subtítulos de uso interno ou de sistema computadorizado paralelo, as aplicações de arrendamento mercantil devem ser segregadas segundo a atividade predominante do arrendatário ou subarrendatário, de forma que permita o preenchimento dos documentos da Estatística Econômico-Financeira previstos na seção 1.19. (Circ. 1.273)

3 – Considera-se arrendamento mercantil financeiro especial (Arrendamento Imobiliário Especial) as operações da espécie que tenham por objeto imóveis residenciais adquiridos por força de dação de pagamento de empréstimos hipotecários, de arrematação ou de adjudicação de financiamentos imobiliários titulados pela arrendadora. (Res. 2.798 art. 1°; Cta-Circ. 2.949 item 10)

1.8.0.00. Outros Créditos

Registrados nos ativos dos bancos comerciais englobam créditos (receitas) por avais e fianças honradas, diversos direitos de câmbio, serviços prestados a receber, dividendos e bonificações a receber (Ex. de aplicações em ações de outras entidades), adiantamentos e antecipações salariais, créditos tributários, entre outros valores realizáveis.

Aval Bancário:

Garantia fornecida ao credor, por um banco, para uma dívida contraída por uma determinada empresa.

Fiança Bancária:

Instrumento contratual que tem por finalidade garantir obrigações assumidas pela empresa cliente perante terceiros. O Banco se responsabiliza total ou parcialmente pelo cumprimento da obrigação de seus afiançados proporcionando credibilidade e tranquilidade em suas negociações.

Fonte:http://www2.tribanco.com.br/middle/Pages/EmprestimosFinanciamentos/fianca-bancaria.aspx

Norma Básica Cosif n° 9 – Outros Créditos

1. Desdobramentos

1 – O subgrupo Outros Créditos compõe-se dos seguintes desdobramentos: (Circ. 1.273)
a) Avais e Fianças Honrados;

Contabilidade Bancária e de Instituições Financeiras   93

b) Câmbio;
c) Rendas a Receber;
d) Negociação e Intermediação de Valores;
e) Créditos Específicos;
f) Operações Especiais;
g) Valores Específicos;
h) Diversos;
i) Provisão para Outros Créditos.

2. Rendas a Receber

1 – As rendas não vinculadas a Operações de Crédito e as demais não capitalizáveis nas contas que lhes deram origem, pertencentes ao período corrente e não recebidas, contabilizam-se nas adequadas contas de receitas, em contrapartida com a conta específica do desdobramento Rendas a Receber. (Circ. 1.273)

2 – A instituição deve manter controles analíticos que permitam identificar a natureza, devedores, vencimentos e os valores registrados. (Circ. 1.273)

3. Negociação e Intermediação de Valores

1 – No desdobramento Negociação e Intermediação de Valores, registram-se os créditos decorrentes das relações com o mercado (sistema e clientes) relativamente à negociação de valores (títulos, ações, mercadorias e ativos financeiros) por conta própria e por conta de terceiros. (Circ. 1.273)

2 – A classificação contábil de outros créditos decorrentes de negociação e intermediação de valores faz-se por tipo de mercado, mantendo-se controles individuais que permitam identificar os clientes e os segmentos em que atuam, devidamente conciliados com as respectivas rubricas contábeis. (Circ. 1.273)

4. Depósitos para Pagamentos de Planos de Expansão

1 – Os depósitos efetuados para pagamento de Planos de Expansão adquiridos de companhias telefônicas são registrados transitoriamente em DEPÓSITOS PARA AQUISIÇÃO DE TELEFONES, e serão transferidos: (Circ. 1.273)

    a) a parcela correspondente ao valor das ações, para OUTROS INVESTIMENTOS se houver a intenção de permanência e, em caso contrário, para TÍTULOS DE RENDA VARIÁVEL;

    b) a parcela não correspondida por ações, que representará o direito de uso de telefone, para SISTEMA DE COMUNICAÇÃO – Direitos de Uso.

2 – A instituição deve adotar controles analíticos que permitam identificar as características de cada plano de expansão e os valores neles aplicados. (Circ. 1.273)

5. Avais, Fianças e Outras Coobrigações

1 – Os créditos decorrentes de avais, fianças e outras coobrigações honrados registram-se no desdobramento Avais e Fianças Honrados, e as rendas correspondentes em RENDAS DE CRÉDITOS POR AVAIS E FIANÇAS HONRADOS. (Circ. 1.273)

2 – As rendas de comissões de avais, fianças e outras coobrigações prestadas, pertencentes ao período e não recebidas, contabilizam-se mensalmente em COMISSÕES POR COOBRIGAÇÕES A RECEBER, em contrapartida com RENDAS DE GARANTIAS PRESTADAS. (Circ. 1.273)

3 – Comissões recebidas antecipadamente contabilizam-se em RENDAS ANTECIPADAS, do grupamento Resultados de Exercícios Futuros, para apropriação mensal, segundo o regime de competência, admitindo-se a apropriação em períodos inferiores a um mês. (Circ. 1.273)

4 – As comissões a receber, ainda registradas em COMISSÕES POR COOBRIGAÇÕES A RECEBER, incidentes sobre avais ou fianças que venham a ser honrados, transferem-se para CRÉDITOS POR AVAIS E FIANÇAS HONRADOS. (Circ. 1.273)

5 – Aplicam-se a esses créditos as mesmas normas previstas para as operações de crédito, quanto aos controles internos, à constituição de provisão e à compensação de prejuízos. (Circ. 1.273)

6. Créditos Tributários

1 – As instituições financeiras e demais instituições autorizadas a funcionar pelo Banco Central do Brasil somente podem efetuar o registro contábil de créditos tributários decorrentes de prejuízo fiscal de imposto de renda, de base negativa de contribuição social sobre o lucro líquido e aqueles decorrentes de diferenças temporárias quando atendidas, cumulativamente, as seguintes condições: (Res. 3.059 art. 1º caput, com redação dada pela Res. 3.355 art. 1º)

a) apresentem histórico de lucros ou receitas tributáveis para fins de imposto de renda e contribuição social, conforme o caso, comprovado pela ocorrência destas situações em, pelo menos, três dos últimos cinco exercícios sociais, período esse que deve incluir o exercício em referência;

b) haja expectativa de geração de lucros ou receitas tributáveis futuros para fins de imposto de renda e contribuição social, conforme o caso, em períodos subsequentes, baseada em estudo técnico que demonstre a probabilidade de ocorrência de obrigações futuras com impostos e contribuições que permitam a realização do crédito tributário no prazo máximo de dez anos.

Contabilidade Bancária e de Instituições Financeiras   95

2 – O registro de créditos tributários deve ser acompanhado pelo registro de obrigações fiscais diferidas, quando existentes, observado ainda que quando previsto na legislação tributária, havendo compatibilidade de prazos na previsão de realização e de exigibilidade, os valores ativos e passivos referentes a créditos e obrigações tributárias devem ser compensados. (Res. 3.059 art. 1º § 2º, com redação dada pela Res. 3.355 art. 1º)

3 – Caracterizam-se como diferenças temporárias as despesas apropriadas no exercício e ainda não dedutíveis para fins de imposto de renda e contribuição social, mas cujas exclusões ou compensações futuras, para fins de apuração de lucro real, estejam explicitamente estabelecidas ou autorizadas pela legislação tributária. (Res. 3.059 art. 1º § 3º, com redação dada pela Res. 3.355 art. 1º)

4 – O disposto no item 1, alínea "a", não se aplica às instituições recém constituídas ou que tiveram mudança de controle acionário, cujo histórico de prejuízos seja decorrente de sua fase anterior. (Res. 3.059 art. 1º § 4º, com redação dada pela Res. 3.355 art. 1º)

5 – O disposto no item 1, alínea "b", no que se refere ao prazo de realização dos créditos tributários, não se aplica aos créditos tributários originados de prejuízos fiscais ocasionados pela exclusão das receitas de superveniência de depreciação de bens objeto de operações de arrendamento mercantil, até o limite das obrigações fiscais diferidas correspondentes. (Res. 3.059 art. 1º § 5º, com redação dada pela Res. 3.355 art. 1º)

6 – O disposto nos itens 1 a 5 deve ser observado individualmente por instituição. (Res. 3.059 art. 1º § 1º, com redação dada pela Res. 3.355 art. 1º)

7 – A probabilidade de realização dos créditos tributários deve ser criteriosamente avaliada, no mínimo, quando da elaboração dos balanços semestrais e anuais, procedendo-se obrigatoriamente a baixa da correspondente parcela do ativo, na hipótese de pelo menos uma das seguintes situações: (Res. 3.059 art. 5º, com redação dada pela Res. 3.355 art. 1º)

a) não atendimento das condições estabelecidas no item 1;

b) os valores efetivamente realizados em dois períodos consecutivos forem inferiores a 50% (cinquenta por cento) dos valores previstos para igual período no estudo técnico mencionado no item 1, alínea "b";

c) existência de dúvidas quanto à continuidade operacional da instituição.

8 – O critério de baixa decorrente de prazo de realização superior a dez anos, previsto no item 1, alínea "b", e o disposto no item 7, alínea "b", não se aplicam aos créditos tributários constituídos anteriormente a 20/12/2002, inclusive aqueles originados de contribuição social sobre o lucro líquido relativa a períodos de apuração encerrados até 31 de dezembro de 1998,

apurados nos termos do art. 8° da Medida Provisória 1.858-6, de 1999. (Res. 3.059 art. 5° § 1°, com redação dada pela Res. 3.355 art. 1°)

9 – O disposto nas alíneas "a" e "b" do item 7 não se aplica aos créditos tributários originados de prejuízos fiscais ocasionados pela exclusão das receitas de superveniência de depreciação de bens objeto de operações de arrendamento mercantil, até o limite das obrigações fiscais diferidas correspondentes. (Res. 3.059 art. 5° § 2°, com redação dada pela Res. 3.355 art. 1°)

10 – O auditor independente, ao emitir a sua opinião sobre as demonstrações contábeis, deve manifestar-se quanto à adequação dos procedimentos para a constituição e manutenção dos créditos tributários e obrigações fiscais diferidas, quando relevantes, inclusive no que se refere às premissas utilizadas para a elaboração e revisão semestral do estudo técnico que justifique sua realização. (Res. 3.059 art. 6°)

11 – Verificada impropriedade ou inconsistência nos procedimentos de reconhecimento, registro contábil e avaliação dos créditos tributários, especialmente em relação às premissas para sua realização, o Banco Central do Brasil poderá determinar a sua baixa, com o consequente reconhecimento dos efeitos nas demonstrações financeiras. (Res. 3.059 art. 7°)

12 – As instituições financeiras e as demais instituições autorizadas a funcionar pelo Banco Central do Brasil devem reconhecer os créditos tributários, observado o disposto nos itens 1 a 6, e as obrigações fiscais diferidas integralmente como receitas ou despesas no resultado do período, salvo aqueles relacionados a itens também registrados diretamente no patrimônio líquido. (Circ. 3.171 art. 1° caput)

13 – Para fins de reconhecimento e avaliação do crédito tributário, devem ser adotados os critérios e alíquotas vigentes na data-base da elaboração das demonstrações financeiras. (Circ. 3.171 art. 1° § 1°)

14 – No caso de alteração da legislação tributária que modifique critérios e alíquotas a serem adotados em períodos futuros, os efeitos devem ser reconhecidos imediatamente com base nos critérios e alíquotas aplicáveis ao período em que cada parcela do ativo será realizada ou do passivo liquidada. (Circ. 3.171 art. 1° § 2°)

15 – O estudo técnico a que se refere o item 1, alínea "b", deve: (Circ. 3.171 art. 2°)

a) ser examinado pelo conselho fiscal, aprovado pelos órgãos da administração das instituições e revisado por ocasião dos balanços semestrais e anuais;

Contabilidade Bancária e de Instituições Financeiras 97

b) ser fundamentado em premissas factíveis e estar coerente com outras informações contábeis, financeiras, gerenciais e orçamentárias da instituição;

c) decorrer de projeções técnicas efetuadas com base em critérios consistentes e verificáveis, amparadas por informações internas e externas, considerando pelo menos o comportamento dos principais condicionantes e indicadores econômicos e financeiros;

d) ser elaborado individualmente por instituição;

e) conter quadro comparativo entre os valores previstos para realização e os efetivamente realizados para cada exercício social, bem como o valor presente dos créditos, calculado com base nas taxas médias de captação da instituição ou, quando inexistentes, no custo médio de capital;

f) ficar à disposição do Banco Central do Brasil pelo prazo de cinco anos, contados a partir da data de referência.

16 – É obrigatória a divulgação, em notas explicativas às demonstrações financeiras, de informações qualitativas e quantitativas sobre os créditos tributários e obrigações fiscais diferidas destacados, no mínimo, os seguintes aspectos: (Circ. 3.171 art. 3°)

a) critérios de constituição, avaliação, utilização e baixa;

b) natureza e origem dos créditos tributários;

c) expectativa de realização, discriminada por ano nos primeiros cinco anos e, a partir daí, agrupadas em períodos de cinco anos;

d) valores constituídos e baixados no período;

e) valor presente dos créditos ativados;

f) créditos tributários não ativados;

g) valores sob decisão judicial;

h) efeitos no ativo, passivo, resultado e patrimônio líquido decorrentes de ajustes por alterações de alíquotas ou por mudança na expectativa de realização;

i) conciliação entre o valor debitado ou creditado ao resultado de imposto de renda e contribuição social e o produto do resultado contábil antes do imposto de renda multiplicado pelas alíquotas aplicáveis, divulgando--se também tais alíquotas e suas bases de cálculo.

17 – As instituições financeiras e demais instituições autorizadas a funcionar pelo Banco Central do Brasil devem manter à disposição do Banco Central do Brasil, pelo prazo de cinco anos, contados a partir da data de referência, os relatórios que evidenciem de forma clara e objetiva os procedimentos previstos nos itens 1 a 16. (Circ. 3.171 art. 4°)

98   *Inácio Dantas*

18 – Deve ser efetuada, em contrapartida ao próprio patrimônio líquido, a constituição ou reversão de créditos tributários e de obrigações fiscais diferidas relativos a itens diretamente registrados naquele grupo e adotados subtítulos de uso interno que permitam a identificação da sua origem e natureza. (Cta-Circ. 3.093, item 4)

7. Participações Antecipadas

1 – As participações mensais e semestrais pagas antecipadamente, exclusive dividendos, registram-se em PARTICIPAÇÕES PAGAS ANTECIPADAMENTE, que devem ser compensadas com as participações efetivamente devidas, calculadas em função do resultado do exercício. (Circ. 1.273)

8. Classificação e Provisionamento de Outras Operações com Características de Concessão de Crédito

1 – A classificação das outras operações com características de concessão de crédito em função do risco e a constituição de provisão em montantes suficientes para fazer face a perdas prováveis na realização dos créditos deve obedecer às normas previstas no item 1.6.2. (Res. 2.682 art. 14)

9. Contingências ativas

1 – As instituições financeiras e demais instituições autorizadas a funcionar pelo Banco Central do Brasil devem observar o Pronunciamento Técnico CPC 25, emitido pelo Comitê de Pronunciamentos Contábeis (CPC), no reconhecimento, mensuração e divulgação de provisões, contingências passivas e contingências ativas. (Res. 3.823 art. 1º)

2 – Os pronunciamentos do CPC citados no texto do CPC 25, enquanto não referendados por ato específico do Conselho Monetário Nacional, não podem ser aplicados pelas instituições financeiras e demais instituições autorizadas a funcionar pelo Banco Central do Brasil. (Res. 3.823 art. 1º, §1º)

3 – As instituições mencionadas no item 1.9.9.1 devem manter à disposição do Banco Central do Brasil, pelo prazo de cinco anos, toda a documentação e detalhamento utilizados no reconhecimento, mensuração e divulgação de provisões, contingências passivas e contingências ativas. (Res. 3.823 art. 2º)

4 – Verificada impropriedade ou inconsistência nos processos de classificação, divulgação e registro contábil das provisões, contingências passivas e contingências ativas, o Banco Central do Brasil poderá determinar os ajustes necessários, com o consequente reconhecimento contábil dos efeitos nas demonstrações contábeis. (Res. 3.823 art. 3º)

Contabilidade Bancária e de Instituições Financeiras 99

1.8.7.88. Bens Retomados ou Devolvidos

1.8.7.88.00-8 BENS RETOMADOS OU DEVOLVIDOS

CÓDIGOS	TÍTULOS CONTÁBEIS	ATRIBUTOS	F	E	P
1.8.7.88.10-1	Valor Contábil dos Bens	PZ	---	---	---

FUNÇÃO:

Destina-se ao registro do valor dos direitos para os quais foram apreendidos, retomados ou devolvidos bens de cliente inadimplente, tendo por base o valor da dívida ou do bem, dos dois o menor.

Caso o bem tenha sido retomado ou apreendido em cobrança judicial, deve ter como contrapartida o subtítulo Em Cobrança Judicial, código 1.8.7.93.20-6 do Cosif.

Caso não tenha sido ajuizada a ação, deve ter como contrapartida os subtítulos Normais e Em Atraso, códigos 1.8.7.93.05-5 e 1.8.7.93.15-8 do Cosif, respectivamente, pelos correspondentes.

O valor a ser atribuído ao bem apreendido, retomado ou devolvido, deve ser tomado com base em documento de avaliação em que se indiquem os critérios adotados para fixação do seu preço.

A administradora deve guardar uniformidade nos procedimentos de avaliação.

A aferição do preço de mercado para o bem em condições normais pode ser feita com base em publicações especializadas, periódicos ou bolsa de veículos.

BASE NORMATIVA: (Carta-Circular BCB 3.147 4 – Anexo IV 6 com a Nova Redação dada pela Carta-Circular 3.192 de 24/06/2005; Carta Circular BCB 3.192 2)

NOTAS DO COSIF:

FUNCIONAMENTO:
– Debitada pelo valor do bem apreendido e ajustes na oscilação do preço.
– Creditada pela baixa.
Fonte: http://www.cosif.com.br/mostra.asp?arquivo=contas18788

1.9.0.00. Outros Valores e Bens
São registradas as participações societárias de caráter minoritário, os bens que não se destinam ao uso próprio (imóveis, veículos, máquinas e equipamentos, material de estoque, mercadorias, etc.) e as despesas antecipadas, definidas como toda aplicação de recursos cujos benefícios à instituição ocorrerão em períodos seguintes.

Os bens não de uso próprio classificados no circulante não se sujeitam a depreciação. Na situação de esses bens passarem a ser efetivamente utilizados pela instituição, deverão ser transferidos para a conta de *Imobilizado* (não circulante).[2]

Norma Básica Cosif nº 10 – Outros Valores e Bens

1. Participações Societárias

1 – Registram-se como participações societárias as aquisições de ações e cotas de capital de empresa de interesse socioeconômico da região, vinculadas a projetos de investimentos ou planos de assistência financeira. (Circ. 1.273)

2 – As participações societárias devem ter caráter minoritário, sendo consideradas investimentos temporários, vedadas as aplicações em caráter permanente. (Circ. 1.273)

3 – As participações em sociedades em regime falimentar, de liquidação, de intervenção ou em projetos paralisados devem ser segregadas no subtítulo de uso interno Participações em Sociedades em Regime Especial da conta PARTICIPAÇÕES SOCIETÁRIAS, constituindo-se provisão para perdas de igual valor ao montante do referido subtítulo, mediante utilização da conta PROVISÃO PARA PERDAS EM PARTICIPAÇÕES SOCIETÁRIAS, que figura de forma subtrativa nos balancetes e balanços ao final do desdobramento Participações Societárias. (Circ. 1.273)

4 – Os dividendos e outros rendimentos de títulos representativos de participações societárias contabilizam-se como diminuição do valor de custo, se recebidos até 6 (seis) meses da data de aquisição do título, e em RENDAS DE PARTICIPAÇÕES SOCIETÁRIAS, se recebidos após esse prazo. (Circ. 1.273)

5 – As ações e cotas recebidas em bonificação, sem custo para a instituição, não alteram o custo contábil, mas a quantidade das novas ações, ou cotas, é computada para determinação do custo médio unitário. (Circ. 1.273)

6 – Os resultados obtidos na alienação de participações societárias contabilizam-se na data da operação; e se houver provisão constituída, esta deve ser estornada ou revertida para a adequada conta de receita, se correspondente a períodos anteriores. (Circ. 1.273)

2. Bens Não de Uso Próprio

1 – Os bens não de uso próprio classificam-se no Ativo Circulante e não se sujeitam a depreciação ou reavaliação. (Circ. 1.273)

---

2   do livro "Estrutura e análise de Balanços", Atlas, Alexandre Assaf Neto

Contabilidade Bancária e de Instituições Financeiras 101

2 – Os lucros ou prejuízos apurados nas vendas à vista de bens não de uso próprio, bem como de outros valores e bens, integram o resultado do período balanceado. (Circ. 1.273)

3 – Nas vendas a prazo, de bens não de uso próprio e outros valores e bens, observam-se os seguintes procedimentos: (Circ. 1.273; Circ. 2.682 art. 1º)

a) deve-se destacar o lucro ou o prejuízo obtido na transação, das receitas de financiamento;

b) as receitas de financiamento, se prefixadas, devem ser contabilizadas em subtítulo de uso interno de DEVEDORES POR COMPRA DE VALORES E BENS ou VALORES A RECEBER DE SOCIEDADES LIGADAS, conforme o caso, e apropriadas mensalmente pela fluência do prazo, em OUTRAS RENDAS NÃO OPERACIONAIS;

c) se pós-fixadas as receitas de financiamento, estas devem ser apropriadas mensalmente, *pro rata temporis*, em OUTRAS RENDAS NÃO OPERACIONAIS.

4 – Os direitos decorrentes da venda a prazo de bens não de uso próprio e de outros valores e bens escrituram-se em DEVEDORES POR COMPRA DE VALORES E BENS ou VALORES A RECEBER DE SOCIEDADES LIGADAS, conforme o caso, com exceção dos imóveis vinculados ao Sistema Financeiro da Habitação, cuja classificação efetua-se de acordo com o novo financiamento, nas condições do referido Sistema. (Circ. 1.273)

5 – Para efeito de registro contábil de bens não de uso próprio, o valor do bem deve fundamentar-se em laudo de avaliação elaborado por peritos ou empresas especializadas, com indicação dos critérios de avaliação e dos elementos de comparação adotados e instruídos com documentos relativos ao bem avaliado, observadas, ainda, as seguintes condições: (Circ. 909 item 1.a.I, b.I/IV; Circ. 1.273)

a) quando o bem for de valor superior a R$ 51.100,00 (cinquenta e um mil e cem reais), não são admitidos trabalhos firmados por peritos ou empresas ligadas à própria instituição, bem como por seus auditores independentes ou empresa a eles ligada;

b) a documentação deve incluir elementos que certifiquem a posse e o domínio do bem;

c) a data-base da contabilização será a do efetivo recebimento do bem e, consequentemente, da liquidação da operação, observadas as disposições dos itens 1-6-2-22 e 23.

6 – Ficam dispensados da exigência de laudo de avaliação, nas condições de que trata o item anterior, os bens móveis cujo valor, atribuído com base em parâmetros reconhecidamente aceitos pelo mercado, não ultrapasse ao correspondente a R$ 25.550,00 (vinte e cinco mil e quinhentos e cinquenta reais). (Circ. 909 item 1.c; Circ. 1.273)

7 – Os bens registrados em BENS NÃO DE USO PRÓPRIO, do Ativo Circulante, que passem a ser efetivamente utilizados pela instituição, transferem-se para a respectiva conta do Imobilizado de Uso, na data do início de utilização. (Circ. 1.273)

8 – Esgotados o prazo legal e as eventuais prorrogações concedidas pelo Banco Central, e realizado o leilão obrigatório, sem que o bem não de uso próprio seja alienado, deve a instituição providenciar imediatamente nova avaliação do bem, para apuração do real valor de mercado atualizado, com vistas a eventual constituição da provisão correspondente. (Circ. 1.273)

9 – Os bens não de uso próprio não alienados no prazo regulamentar devem ser transferidos para o subtítulo Bens Em Regime Especial da conta BENS NÃO DE USO PRÓPRIO. (Circ. 1.273)

10 – O Banco Central pode determinar a constituição de provisão sobre os bens não de uso próprio não alienados em função da existência de pendências judiciais, analisado caso a caso. (Circ. 1.273)

11 – Aos bens transferidos do Ativo Permanente para o Ativo Circulante, aplicam-se as disposições desta seção, além das disposições legais e demais normas regulamentares sobre a matéria. (Circ. 909 item 2; Circ. 1.273)

12 – Na oportunidade em que os bens não de uso próprio forem alienados, deve-se observar o tratamento fiscal pertinente. (Circ. 909 item 1.a.IV; Circ. 1.273)

13 – A conta BENS NÃO DE USO PRÓPRIO destina-se à escrituração de bens recebidos em dação em pagamento e daqueles que eram de uso e foram desativados, bem como de bens arrendados, objeto de reintegração de posse, se destinados à venda. (Circ. 1.273; Cta-Circ. 2.636 item 1.II)

3. Material em Estoque

1 – Os materiais adquiridos para uso ou consumo corrente, tais como, papel, lápis, borracha, clipes, carimbos, peças de reposição e, ainda, bens de consumo duráveis, até o valor admitido pela legislação fiscal, ou de vida útil inferior a um ano, devem ser contabilizados em MATERIAL EM ESTOQUE, ou levados diretamente a resultado a débito de DESPESAS DE MATERIAL. (Circ. 1.273)

4. Valores em Moedas Estrangeiras

1 – As cédulas e moedas estrangeiras de propriedade da instituição contabilizam-se em DISPONIBILIDADES DE MOEDAS ESTRANGEIRAS e DISPONIBILIDADES DE MOEDAS ESTRANGEIRAS – TAXAS FLUTUANTES. (Circ. 1.273)

2 – As valorizações e desvalorizações de moedas estrangeiras são apropriadas mensalmente em contrapartida às contas de resultado. (Circ. 1.273)

Contabilidade Bancária e de Instituições Financeiras 103

5. Despesas Antecipadas

1 – Enquadram-se como despesas antecipadas as aplicações de recursos cujos benefícios ou prestação de serviços à instituição far-se-ão em períodos seguintes. (Circ. 1.273)

2 – As despesas da espécie, correspondentes a cada operação, de valor até R$ 511,00 (quinhentos e onze reais) na data de sua ocorrência, podem ser apropriadas diretamente como despesas efetivas no ato do pagamento. (Circ. 1.273)

6. Mercadorias – Conta Própria

1 – Integram o título MERCADORIAS – CONTA PRÓPRIA aquelas adquiridas no mercado físico, em bolsas de mercadorias ou futuros. (Circ. 1.273)

2 – As aquisições no mercado físico registram-se pelo custo total. Mensalmente, a instituição deve fazer a avaliação das mercadorias que compõem seu estoque, adotando-se como base o menor entre os valores contábil e de mercado, definidos como segue: (Circ. 1.273)

   a) valor contábil – compreende o preço pago por ocasião da compra definitiva, se adquirido no mercado físico, ou do valor de liquidação do contrato de compra a termo;

   b) valor de mercado – corresponde ao valor de cotação média do último dia útil do mês, no mercado físico.

3 – Na comparação entre o valor contábil e o valor de mercado devem ser observados os seguintes critérios: (Circ. 1.273)

   a) quando o valor de mercado for superior ao valor contábil não se admite qualquer registro de valorização;

   b) quando o valor de mercado for inferior ao valor contábil, deve ser constituída provisão obrigatória, no montante suficiente para fazer face às desvalorizações apuradas, sendo vedada a sua compensação com possíveis valorizações ocorridas.

4 – Os resultados obtidos na venda de mercadorias no mercado físico contabilizam-se em LUCROS EM OPERAÇÕES COM ATIVOS FINANCEIROS E MERCADORIAS ou PREJUÍZOS EM OPERAÇÕES COM ATIVOS FINANCEIROS E MERCADORIAS, conforme o caso. (Circ. 1.273)

7. Provisão para Desvalorização de Outros Valores e Bens

1 – A instituição deve proceder a avaliação dos valores e bens, observando os seguintes critérios: (Circ. 1.273)

   a) semestralmente, para atender a perdas prováveis na realização constitui-se, em contrapartida com a conta específica de despesa não operacional a PROVISÃO PARA DESVALORIZAÇÃO DE OUTROS VALORES E BENS;

b) se a instituição tiver conhecimento, no curso do semestre, de fatos relevantes que determinem perda no valor patrimonial dos bens, deve proceder o imediato reconhecimento da respectiva perda, mediante constituição da provisão.

2 – No reajuste do saldo da provisão utiliza-se, para os casos de insuficiência, a conta DESPESAS DE PROVISÕES NÃO OPERACIONAIS, e, nas hipóteses de excesso, estorna-se a provisão constituída a crédito desta conta, se no mesmo período, ou a crédito de REVERSÃO DE PROVISÕES NÃO OPERACIONAIS, se constituída em períodos anteriores. (Circ. 1.273)

3 – A conta PROVISÃO PARA DESVALORIZAÇÃO DE OUTROS VALORES E BENS figura de forma subtrativa nos balancetes e balanços ao final do desdobramento Outros Valores e Bens. (Circ. 1.273)

1.9.8.40. Material de Estoque

CONTA: 1.9.8.40.00-0 MATERIAL EM ESTOQUE

FUNÇÃO:
Registrar o valor do material adquirido para estoque, de uso ou consumo corrente, como papel, lápis, borracha, carimbos, clipes, fitas de máquina, carbono, grampos, peças de reposição e ainda bens de consumo durável de pequeno valor ou com a vida útil inferior a um ano.

Ver item 1.10.3 das Normas Básicas, sobre opção de registro de material diretamente na conta de despesa.

BASE NORMATIVA: (Circular BCB 1.273)
NOTAS DO COSIF:
FUNCIONAMENTO:

– Debitada pelo valor do material adquirido, mantido em estoque.

– Creditada pelas parcelas apropriadas no período como despesa correspondente ao material colocado em uso.

BENS DE PEQUENO VALOR OU COM VIDA ÚTIL QUE NÃO ULTRAPASSE A UM ANO

No artigo 301 do RIR/99 lê-se:

Art.301o. O custo de aquisição de bens do ativo permanente não poderá ser deduzido como despesa operacional, salvo se o bem adquirido tiver valor unitário não superior a trezentos e vinte e seis reais e sessenta e um centavos [R$ 326,61], ou prazo de vida útil que não ultrapasse um ano (Decreto-Lei nº 1.598, de 1977, art. 15, Lei nº 8.218, de 1991, art. 20, Lei nº 8.383, de 1991, art. 3º, inciso II, e Lei nº 9.249, de 1995, art. 30).

Contabilidade Bancária e de Instituições Financeiras — 105

§1° Nas aquisições de bens, cujo valor unitário esteja dentro do limite a que se refere este artigo, a exceção contida no mesmo não contempla a hipótese onde a atividade exercida exija utilização de um conjunto desses bens.

§2° Salvo disposições especiais, o custo dos bens adquiridos ou das melhorias realizadas, cuja vida útil ultrapasse o período de um ano, deverá ser ativado para ser depreciado ou amortizado (Lei n° 4.506, de 1964, art. 45, §1°).

Fonte: http://www.cosif.com.br/mostra.asp?arquivo=contas19840

1.9.9.00. Despesas Antecipadas

CONTA: 1.9.9.10.00-2 DESPESAS ANTECIPADAS

FUNÇÃO:
Registrar a aplicação de recursos em pagamentos antecipados, de que decorrerão, para a instituição, benefícios ou prestação de serviços, em períodos seguintes.
Exemplos de despesas que podem ocorrer por antecipação:
– Prêmios de Seguro
– Aluguéis
– Assinatura de Periódicos (jornais, revistas)
– Manutenção e Conservação
– Comissões e Prêmios
– Outros.
BASE NORMATIVA: (Circular BCB 1.273)
NOTAS DO COSIF:
FUNCIONAMENTO:
– Debitada pelo pagamento das despesas, no ato de sua realização.
– Creditada pela apropriação como despesa.
Fonte: http://www.cosif.com.br/mostra.asp?arquivo=contas19910

Ativo Realizável a Longo Prazo

Os Grupos e Contas Contábeis do Ativo Realizável de Longo Prazo têm os mesmos correspondentes do Ativo Circulante.

2.0.0.00. ATIVO PERMANENTE

Apresenta características semelhantes às de outras empresas, compondo--se basicamente de "Investimentos", "Imobilizado de Uso", "Imobilizado de Arrendamento", "Intangível" e Diferido.

Norma Básica Cosif nº 11 – Ativo Permanente

1. Investimentos no Exterior

1 – Os investimentos em sociedades coligadas ou controladas de instituições brasileiras registram-se nos adequados títulos e subtítulos do Ativo Permanente e avaliam-se por ocasião do balancete ou balanço patrimonial pelo método de equivalência patrimonial, deduzido do saldo de eventuais perdas decorrentes de redução ao valor recuperável dos ativos. (Circ. 1.273; Circ. 1.963 art. 1º; Res. 3.566)

2 – Em relação aos investimentos no exterior, observa-se que:

a) mensalmente, apura-se a variação cambial calculada sobre o valor contábil do investimento, com base na taxa de venda da moeda estrangeira do país sede do investimento fornecida pelo Banco Central para efeito de balancete ou balanço patrimonial, considerando-se o resultado como ganho ou perda por variação de taxas, sendo que: (Circ. 1.273; Circ. 1.963 art. 1º; Circ. 2.125 art. 1º item I; Cta-Circ. 2.476 item 1.I)

I – o ganho contabiliza-se a crédito de RENDAS DE AJUSTES EM INVESTIMENTOS NO EXTERIOR em contrapartida com o adequado título e subtítulo em que se registram os investimentos; (Circ. 1.273; Circ. 2.125 art. 1º item I)

II – a perda registra-se a débito de DESPESAS DE AJUSTES EM IN-VESTIMENTOS NO EXTERIOR a crédito do adequado título e subtítulo em que se registram os investimentos. (Circ. 1.273; Circ. 2.125 art. 1º item I)

b) o cálculo das participações em investimentos no exterior avaliados pelo método de equivalência patrimonial deve ser realizado, mensalmente, com base no balanço patrimonial ou no balancete de verificação levantado na mesma data ou até, no máximo, dois meses antes, efetuando-se, nessa hipótese, os ajustes necessários para considerar os efeitos de fatos extraordinários ocorridos no período. (Circ. 1.273; Circ. 1.963 art. 1º)

3 – Para efeito de apuração do resultado de equivalência patrimonial, compara-se o valor do investimento ajustado pelas variações de taxas mencionadas no item 1.11.1.2.a com o patrimônio líquido da coligada ou controlada ou dependência no exterior, na moeda correspondente, considerando-se a taxa corrente ou histórica, conforme o caso, convertida a taxas de compra da moeda estrangeira fornecidas pelo Banco Central para efeito de balancetes e balanços, registrando-se o diferencial como resultado do período, constituindo: (Circ. 1.273)

a) renda operacional se corresponder a aumento do patrimônio líquido gerado por lucros ou ganhos efetivos comprovadamente apurados na coligada ou controlada ou dependência no exterior, debitando-se a conta

Contabilidade Bancária e de Instituições Financeiras 107

que registra o investimento em contrapartida com RENDAS DE AJUS-TES EM INVESTIMENTOS NO EXTERIOR;

b) despesa operacional se corresponder a diminuição do patrimônio líquido da coligada ou controlada ou dependência no exterior, em decorrência de prejuízos ou perdas efetivas apurados, creditando-se a conta que registra o investimento em contrapartida com DESPESAS DE AJUS-TES EM INVESTIMENTOS NO EXTERIOR.

4 – Observadas as disposições dos itens 1.16.5.5 e 6, a totalidade dos lucros apurados na avaliação dos investimentos no exterior deve ser destacada para formação de RESERVAS DE LUCROS A REALIZAR. Depois de internados os lucros no País, ou capitalizados no exterior, a reserva correspondente deve ser revertida para LUCROS OU PREJUÍZOS ACUMULADOS e pode ser incluída na base para distribuição de participações e dividendos. (Circ. 1.273)

5 – Os lucros decorrentes de investimentos no exterior, quando internados no País, registram-se como redução da conta de Investimentos, convertendo-se o seu valor em moeda estrangeira à taxa de câmbio corrente na data do último balanço. A diferença entre o valor apurado por ocasião do efetivo ingresso das divisas e o convertido na data do último balancete/balanço constitui resultado operacional do período, contabilizando-se em OUTRAS RENDAS OPERACIONAIS ou OUTRAS DESPESAS OPERACIONAIS, conforme o caso. (Circ. 1.273; Circ. 2.125 art. 1º item II)

6 – Quando os dividendos forem passíveis de tributação no país de origem, observa-se: (Circ. 1.273)

a) se o tributo for recuperável, deve ser reconhecido como crédito fiscal no exterior. Nesta hipótese, debita-se a conta CRÉDITOS TRIBUTÁRIOS DE IMPOSTOS E CONTRIBUIÇÕES subtítulo de uso interno Dividendos – Investimentos no Exterior, pelo valor do tributo, e a adequada conta de disponibilidades pelo ingresso no País do valor líquido em moeda nacional dos dividendos em contrapartida com a conta de Investimentos ou DIVIDENDOS E BONIFICAÇÕES EM DINHEIRO A RECEBER, quando observado o disposto no item 1.11.2.25;

b) se o valor do tributo não for recuperável, registra-se como despesa em OUTRAS DESPESAS OPERACIONAIS.

7 – Aplicam-se, no que for cabível, aos investimentos no exterior, as normas previstas neste Plano Contábil, inclusive as constantes da seção 1.24, e nas demais disposições regulamentares relativas a participações em coligadas e controladas no País. (Circ. 1.273)

8 – Os critérios para contabilização dos investimentos no exterior e para a apropriação dos resultados obtidos pelas coligadas e controladas, bem

como os procedimentos de publicação dessas posições e resultados no Brasil, devem ser objeto de informações nas Notas Explicativas das Demonstrações Financeiras. (Circ. 1.273)

2. Participações em Coligadas e Controladas

1 – Os investimentos em sociedades coligadas e controladas, no país e no exterior, devem observar as seguintes normas: (Circ. 1.273; Res. 3.619)

a) devem ser avaliados pelo método da equivalência patrimonial os investimentos em:

    I – coligadas, quando participarem com 20% (vinte por cento) ou mais do capital votante ou detiverem influência significativa em sua administração;

    II – sociedades controladas;

    III – sociedades integrantes do conglomerado econômico-financeiro;

    IV – sociedades que estejam sob controle comum.

b) são coligadas as sociedades quando uma participa do capital da outra com 10% (dez por cento) ou mais, sem controlá-la; controlada é a sociedade na qual a controladora, diretamente ou por meio de outras controladas, é titular de direitos de sócio que lhe assegurem, de modo permanente, preponderância nas deliberações sociais e o poder de eleger a maioria dos administradores;

c) para efeito de apurar a relação entre o valor contábil do investimento e do patrimônio líquido da instituição participante, são computados, como parte do valor contábil do investimento, os créditos da instituição participante contra sociedades coligadas e controladas, que não sejam resultantes de negócios usuais do objeto social da instituição participante, mais o ágio não amortizado, ou deduzido do deságio não amortizado, conforme o caso, e da provisão para perdas, se houver, atualizados até a data do balanço da investidora;

d) o patrimônio líquido da instituição participante que serve de base para determinação de relevância é o patrimônio líquido do balanço que está sendo encerrado, incluído o resultado do período ajustado pelos valores de provisões e participações estatutárias a serem constituídas, e ainda, não se considerando o resultado da própria avaliação de investimentos pelo método de equivalência patrimonial;

e) as instituições participantes, previamente à adoção das providências aqui tratadas, devem solicitar às suas coligadas e controladas que procedam à avaliação de investimentos que porventura possuam em outras sociedades nas condições previstas neste item.

f) as instituições que detenham investimentos que, em face do disposto na alínea "a", não possam mais ser avaliados pelo método da equivalência patrimonial devem:

Contabilidade Bancária e de Instituições Financeiras 109

I – considerar o valor contábil do investimento na data-base 31 de dezembro de 2008, incluindo o ágio ou o deságio não amortizado, como novo valor de custo para fins de mensuração futura e de determinação do seu valor recuperável;

II – contabilizar, em contrapartida desses investimentos, os dividendos recebidos por conta de lucros que já tiverem sido reconhecidos por equivalência patrimonial.

2 – O valor do investimento na coligada ou controlada deve ser determinado mediante a aplicação, sobre o valor do patrimônio líquido, da porcentagem de participação no capital da coligada ou controlada, após efetuados os ajustes que forem necessários para eliminar efeitos decorrentes das integralizações parciais de aumentos de capital em dinheiro, da diversidade de critérios contábeis, dos resultados não realizados intercompanhias e excluídas eventuais participações recíprocas. (Circ. 1.273)

3 – Para efeito de apuração do valor do patrimônio líquido das sociedades coligadas e controladas, são computados os valores destinados, no período, à distribuição de dividendos, não podendo resultar, do cumprimento da norma, sub ou supervalorização do investimento. (Circ. 1.273)

4– As participações em sociedades coligadas ou controladas devem ser registradas deduzidas do saldo de eventuais perdas decorrentes de redução ao valor recuperável dos ativos (Res. 3.566)

5 – A porcentagem de participação no capital social da coligada ou controlada, quando houver participação recíproca admitida pelo Banco Central, deve ser determinada relacionando-se a quantidade de ações possuída pela investidora ou pela controladora e o total de ações do capital social da coligada ou controlada, observando-se que: (Circ. 1.273)

a) da quantidade de ações possuída pela investidora ou pela controladora deve ser deduzida a quantidade de ações possuída pela coligada ou pela controlada no capital social da investidora ou controladora;

b) do total de ações do capital social da coligada ou da controlada, deve ser deduzida a quantidade de ações possuída pela coligada ou controlada no capital social da investidora ou da controladora;

c) quando o valor nominal das ações do capital social da investidora ou da controladora for diferente do valor nominal das ações do capital social da coligada ou da controlada, deve ser efetuado o cálculo da equivalência da quantidade de ações e ajustada pela investidora ou pela controladora a quantidade de ações possuída pela coligada ou controlada;

d) quando as ações do capital social forem sem valor nominal, deve ser utilizado o valor resultante da divisão do montante do capital social pelo número de ações emitidas e em circulação;

e) devem ser consideradas as participações recíprocas indiretas;

f) devem ser preservados os direitos dos demais acionistas da coligada ou controlada sobre as ações da investidora ou controladora.

6 – Na determinação da porcentagem de participação no capital social da coligada ou da controlada, assim como na determinação do valor do patrimônio líquido, devem ser contemplados os efeitos decorrentes de aumento de capital em processamento e de classes de ações com direito preferencial de dividendo fixo e com limitação na participação de lucros. (Circ. 1.273)

7 – O cálculo das participações em investimentos avaliados pelo método de equivalência patrimonial, inclusive no exterior, deve ser realizado, mensalmente, com base no balanço patrimonial ou no balancete de verificação levantado na mesma data ou até, no máximo, dois meses antes, efetuando--se, nessa hipótese, os ajustes necessários para considerar os efeitos de fatos extraordinários ocorridos no período. (Circ. 1.273; Circ. 1.963 art. 1°)

8 – O patrimônio líquido da coligada ou da controlada, inclusive das sediadas no exterior, deve ser determinado com base em balanço patrimonial ou balancete de verificação levantado na mesma data ou até no máximo dois meses antes da data do balancete ou balanço patrimonial da investidora ou da controladora. (Circ. 1.273; Circ. 1.963 art. 1°)

9 – No balanço ou balancete de verificação da coligada ou controlada, referidos no item anterior, deve-se proceder, quando for o caso, a ajustes que contemplem: (Circ. 1.273)

a) eliminação de diferenças relevantes decorrentes da diversidade de critérios contábeis adotados pela coligada ou controlada;

b) exclusão, do patrimônio líquido da coligada ou controlada, de resultados não realizados, decorrentes de negócios efetuados com a investidora ou controladora, e de negócios com outras coligadas e controladas;

c) eliminação das participações recíprocas, conforme referidos no item 1.11.2.5;

d) ajustes do patrimônio líquido da coligada ou controlada pelos efeitos de fatos extraordinários ocorridos no período, no caso da defasagem de até dois meses referidos no item 1.11.2.8;

e) ajustes para que o balancete da coligada ou controlada adquira características de balanço especial, de forma que se reconheçam os eventos patrimoniais cujo fato gerador contábil já tenha ocorrido (constituição de provisões, procedimentos de inventário, etc.).

10 – Quando o balanço patrimonial ou balancete de verificação da coligada ou controlada tiver sido levantado em data anterior à do balancete ou balanço patrimonial da investidora ou controladora, esta deve usar a porcentagem de participação da data-base do balanço da investidora e efetuar os ajustes

Contabilidade Bancária e de Instituições Financeiras   111

necessários para considerar os efeitos relevantes de eventos que afetem a determinação do patrimônio da investida. (Circ. 1.273)

11 – Para os efeitos do item 1.11.2.9.b, consideram-se não realizados os lucros ou prejuízos decorrentes de negócios com a investidora ou controladora ou de negócios com outras coligadas ou controladas, quando: (Circ. 1.273)

a) os lucros ou os prejuízos estiverem incluídos no resultado de uma coligada ou de uma controlada e correspondidos por inclusão ou exclusão no custo de aquisição de ativos de qualquer natureza no balancete ou balanço patrimonial da investidora ou controladora;

b) os lucros ou os prejuízos estiverem incluídos no resultado de uma coligada ou de uma controlada e correspondidos por inclusão ou exclusão no custo de aquisição de ativos de qualquer natureza no balancete ou balanço patrimonial de outras coligadas ou controladas.

12 – Os lucros e os prejuízos, assim como as receitas e despesas decorrentes de negócios que tenham gerado simultânea e integralmente efeitos opostos nas contas de resultado das coligadas ou das controladas, não são excluídos do valor do patrimônio líquido como ajustes da equivalência patrimonial. No caso de controladas, para ser admitida a não exclusão, os percentuais de participação da investidora devem ser idênticos. (Circ. 1.273)

13 – Quando o balanço patrimonial ou balancete de verificação da coligada ou controlada, referidos no item 1.11.2.7, apresentar período de defasagem em relação ao balancete ou balanço patrimonial da investidora, deve-se proceder a ajustes do valor contábil do investimento, para fins da equivalência patrimonial, que contemplem: (Circ. 1.273)

a) aumento de capital social da investida em processamento ou concluído no período de defasagem;

b) reincorporação ao valor contábil do investimento de dividendos recebidos no período de defasagem;

c) outros eventos relevantes.

14 – A investidora ou a controladora deve constituir provisão especialmente para cobertura de: (Circ. 1.273)

a) perdas efetivas em razão de:

I – eventos que resultarem em perdas não contabilizadas no balanço patrimonial ou no balancete de verificação da coligada ou da controlada;

II – responsabilidades para cobertura de prejuízos que comprometam ou excedam o patrimônio líquido da coligada ou controlada, até o valor assumido;

b) perdas potenciais estimadas em razão de:

I – tendência de perecimento do investimento;

II – elevado risco de paralisação de operações de coligadas ou de controladas;

III – eventos que possam prever perda parcial ou total do valor do investimento ou do montante de créditos contra coligadas ou controladas, computado na forma do item 1.11.2.1.c.

15 – Para efeito de contabilização, a instituição deve: (Circ. 1.273)

a) desdobrar o custo de aquisição em:

I – valor do patrimônio líquido na época da aquisição;

II – ágio ou deságio na aquisição do investimento, que é a diferença entre o custo de aquisição e o valor patrimonial das ações;

b) indicar, no lançamento do ágio ou deságio, dentre os seguintes, o seu fundamento econômico, comprovado por documentação que sirva de base à escrituração:

I – valor de mercado de bens do ativo da coligada ou controlada superior ou inferior ao custo registrado na contabilidade;

II – valor de rentabilidade da coligada ou controlada, com base em previsão dos resultados futuros;

III – fundo de comércio, intangíveis e outras razões econômicas.

16 – O ágio ou deságio contabilizado na investidora ou controladora, com fundamento na diferença entre o valor de mercado e o valor contábil de bens do ativo da coligada ou controlada, deve ser amortizado no exercício social em que os bens que o justificaram forem baixados por alienação ou perecimento, ou nos exercícios sociais em que seu valor for realizado por depreciação, amortização ou exaustão, ou, ainda, na forma do disposto em 1.11.2.23, quando for o caso. (Circ. 1.273)

17 – O ágio ou deságio contabilizado na investidora ou controladora, com fundamento na previsão de resultados futuros da coligada ou controlada, deve ser amortizado em consonância com os prazos de projeções que o justificaram ou, quando baixado o investimento, por alienação ou perda, antes de cumpridas as previsões. Observar, a respeito, o disposto no item 1.11.2.20.a. (Circ. 1.273)

18 – O ágio contabilizado na investidora ou controladora, com fundamento em fundo de comércio, intangíveis e outras razões econômicas, classifica-se, de acordo com suas características, em uma das seguintes condições: (Circ. 1.273)

a) se decorrente de capital aplicado na aquisição de direitos cuja existência ou exercício tenha duração limitada, inclusive de exploração de fundos de comércio, deve ser amortizado em consonância com o prazo estimado de verificação do evento ou eventos que o determinam ou, quando baixado o investimento, por alienação ou perda, antes de decorrido o prazo estimado de amortização;

Contabilidade Bancária e de Instituições Financeiras 113

b) se decorrente de capital aplicado na aquisição de direitos cuja existência ou exercício tenha duração indeterminada, deve ser mantido ativado até a verificação do evento ou eventos que o determinam ou, quando baixado o investimento, por alienação, perda ou extinção. Se, em qualquer oportunidade o valor contábil for notoriamente superior ao valor de mercado, apurado por processo de avaliação ou pesquisa de mercado, deve ser constituída provisão para adequar o valor contábil ao valor de mercado.

19 – Na apresentação do balancete ou balanço patrimonial da investidora ou da controladora, o saldo não amortizado de ágios ou deságios deve ser, respectivamente, somado ou deduzido do valor do patrimônio líquido do investimento a que se referir. (Circ. 1.273)

20 – O valor de patrimônio líquido de investimento registrado na forma dos itens 1.11.2.15 a 1.11.2.18 deve ser ajustado, na investidora, com base no valor de patrimônio líquido da coligada ou da controlada. A diferença apurada registra-se, na investidora ou controladora, a débito ou a crédito da conta que registrar o investimento, e a contrapartida do ajuste é contabilizada: (Circ. 1.273; Res. 3.565 art. 1º)

a) como amortização do ágio, mediante incorporação ao investimento, quando o fundamento econômico for o de previsão de resultados de exercícios futuros, e até o valor destes, se corresponder a aumento do patrimônio líquido da coligada ou controlada, em decorrência de lucros nesta registrados;

b) como resultado do período, constituindo renda operacional, caso não haja mais ágio a amortizar nas condições da alínea anterior, se corresponder a lucros ou comprovadamente a ganhos efetivos apurados na coligada ou na controlada. Utiliza-se, nesta hipótese, a conta RENDAS DE AJUSTES EM INVESTIMENTOS EM COLIGADAS E CONTROLADAS;

c) como resultado do período, constituindo despesa operacional, se corresponder a diminuição do patrimônio líquido da coligada ou da controlada, em decorrência de prejuízos ou perdas efetivas nesta registrados. Utiliza-se a conta DESPESAS DE AJUSTES EM INVESTIMENTOS EM COLIGADAS E CONTROLADAS;

d) como resultado do período, constituindo renda não operacional, se corresponder a ganhos efetivos por variação de porcentagem de participação da investidora ou da controladora no capital social da coligada ou controlada. Utiliza-se a conta GANHOS DE CAPITAL, adotando-se subtítulo de uso interno adequado;

e) como resultado do período, constituindo despesa não operacional, se corresponder a perdas efetivas por variação de porcentagem de parti-

114   *Inácio Dantas*

cipação da investidora ou da controladora no capital social da coligada ou controlada. Utiliza-se a conta PERDAS DE CAPITAL, adotando-se subtítulo de uso interno adequado;

f) como resultado do período, constituindo renda operacional a ser contabilizada em RENDAS DE AJUSTES EM INVESTIMENTOS EM COLIGADAS E CONTROLADAS, quando o ajuste do valor do investimento corresponder à constituição de reservas decorrentes de incentivos fiscais na coligada ou controlada.

21 – Quando da avaliação do investimento pelo valor do patrimônio líquido da coligada ou controlada, se houver provisão para perdas que tenha sido anteriormente constituída, a investidora ou a controladora deve proceder a reexame, providenciando os ajustes necessários, inclusive quanto à reversão da provisão, se for o caso. (Circ. 1.273)

22 – A investidora ou controladora deve contabilizar, um por um, os ajustes a que se refere o item 1.11.2.20.a/f, e apresentá-los, tanto os positivos quanto os negativos (receitas e despesas operacionais e não operacionais), na Demonstração de Resultado, com as notas explicativas que se fizerem necessárias ao completo esclarecimento do resultado da equivalência patrimonial em relação a cada um dos investimentos. (Circ. 1.273)

23 – A variação da porcentagem de participação da investidora ou controladora no capital social da coligada ou da controlada, referida no item 1.11.2.20.d/e, pode decorrer de: (Circ. 1.273)

a) alienação parcial do investimento;

b) reestruturação de espécie e classe de ações do capital social;

c) renúncia do direito de preferência na subscrição em aumento de capital;

d) aquisição de ações pela própria coligada ou pela própria controlada para cancelamento ou permanência em tesouraria;

e) outros eventos que possam resultar em variação da porcentagem de participação.

24 – Os lucros, dividendos e bonificações em dinheiro, recebidos pela investidora ou pela controladora, devem ser contabilizados como diminuição do montante correspondente ao valor do patrimônio líquido do investimento. Simultaneamente, deve ser revertida para a conta LUCROS OU PREJUÍZOS ACUMULADOS a parcela que tiver sido destinada para RESERVAS DE LUCROS A REALIZAR. (Circ. 1.273)

25 – A contabilização a crédito da conta que registra o investimento, prevista no item anterior, faz-se até a data de Assembleia Geral que aprovar as contas da coligada ou da controlada, a débito de DIVIDENDOS E BONIFICAÇÕES EM DINHEIRO A RECEBER. (Circ. 1.273)

Contabilidade Bancária e de Instituições Financeiras 115

26 – Os lucros e dividendos distribuídos antecipadamente, por conta do resultado do exercício em curso, por empresas coligadas ou controladas avaliadas pelo método de equivalência patrimonial, registram-se a crédito do subtítulo de uso interno Lucros ou Dividendos Antecipados, retificador da conta que registra o investimento, cujos valores são baixados por ocasião da avaliação correspondente ao balanço a que se referir a distribuição efetuada. (Circ. 1.273)

27 – As demonstrações adotadas pelas investidoras ou controladoras na avaliação de seus investimentos pelo método de equivalência patrimonial, assim como aqueles utilizados pelas suas coligadas ou controladas para o mesmo fim, devem abranger períodos uniformes. A mudança desses períodos deve ser objeto de esclarecimento em nota explicativa. (Circ. 1.273)

28 – Faculta-se a avaliação trimestral para os investimentos em empresas não integrantes do Sistema Financeiro Nacional. (Circ. 1.963 art. 1º § único)

29 – A instituição deve manter à disposição do Banco Central a documentação pertinente à avaliação pelo método de equivalência patrimonial de investimentos em sociedades coligadas e controladas. (Circ. 1.273)

3. Outros Investimentos

1 – Constituem a carteira Outros Investimentos as seguintes aplicações: (Circ. 1.273)
   a) investimentos por incentivos fiscais;
   b) títulos patrimoniais;
   c) ações e cotas;
   d) outros investimentos.

2 – Tais investimentos, bem como participações acionárias não aferíveis com base no patrimônio líquido, avaliam-se pelo custo de aquisição, deduzido do saldo de eventuais perdas decorrentes de redução ao valor recuperável dos ativos. (Res. 3.566)

3 – Os títulos patrimoniais de bolsas de valores, de mercadorias e de futuros, e da Central de Custódia e de Liquidação Financeira de Títulos (Cetip) são atualizados, por ocasião dos balanços, pelo valor informado pela respectiva bolsa, procedendo-se aos seguintes lançamentos de ajustes: (Circ. 1.273)
   a) se o novo valor informado pelas bolsas for superior ao saldo contábil na data-base do balanço, debita-se TÍTULOS PATRIMONIAIS pela diferença apurada, em contrapartida com RESERVA DE ATUALIZAÇÃO DE TÍTULOS PATRIMONIAIS;
   b) se o novo valor informado pelas bolsas for inferior ao saldo contábil na data-base do balanço, credita-se TÍTULOS PATRIMONIAIS pela diferença apurada, em contrapartida com RESERVA DE ATUALIZAÇÃO DE TÍTULOS PATRIMONIAIS até o limite do seu saldo. A

parcela excedente, se houver, é debitada em LUCROS OU PREJUÍZOS ACUMULADOS.

4 – As atualizações de títulos patrimoniais, informadas pelas bolsas, independentemente da época de sua aprovação, são valorizadas em cada levantamento de balanço de exercício para efeito de lançamentos de ajustes. (Circ. 1.273)

5 – O valor de ágios, porventura pagos na aquisição de títulos patrimoniais (valor de custo superior ao valor atualizado informado pelas bolsas), contabiliza-se em Investimentos, a débito de ÁGIOS NA AQUISIÇÃO DE TÍTULOS PATRIMONIAIS. (Circ. 1540)

6 – Os dividendos e outros rendimentos decorrentes desses investimentos, quando declarados, contabilizam-se como diminuição do custo, se recebidos até 6 (seis) meses da data de aquisição do investimento, e em OUTRAS RENDAS OPERACIONAIS, se recebidos após esse prazo. (Circ. 1.273)

7 – A instituição deve proceder à avaliação dos seus investimentos, observado o seguinte critério: (Circ. 1.273)

a) os investimentos em bens artísticos e valiosos e títulos de clubes, bem como os demais investimentos, inclusive decorrentes de participações acionárias de natureza compulsória efetuadas com incentivos fiscais e ações recebidas na aquisição de linhas telefônicas, avaliam-se semestralmente pelo custo de aquisição, deduzido de provisão para perdas, que se destina a ajustar o seu valor ao preço de mercado, adotando-se, no que couber, os critérios de avaliação previstos na seção 1.4 deste plano contábil;

b) se a instituição tiver conhecimento, no curso do semestre, de fatos relevantes que determinem perda no valor patrimonial dos investimentos, deve proceder o imediato reconhecimento da respectiva perda, mediante constituição de provisão.

8 – As participações em sociedades em regime falimentar, de liquidação, de intervenção ou em projetos paralisados, registram-se no subtítulo de uso interno Sociedades em Regime Falimentar do próprio título contábil, constituindo-se provisão para perdas de igual valor ao montante do referido subtítulo. (Circ. 1.273)

9 – Na alienação de investimentos a prazo, considera-se lucro ou prejuízo a diferença entre o valor de alienação e o valor líquido contábil do investimento. Eventuais receitas de financiamento têm o seguinte tratamento: (Circ. 1.273)

a) se o encargo do valor da venda for prefixado, a receita de financiamento é apropriada mensalmente em OUTRAS RENDAS NÃO OPERACIONAIS;

Contabilidade Bancária e de Instituições Financeiras   117

b) se as receitas forem pós-fixadas, são reconhecidas mensalmente a crédito de OUTRAS RENDAS NÃO OPERACIONAIS, mediante débito em DEVEDORES POR COMPRA DE VALORES E BENS ou VALORES A RECEBER DE SOCIEDADES LIGADAS, conforme o caso.

10 – Consideram-se também como investimento de caráter permanente, além das participações acionárias registradas pelo custo histórico e dos investimentos avaliáveis pela equivalência patrimonial, os direitos de qualquer natureza não classificáveis no Ativo Circulante e Realizável a Longo Prazo, nem no Imobilizado, como bens artísticos e valiosos, coleções (moedas e selos) e títulos de clubes, que se contabilizam na adequada conta do subgrupo Investimentos do Ativo Permanente, pelo custo de aquisição. (Circ. 1.273)

11 – A intenção de permanência ou não dos investimentos se manifesta no momento da aquisição, mediante sua inclusão no Ativo Permanente, subgrupo Investimentos, ou registro no Ativo Circulante. (Circ. 1.273)

12 – As ações e cotas recebidas em bonificação, sem custo para a instituição, não alteram o valor de aquisição dos investimentos no capital de outras sociedades, mas a quantidade das novas ações ou cotas é computada para determinação do custo médio unitário. (Circ. 1.273)

4. Provisão para Perdas em Investimentos

1 – Por ocasião da avaliação dos investimentos, para atender a perdas decorrentes de redução ao valor recuperável, constitui-se, a débito de despesa, a adequada provisão para perdas. (Circ. 1.273; Res. 3.566)

2 – No reajuste da provisão utiliza-se, para os casos de insuficiência, a conta DESPESAS DE PROVISÕES OPERACIONAIS ou DESPESAS DE PROVISÕES NÃO OPERACIONAIS e, na hipótese de excesso, estorna-se a provisão constituída a crédito desta conta, se no mesmo semestre, ou a crédito de REVERSÃO DE PROVISÕES OPERACIONAIS ou REVERSÃO DE PROVISÕES NÃO OPERACIONAIS, se já transitada em balanço. (Circ. 1.273)

3 – As contas específicas de provisão para perdas decorrentes de redução ao valor recuperável de ativos figuram de forma subtrativa nos balancetes e balanços no final de cada desdobramento do subgrupo Investimentos. (Circ. 1.273; Res. 3.566)

5. Disposições Gerais sobre Investimentos

1 – Para fins de controle, é obrigatória a manutenção de registros que permitam identificar, para cada participação em sociedade coligada e controlada,

agência ou departamento no exterior e outros investimentos, os valores aplicados e memória de cálculo das avaliações procedidas. (Circ. 1.273)

6. Aplicações no Imobilizado de Uso

1 – Os imóveis de uso da instituição escrituram-se na sede pelo preço de aquisição, neste incluídas as despesas acessórias indispensáveis, ainda que anteriores à escritura, como emolumentos cartorários, corretagens e outras. (Circ. 1.273)

2 – Os impostos pagos na aquisição de bens do imobilizado podem, a critério da instituição, ser incorporados ao custo de aquisição ou deduzidos como despesa operacional, salvo os pagos na importação de bens e o valor da contribuição de melhoria, que acrescerão o custo de aquisição. (Circ. 1.273)

3 – Os bens móveis de uso, mantidos em estoque e conceituados como bens de consumo durável, como mobiliários, máquinas, aparelhos, peças de reposição, utensílios, equipamentos, registram-se em MÓVEIS E EQUIPAMENTOS EM ESTOQUE, do Imobilizado de Uso. (Circ. 1.273)

4 – Por ocasião dos balancetes e balanços, os imóveis de uso próprio e demais bens classificados no Imobilizado de Uso registram-se pelo custo de aquisição, indicando-se, dedutivamente, o saldo das perdas decorrentes de redução ao valor recuperável de ativos e da respectiva depreciação acumulada. (Circ. 1.273; Res. 3.566)

5 – Os bens móveis e imóveis de uso próprio, adquiridos a prazo, escrituram-se em conta específica do Imobilizado de Uso, e as exigibilidades decorrentes, em OBRIGAÇÕES POR AQUISIÇÃO DE BENS E DIREITOS, ou VALORES A PAGAR A SOCIEDADES LIGADAS, conforme o caso. Os encargos financeiros vinculados a compras a prazo não se incluem no preço de aquisição e contabilizam-se em OUTRAS DESPESAS OPERACIONAIS, por constituírem remuneração de financiamento, observado o disposto no item seguinte. (Circ. 1.273)

6 – Nas compras a prazo a preço fixo, a instituição deve: (Circ. 1.273)
a) estabelecer o valor das despesas financeiras, que corresponde à diferença entre o valor de compra a prazo e o preço à vista, apurado por meio de laudo de avaliação firmado por perito ou empresa especializada quando não especificado nos documentos mercantis;
b) nas compras de bens de valor inferior a R$ 5.110,00 (cinco mil e cento e dez reais), o preço à vista pode ser estabelecido tomando-se como parâmetros taxa de juros vigentes no mercado;

Recolhimento Compulsório/Encaixe Obrigatório - Quadro Resumo   12/02/2015

Tipo	Base Normativa	Institui-ções Su-jeitas	Cálculo da exigibilidade	Alí-quo-ta	Período de Cálculo e de Movimentação	Custo financeiro por deficiência	Forma de Recolhimento / Remuneração do Valor Recolhido
Recur-sos à Vista	Circulares: 3632/2013 3633/2013 3712/2014 3745/2015 Cartas Circu-lares: 3164/2005 3583/2013 3690/2015	Bancos Múltiplos titulares de conta Reservas Bancárias Bancos de Investimen-to titulares de conta Reservas Bancárias Bancos Co-merciais Caixas Eco-nômicas	Calcular a média aritmética dos VSRs* diários calcula-dos com base nos valores inscritos nas seguintes rubricas contábeis: 4.1.1.00.00-0 Depósitos à vista; 4.5.1.00.00-6 Recursos em Trânsito de Terceiros; 4.9.1.00.00-2 Cobrança e Arrecadação de Tributos e Assemelhados; 4.9.9.05.00-1 Cheques Ad-ministrativos; 4.9.9.12.10-4 Contratos de Assunção de Obriga-ções - Vinculados a Ope-rações Realizadas no País; 4.9.9.27.00-3 Obrigações por Prestação de Serviço de Pagamento; 4.9.9.60.00-8 Recursos de Garantias Realizadas. Deduzir R$ 44 milhões e depois aplicar a alíquota correspondente.	45%	Período de Cál-culo: Duas semanas consecutivas, com início na segunda-feira da primeira sema-na e término na sexta-feira da se-gunda semana. Período de Mo-vimentação: Início na quarta--feira da semana posterior ao fim do período de cálculo e térmi-no na terça-feira da segunda semana subse-quente. Observações: Defasagem de uma semana entre os grupos "A" e "B".	Deficiência diária: Taxa Selic + 4% a.a. Deficiência na média: Taxa Selic + 4% a.a., deduzidos os custos por deficiência diária.	**Recolhimento:** Espécie Caixa das instituições financeiras, limitado a 40% da exigibilidade **Remuneração:** Não há remuneração do valor recolhido **Observações:** Saldo diário na conta Reservas Bancárias não pode ser menor do que 80% da exigibilidade. Saldo médio na conta Reservas Bancárias não pode ser menor do que 100% da exigibilidade. Dispensa de recolhimento para exigibilidade infe-rior a R$ 500.000,00. Podem ser deduzidos do recolhimento, até o limite de 20% da exigibilidade e apenas por IF com PR-I superior a R$ 3 bilhões (base abril / 2014): - o valor correspondente ao saldo devedor atu-alizado dos financiamentos concedidos entre 21.12.2012 e 31.12.2014, conforme Resolução nº 4.170/2012; e - o valor correspondente ao saldo devedor atua-lizado dos financiamentos concedidos a partir de 1º.1.2015, que repliquem os critérios estabelecidos na norma editada pelo CMN que estabelece as condições para contratação dos financiamentos passíveis de subvenção econômica de que trata a Lei nº 12.096/2009. - o valor correspondente ao saldo devedor atua-lizado dos financiamentos concedidos a partir de 1º.1.2015, que repliquem os critérios estabeleci-dos na norma editada pelo CMN que estabelece as condições para contratação dos financiamen-tos passíveis de subvenção econômica de que trata a Lei nº 12.096/2009.

Tipo	Base Normativa	Instituições Sujeitas	Cálculo da exigibilidade	Alíquota	Período de Cálculo e de Movimentação	Custo financeiro por deficiência	Forma de Recolhimento / Remuneração do Valor Recolhido
Garantias Realizadas	Circulares: 3090/2002 3633/2013	Bancos Múltiplos não titulares de conta Reservas Bancárias Bancos de Investimento não titulares de conta Reservas Bancárias Sociedades de Crédito, Financiamento e Investimento	Calcular a média aritmética dos VSRs* diários calculados com base nos valores inscritos nas seguintes rubricas contábeis: VSR* 1: 4.1.1.60.00-2 Depósitos de domiciliados no exterior; 4.1.1.75.00-4 Depósitos obrigatórios; 4.1.1.85.00-1 Depósitos vinculados. VSR* 2: 4.9.9.12.10-4 Contratos de Assunção de Obrigações - Vinculados a Operações Realizadas no País; 4.9.9.60.00-8 Recursos de Garantias Realizadas. Deduzir R$ 2 milhões de cada VSR* e depois aplicar a alíquota correspondente.	45%	**Período de Cálculo:** Duas semanas consecutivas, com início na segunda-feira da da primeira semana e término na sexta-feira da segunda semana. **Período de Movimentação:** Início na quarta-feira da semana seguinte ao período de cálculo e término na terça-feira da semana subsequente.	**Deficiência diária:** Taxa Selic + 4% a.a.	**Recolhimento:** Espécie **Remuneração:** Não há remuneração do valor recolhido **Observações:** Dispensa de recolhimento para exigibilidade inferior a R$ 10.000,00

Contabilidade Bancária e de Instituições Financeiras

Encaixe de Poupança	Resoluções: 1980/1993 3549/2008 3746/2009 3932/2010 4348/2014 4377/2014	Calcular a média aritmética dos VSRs* diários calculados com base nos valores inscritos nas seguintes rubricas contábeis: 4.1.2.00.00-3 Depósitos de Poupança;	13% (Rural)** 20% (Demais modalidades)	Período de Cálculo: Início na segunda-feira e término na sexta-feira da mesma semana.	Deficiência diária: Taxa Selic + 4% a.a.	Recolhimento: Espécie
	Circulares: 3093/2002 3128/2002 3130/2002 3596/2012 3633/2013	6.2.1.00.00-3 APE-Recursos de Associados Poupadores. Em seguida, aplicar a aliquota correspondente.		**Período de Movimentação:** Início na segunda-feira da segunda-feira seguinte ao período de cálculo e término na sexta-feira da mesma semana		**Remuneração:** Poupança Vinculada: TR + 3,0% a.a. Demais modalidades: para depósitos efetuados até 3.5.2012, inclusive: TR + 6,17% a.a. para depósitos efetuados após 3.5.2012: se a meta da taxa Selic > 8,5% a.a.: TR + 6,17% a.a. se a meta da taxa Selic <= 8,5% a.a.: TR + 70% da meta da taxa Selic a.a.
	Cartas Circulares: 3318/2008 3555/2012	Bancos Múltiplos com carteira de crédito imobiliário / Bancos Comerciais / Caixa Econômicas / Sociedades de Crédito Imobiliário / Associações de poupança e Empréstimo				**Observações:** A remuneração é feita com base no saldo de encerramento da conta de recolhimento, limitado à respectiva exigibilidade.

Obs.: As multas por inclusão/alteração de informações são calculadas de acordo com a Res. nº 2.901/2001.

Circular nº 3.725, de 30.10.2014 - Institui acesso ao aplicativo STR-Web às instituições não participantes do STR.

Carta Circular nº 3.677, de 7.11.2014 - Divulga procedimentos a respeito da solicitação de liberação de acesso ao aplicativo STR-Web.

Valor Sujeito a Recolhimento.

Res. nº 4.377/2014: novas aliquotas a partir de 29.6.2015, 27.6.2016, 26.6.2017 e 25.6.2018.

qresumo1.xls

Banco Central do Brasil
Departamento de Operações Bancárias e de Sistema de Pagamentos - Deban
Divisão de Operações Bancárias - Diban

Recolhimento   Compulsório/Encaixe
Obrigatório - Quadro Resumo   12/02/2015

Tipo	Base Norma-tiva	Instituições Sujeitas	Cálculo da Exigibilidade	Alí-quo-ta	Per. de Cálcu-lo e de Movi-mentação	Custo fin. por defici-ência	Forma de Recolhimento / Remunu-neração do Valor Recolhido
Recursos a Prazo	**Circulares:** 3569/2011 3576/2012 3594/2012 3609/2012 3633/2013 3712/2014 3715/2014 3723/2014 **Cartas Circu-lares:** 3562/2012 3566/2012 3571/2012 3576/2012 3666/2014 3668/2014 3669/2014 3675/2014	Bancos Múl-tiplos Bancos de In-vestimento Bancos Co-merciais Caixa Econô-micas Bancos de Desenvolvi-mento Bancos de Câmbio Sociedades de Crédito, Financiamen-to e Investi-mento	Calcular a média aritmética dos VSRs* diários calcu-lados com base nos valores inscritos nas seguintes rubricas contábeis: 4.1.5.10.00-9 Depósitos a Prazo; 4.3.1.00.00-8 Recursos de Aceites Cambiais; 4.3.4.50.00-2 Cédulas Pignoratícias de Debêntures; 4.2.1.10.80-0 Títulos de Emissão Própria; 4.9.9.12.20-7 Contratos de Assunção de Obrigações - Vinculadas a Operações com o Exterior; 4.1.3.10.60-1 Ligadas - Soc. de Arrend. Mercantil; 4.1.3.10.65-6 Ligadas com Garantia - Sociedade de Arrendamento Mercantil; 4.1.3.10.70-4 Não Lig. - Soc. de Arrend. Mercantil; 4.1.3.10.75-9 Não Ligadas com Garantia - Sociedade de Arrendamento Mercantil. Deduzir R$ 30 milhões e posteriormente aplicar a alíquota correspondente. Em seguida, a exigibilidade será apurada com base no valor que exceder: R$ 3 bilhões se o Nível I do Patrimô-nio de Referência (PR) for menor que R$ 2 bilhões; R$ 2 bilhões se o Nível I do PR for igual ou superior a R$ 2 bilhões e inferior a R$ 5 bilhões; R$ 1 bilhão se o Nível I do PR for igual ou superior a R$ 5 bilhões e inferior a R$ 15 bilhões. **Observações:** Para instituição financeira em início de atividade, o valor correspondente ao Nível I do PR será considera-do zero enquanto não houver posição disponível.	20%	**Período de Cálculo:** Início na se-gunda-feira e término na sexta-feira da mesma se-mana. **Período de Movimenta-ção:** Início na sexta--feira da sema-na seguinte ao período de cál-culo e término na quinta-feira da semana subsequente.	**Deficiência diária:** Taxa Selic + 4% a.a.	**Recolhimento:** Espécie **Remuneração:** Recolhimento remunerado pela Taxa Selic **Observações:** O recolhimento em espécie, remunerado pela Taxa Selic, é limitado ao menor entre os seguintes valores: I - da exigibilidade subtraída das deduções de que tratam os arts. 11 e 11-A da Circular nº 3.569/2011; II - da exigibilidade multiplicada pelo per-centual de 40%.*** A remuneração é feita com base no saldo de encerramento da conta de recolhimen-to, limitado à respectiva exigibilidade Dispensa de recolhimento para exigibilida-de inferior a R$ 500.000,00 Podem ser deduzidos do recolhimento os valores referentes às operações de que tratam os artigos 11 e 11-A da Circular nº 3.569/2011, desde que respeitadas as con-dições e os limites regulamentares

Tipo	Base Normativa	Instituições Sujeitas	Cálculo da Exigibilidade	Alíquota	Per. de Cálculo e de Movimentação	Custo fin. por deficiência	Forma de Recolhimento / Remuneração do Valor Recolhido
Exigibilidade Adicional Sobre Depósitos	**Resoluções:** 3023/2002 3843/2010 **Circulares:** 3633/2013 3655/2013	Bancos Múltiplos Bancos de Investimento Bancos Comerciais Caixa Econômicas Bancos de Desenvolvimento Sociedades de Crédito Imobiliário Sociedades de Crédito, Financiamento e Investimento Associações de poupança e Empréstimo	Somar as seguintes parcelas: 0% sobre o VSR* do recolhimento compulsório sobre recursos à vista; 10% sobre o VSR* do encaixe obrigatório sobre depósitos de poupança; 11% sobre o VSR* do recolhimento compulsório sobre recursos a prazo. Em seguida, a exigibilidade será apurada com base no valor que exceder: R$ 3 bilhões se o Nível I do Patrimônio de Referência (PR) for menor que R$ 2 bilhões; R$ 2 bilhões se o Nível I do PR for igual ou superior a R$ 2 bilhões e inferior a R$ 5 bilhões; R$ 1 bilhão se o Nível I do PR for igual ou superior a R$ 5 bilhões e inferior a R$ 15 bilhões. **Observações:** Para instituição financeira em início de atividade, o valor correspondente ao Nível I do PR será considerado zero enquanto não houver posição disponível.	0 % (Recursos à Vista) 1 0 % (Depósitos de Poupança) 1 1 % (Recursos a Prazo)	**Período de Cálculo:** Início na segunda-feira e término na sexta-feira da mesma semana. **Período de Movimentação:** Início na segunda-feira da segunda semana seguinte ao período de cálculo e término na sexta-feira da mesma semana	**Deficiência diária:** Taxa Selic + 4% a.a.	**Recolhimento:** Espécie **Remuneração:** Recolhimento remunerado pela Taxa Selic **Observações:** A remuneração é feita com base no saldo de encerramento da conta de recolhimento, limitado à respectiva exigibilidade Dispensa de recolhimento para exigibilidade inferior a R$ 500.000,00

Tipo	Base Normativa	Instituições Sujeitas	Cálculo da Exigibilidade	Alíquota	Per. de Cálculo e de Movimentação	Custo fin. por deficiência	Forma de Recolhimento / Remuneração do Valor Recolhido
Direcionamento de Poupança	**Resoluções:** 1980/1993 3549/2008 3706/2009 3841/2010 3932/2010 **Circulares:** 3093/2002** 3633/2013 **Cartas Circulares:** 3318/2008 3327/2008 3492/2011 3497/2011 3560/2012	Integrantes do Sistema Brasileiro de Poupança e Empréstimo (SBPE)	Aplicar a alíquota vigente sobre a base de cálculo, que corresponde ao menor valor entre: a média diária dos depósitos de poupança no período de cálculo; a média diária dos depósitos de poupança nos 12 meses anteriores. Direcionar 65% da base de cálculo de acordo com os seguintes critérios: 80%, no mínimo, em operações de financiamento habitacional no âmbito do Sistema Financeiro da Habitação (SFH); o restante, em operações de financiamento imobiliário contratadas a taxas de mercado. Os recursos não direcionados dessa forma devem ser recolhidos compulsoriamente ao Banco Central.	65%	**Período de Cálculo:** Um mês, com início no primeiro dia útil do mês e dia útil do mês e término no último dia útil do mesmo mês. **Período de Movimentação:** Um mês, contado a partir do dia 15 do mês seguinte ao do período de cálculo.	**Deficiência diária:** Taxa Selic + 4% a.a.	**Recolhimento:** Espécie **Remuneração:** se a meta da taxa Selic > 8,5% a.a.: 80%*(TR + 0,5% ao mês); se a meta da taxa Selic <= 8,5% a.a.: 80%*(TR + 70% da meta da taxa Selic a.a.) **Observações:** A remuneração é feita com base no saldo de encerramento da conta de recolhimento, limitado à respectiva exigibilidade

Contabilidade Bancária e de Instituições Financeiras 125

Tipo	Base Normativa	Instituições Sujeitas	Cálculo da Exigibilidade	Alíquota	Per. de Cálculo e de Movimentação	Custo fin. por deficiência	Forma de Recolhimento / Remuneração do Valor Recolhido
Direcionamento de Microfinanças	**Resoluções:** 4000/2011 4050/2012 4153/2012 4242/2013 **Circulares:** 3566/2011 3633/2011 **Carta Circular:** 3607/2013	Bancos Múltiplos com carteira comercial Bancos Comerciais Caixa Econômicas **Observações:** Cooperativas e Sociedades de Crédito ao Microempreendedor que captarem DIM também estarão sujeitas a recolhimento	Aplicar a alíquota vigente sobre a média aritmética dos valores inscritos na seguinte rubrica contábil: 4.1.1.00.00-0 Depósitos à vista. Em seguida, deduzir as operações elegíveis ao cumprimento do direcionamento de microfinanças de que trata a Resolução nº 4.000/2011. Os recursos não direcionados dessa forma devem ser recolhidos compulsoriamente ao Banco Central.	2%	**Período de Cálculo:** Um ano, contado a partir dos doze meses anteriores ao mês de referência. **Período de Movimentação:** Um mês, com início no dia 20 do mês seguinte ao de referência. **Observação:** Considera-se mês de referência o mês anterior ao do início do período de movimentação.	**Deficiência diária:** Taxa Selic + 4% a.a.	**Recolhimento:** Espécie **Remuneração:** Não há remuneração do valor recolhido

Obs.: As multas por inclusão/alteração de informações são calculadas de acordo com a Res. nº 2.901/2001.

Circular nº 3.725, de 30.10.2014 - Institui acesso ao aplicativo STR-Web às instituições não participantes do STR.

Carta Circular nº 3.677, de 7.11.2014 - Divulga procedimentos a respeito da solicitação de liberação de acesso ao aplicativo STR-Web.

qresumo2.xls

c) os encargos são apropriados mensalmente em OUTRAS DESPESAS OPERACIONAIS, de acordo com o regime de competência.

7 – A venda a prazo de bens de uso próprio é escriturada em DEVEDORES POR COMPRA DE VALORES E BENS ou VALORES A RECEBER DE SOCIEDADES LIGADAS, conforme o caso. (Circ. 1.273)

8 – O lucro ou prejuízo apurado entre o preço à vista e o valor líquido contábil na venda a prazo de bens de uso próprio deve ser apropriado integralmente no ato da transação, observado que: (Circ. 1.273)

   a) na venda com encargos embutidos no seu valor, considera-se lucro a diferença entre o valor líquido contábil e o preço à vista;

   b) quando não especificado nos documentos mercantis o preço à vista, este é determinado por meio de laudo de avaliação, firmado por peritos ou empresa especializada ou, no caso de bens de valor inferior a R$ 5.110,00 (cinco mil e cento e dez reais), tomando-se como parâmetro as taxas de juros vigentes no mercado;

   c) a diferença apurada na forma da letra "a", acima, representa receita de financiamento, devendo ser apropriada mensalmente em OUTRAS RENDAS NÃO OPERACIONAIS, de acordo com o regime de competência;

   d) na venda de bens a prazo com encargos pós-fixados, apropria-se mensalmente o valor dos encargos, a débito da adequada conta e a crédito de OUTRAS RENDAS NÃO OPERACIONAIS.

9 – As inversões, inclusive referentes a terrenos que se destinem a futura utilização em decorrência de construção, fabricação, montagem ou instalação, registram-se, provisoriamente, em título adequado do desdobramento Imobilizações em Curso. (Circ. 1.273)

10 – Os terrenos só se caracterizam como Imobilizações em Curso se corresponderem a efetivos planos de expansão e com a respectiva planta aprovada pelos Órgãos competentes. Os valores assim escriturados devem, após 3 (três) anos sem que se efetivem as construções previstas, ser reclassificados em BENS NÃO DE USO PRÓPRIO, sujeitando-se às normas legais e regulamentares vigentes. (Circ. 1.273)

11 – No recebimento de bens em doação, além das normas legais e regulamentares, cabe observar: (Circ. 1.273)

   a) deve ser levada em consideração a existência de efetivos planos de expansão para a instalação de dependências, classificando os terrenos em Imobilizações em Curso;

   b) devem ser contabilizados pelo valor de mercado, aferido mediante avaliações efetuadas por peritos ou empresa especializada, em contrapartida com OUTRAS RESERVAS DE CAPITAL;

Contabilidade Bancária e de Instituições Financeiras 127

c) os bens não utilizados ou que deixem de ser utilizados nas atividades sociais para os fins a que se destinavam devem ser reclassificados, imediatamente, em BENS NÃO DE USO PRÓPRIO.

12 – A utilização parcial pela instituição de imóveis de sua propriedade implica a reclassificação da parte não utilizada nas atividades sociais, em BENS NÃO DE USO PRÓPRIO, sujeitando-se às demais normas legais e regulamentares em vigor. (Circ. 1.273)

13 – As depreciações obedecem às normas do item 1.11.7. (Circ. 1.273)

14 – Os gastos com benfeitorias, indispensáveis à adaptação de imóveis próprios às necessidades de funcionamento, agregam-se ao valor dos imóveis e escrituram-se nos títulos adequados dos desdobramentos Imobilizações em Curso e Imóveis de Uso. (Circ. 1.273)

15 – Deve ser feita distinção entre os valores capitalizáveis e as despesas de manutenção e reparo, para que as contas do imobilizado reflitam apropriadamente o investimento bruto dos bens efetivamente utilizados na atividade social, cabendo observar: (Circ. 1.273)

a) os valores capitalizáveis são os gastos com adições, benfeitorias ou substituições de bens que aumentem o prazo de vida útil econômica do bem, sua eficiência ou produtividade;

b) são despesas os gastos incorridos para manter ou recolocar os ativos da instituição, ou alugados, em condições normais de uso, sem com isso aumentar sua capacidade de produção ou período de vida útil.

7. Provisão para Depreciação do Imobilizado de Uso

1 – Para registrar a perda do valor que sofrem os bens em função do seu desgaste pelo uso, ação da natureza ou obsolescência normal, constitui-se a provisão para depreciação do imobilizado de uso, em contrapartida com a conta específica de despesa operacional. (Circ. 1.273)

2 – Mensalmente, aplicam-se as taxas mínimas anuais abaixo, para depreciação do valor original corrigido dos bens, observado o disposto no item 1.11.7.4: (Circ. 1.273)

a) Imóveis de Uso – Edificações.. 4%

b) Instalações, Móveis e Equipamentos de Uso...........................10%

c) Sistema de Comunicação (exclusive direitos de uso)...............10%

d) Sistema de Segurança (exclusive veículos).............................10%

e) Sistema de Transporte (exclusive veículos)............................10%

f) Sistema de Processamento de Dados.......................................20%

g) Veículos..20%

128 *Inácio Dantas*

3 – Os gastos com benfeitorias, reformas e adaptações, capitalizáveis na forma do item 1.11.6.15.a são distribuídos pelo novo prazo de vida útil estimado para os bens para efeito de fixação de cota anual de depreciação. (Circ. 1.273)

4 – Para efeito de se estabelecerem as cotas anuais de depreciação, o custo de aquisição de bens usados será atribuído pelo prazo restante de vida útil maior dentre os seguintes: (Circ. 1.273)

a) metade do prazo de vida útil admissível para o bem adquirido novo;

b) restante da vida útil do bem, considerando esta em relação à primeira instalação para utilização.

5 – A instituição deve contabilizar a depreciação independentemente da existência de lucros, sendo que a provisão correspondente acumula-se até atingir o valor dos custos de aquisição ou incorporação. (Circ. 1.273)

6 – As contas específicas de depreciação acumulada figuram de forma subtrativa nos balancetes e balanços ao final de cada desdobramento do Imobilizado de Uso. (Circ. 1.273)

7 – Para fins de cálculo da depreciação, deve ser considerado o prazo remanescente de vida útil dos imóveis reavaliados, constante do respectivo laudo de avaliação. (Circ. 2824 art. 8º § único)

8. Imobilizado de Arrendamento

1 – O Imobilizado de Arrendamento compõe-se dos bens de propriedade da instituição, arrendados a terceiros. (Circ. 1.429)

2 – Os bens objeto de contratos de arrendamento são registrados nos desdobramentos Bens Arrendados – Arrendamento Financeiro ou Bens Arrendados – Arrendamento Operacional, pelo seu custo de aquisição, composto dos seguintes valores: preço normal da operação de compra acrescido dos custos de transporte, seguros, impostos e gastos para instalação necessários à colocação do bem em perfeitas condições de funcionamento, deduzido das perdas decorrentes de redução ao valor recuperável de ativos. (Circ. 1.429; Res. 3.566)

3 – A instituição deve abrir desdobramentos de uso interno para os subtítulos de BENS ARRENDADOS – ARRENDAMENTO FINANCEIRO e BENS ARRENDADOS – ARRENDAMENTO OPERACIONAL, destinados a registrar, separadamente, os bens arrendados ao amparo das Portarias MF 564/78 e 140/84. (Circ. 1.429)

4 – A depreciação dos bens arrendados reconhece-se mensalmente, nos termos da legislação em vigor, devendo ser registrada a débito de DESPESAS DE ARRENDAMENTOS FINANCEIROS/DESPESAS DE ARRENDAMENTOS OPERACIONAIS, subtítulo Depreciação de Bens Arrendados, em contrapartida com DEPRECIAÇÃO ACUMULADA DE BENS DE ARREN-

Contabilidade Bancária e de Instituições Financeiras 129

DAMENTO FINANCEIRO/DEPRECIAÇÃO ACUMULADA DE BENS DE ARRENDAMENTO OPERACIONAL, a qual figura como conta retificadora do subgrupo IMOBILIZADO DE ARRENDAMENTO. (Circ. 1.429)

5 – A escrituração contábil e as demonstrações financeiras ajustam-se com vistas a refletir os resultados das baixas dos bens arrendados. Os ajustes efetuam-se mensalmente, conforme segue: (Circ. 1.429, Cta-Circ. 2.899)

 a) calcula-se o valor presente das contraprestações dos contratos, utilizando-se a taxa interna de retorno de cada contrato. Consideram-se, para este efeito, os Arrendamentos Financeiros e Subarrendamentos a Receber, inclusive os cedidos, os VALORES RESIDUAIS A REALIZAR, inclusive os recebidos antecipadamente;

 b) apura-se o valor contábil dos contratos pelo somatório das contas abaixo:
 (+) ARRENDAMENTOS FINANCEIROS A RECEBER – RECURSOS INTERNOS
 (+) ARRENDAMENTOS FINANCEIROS A RECEBER – RECURSOS EXTERNOS
 (–) RENDAS A APROPRIAR DE ARRENDAMENTOS FINANCEIROS A RECEBER – RECURSOS INTERNOS
 (–) RENDAS A APROPRIAR DE ARRENDAMENTOS FINANCEIROS A RECEBER – RECURSOS EXTERNOS
 (+) SUBARRENDAMENTOS A RECEBER
 (–) RENDAS A APROPRIAR DE SUBARRENDAMENTOS A RECEBER
 (+) VALORES RESIDUAIS A REALIZAR
 (–) VALORES RESIDUAIS A BALANCEAR
 Arrendamento Financeiro
 (+) BENS ARRENDADOS – ARRENDAMENTO FINANCEIRO
 (–) VALOR A RECUPERAR
 ( ) DEPRECIAÇÃO ACUMULADA DE BENS DE ARRENDAMENTO FINANCEIRO
 (+) BENS NÃO DE USO PRÓPRIO (relativos aos créditos de arrendamento mercantil financeiro recebidos em dação de pagamentos ou objeto de reintegração de posse)
 (+) PERDAS EM ARRENDAMENTOS A AMORTIZAR
 (–) AMORTIZAÇÃO ACUMULADA DO DIFERIDO
 Perdas em Arrendamentos a Amortizar

 c) o valor resultante da diferença entre "a" e "b", acima, constitui o ajuste da carteira, em cada mês;

 d) as operações de arrendamento mercantil operacional não devem ser computadas. (Cta-Circ. 2.801 item 16)

6 – O valor do ajuste apurado conforme a letra "c" do item supra registra-se por complemento ou estorno, em DESPESAS DE ARRENDAMENTOS FINANCEIROS ou RENDAS DE ARRENDAMENTOS FINANCEIROS – RECURSOS INTERNOS ou outra conta adequada, em contrapartida com INSUFICIÊNCIAS DE DEPRECIAÇÕES ou SUPERVENIÊNCIAS DE DEPRECIAÇÕES. (Circ. 1.429)

7 – O resultado na venda de valor residual, decorrente do exercício da opção de compra pela arrendatária, ou pela apropriação do valor residual garantido, contabiliza-se: (Circ. 1.429)

a) a crédito de LUCROS NA ALIENAÇÃO DE BENS ARRENDADOS, se positivo;

b) a débito de PERDAS EM ARRENDAMENTOS A AMORTIZAR, se negativo.

8 – Os lucros ou prejuízos na venda a terceiros, não arrendatários, são registrados, respectivamente, a crédito de LUCROS NA ALIENAÇÃO DE VALORES E BENS ou a débito de PREJUÍZOS NA ALIENAÇÃO DE VALORES E BENS. (Circ. 1.429)

9 – Para efeito de contabilização do ajuste mensal previsto no item 1.11.8.5, observa-se que: (Circ. 1.429)

a) o seu registro deve ser efetuado pelo valor bruto;

b) a parcela do Imposto de Renda não dedutível no período, incidente sobre os ajustes negativos, deve ser registrada em CRÉDITOS TRIBU-TÁRIOS DE IMPOSTOS E CONTRIBUIÇÕES;

c) a parcela do Imposto de Renda relativa aos ajustes positivos, devida em períodos subsequentes, registra-se em 8.9.4.10.00-6 IMPOSTO DE RENDA, em contrapartida com PROVISÃO PARA IMPOSTOS E CONTRIBUIÇÕES DIFERIDOS;

d) o montante registrado na forma da letra "b" supra deve ser objeto de nota explicativa nas demonstrações financeiras, de forma a evidenciar seus efeitos.

10 – O valor residual contábil dos bens cuja opção de compra não foi exercida pela arrendatária deve ser transferido, quando da sua efetiva devolução, para BENS NÃO DE USO PRÓPRIO, inclusive aqueles objeto de reinte-gração de posse. (Circ. 1.429)

11 – No caso de venda do bem objeto de contrato de arrendamento pela arren-dadora a terceiros por valor superior ao valor residual garantido ou opção de compra, a diferença deve ser contabilizada em CREDORES DIVER-SOS – PAÍS, cuja baixa ocorre pela devolução à arrendatária. (Circ. 1.429)

Contabilidade Bancária e de Instituições Financeiras 131

9. Aplicações no Diferido

1 – As aplicações de recursos classificáveis no Diferido registram-se pelo custo, deduzido das perdas decorrentes de redução ao valor recuperável de ativos. A amortização faz-se a partir do início das operações normais da instituição ou do período em que passem a ser usufruídos os benefícios decorrentes das aplicações. (Circ. 1.273; Res. 3.566)

2 – Nos gastos com adaptação de imóveis de terceiros às necessidades de funcionamento, cabe observar: (Circ. 1.273)

a) as benfeitorias realizadas e os valores pagos a título de luvas (fundo de comércio) para utilização de imóveis de terceiros registram-se em GASTOS EM IMÓVEIS DE TERCEIROS e amortizam-se conforme o prazo de locação; admite-se prazo superior, observado o máximo de 10 anos, desde que a instituição possua condições seguras de que o contrato de locação se estenderá por, pelo menos, prazo equivalente;

b) as benfeitorias não agregáveis ao valor dos imóveis próprios, que não se enquadram no disposto do item 1.11.6.17, são registradas no título INSTALAÇÃO E ADAPTAÇÃO DE DEPENDÊNCIAS e amortizam--se de acordo com o critério de vida útil, observado o prazo máximo de 10 anos.

3 – Os encargos financeiros sobre eventuais obrigações decorrentes de gastos com benfeitorias em imóveis de terceiros contabilizam-se em OUTRAS DESPESAS OPERACIONAIS. (Circ. 1.273)

4 – As benfeitorias em andamento devem ser segregadas nas respectivas contas de modo que se obtenha controle que permita a identificação das parcelas ainda não sujeitas a amortização. (Circ. 1.273)

5 – A utilização do título OUTROS GASTOS DIFERIDOS depende de prévia autorização do Banco Central. (Circ. 1.273)

6 – As perdas em arrendamentos amortizam-se no prazo de vida útil remanescente dos bens arrendados, observadas as disposições legais em vigor. (Circ. 1.429)

10. Provisão para Amortização do Diferido

1 – Mensalmente, constitui-se a provisão, em contrapartida com a conta específica de despesas operacionais, para amortização do capital aplicado em despesas e direitos classificados no Diferido. (Circ. 1.273)

2 – A amortização do Diferido deve ser contabilizada independentemente da existência de lucro e a provisão correspondente acumula-se até atingir o valor dos custos originais. (Circ. 1.273)

3 – Amortizam-se os recursos aplicados no Diferido em prazo não superior a 10 (dez) anos, a partir da data do início da operação normal ou do período em que passam a ser usufruídos os benefícios deles decorrentes. (Circ. 1.273)

4 – Se, em qualquer circunstância, houver dúvida quanto à recuperação das despesas diferidas com lucros de períodos futuros, ou quanto à continuidade do empreendimento ou atividade a que se destinavam os recursos, em regime operacional, os montantes ativados devem ser imediatamente amortizados pela totalidade, mediante registro em PERDAS DE CAPITAL. (Circ. 1.273)

5 – Procede-se à baixa do registro quando o valor da provisão acumulada se nivelar ao do ativo a amortizar. Adota-se igual procedimento no caso do item anterior, quanto à parcela do ativo já amortizada.(Circ. 1.273)

6 – As amortizações calculam-se pelo método linear, exceto quando, pela natureza das despesas, o Banco Central determinar ou autorizar a adoção de outro critério de amortização. (Circ. 1.273)

7 – A conta AMORTIZAÇÃO ACUMULADA DO DIFERIDO figura de forma subtrativa nos balancetes e balanços no final do subgrupo Diferido. (Circ. 1.273)

8 – A amortização de perdas em arrendamentos registra-se mensalmente a débito de DESPESAS DE ARRENDAMENTOS FINANCEIROS ou DESPESAS DE ARRENDAMENTO OPERACIONAL, em contrapartida com AMORTIZAÇÃO ACUMULADA DO DIFERIDO, no subtítulo adequado. (Circ. 1.429)

3.0.0.00. COMPENSAÇÃO (ATIVO)

(Ver também a Contrapartida no Grupo 9.Compensação (Passiva)

CONTAS DE COMPENSAÇÃO

FUNÇÃO E FUNCIONAMENTO DAS CONTAS
CONTAS DE COMPENSAÇÃO
ATIVO COMPENSADO
PASSIVO COMPENSADO

(Revisado em 27-05-2013)

Com base nos itens 29 e 30 da **NBC– ITG – 2000**, as contas de compensação tem a seguinte finalidade:

Contabilidade Bancária e de Instituições Financeiras   133

29 – Contas de compensação constituem sistema próprio para controle e registro dos fatos relevantes que resultam em assunção de direitos e obrigações da entidade cujos efeitos materializar-se-ão no futuro e que possam se traduzir em modificações no patrimônio da entidade.

30 – Exceto quando de uso mandatório por ato de órgão regulador, a escrituração das contas de compensação não é obrigatória. Nos casos em que não forem utilizadas, a entidade deve assegurar-se que possui outros mecanismos que permitam acumular as informações que de outra maneira estariam controladas nas contas de compensação.

No Cosif 1.18, editado pelo Banco Central para ser utilizado pelas instituições do sistema financeiro brasileiro, veja as formas básicas de contabilização em CONTAS DE COMPENSAÇÃO que foram instituídas pelo Banco Central do Brasil para entidade do Sistema Financeiro Nacional (SFN), mas podem ser adotadas pelos demais tipos de entidades.

(...)

Fonte: http://www.cosif.com.br/mostra.asp?arquivo=padron400

II. PASSIVO

4.0.0.00. PASSIVO CIRCULANTE

4.1.0.00. Depósitos

Depósitos, sob suas várias subdivisões, identificam as obrigações da instituição perante seus clientes, ou seja, as captações de recursos no mercado.

Norma Básica Cosif nº 12 – Recursos de Depósitos, Aceites Cambiais, Letras Imobiliárias e Hipotecárias, Debêntures, Empréstimos e Repasses

1. Depósitos à Vista

1 – Conceituam-se como de livre movimentação os depósitos à vista mantidos por pessoas físicas e jurídicas de direito público e privado. Para fins deste Plano, consideram-se também como depósitos à vista os saldos das contas DEPÓSITOS VINCULADOS, CHEQUES MARCADOS, CHEQUES--SALÁRIO, CHEQUES-DE-VIAGEM, DEPÓSITOS OBRIGATÓRIOS, DEPÓSITOS PARA INVESTIMENTOS, DEPÓSITOS ESPECIAIS DO TESOURO NACIONAL, SALDOS CREDORES EM CONTAS DE EMPRÉSTIMOS E FINANCIAMENTOS, bem como os depósitos a prazo não liquidados no vencimento. (Circ. 1.273)

2 – São depósitos de governos os mantidos por órgãos, entidades ou empresas da administração pública direta e indireta – exceto instituições financeiras – que: (Circ. 1.273)

a) prestem serviços públicos de natureza governamental, para consumo coletivo, fora do mercado, utilizando fundos que resultem basicamente da imposição de impostos e taxas;

b) exerçam atividades empresariais, compreendendo unidades econômicas de propriedade do governo ou sob seu controle, que atuem no sentido de produzir ou vender ao público bens e serviços geralmente a preços de mercado, em larga escala.

3 – Os cheques visados, para caracterizar o adequado bloqueio ou indisponibilidade de recursos, contabilizam-se no subtítulo impessoal de uso interno Cheques Visados, nas contas de depósitos ou empréstimos contra as quais foram sacados, a fim de que permaneça inalterado o saldo do respectivo título contábil. (Circ. 1.273)

4 – Os cheques marcados, pelo fato de a marcação exonerar os demais responsáveis, afora o sacado, embora persistindo as características de depósito, contabilizam-se a débito da conta pertinente e a crédito de CHEQUES MARCADOS, do Passivo Circulante, do subgrupo Depósitos. (Circ. 1.273)

5 – A instituição autorizada a emitir cheques de viagem deve utilizar sistema de registro que evidencie o montante dos cheques em circulação. (Circ. 1.273)

6 – Os valores correspondentes aos cheques emitidos pela própria instituição, por solicitação de empresas clientes para a utilização no pagamento de salários de seus empregados, são transferidos das contas de Depósitos das empresas para CHEQUES-SALÁRIOS, mantendo-se o controle por empresa a nível de subtítulo de uso interno. (Circ. 1.273)

7 – Para efetivação do encerramento de conta de livre movimentação, quando ocorrer o uso indevido de cheques, transfere-se o saldo, dentro do mesmo título contábil, para o subtítulo de uso interno Contas em Encerramento. (Circ. 1.273)

8 – Os saldos devedores em contas de depósitos devem ser inscritos diariamente pelo valor global em ADIANTAMENTOS A DEPOSITANTES, do subgrupo Operações de Crédito, devendo ser novamente levados a Depósitos no dia útil imediato. (Circ. 1.273)

9 – Os depósitos de livre movimentação das administradoras de consórcio devem ser registrados na conta DEPÓSITOS DE INSTITUIÇÕES DO SISTEMA FINANCEIRO, código 4.1.1.30.00-1, subtítulo Instituições Autorizadas a Funcionar pelo Banco Central, código 4.1.1.30.30-0, devendo ser reclassificados os saldos acaso existentes contabilizados em rubrica diversa por força de regulamentação anterior. (Cta-Circ. 3.397 item 1, II)

Contabilidade Bancária e de Instituições Financeiras   135

10 – Os depósitos de livre movimentação de fundos de investimento devem ser registrados no título DEPÓSITOS DE PESSOAS JURÍDICAS, código 4.1.1.20.00-4. (Cta-Circ. 3.397 item 1, III)

11 – Os depósitos de livre movimentação do Fundo Garantidor de Créditos (FGC) devem ser registrados em Outras Instituições, código 4.1.1.30.99-1, do título DEPÓSITOS DE INSTITUIÇÕES DO SISTEMA FINANCEIRO. (Cta-Circ. 3.071 item 8)

12 – A instituição deve observar as normas regulamentares específicas sobre adiantamentos a depositantes no que se refere à classificação e ao provisionamento para créditos de liquidação duvidosa. (Circ. 1.273; Res. 2.682)

2. Depósitos a Prazo

1 – Os depósitos a prazo, com ou sem emissão de certificado, quando não liquidados no vencimento, devem ser transferidos imediatamente para DEPÓSITOS VINCULADOS. (Circ. 1.273)

2 – Os controles contábeis e extracontábeis devem permitir a apuração da exata posição dos depósitos captados, valores, depositantes, vencimento e despesas apropriadas em cada período mensal. (Circ. 1.273)

3. Depósitos de Poupança

1 – Por ocasião dos balancetes/balanços, a instituição deve proceder ao registro dos encargos *pro rata temporis* relativos ao período compreendido entre a data do depósito ou o "dia de aniversário" de cada conta e a data do balancete/balanço. (Circ. 1.273)

2 – As despesas de depósitos de poupança a incorporar devem ser registradas nas adequadas contas de depósitos de poupança, mediante o controle em subtítulos de uso interno. (Cta-Circ. 3.071 item 9)

3 – Os controles contábeis e extracontábeis destinam-se a permitir a verificação da exata posição dos depósitos da instituição a cada movimentação, com a identificação dos depositantes, valores captados, encargos apropriados em cada período de competência e retiradas efetuadas. (Circ. 1.273)

4. Depósitos Interfinanceiros

1 – Os controles contábeis e extracontábeis devem permitir a verificação da exata posição dos recursos interfinanceiros de responsabilidade da instituição a cada movimentação, com identificação da instituição depositante, valor de cada captação, vencimento, encargos pactuados e apropriados em cada período mensal. (Circ. 1.273)

5. Recursos de Aceites Cambiais

1 – Os ágios obtidos por ocasião da colocação de letras de câmbio registram--se no próprio título representativo das obrigações e apropriam-se, mensalmente, *pro rata temporis*, de acordo com a fluência do prazo do respectivo título. (Circ. 1.273; Cta-Circ. 2.541 item 11)

2 – Os deságios concedidos por ocasião da colocação de letras de câmbio registram-se no próprio título representativo das obrigações e apropriam--se, mensalmente, *pro rata temporis*, de acordo com a fluência do prazo do respectivo título. (Circ. 1.273; Cta-Circ. 2.541 item 11)

3 – Os controles contábeis e extracontábeis devem permitir a apuração da exata posição dos valores emitidos, colocados e em carteira e das despesas apropriadas em cada período mensal. (Circ. 1.273)

6. Recursos de Letras Imobiliárias e Hipotecárias

1 – Os ágios obtidos por ocasião da colocação de letras imobiliárias e hipotecárias registram-se no próprio título representativo das obrigações e são reconhecidos como receita, mensalmente, *pro rata temporis*, de acordo com a fluência do prazo do respectivo título. (Circ. 1.273; Cta-Circ. 2.541 item 11)

2 – Os deságios concedidos por ocasião da colocação de letras imobiliárias e hipotecárias registram-se no próprio título representativo das obrigações e são reconhecidos como despesa, mensalmente, *pro rata temporis*, de acordo com a fluência do prazo do respectivo título. (Circ. 1.273; Cta-Circ. 2.541 item 11)

3 – Os controles contábeis e extracontábeis devem permitir a apuração da exata posição dos valores emitidos, valores negociados e valores a colocar e das despesas apropriadas em cada período mensal. (Circ. 1.273)

7. Recursos de Debêntures

1 – Os ágios obtidos por ocasião da colocação de debêntures registram-se no próprio título representativo das obrigações e apropriam-se, mensalmente, *pro rata temporis*, de acordo com a fluência do prazo do respectivo título. (Circ. 1.273; Cta-Circ. 2.541 item 11)

2 – Os deságios concedidos por ocasião da colocação de debêntures registram--se no próprio título representativo das obrigações e apropriam-se, mensalmente, *pro rata temporis*, de acordo com a fluência do prazo do respectivo título. (Circ. 1.273; Cta-Circ. 2.541 item 11)

3 – Os controles contábeis e extracontábeis devem evidenciar, obrigatoriamente, os montantes emitidos, montantes colocados e despesas apropriadas em cada período mensal. (Circ. 1.273)

Contabilidade Bancária e de Instituições Financeiras 137

8. Recursos de Empréstimos e Repasses

1 – Os valores captados junto a outras instituições, inclusive junto a instituições e órgãos oficiais, escrituram-se, segundo a natureza da operação, nos desdobramentos: (Circ. 1.273)
a) Empréstimos no País – Instituições Oficiais;
b) Empréstimos no País – Outras Instituições;
c) Empréstimos no Exterior;
d) Repasses do País – Instituições Oficiais;
e) Repasses do Exterior.

2 – Os controles contábeis e extracontábeis devem evidenciar os valores brutos, valores líquidos, instituição credora e demais características das operações e despesas apropriadas em cada período mensal. (Circ. 1.273)

9. Corretagens e Taxas de Colocação de Títulos de Emissão Própria

1 – As comissões por corretagens e taxas de colocação pagas a agentes do sistema de distribuição de títulos pelo serviço de intermediação, colocação e distribuição de títulos de própria emissão que excederem a 2% (dois por cento) a.a., calculados sobre o valor dos títulos, apropriam-se mensalmente, *pro rata temporis*, para a adequada conta de despesa efetiva, correspondente à natureza do título emitido. (Circ. 1.273)

4.2.0.00. Captações do Mercado Aberto

1. O que são operações de mercado aberto?

Operações de mercado aberto são operações de compra e venda de títulos públicos no mercado secundário. Essas operações podem ser definitivas ou com compromisso de revenda ou recompra ("compromissadas").

2. O que são operações compromissadas efetuadas entre o BCB e o mercado? e operações definitivas?

Operações compromissadas são operações de compra ou venda de títulos com compromisso de revenda ou recompra dos mesmos títulos em data futura, anterior ou igual à data de vencimento dos títulos. Quando o BCB realiza essas operações, afeta temporariamente a liquidez bancária, vale dizer, do período compreendido desde a data da operação até a data de revenda ou recompra. Já as operações definitivas são operações de compra ou venda final de títulos, sem compromisso de revenda ou recompra. Por meio das operações compromissadas e definitivas, o Banco Central controla a liquidez do mercado de reserva bancária, vendendo títulos quando o mercado está com excesso de liquidez ou comprando títulos quando o mercado está com escassez de liquidez.

Fonte:http://www4.bcb.gov.br/pec/gci/port/focus/FAQ%206-Gest%-C3%A3o%20da%20Divida%20Mobili%C3%A1ria%20e%20Opera%-C3%A7%C3%B5es%20de%20Mercado%20Aberto.pdf

4.3.0.00. Recursos de Aceites e Emissões de Títulos

4.3.1.00. Recursos de Aceites Cambiais:

Recursos de Aceites Cambiais

1 – Os ágios obtidos por ocasião da colocação de letras de câmbio registram--se no próprio título representativo das obrigações e apropriam-se, mensalmente, *pro rata temporis*, de acordo com a fluência do prazo do respectivo título. (Circ. 1.273; Cta-Circ. 2.541 item 11)

2 – Os deságios concedidos por ocasião da colocação de letras de câmbio registram-se no próprio título representativo das obrigações e apropriam-se, mensalmente, *pro rata temporis*, de acordo com a fluência do prazo do respectivo título. (Circ. 1.273; Cta-Circ. 2.541 item 11)

3 – Os controles contábeis e extracontábeis devem permitir a apuração da exata posição dos valores emitidos, colocados e em carteira e das despesas apropriadas em cada período mensal. (Circ. 1.273)

Fonte: http://www4.bcb.gov.br/NXT/denorcosif/DOWNLOAD/nb-12.PDF

4.4.0.00. Relações Interfinanceiras e 4.5. Relações Interdependências

Constituem-se nas mesmas contas descritas no ativo e que apresentam saldo credor.

Depósito Interfinanceiro (DI) ou Certificado de Depósito Interbancário (CDI):

DEFINIÇÕES BÁSICAS

O Deposito Interfinanceiro ou Certificado de Depósito Interbancário é o instrumento financeiro ou valor mobiliário destinado a possibilitar a troca de reservas entre as instituições financeiras.

Para outros segmentos operacionais existem outros tipos de depósito interfinanceiro. Veja o índice no início desta página.

Podem receber Depósitos Interbancários os bancos múltiplos, os bancos comerciais, as caixas econômicas, os bancos de investimento, os bancos de desenvolvimento, as sociedades de crédito, financiamento e investimento, as sociedades de crédito imobiliário, as companhias hipotecárias, as associa-

Contabilidade Bancária e de Instituições Financeiras 139

ções de poupança e empréstimo, as cooperativas de crédito e as sociedades de arrendamento mercantil.

FORMA

A emissão e transmissão do Depósito Interfinanceiro (DI) é exclusivamente nominativa e escritural, inexistindo certificado. Seu registro e liquidação financeira deve ser efetuada obrigatoriamente por meio da Câmara de Liquidação e Custódia autorizada pelo Banco Central do Brasil (MNI 2-12-5 e MNI 2-7-2).

Por isso, e com base no art. 19 da Lei nº 8.088/1990 e na Lei nº 8.021/1990, o DI é transmissível somente por endosso em preto (com identificação do novo proprietário). Esse endosso também é escritural, representado pela emissão de notas de negociação que são substituídas por comandos remetidos ao sistema de liquidação e custódia pelas partes envolvidas na negociação dos certificados (comprador e vendedor). A transação só é executada se as duas partes remeterem o referido comando.

A **RESOLUÇÃO CMN 3.399/2006** dispõe sobre a captação e a realização de depósitos interfinanceiros. Veja também a **RESOLUÇÃO CMN 3.422/2006** e **CIRCULAR BCB 3.332/2006** que dispõem acerca da realização de operações de microcrédito destinadas à população de baixa renda e a microempreendedores. Ver **MNI 2-3-5 – Microcrédito**.

Fonte: http://www.cosif.com.br/mostra.asp?arquivo=mtvm_depinterf

4.6.0.00. Obrigações por Empréstimos e Repasses:

Representam dívidas (captações) do banco junto a instituições financeiras no País e no exterior.

(Ver "Depósitos 4.1" Norma Básica Cosif nº 12)

4.7.0.00. Instrumentos Financeiros Derivativos

Ver em: 1.3.3. Instrumentos Financeiros Derivativos Norma Básica Cosif nº 35:

4.9.0.00. Outras Obrigações

São relacionadas as exigibilidades da instituição perante diferentes credores, tais como dívidas fiscais e previdenciárias, sociais e estatutárias, câmbio, cobrança e arrecadação de tributos, etc.

140 *Inácio Dantas*

4.9.1.00. Cobrança e Arrecadação de Tributos e Assemelhados

Norma Básica Cosif nº 13 – Recebimentos de Tributos, Encargos Sociais e Outros

1. Recursos do FGTS

1 – A conta RECEBIMENTOS DO FGTS é de uso obrigatório para todas as agências arrecadadoras e pagadoras de recursos do Fundo de Garantia do Tempo de Serviço (FGTS). (Circ. 1.273)

2 – Na transferência de recursos entre as dependências ou departamentos da instituição, observam-se os seguintes procedimentos: (Circ. 1.273)

a) a dependência arrecadadora transfere o produto da arrecadação à dependência centralizadora, para repasse ao órgão centralizador, ficando os valores registrados, até a data do repasse, no subtítulo Arrecadação a Repassar, de uso exclusivo da centralizadora;

b) a dependência pagadora transfere o produto dos pagamentos do FGTS para a dependência centralizadora responsável pelo ressarcimento junto à Caixa Econômica Federal, ficando os valores registrados, até a data da obtenção do ressarcimento, em SFH – FGTS A RESSARCIR, de uso exclusivo da centralizadora;

c) a tramitação dos valores arrecadados, da dependência arrecadadora para a dependência centralizadora do FGTS, deve ser contabilizada exclusivamente em RECEBIMENTOS EM TRÂNSITO DE TERCEIROS, enquanto os valores pagos ao FGTS serão registrados, quando de sua passagem à dependência centralizadora ou departamento encarregado pela operação de ressarcimento, exclusivamente em DEPENDÊNCIAS NO PAÍS.

3 – O subtítulo Dívida Ativa – FGTS da conta RECEBIMENTOS DO FGTS destina-se a acolher os recebimentos de cobrança judicial da dívida para com o FGTS. Este subtítulo deve ser utilizado pela dependência arrecadadora credenciada para receber tais depósitos e também pela dependência centralizadora, responsável pelo repasse ao órgão centralizador. (Circ. 1.273)

4 – É obrigatória a conciliação mensal do saldo de RECEBIMENTOS DO FGTS e de SFH – FGTS A RESSARCIR, adotando-se providências necessárias para regularização das pendências antes do encerramento do balancete ou balanço. (Circ. 1.273)

5 – É obrigatório o inventário geral da carteira, confrontando-se o saldo do subtítulo Recolhimentos com o somatório dos saldos em conta vincula-

Contabilidade Bancária e de Instituições Financeiras 141

da, no mínimo uma vez por semestre. Neste controle, os eventuais saldos devedores existentes em conta vinculada devem figurar destacadamente, de forma que se permita a pronta identificação do respectivo montante. Para tanto, o sistema de processamento das contas vinculadas deve prever a emissão de relatório final dos eventuais saldos devedores com indicação da data ou trimestre de sua ocorrência. (Circ. 1.273)

6 – Os demonstrativos relativos às conciliações contábeis e ao inventário da carteira, como mapas, relatórios de computador e atas de conferência, constituem documentos de contabilidade, devendo ser autenticados e arquivados em locais apropriados ou microfilmados para futuras averiguações. No caso de serem microfilmados, os documentos originais, de que trata este item, podem ser incinerados. Durante o período mínimo de cinco anos, o arquivamento da documentação deve obedecer a critério que permita fácil acesso. (Circ. 1.273)

7 – As diferenças, nas conciliações e no inventário geral da carteira, cuja identificação não se efetive até o término do semestre seguinte ao da sua ocorrência, devem ser comunicadas imediatamente à Caixa Econômica Federal. (Circ. 1.273)

8 – A instituição deve elaborar demonstrativo da arrecadação a repassar, por período, com dados que permitam não só a emissão do Aviso de Recolhimento como também a imediata identificação no controle exercido pelo subtítulo Arrecadação a Repassar, independentemente de ter sido ou não apropriada contabilmente no mesmo período de sua ocorrência. (Circ. 1.273)

9 – A contrapartida da regularização de saldo devedor em conta vinculada por meio de reposição, conforme determinam as instruções vigentes, escritura--se em DEVEDORES DIVERSOS – PAÍS e, se não efetuada a reposição até o término do exercício seguinte, transfere-se para PERDAS DE CAPITAL. (Circ. 1.273)

10 – Nas transferências de contas vinculadas, a liberação do valor para outra instituição depositária e sua consequente contabilização somente devem ser efetivadas após a respectiva baixa em conta vinculada. (Circ. 1.273)

11 – A instituição deve manter registros que permitam identificar, a qualquer tempo, os lançamentos contábeis relativos a acertos. (Circ. 1.273)

12 – A instituição deve efetivar de imediato, tão logo sejam identificadas irregularidades, os seguintes acertos em conta vinculada: (Circ. 1.273)
   a) retificação de cálculo de juros e correção monetária sob sua responsabilidade;
   b) regularizações de depósitos calcadas em diferenças evidenciadas pela conta de controle interno Depósitos a Discriminar. A existência de sal-

do nessa conta de controle deverá merecer informação, e quando for o caso, esclarecimentos, à Caixa Econômica Federal, nos prazos estabelecidos pela instituição.

13 – As demais regularizações em conta vinculada, que traduzam acréscimo de responsabilidade ao Sistema de Fundo de Garantia do Tempo de Serviço, devem ser precedidas de consulta à Caixa Econômica Federal, quando for o caso. (Circ. 1.273)

14 – A instituição pode centralizar sua contabilidade relativa ao FGTS mediante prévia consulta à Caixa Econômica Federal e desde que sejam obedecidas as seguintes condições básicas: (Circ. 1.273)

a) a centralização não impeça as informações das operações realizadas em nível de agência;

b) toda a documentação necessária às conciliações contábeis e ao inventário da carteira seja mantida na central de controle;

c) o fechamento entre os valores processados e os contabilizados seja feito por sistema eletrônico;

d) o sistema emita listagem das contas vinculadas por agência, ou extratos das contas vinculadas para atendimento ao titular, empresa, Caixa Econômica Federal e demais órgãos habilitados;

e) o sistema seja dotado de recurso para emissão de listagem de saldos, a qualquer tempo, e desde que necessárias ao atendimento normal dos serviços de FGTS, para fins de verificação da Caixa Econômica Federal e, em casos especiais, por determinação do Banco Central;

f) o sistema deve gerar relatórios que permitam a identificação da data da contabilização na agência ou na centralizadora;

g) o sistema tenha condições de emitir, em nível de agência, extratos dos subtítulos da conta RECEBIMENTOS DO FGTS que, confrontados com os controles de processamento das contas vinculadas, permitam a perfeita identificação entre as operações da mesma natureza (depósitos, saques, transferências, etc.).

2. Tributos, Contribuições Previdenciárias, Sindicais e Outras

1 – Os recebimentos de tributos, contribuições previdenciárias, sindicais e outras da espécie registram-se nas adequadas contas do subgrupo Outras Obrigações, com transferência para a centralizadora, mediante utilização obrigatória do título RECEBIMENTOS EM TRÂNSITO DE TERCEIROS, quando a dependência arrecadadora não for a responsável, nos termos do convênio, pelo recolhimento aos beneficiários. (Circ. 1.273)

Contabilidade Bancária e de Instituições Financeiras 143

3. Carnês, Bilhetes de Seguro, Contas de Água, Luz, Telefone e Outros

1 – Os recebimentos de carnês, bilhetes de seguro, contas de água, luz, telefone e outros da espécie sujeitam-se a celebração de convênio, inclusive quando realizados no interesse de sociedades ligadas, e registram-se na adequada conta dos titulares ou em RECEBIMENTOS EM TRÂNSITO DE TERCEIROS ou RECEBIMENTOS EM TRÂNSITO DE SOCIEDADES LIGADAS se realizados em dependências não detentoras das respectivas contas de depósito. (Circ. 1.273)

Norma Básica Cosif nº 14 – Outras Obrigações

1. Imposto de Renda e Contribuição Social

1 – Registra-se, mensalmente, o valor da provisão para imposto de renda e para contribuição social, calculado em consonância com as pertinentes disposições da legislação tributária, lançando-se a débito de 8.9.4.10.00-6 IMPOSTO DE RENDA ou 8.9.4.20.00-3 CONTRIBUIÇÃO SOCIAL e a crédito de PROVISÃO PARA IMPOSTOS E CONTRIBUIÇÕES SOBRE LUCROS. (Circ. 1.962 art. 3º)

2 – Incluem-se no cálculo do imposto de renda referido no item anterior as receitas e os lucros inflacionários do período, cujo pagamento esteja diferido para períodos posteriores, registrando-se a parcela do imposto correspondente a débito de 8.9.4.10.00-6 IMPOSTO DE RENDA e a crédito de PROVISÃO PARA IMPOSTO DE RENDA DIFERIDO. Nos períodos em que as parcelas de Imposto de Renda diferidas tornarem-se exigíveis, efetua-se a transferência dos valores pertinentes de PROVISÃO PARA IMPOSTO DE RENDA DIFERIDO para IMPOSTOS E CONTRIBUIÇÕES SOBRE LUCROS A PAGAR. (Circ. 1.273)

3 – Durante o exercício, ajusta-se a provisão, mensalmente, em contrapartida a 8.9.4.10.00-6 IMPOSTO DE RENDA e 8.9.4.20.00-3 CONTRIBUIÇÃO SOCIAL. Eventuais reversões de provisões constituídas em exercícios anteriores registram-se em REVERSÃO DE PROVISÕES OPERACIONAIS – Imposto de Renda. (Circ. 1.962 art. 3º § 1º)

4 – A conta 8.9.4.10.00-6 IMPOSTO DE RENDA, por ocasião dos balanços semestrais, é encerrada mediante transferência para APURAÇÃO DE RESULTADO, e na Demonstração do Resultado do Semestre/Exercício (doc. nº 8) figura no item Imposto de Renda, específico daqueles documentos. (Circ. 1.273)

5 – As transferências de PROVISÃO PARA IMPOSTOS E CONTRIBUIÇÕES SOBRE LUCROS para IMPOSTOS E CONTRIBUIÇÕES SOBRE

LUCROS A PAGAR, por ocasião dos balanços semestrais, devem ser efetuadas antes do levantamento dos balancetes correspondentes, quando for o caso. (Circ. 1.962 art. 3° § 2°; Cta-Circ. 2.294 art. 2°)

6 – Os ajustes decorrentes de erros significativos de cálculo na constituição de provisão para imposto de renda e para contribuição social incidente sobre exercícios anteriores contabilizam-se em LUCROS OU PREJUÍZOS ACUMULADOS. Entretanto, se as diferenças originarem-se de fatos subsequentes ou de pequenos erros de estimativa, apropriam-se no resultado do exercício em REVERSÃO DE PROVISÕES OPERACIONAIS – Imposto de Renda os excessos, e em OUTRAS DESPESAS OPERACIONAIS, as insuficiências. (Circ. 1.962 art. 3° § 3°)

7 – Quando forem efetuados ajustes em LUCROS OU PREJUÍZOS ACUMULADOS que modifiquem o lucro real para efeito de tributação, o Imposto de Renda decorrente, devedor ou credor, também se registra em contrapartida a LUCROS OU PREJUÍZOS ACUMULADOS. (Circ. 1.273)

8 – Quando a instituição optar pelo pagamento parcelado, a correção monetária do Imposto de Renda é encargo de competência do período em que ocorrerem as correspondentes variações da unidade de correção. (Circ. 1.273)

9 – A despesa de variação monetária sobre o imposto de renda, adicional de imposto de renda estadual e contribuição social, a recolher, deve ser registrada em OUTRAS DESPESAS OPERACIONAIS, código 8.1.9.99.00-6, com segregação em subtítulo de uso interno. (Circ. 2.353 art. 6°)

10 – A correção monetária do Imposto de Renda diferido sobre lucros inflacionários registra-se, mensalmente, a crédito de PROVISÃO PARA IMPOSTO DE RENDA DIFERIDO, do Passivo Exigível a Longo Prazo, em contrapartida com OUTRAS DESPESAS OPERACIONAIS. (Circ. 1.273)

1 – O Imposto de Renda recolhido antecipadamente, em duodécimos, antecipações ou sob qualquer outra forma, registra-se em IMPOSTO DE RENDA A COMPENSAR, e a contrapartida da correção monetária, quando houver, contabiliza-se mensalmente em OUTRAS RECEITAS OPERACIONAIS. (Circ. 1.273)

12 – Registra-se o adicional de imposto de renda estadual, mensalmente, obedecendo no que couber aos mesmos critérios para o cálculo do imposto de renda, utilizando as contas adequadas. (Circ. 1.962 art. 4°)

13 – Os valores recolhidos a título de imposto sobre a renda mensal e contribuição social mensal, calculados por estimativa, devem ser registrados em PROVISÃO PARA IMPOSTOS E CONTRIBUIÇÕES SOBRE LUCROS, código 4.9.4.15.00-3, com segregação em subtítulo de uso interno

Contabilidade Bancária e de Instituições Financeiras 145

de retificação, até o limite das obrigações tributárias provisionadas. (Circ. 2.353 art. 5º)

14 – Na hipótese de os valores referidos no item anterior serem superiores ao montante das obrigações tributárias provisionadas, a diferença deve ser registrada em IMPOSTO DE RENDA A COMPENSAR, código 1.8.8.45.00-6. (Circ. 2.353 art. 5º § 1º)

15 – A receita de variação monetária apropriada ao valor referido no item 13 deve ser registrada em OUTRAS RENDAS OPERACIONAIS, código 7.1.9.99.00-9, com segregação em subtítulo de uso interno. (Circ. 2.353 art. 5º § 2º)

2. Obrigações Sociais e Estatutárias

1 – Registram-se, mensalmente, as parcelas do resultado do período atribuídas ou a serem atribuídas a empregados e administradores ou a fundos de assistência, com base em disposições legais, estatutárias ou contratuais, ou propostas pela administração para aprovação da Assembleia Geral Ordinária ou reunião de cotistas ou sócios em PROVISÃO PARA PARTICIPAÇÕES NOS LUCROS, em contrapartida a 8.9.7.10.00-5 PARTICIPAÇÕES NO LUCRO. (Circ. 1.962 art. 5º)

2 – Durante o exercício, ajusta-se a provisão, mensalmente, em contrapartida a 8.9.7.10.00-5 PARTICIPAÇÕES NO LUCRO. Eventuais reversões de provisões constituídas em exercícios anteriores registram-se em REVERSÃO DE PROVISÕES OPERACIONAIS – Outras. As transferências de PROVISÃO PARA PARTICIPAÇÕES NOS LUCROS para GRATIFICAÇÕES E PARTICIPAÇÕES A PAGAR, por ocasião dos balanços semestrais, devem ser efetuadas antes do levantamento dos balancetes correspondentes, quando for o caso. (Circ. 1.962 art. 5º §§ 1º, 2º; Cta-Circ. 2.294 art. 2º)

3 – A conta 8.9.7.10.00-5 PARTICIPAÇÕES NO LUCRO, por ocasião dos balanços semestrais, é encerrada mediante transferência para APURAÇÃO DE RESULTADO, e na Demonstração do Resultado do Semestre/Exercício (doc. nº 8) figura de forma desdobrada nos itens específicos daqueles documentos. (Circ. 1.273)

4 – Classificam-se como participações estatutárias nos lucros somente aquelas gratificações, participações e contribuições que legal, estatutária ou contratualmente, devam ser apuradas por uma porcentagem do lucro ou, pelo menos, subordinam-se à sua existência. (Circ. 1.273)

5 – Os dividendos, bonificações e participações no lucro a serem distribuídos a acionistas, cotistas ou sócios registram-se em DIVIDENDOS E BONIFICAÇÕES A PAGAR, observado o disposto no item 4.5.1.4 deste plano contábil. (Circ. 1.273, Cta-Circ. 3516)

6 – As instituições devem registrar os juros pagos ou creditados a sócios ou acionistas, referentes à remuneração do capital próprio, no título DESPESAS DE JUROS AO CAPITAL, código 8.1.9.55.00-2, em contrapartida ao título DIVIDENDOS E BONIFICAÇÕES A PAGAR, código 4.9.3.10.00-5. (Circ. 2.739 art. 1º)

7 – Quando do recebimento dos juros de que trata o item anterior, os mesmos devem ser registrados no título OUTRAS RENDAS OPERACIONAIS, código 7.1.9.99.00-9. (Circ. 2.739 art. 2º)

8 – Nos pagamentos eventuais por conta de gratificações ou participações de administradores ou empregados no lucro observa-se que: (Circ. 1.273)

    a) devem ser registrados em PARTICIPAÇÕES PAGAS ANTECIPADAMENTE;

    b) os valores assim registrados devem ser baixados imediatamente após a apuração dos valores finais das participações, ainda antes do levantamento do balanço semestral;

    c) nas hipóteses de apuração de prejuízo no balanço, a instituição deve providenciar imediata regularização da pendência, mediante a reposição, pelos beneficiários, dos valores pagos.

9 – A instituição deve manter controles analíticos para identificar os dividendos e outras participações no lucro por exercício ou ano-base. (Circ. 1.273)

3. Provisão para Pagamentos a Efetuar

1 – Os encargos incorridos e riscos já conhecidos, de valores calculáveis, mesmo por estimativa, de competência do período, mas que serão pagos em períodos subsequentes, devem ser contabilizados mensalmente, em PROVISÃO PARA PAGAMENTOS A EFETUAR, em contrapartida com a adequada conta de despesa, inclusive a remuneração e os respectivos encargos sociais correspondentes a férias vencidas e proporcionais, 13º salário, licenças-prêmio vencidas e proporcionais e gratificações devidas a empregados. (Circ. 1.273)

2 – Os valores registrados em provisão, que estiverem sujeitos a reajustes contratuais ou legais, a exemplo de férias, 13º salário, licenças-prêmio, gratificações devidas a empregados, atualizam-se mensalmente, de forma que os balancetes e balanços reflitam a provisão devidamente ajustada. (Circ. 1.273)

3 – Na constituição da provisão mensal para férias, 13º salário, licenças-prêmio e demais encargos conhecidos ou calculáveis, devem ser incluídos os valores decorrentes de aumento salarial futuro previsto em Lei e na política interna da instituição. (Cta-Circ. 2.294 art. 1º)

Contabilidade Bancária e de Instituições Financeiras 147

4 – Em relação à competência semestral, quando não ocorrer a utilização total dos valores registrados em PROVISÃO PARA PAGAMENTOS A EFETUAR ou eles se mostrarem insuficientes, cabe observar: (Circ. 1.273)

  a) se a diferença entre o valor provisionado e o que será pago originar-se de fatos subsequentes ou de pequenos erros de estimativa, os excessos são escriturados a crédito da adequada conta de reversão de provisões, e as insuficiências, a débito da respectiva conta de despesas;

  b) se a diferença for atribuída a erros ocorridos no cálculo da provisão, ela é escriturada a débito ou a crédito de LUCROS OU PREJUÍZOS ACUMULADOS, conforme o caso.

5 – Obrigações normalmente definidas quanto a credor, vencimento, valor e natureza não se registram em provisão, mas em outra conta adequada do Passivo. (Circ. 1.273)

4. Contribuições a Recolher ou Retidas na Fonte

1 – Os impostos e contribuições a recolher, devidos pela instituição ou retidos na fonte, registram-se em IMPOSTOS E CONTRIBUIÇÕES A RECOLHER, utilizando-se subtítulo de uso interno específico, segundo a natureza. (Circ. 1.273)

2 – A instituição deve manter controles internos sobre cada um dos impostos e contribuições a recolher, de modo que se identifiquem o ano-base de competência, valor, instituição ou órgão beneficiário e data-base do recolhimento. (Circ. 1.273)

5. Cheques Administrativos

1 – Os cheques emitidos contra a própria caixa, para liquidações de obrigações da instituição, registram-se em CHEQUES ADMINISTRATIVOS, consignando-se, na respectiva ficha de lançamento, a finalidade do pagamento. (Circ. 1.273)

2 – É vedado o uso da conta CHEQUES ADMINISTRATIVOS para registrar transferências de recursos por conta própria ou de terceiros, como cheques visados, que se registram em conta específica, ordens de pagamento, ordens por cheque e ordens de crédito, as quais devem ser registradas em ORDENS DE PAGAMENTO. (Circ. 1.273)

3 – A instituição deve, por ocasião de balancetes e balanços, conciliar o saldo de CHEQUES ADMINISTRATIVOS, com emissão de relatórios que indiquem o número e série do cheque, data da emissão, valor, dependência emitente e favorecido. (Circ. 1.273)

4 – A emissão de cheques administrativos deve ser sempre nominativa. (Circ. 1.273)

6. Prestação de Serviços de Pagamento

1 – Os valores relativos ao recebimento de recursos destinados ao pagamento de salários, vencimentos e similares, objeto de contratos de prestação de serviços entre a instituição financeira e a entidade pagadora, devem ser registrados no título contábil OBRIGAÇÕES POR PRESTAÇÃO DE SERVIÇOS DE PAGAMENTO, código 4.9.9.27.00-3, exceto na hipótese prevista no item 2. (Res. 2.718; Cta-Circ. 2.919 item 2)

2 – Os valores relativos ao recebimento de recursos destinados ao pagamento de aposentadorias, pensões, pecúlios, rendimentos e outros benefícios oriundos de órgãos oficiais devem ser registrados no título contábil OBRIGAÇÕES POR CONVÊNIOS OFICIAIS, código 4.9.9.25.00-5, do Cosif. (Cta-Circ. 2.919 item 3)

7. Provisões e Contingências Passivas

1 – As instituições financeiras e demais instituições autorizadas a funcionar pelo Banco Central do Brasil devem observar o Pronunciamento Técnico CPC 25, emitido pelo Comitê de Pronunciamentos Contábeis (CPC), no reconhecimento, mensuração e divulgação de provisões, contingências passivas e contingências ativas. (Res. 3.823 art. 1º)

2 – Os pronunciamentos do CPC citados no texto do CPC 25, enquanto não referendados por ato específico do Conselho Monetário Nacional, não podem ser aplicados pelas instituições financeiras e demais instituições autorizadas a funcionar pelo Banco Central do Brasil. (Res. 3.823 art. 1º, §1º)

3 – As instituições mencionadas no item 1.14.7.1 devem manter à disposição do Banco Central do Brasil, pelo prazo de cinco anos, toda a documentação e detalhamento utilizados no reconhecimento, mensuração e divulgação de provisões, contingências passivas e contingências ativas. (Res. 3.823 art. 2º)

4 – Verificada impropriedade ou inconsistência nos processos de classificação, divulgação e registro contábil das provisões, contingências passivas e contingências ativas, o Banco Central do Brasil poderá determinar os ajustes necessários, com o consequente reconhecimento contábil dos efeitos nas demonstrações contábeis. (Res. 3.823 art. 3º)

8. Remuneração de correspondentes no país

1 – A partir de 2 de janeiro de 2015, a parcela da remuneração referente à originação de operações de crédito ou de arrendamento mercantil encaminhada por correspondentes no País deve ser reconhecida como despesa na data da contratação, repactuação ou renovação dessas operações. (Circ. 3.693 art. 1º)

2 – A partir de 2 de janeiro de 2015, a parcela da remuneração referente aos serviços prestados após a originação de operações de crédito ou de ar-

Contabilidade Bancária e de Instituições Financeiras 149

rendamento mercantil encaminhada por correspondentes no País deve ser apropriada como despesa *pro rata temporis* ao longo do prazo do contrato da operação de crédito a que se refere. (Circ. 3.693 art. 2°)

3 – Os procedimentos contábeis estabelecidos nos itens 1 e 2 acima devem ser aplicados de forma prospectiva para as operações de crédito ou de arrendamento mercantil contratadas, repactuadas ou renovadas desde 2 de janeiro de 2015. (Circ. 3722 art. 1°, Circ. 3.693 art. 2°-A)

4 – A partir de 2 de janeiro de 2015, no caso de baixa da operação de crédito ou de arrendamento mercantil decorrente de venda ou de transferência, a remuneração excedente devida passou a ser integralmente reconhecida como despesa, tendo como contrapartida o passivo da instituição. (Circ. 3.693 art. 2°, parágrafo único)

4.10.00. PASSIVO EXIGÍVEL A LONGO PRAZO

Os Grupos e Contas Contábeis do Passivo Exigível a Longo Prazo têm os mesmos correspondentes do Passivo Circulante.

5.0.0.00. RESULTADO DE EXERCÍCIOS FUTUROS

Grupo de Rendas e Receitas antecipadas, correspondentes a exercícios futuros.

Norma Básica Cosif n° 15 – Resultados de Exercícios Futuros

1. Rendas Antecipadas

1 – Enquadram-se como rendas antecipadas aquelas recebidas antes do cumprimento da obrigação que lhes deu origem, sobre os quais não haja quaisquer perspectivas de exigibilidade e cuja apropriação, como renda efetiva, depende, apenas, da fluência do prazo. (Circ. 1.273)

2 – As rendas da espécie, correspondente a cada operação de valor até R$ 511,00 (quinhentos e onze reais), na data de sua ocorrência, podem ser apropriadas diretamente como rendas efetivas no ato do recebimento. (Circ. 1.273)

3 – Os custos ou despesas que excederem às correspondentes rendas antecipadas devem ser apropriados no próprio período em que ocorrerem. (Circ. 1.273)

4 – As comissões por corretagens e taxas de colocação recebidas pelo serviço de distribuição de títulos e valores mobiliários que excederem a 2% (dois por cento) a.a., calculados sobre o valor dos títulos, registram-se em RENDAS ANTECIPADAS e apropriam-se em RENDAS DE COMISSÕES DE

COLOCAÇÃO DE TÍTULOS em razão da fluência do prazo dos respectivos papéis, *pro rata temporis*. (Circ. 1.273)

CONTA 5.1.1.10.00-4 RENDAS ANTECIPADAS

FUNÇÃO:
Registrar as rendas recebidas antecipadamente, diminuídas dos custos e despesas a elas correspondentes, a serem apropriadas em períodos seguintes e que de modo algum sejam restituíveis.

Exemplos de rendas que podem ocorrer por antecipação:
– Aluguéis
– Comissão sobre Fianças
– Comissão de Repasse da Resolução 63
– Comissão de Abertura de Crédito.

Quando os custos ou despesas excederem as respectivas rendas, deve-se considerar tal excesso no próprio período, mediante adequado registro nas contas de despesa (operacional ou não operacional).

As rendas da espécie, correspondente a cada operação, de valor até 100 (cem) OTN, podem, a critério da instituição, ser apropriadas diretamente em conta de receita efetiva, no ato da operação.

BASE NORMATIVA: (Circular BCB 1.273)
NOTAS DO COSIF:
FUNCIONAMENTO:
– Creditada pelo valor das rendas recebidas.
– Debitada pela apropriação, como renda efetiva, por fluência do prazo das operações a que se referem.
VER:
DESPESAS ANTECIPADAS
Fonte: http://www.cosif.com.br/mostra.asp?arquivo=contas51110

6.0.0.00. PATRIMÔNIO LÍQUIDO

Constituído de capital e reservas, indica os recursos próprios do banco, não diferenciando do de outras empresas.

Norma Básica Cosif Nº 16 – Patrimônio Líquido

1. Capital Social

1 – O valor do capital social é fixado nos estatutos sociais, ou contrato social. (Circ. 1.273)

2 – Nos balancetes e balanços, inclusive nos de publicação, é obrigatório o desdobramento da parcela do capital pertencente a pessoas físicas ou jurídicas residentes, domiciliados ou com sede no exterior. (Circ. 1.273)

Contabilidade Bancária e de Instituições Financeiras _____ 151

3 – A conta CAPITAL discrimina o montante subscrito e, por dedução, a parcela ainda não realizada. (Circ. 1.273)

2. Subscrição, Realização, Aumento e Redução do Capital Social

1 – A subscrição de capital social inicial, deliberada em assembleia de acionistas ou reunião de quotistas, deve ser registrada no título CAPITAL, tendo como contrapartida CAPITAL A REALIZAR. (Circ. 2.750 art. 1°)

2 – O aumento de capital social, deliberado em assembleia de acionistas ou reunião de quotistas, deve ser registrado, enquanto não aprovado por este Órgão, em AUMENTO DE CAPITAL, tendo como contrapartida: (Circ. 2.750 art. 2°, Cta-Circ. 2.994 item 1)

   a) CAPITAL A REALIZAR, quando realizado com recursos de acionistas ou quotistas;

   b) DIVIDENDOS E BONIFICAÇÕES A PAGAR, quando realizado com utilização de créditos a acionistas, relacionados ao pagamento de juros sobre o capital próprio, de que trata o art. 9 da Lei n° 9.249, de 26 de dezembro de 1995, ou ao pagamento de dividendos;

   c) Reservas de Capital, Reservas de Lucros ou Lucros ou Prejuízos Acumulados, quando realizado com reservas ou lucros.

3 – A integralização total ou parcial de capital social, mediante subscrição de ações ou quotas, deve ser registrada a crédito de CAPITAL A REALIZAR, tendo como contrapartida CAIXA ou outra conta adequada. (Circ. 2.750 art. 3°)

4 – Na data da aprovação, por este Órgão, da ata da assembleia de acionistas ou reunião de quotistas que deliberou o aumento de capital social, os valores registrados em AUMENTO DE CAPITAL devem ser transferidos para CAPITAL. (Circ. 2.750 art. 3° § 1°)

5 – Os saldos de reservas de capital, legal, estatutária e para expansão, outras reservas especiais de lucros e lucros acumulados, bem como lucros relativos às datas-base de 30 de junho e 31 de dezembro, podem ser utilizados para aumento do capital social. (Circ. 2.750 art. 3° § 2°)

6 – A redução do capital social, deliberada em assembleia de acionistas ou reunião de quotistas, deve ser registrada, enquanto não autorizada por este Órgão, a débito da conta REDUÇÃO DE CAPITAL, tendo como contrapartida: (Circ. 2.750 art. 5°)

   a) LUCROS OU PREJUÍZOS ACUMULADOS, no caso de amortização de prejuízos;

   b) CREDORES DIVERSOS – PAÍS, no caso de resgate de ações ou quotas;

   c) CAPITAL A REALIZAR, no caso de cancelamento de ações ou quotas ainda não integralizadas.

7 – Os recursos referentes ao resgate de ações ou quotas somente podem ser pagos aos beneficiários após a aprovação por este Órgão da ata da assembleia de acionistas ou reunião de quotistas que deliberou a redução do capital social, na forma por essa definida. (Circ. 2.750 art. 5° § 1°)

8 – A redução de capital social deve ser registrada a débito de CAPITAL e a crédito de REDUÇÃO DE CAPITAL, na data da aprovação por este Órgão da ata da assembleia de acionistas ou reunião de quotistas que deliberou a redução do capital social. (Circ. 2.750 art. 5° § 2°)

9 – As instituições não podem receber recursos de acionistas ou quotistas, destinados a aumento do capital social, antes da realização de assembleia de acionistas ou reunião de quotistas que delibere o aumento do capital social. (Circ. 2.750 art. 8°)

3. Reservas de Capital

1 – As instituições financeiras e demais instituições autorizadas a funcionar pelo Banco Central do Brasil, exceto cooperativas de crédito, devem classificar como reserva de capital: (Res. 3.605 art. 1°, alterado pela Res. 4.003)

a) a contribuição do subscritor de ações que ultrapassar o valor nominal e a parte do preço de emissão das ações sem valor nominal que ultrapassar a importância destinada à formação do capital social, inclusive nos casos de conversão em ações de debêntures ou partes beneficiárias;

b) o produto da alienação de partes beneficiárias e bônus de subscrição;

c) o produto de transações com pagamento baseado em ações ou outros instrumentos de capital a serem liquidadas com a entrega de instrumentos patrimoniais.

2 – O saldo das reservas de capital, existente na data da entrada em vigor da Resolução n° 3.605, de 2008, relativo a outros itens que não os previstos no item anterior, foi destinado até 31 de dezembro de 2010. (Res. 3.605 art. 2°)

3 – Utilizam-se as Reservas de Capital previstas no item anterior para:

a) absorção de prejuízos, quando estes ultrapassarem os lucros acumulados e as reservas de lucros; (Circ. 1.273)

b) incorporação ao capital social; (Circ. 2.750 art. 3° § 2°)

c) pagamento de dividendos a ações preferenciais, quando esta vantagem lhes for assegurada; (Circ. 1.273)

d) resgate, reembolso ou compra de ações. (Circ. 1.273)

4. Reservas de Reavaliação

1 – Fica vedada às instituições financeiras e demais instituições autorizadas a funcionar pelo Banco Central do Brasil a realização de reavaliação de ati-

Contabilidade Bancária e de Instituições Financeiras 153

vos de uso próprio e a constituição das respectivas reservas de reavaliação. (Res. 3.565 art. 1º)

2– A vedação para a constituição das reservas de reavaliação aplica-se, inclusive, para aquelas decorrentes de reavaliação de bens de coligadas e controladas. (Res. 3.565 art. 1º § único)

3– O saldo das reservas de reavaliação existentes na data da entrada em vigor da Resolução 3.565, de 29 de maio de 2008, deve ser mantido até a data de sua efetiva realização por depreciação e baixa, inclusive por alienação do ativo reavaliado. (Res. 3.565 art. 2º)

4 – Enquanto remanescerem saldos de reservas de reavaliação, as instituições referidas no item 1.16.4.1 devem evidenciar, em notas explicativas às demonstrações contábeis, os critérios e procedimentos de realização da reserva e os respectivos efeitos na base de cálculo de distribuição de participações, dividendos e bonificações. (Res. 3.565 art. 3º)

5. Reservas de Lucros

1 – A Reserva Legal está sujeita aos seguintes procedimentos: (Circ. 1.273; Circ. 2.750 art. 3º § 2º)

   a) do lucro líquido do semestre, 5% (cinco por cento) se aplicam, antes de qualquer outra destinação, na constituição da Reserva Legal, que não pode exceder a 20% (vinte por cento) do capital;

   b) cessa tal obrigatoriedade no período em que o saldo desta reserva, acrescido do montante das Reservas de Capital de que tratam os itens 1-16-3-1-a e 1-16-3-1-b, exceder de 30% (trinta por cento) do capital;

   c) utiliza-se a Reserva Legal para:

     I – compensar prejuízos, quando esgotados os lucros acumulados e as demais reservas de lucro;

     II – aumentar o capital social.

2 – Reservas Estatutárias – Devem estar previstas no Estatuto e ser constituídas pela destinação de uma parcela dos lucros do período, observando-se que: (Circ. 1.273; Circ. 2.750 art. 3º § 2º)

   a) para cada reserva da espécie, devem ser definidos no Estatuto:

     I – de modo preciso e completo, a sua finalidade;

     II – os critérios para determinar a parcela do lucro líquido do período destinada à sua constituição;

     III – o limite máximo da reserva.

   b) as reservas estatutárias são utilizadas:

     I – nas finalidades previstas;

     II – para compensar prejuízos, quando esgotados os lucros acumulados;

     III – para aumentar o capital social.

154 *Inácio Dantas*

3 – A Reserva para Contingências está sujeita aos seguintes procedimentos: (Circ. 1.273)

a) a assembleia geral pode, por proposta dos órgãos da administração, destinar parte do lucro líquido à formação de reserva com finalidade de compensar, em períodos seguintes, a diminuição do lucro decorrente de perda futura julgada provável, cujo valor possa ser estimado;

b) na proposta, indica-se a causa da perda prevista, justificando-se a formação da reserva, que se reverte para LUCROS OU PREJUÍZOS ACUMULADOS no período em que deixarem de existir as razões de sua constituição ou em que ocorrer a perda;

c) as reservas para contingências podem ser utilizadas para compensar prejuízos quando estes ultrapassarem os lucros acumulados.

4 – As Reservas para Expansão está sujeita aos seguintes procedimentos: (Circ. 1.273; Circ. 2.750 art. 3º § 2º)

a) a assembleia geral pode, por proposta dos órgãos da administração, deliberar sobre a retenção de parcela do lucro líquido do período destinada a amparar planos de investimento, conforme previsto no orçamento de capital por ela previamente aprovado;

b) essa reserva deve ser revertida para LUCROS OU PREJUÍZOS ACUMULADOS na medida da execução do projeto de expansão, ou quando este se tornar inviável;

c) utilizam-se as Reservas para Expansão para:

I – compensar prejuízos, quando esgotados os lucros acumulados;

II – aumentar o capital social.

5 – Reservas de Lucros a Realizar – Consideram-se lucros a realizar: (Circ. 1.273)

a) o aumento do valor de investimentos em coligadas e controladas, no país ou no exterior;

b) o lucro em venda de bens a prazo, realizável após o término do exercício seguinte.

6 – Quando os lucros a realizar ultrapassarem, no período, o total deduzido do lucro líquido destinado a constituição de Reserva Legal, Reservas Estatutárias, Reservas de Contingências, Reservas para Expansão e Reservas Especiais de Lucros, quando for o caso, a Assembleia Geral pode, por proposta dos órgãos da administração, destinar parcela correspondente ao excesso para constituição de Reservas de Lucros a Realizar. (Circ. 1.273)

7 – As Reservas de Lucros a Realizar podem ser utilizadas para compensar prejuízos, quando estes ultrapassarem os lucros acumulados. (Circ. 1.273)

8 – Dentre as reservas de lucros, as instituições financeiras e demais instituições autorizadas a funcionar pelo Banco Central do Brasil, exceto cooperativas de crédito, podem constituir reserva para incentivos fiscais, mediante

Contabilidade Bancária e de Instituições Financeiras 155

a utilização de parcela do lucro líquido decorrente de doações e subvenções governamentais para investimentos. (Res. 3.605 art. 3°)

9 – A reserva de incentivos fiscais pode ser excluída da base de cálculo do dividendo obrigatório previsto em lei. (Res. 3.605 art. 3° § único)

10 – Reservas Especiais de Lucros – Os lucros que deixarem de ser distribuídos como dividendos obrigatórios, por ser tal distribuição incompatível com a situação financeira da instituição, registram-se em RESERVAS ESPECIAIS DE LUCROS e, se não absorvidos por prejuízos em períodos subsequentes, devem ser pagos como dividendos assim que a situação financeira o permitir. (Circ. 1.273)

11– Outras Reservas de Lucros – Na conta RESERVAS ESPECIAIS DE LUCROS, subtítulo Outras, registram-se outras reservas de lucros, que podem ser utilizadas para aumento de capital social, devendo a instituição adotar controles para indicar a natureza e os objetivos das reservas. (Circ. 1.273; Circ. 2.750 art. 3° § 2°)

12 – A destinação de lucros para Reservas Estatutárias, para Reservas para Expansão e para Reservas Especiais de Lucros previstas no item anterior não pode ser aprovada, em cada exercício, em prejuízo da distribuição do dividendo mínimo obrigatório. (Circ. 1.273)

13 – O saldo das reservas de lucros, exceto as para contingências, de incentivos fiscais e de lucros a realizar, não poderá ultrapassar o capital social. (Res. 3.605 art. 4°)

14 – Atingido o limite de que trata o item anterior, a assembleia deliberará sobre a aplicação do excesso na integralização ou aumento do capital social ou sobre sua distribuição. (Res. 3.605 art. 4° § único)

15 – Os lucros ou dividendos distribuídos antecipadamente, por conta do resultado do semestre ou exercício, registram-se a débito de DIVIDENDOS E LUCROS PAGOS ANTECIPADAMENTE, retificador de LUCROS OU PREJUÍZOS ACUMULADOS, devendo ser compensados com os valores efetivamente devidos no período, apurado por ocasião dos balanços. (Circ. 1.273)

6. Ações em Tesouraria

1 – As ações em tesouraria devem ser apresentadas no balanço de publicação dedutivamente da conta do patrimônio líquido que registrar a origem dos recursos aplicados na sua aquisição. (Circ. 1.273)

2 – O valor das compras das próprias ações é contabilizado pelo seu custo de aquisição. (Circ. 1.273)

3 – A baixa das ações alienadas faz-se pelo seu custo de aquisição, com vistas à apuração do lucro ou prejuízo. (Circ. 1.273)

156 — Inácio Dantas

4 – O lucro apurado na venda das ações em tesouraria contabiliza-se em OUTRAS RESERVAS DE CAPITAL. Ocorrendo prejuízo, este se registra nessa mesma conta, até o limite do saldo originário de lucros em eventuais vendas de lotes anteriores, e o excesso, a débito da própria conta de reserva que deu origem aos recursos para aquisição das ações. (Circ. 1.273)

7. Ajuste ao Valor de Mercado – TVM e Derivativos

1 – Os títulos e valores mobiliários devem ser ajustados pelo valor de mercado, no mínimo por ocasião dos balancetes e balanços, computando-se a valorização ou desvalorização em contrapartida à conta destacada do patrimônio líquido, quando relativa a títulos e valores mobiliários classificados na categoria títulos disponíveis para venda, pelo valor líquido dos efeitos tributários. (Circ. 3.068 art. 2º item II)

2 – Os ganhos ou perdas não realizados registrados em conta destacada do patrimônio líquido, na forma do item 1.16.7.1, devem ser transferidos para o resultado do período quando da venda definitiva dos títulos e valores mobiliários classificados na categoria títulos disponíveis para a venda. (Circ. 3.068 art. 2º § 2º)

3 – Na hipótese de transferência da categoria títulos disponíveis para venda, os ganhos e perdas não realizados, registrados como componente destacado no patrimônio líquido, devem ser reconhecidos no resultado do período: (Circ. 3.068 art. 5º §1º item II)

a) imediatamente, quando para a categoria títulos para negociação;
b) em função do prazo remanescente até o vencimento, quando para a categoria títulos mantidos até o vencimento.

4 – Na hipótese de transferência da categoria títulos mantidos até o vencimento para as demais categorias, os ganhos e perdas não realizados devem ser reconhecidos como componente destacado no patrimônio líquido, quando para a categoria títulos disponíveis para a venda. (Circ. 3.068 art. 5º § 1º item III b)

5 – Os instrumentos financeiros derivativos destinados a hedge e os respectivos itens objeto de *hedge* devem ser ajustados ao valor de mercado, no mínimo, por ocasião dos balancetes mensais e balanços, observado que, para aqueles registrados como *hedge* de fluxo de caixa, a parcela efetiva da valorização ou desvalorização deve ser registrada, em contrapartida à conta destacada do patrimônio líquido, deduzida dos efeitos tributários. (Circ. 3.082 art. 4º item II a)

6 – A parcela efetiva a que se refere o item 5 é aquela em que a variação no item objeto de *hedge*, diretamente relacionada ao risco correspondente, é compensada pela variação no instrumento de *hedge*, considerando o efeito acumulado da operação. (Circ. 3.082 art. 4º § 1º)

Contabilidade Bancária e de Instituições Financeiras 157

7 – Os efeitos decorrentes dos ajustes ao valor de mercado registrados em conta destacada do patrimônio líquido, estabelecido nos itens 1 e 5, em investimentos avaliados pelo método da equivalência patrimonial, devem ser registrados pela investidora nas adequadas rubricas do desdobramento de subgrupo Ajuste ao Valor de Mercado (TVM) e Instrumentos Financeiros Derivativos, código 6.1.6.00.00-9. (Cta-Circ. 3.026 item 10)

Limite Mínimo de Capital dos Bancos – Capital Realizado e Patrimônio Líquido

Título: 4. Instituições financeiras e demais instituições autorizadas a funcionar pelo Banco Central do Brasil (exceto cooperativas de crédito e administradoras de consórcio)

Capítulo: 1. Constituição
Seção: 30. Disposições específicas
Subseção: 70. Capital mínimo

1 – Os limites mínimos de capital realizado e patrimônio líquido, abaixo especificados, devem ser permanentemente observados pelas instituições financeiras e demais instituições autorizadas a funcionar pelo Banco Central do Brasil (Res. 2.099/1994, Regulamento anexo II, art. 1°, com a redação dada pelas Res. 2.607/1999 e 3.334/2005; Res. 2.828/2001, art. 5°; Res. 3.334/2005, art. 9°; Res. 3.426/2006, art. 5°; Res. 3.567/2008, art. 4°, I):

a) R$ 17,5 milhões: banco comercial e carteira comercial de banco múltiplo;

b) R$ 12,5 milhões: banco de investimento, banco de desenvolvimento, correspondentes carteiras de banco múltiplo e caixa econômica;

c) R$ 7 milhões: banco de câmbio, sociedade de crédito, financiamento e investimento, sociedade de crédito imobiliário, sociedade de arrendamento mercantil, bem como as seguintes carteiras de banco múltiplo: crédito, financiamento e investimento, crédito imobiliário e arrendamento mercantil;

d) R$ 4 milhões: agência de fomento;

e) R$ 3 milhões: companhia hipotecária;

f) R$ 1,5 milhão: sociedade corretora de títulos e valores mobiliários e sociedade distribuidora de títulos e valores mobiliários que sejam habilitadas à realização de operações compromissadas, bem como realizem operações de garantia firme de subscrição de valores mobiliários para revenda, de conta margem ou de *swap* em que haja assunção de quaisquer direitos ou obrigações com as contrapartes;

g) R$ 550 mil: sociedade corretora de títulos e valores mobiliários e sociedade distribuidora de títulos e valores mobiliários que exerçam atividades não incluídas na alínea anterior;

158 *Inácio Dantas*

h) R$ 350 mil: sociedade corretora de câmbio;

i) R$ 200 mil: sociedade de crédito ao microempreendedor e à empresa de pequeno porte.

2 – Com exceção de agência de fomento e de sociedade de crédito ao microempreendedor e à empresa de pequeno porte, os valores mencionados no item anterior devem ser reduzidos em 30% (trinta por cento) caso a instituição tenha a agência sede ou a matriz e, no mínimo, 90% (noventa por cento) de suas dependências em funcionamento fora dos estados do Rio de Janeiro e/ou de São Paulo. (Res. 2.099/1994, Regulamento anexo II, art. 1º, § 1º, com a redação dada pela Res. 2.607/1999, art. 1º.)

3 – Para efeito de cálculo do limite de 90% (noventa por cento) acima referido, são consideradas apenas as dependências para as quais é exigida capitalização, nos termos regulamentares. (Res. 2.099/1994, Regulamento anexo II, art. 1º, § 2º, com a redação dada pela Res. 2.607/1999, art. 1º.)

4 – Para banco múltiplo, banco comercial, banco de investimento ou agência de fomento operarem no mercado de câmbio, é exigida a adição de R$ 6,5 milhões aos valores de capital realizado e patrimônio líquido estabelecidos. (Res. 2.099/1994, Regulamento anexo II, art. 1º, § 3º, com a redação dada pela Res. 2.607/1999; Res. 2.828/2001, art. 3º, § 2º, I, com a redação dada pela Res. 3.757/2009.)

5 – Para agência de fomento realizar operações de arrendamento mercantil, é exigido acréscimo de R$ 7 milhões aos valores de capital realizado e patrimônio líquido estabelecidos, com redutor de 30% (tinta por cento) para as agências de fomento sediadas fora dos estados do Rio de Janeiro e de São Paulo. (Res. 2.828/2001, art. 3º, § 2º, II, com a redação dada pela Res. 3.757/2009.)

6 – Observados os limites mínimos de capital realizado e patrimônio líquido exigidos, as instituições, excetuando as agências de fomento, podem pleitear a instalação, no País, de até dez agências. (Res. 2.099/1994, Regulamento anexo II, art. 2º, caput, com a redação dada pela Res. 2.607/1999, art. 1º.)

7 – A agência-sede ou matriz é considerada no cômputo das dez dependências, para fins de capitalização. (Res. 2.099/1994, Regulamento anexo II, art. 2º, § 1º, com a redação dada pela Res. 2.607/1999, art. 1º.)

8 – Na instalação de agências, além das dez previstas no item anterior, ao montante dos respectivos valores de capital realizado e patrimônio líquido, são adicionados 2% (dois por cento), por unidade, exceto para as agências pioneiras, quando a instalação for nos estados do Rio de Janeiro e/ou de São Paulo e 1% (um por cento) nos demais estados. (Res. 2.099/1994, Regulamento anexo II, art. 2º, § 2º, com a redação dada pela Res. 2.607/1999, art. 1º.)

9 – No caso de instalação de mais de dez agências, o cálculo do capital é efetuado considerando-se prioritariamente, para fins do cômputo das dez

Contabilidade Bancária e de Instituições Financeiras 159

agências isentas de capitalização, aquelas para as quais é exigido o acréscimo de 1% (um por cento). (Res. 2.099/1994, Regulamento anexo II, art. 2°, § 3°, com a redação dada pela Res. 2.607/1999, art. 1°.)

10 – Para a instituição que tenha ou pretenda ter dependência ou participação societária, direta ou indireta, em instituição financeira ou assemelhada, no exterior, o valor mínimo de seu capital realizado e patrimônio líquido deve ser acrescido do valor equivalente a 300% (trezentos por cento), equivalente a R$52,5 milhões, do exigido para a instalação de banco comercial no País. (Res. 2.723/2000, art. 2°, III)

11 – Para efeito de verificação do atendimento dos limites mínimos estabelecidos na regulamentação em vigor, devem ser deduzidos do patrimônio líquido das instituições de que trata este título os valores correspondentes ao capital realizado e patrimônio líquido mínimos fixados para as instituições da espécie de que participem, ajustados proporcionalmente ao percentual de cada participação. (Res. 2.099/1994, Regulamento anexo II, art. 3° , com a redação dada pela Res. 2.678/1999.)

Atualização Sisorf n° 81, de 28 de agosto de 2013.

Fonte: http://www4.bcb.gov.br/manuais/sisorf/externo/Manual/04%20 IF%20-%20exceto%20coop%20cr%C3%A9dito/04-01%20Constitui%C3% A7%C3%A3o/04-01-030% 20Disposi%C3%A7% C3%B5es%20espec%C3% ADficas/04-01-030-070 %20Capital%20m%C3% ADnimo.htm

7.0.0.00. Contas de Resultados – RECEITAS

8.0.0.00. Contas de Resultados – DESPESAS

Norma Básica Cosif n° 17 – Receitas e Despesas

1. Classificação

1 – Para fins de registros contábeis e elaboração das demonstrações financeiras, as receitas e despesas se classificam em Operacionais e Não Operacionais. (Circ. 1.273)

2 – As receitas, em sentido amplo, englobam as rendas, os ganhos e os lucros, enquanto as despesas correspondem às despesas propriamente ditas, as perdas e os prejuízos. (Circ. 1.273)

3 – As rendas operacionais representam remunerações obtidas pela instituição em suas operações ativas e de prestação de serviços, ou seja, aquelas que se referem a atividades típicas, regulares e habituais. (Circ. 1.273)

4 – As despesas operacionais decorrem de gastos relacionados às atividades típicas e habituais da instituição. (Circ. 1.273)

5 – As receitas não operacionais provêm de remunerações eventuais, não relacionadas com as operações típicas da instituição. (Circ. 1.273)

6 – Os gastos não relacionados às atividades típicas e habituais da instituição constituem despesas não operacionais. (Circ. 1.273)

7 – Os ganhos e perdas de capital correspondem a eventos que independem de atos de gestão patrimonial. (Circ. 1.273)

8 – As gratificações pagas a empregados e administradores e as contribuições para instituições de assistência ou previdência de empregados contabilizam-se como despesas operacionais, quando concedidas por valor fixo, verba ou percentual da folha de pagamento ou critérios assemelhados, independentemente da existência de lucros. (Circ. 1.273)

9 – Classificam-se como participações estatutárias nos lucros somente aquelas participações, gratificações e contribuições que legal, estatutária ou contratualmente devam ser apuradas por uma porcentagem do lucro ou, pelo menos, subordinem-se à sua existência. (Circ. 1.273)

10 – Em relação aos títulos genéricos de receitas e despesas, como OUTRAS RENDAS OPERACIONAIS, OUTRAS DESPESAS ADMINISTRATIVAS e OUTRAS DESPESAS OPERACIONAIS, a instituição deve adotar subtítulos de uso interno para identificar a natureza dos lançamentos efetivados. (Circ. 1.273)

2. Regime de Competência

1 – As receitas e despesas, observado o regime de competência mensal, escrituram-se:

    a) as do período corrente, nas adequadas contas de resultado; (Circ. 1.273)

    b) as de períodos seguintes: (Circ. 1.273)

        I – nas adequadas contas retificadoras do ativo e do passivo, quando se tratar de receitas e despesas contabilizadas antecipadamente, mediante incorporação às contas próprias do ativo e do passivo e que devam ser computadas no resultado de outros períodos;

        II – na conta patrimonial DESPESAS ANTECIPADAS, quando representarem aplicação de recursos cujos benefícios ou prestação de serviços à instituição se fazem em períodos seguintes;

        III – na conta patrimonial RENDAS ANTECIPADAS, para registro de rendas recebidas antes do cumprimento da obrigação que lhes deu origem, sobre as quais não haja quaisquer perspectivas de exigibilidade e cuja apropriação, como renda efetiva, dependa, apenas, da fluência do prazo;

    c) quando representarem ajustes de rendas, despesas, ganhos, perdas, lucros ou prejuízos imputáveis a períodos anteriores, que a esses deixarem de ser atribuídos, devem ser registrados: (Circ. 2.682 art. 2º, Res. 3.973, Res. 4.007)

Contabilidade Bancária e de Instituições Financeiras   161

I – na adequada conta de receita ou despesa quando atribuídos a fatos subsequentes, observado o disposto na Resolução nº de 3.973, de 26 de maio de 2011;

II – nas adequadas contas de resultado do segundo semestre, quando se referirem ao primeiro semestre do mesmo exercício;

III – como ajustes de exercícios anteriores, em LUCROS OU PREJUÍ-ZOS ACUMULADOS, quando decorrer de erro ou mudança de critério contábil, que não possam ser atribuídos a fato subsequente, no caso de se referirem a exercícios anteriores, observado o dispos-to na Resolução nº 4.007, de 25 de agosto de 2011;

d) as rendas não pertencentes a Operações de Crédito e as demais não capitalizáveis nas contas que lhes deram origem, correspondentes ao período corrente e não recebidas, nas adequadas contas de receita, em contrapartida com a adequada conta do desdobramento Rendas a Rece-ber. (Circ. 1.273)

e) os ajustes ao valor de mercado em títulos disponíveis para venda e em operações de *hedge* de fluxo de caixa devem ser registrados em conta destacada do patrimônio líquido, sendo transferidos ao resultado do período quando da alienação ou transferência de categoria de título disponível para a venda ou simultaneamente ao reconhecimento das receitas ou despesas do item objeto de *hedge* de fluxo de caixa, respecti-vamente. (Circ. 3.068 art. 2º item II, art. 2º § 2º; Circ. 3.082 art. 4º item II a; art. 4º § 2º)

2 – Os efeitos da aplicação do procedimento referido nos incisos II e III da alínea "c" do item anterior, caso sejam relevantes, devem ser evidenciados em nota explicativa específica quando da publicação das demonstrações financeiras. (Circ. 2.682 art. 2º § único)

3. Operações de Repasse

1 – Nas operações de repasse de qualquer natureza, a instituição adquire a condição de credora de operação ativa junto ao respectivo mutuário e de devedora de operação passiva junto à instituição fornecedora dos recursos, razão pela qual deve contabilizar, distintamente, as receitas das operações ativas e as despesas de operações passivas. (Circ. 1.273)

9.0.0.00. COMPENSAÇÃO – (Passiva)

Contrapartida da mesma conta no Grupo 3. Compensações (Ativo)

Norma Básica Cosif nº 18 – Contas de Compensação

1. Registro

1 – A instituição deve utilizar contas de compensação, observados os desdo-bramentos previstos para controle, registro e acompanhamento de quais-

162 *Inácio Dantas*

quer atos administrativos que possam transformar-se em direito, ganho, obrigação, perda, risco ou ônus efetivos, decorrentes de acontecimentos futuros, previstos ou fortuitos. (Circ. 1.273)

2 – Quando não houver título específico para o registro do ato que se deve escriturar, a instituição deve utilizar a conta OUTRAS CONTAS DE COMPENSAÇÃO ATIVAS e respectiva contrapartida, procedendo aos desdobramentos dos eventos em subtítulos de uso interno que os identifiquem com clareza e objetividade. (Circ. 1.273)

2. Garantias

1 – As garantias contabilizam-se levando em conta o valor pelo qual foram recebidas ou prestadas, cabendo registrar: (Circ. 1.273)
   a) em contas de compensação as recebidas em operações ativas, quando mantidas em poder da instituição ou de terceiros, exceto o próprio mutuário;
   b) em contas de compensação as prestadas, quando não prevista sua vinculação nas respectivas contas do ativo;
   c) em contas patrimoniais as constituídas em dinheiro.

2 – As garantias devem ser reforçadas, se necessário, quando houver reajustamento do saldo das obrigações que amparam, inclusive por variação da taxa de compra do câmbio. (Circ. 1.273)

3 – As garantias prestadas por administradores para o exercício do cargo, se previstas nos estatutos sociais, contabilizam-se em OUTRAS CONTAS DE COMPENSAÇÃO ATIVAS, em contrapartida com OUTRAS CONTAS DE COMPENSAÇÃO PASSIVAS: (Circ. 1.273)
   a) pelo valor nominal ou, nos casos de caução de ações sem valor nominal, pelo preço de emissão;
   b) pelos valores recebidos, quando se tratar de outro tipo de garantia.

4 – Às contragarantias adicionais oferecidas à instituição, em razão de prestação de avais e fianças, aplicam-se as regras estabelecidas para garantias recebidas. (Circ. 1.273)

5 – As garantias prestadas pela instituição, sob a forma de aval, fiança ou outra coobrigação, registram-se na adequada conta do sistema de compensação. Quando o valor da responsabilidade estiver sujeito à variação cambial ou outra forma de reajuste, os saldos dessas contas devem ser atualizados pelo menos por ocasião dos balanços. (Circ. 1.273)

6 – Os títulos e valores mobiliários dados em garantia devem ser registrados nas adequadas contas patrimoniais integrantes do desdobramento de subgrupo Vinculados à Prestação de Garantias. (Cta-Circ. 2.921 itens 1, 2 e 3)

7 – A as responsabilidades decorrentes de fiança bancária amparada pelo Programa de Recuperação Fiscal (Refis) devem ser registradas no título RES-

Contabilidade Bancária e de Instituições Financeiras

PONSABILIDADES POR GARANTIAS PRESTADAS, subtítulo No País – Outras, código 9.0.1.30.10-0, tendo como contrapartida o adequado subtítulo da conta BENEFICIÁRIOS DE GARANTIAS PRESTADAS, código 3.0.1.30.00-5. (Cta-Circ. 2.951)

3. Custódia de Valores

1 – Registram-se nas adequadas contas de compensação: (Circ. 1.273)
   a) os valores de terceiros recebidos e custodiados na própria dependência;
   b) os valores de terceiros recebidos para custódia em outra dependência, ou junto a terceiros;
   c) os valores de propriedade da instituição custodiados em outra dependência ou junto a terceiros.

2 – O recibo e a partida contábil devem conter os dados indispensáveis à perfeita identificação dos valores custodiados. (Circ. 1.273)

3 – A cobrança de cupões destacados de títulos em custódia sujeita-se às normas do item 1.18.4. (Circ. 1.273)

4 – Os valores e bens custodiados, à exceção dos títulos de renda fixa, contabilizam-se, com a necessária identificação, pelo valor índice de R$ 1,00 (um real). (Circ. 1.273)

5 – A instituição deve manter controles para identificação dos valores custodiados, próprios e de terceiros, segundo as características e quantidades. (Circ. 1.273)

6 – Os títulos públicos, assim como os demais títulos de renda fixa (CDB, LC, etc.), registram-se pelo valor de emissão, os pós-fixados, e pelo de resgate, os prefixados. (Circ. 1.273)

7 – Os bens de propriedade da instituição mantidos em custódia junto a terceiros devem ser inventariados, cabendo à instituição exigir do responsável pela guarda dos valores e bens essa providência, bem como os respectivos documentos comprobatórios, pelo menos por ocasião do levantamento dos balanços semestrais. (Circ. 1.273)

8 – Os valores e bens de terceiros em custódia na instituição devem ser inventariados pelo menos por ocasião do levantamento dos balanços semestrais. (Circ. 1.273)

9 – Os documentos relativos a inventários e conciliações de valores em custódia devem ser autenticados e arquivados para posteriores averiguações. (Circ. 1.273)

4. Cobrança

1 – Para fins deste Plano, caracterizam-se como cobrança os procedimentos e serviços executados para a realização em dinheiro de créditos consubstanciados em títulos, efeitos comerciais, documentos e papéis de qualquer na-

tureza, próprios ou entregues por sociedades ligadas e terceiros, oportuna e obrigatoriamente registrados em contas de compensação. (Circ. 1.273)

2 – A instituição pode, facultativamente, nos lançamentos de cobrança nas contas de compensação, utilizar o sistema de escrituração pelo valor índice de R$ 1,00 (um real), ou pelo valor do documento correspondente, devendo todavia, manter uniformidade nos registros. (Circ. 1.273)

5. Administração de Carteira de Títulos e Valores Mobiliários

1 – O registro das operações das carteiras administradas de títulos e valores mobiliários faz-se em contas específicas do sistema de compensação, pelo valor recebido. (Circ. 1.273)

2 – A instituição deve adotar controles internos que permitam identificar os proprietários, as características e os valores das carteiras administradas. (Circ. 1.273)

3 – As carteiras administradas pela instituição devem ser conciliadas e inventariadas, no mínimo, por ocasião do levantamento de balancetes e balanços. (Circ. 1.273)

4 – Os documentos relativos a inventários e conciliações devem ser autenticados e arquivados para averiguações posteriores. (Circ. 1.273)

6. Operações a Termo, Futuro e de Opções

1 – As operações a termo, futuro e de opções, por conta de clientes, registram-se nas adequadas contas do sistema de compensação, pelos efetivos valores pactuados para a sua liquidação. (Circ. 1.273)

2 – A instituição deve manter controles analíticos que permitam identificar as partes pactuantes, as características e os valores das operações realizadas. (Circ. 1.273)

3 – As operações a termo, futuro e de opções devem ser conciliadas e inventariadas, no mínimo, por ocasião do levantamento de balancetes e balanços. (Circ. 1.273)

4 – Os documentos relativos a inventários e conciliações devem ser autenticados e arquivados para averiguações posteriores. (Circ. 1.273)

5 – O valor de referência das operações com instrumentos financeiros derivativos deve ser registrado em contas de compensação. (Circ. 3.082 art. 1º § 2º art. 10)

6 – Cada contrato de *swap*, exceto os com garantia e de terceiros, deve ser avaliado a valor de mercado pelo prazo remanescente da operação, descontando-se o seu valor projetado para o vencimento pela taxa de mercado, segundo o conceito "mark to market", e registrando o montante correspondente na adequada conta de compensação. (Circ. 2.770 art. 1º item III)

Contabilidade Bancária e de Instituições Financeiras 165

7. Classificação da Carteira de Créditos

1 – As contas integrantes do subgrupo CLASSIFICAÇÃO DA CARTEIRA DE CRÉDITOS destinam-se ao registro dos valores contábeis dos créditos classificados nos respectivos níveis de risco em função das características do devedor e seus garantidores, bem como da operação, observado que as operações com características de concessão de crédito, que não possam ser enquadradas como operações de crédito ou de arrendamento mercantil, devem ser registradas no adequado título destinado ao registro de outros créditos. (Cta-Circ. 2.899 item 3)

2 – Considera-se valor contábil dos créditos o mesmo valor utilizado como base de cálculo das provisões para fazer face às perdas prováveis na realização dos créditos, que correspondem ao valor da operação na data de referência computadas as receitas e encargos de qualquer natureza, observado o disposto no item 1.6.2.10. (Cta-Circ. 2.899 itens 12 lll e 13)

8. Patrimônio de Fundos Públicos Administrados

1 – As operações realizadas com a utilização de recursos dos fundos de financiamento, constitucionais ou infraconstitucionais, devem ser registradas pelas instituições financeiras administradoras ou gestoras: (Cta-Circ. 2.878 item 6)

    a) no subgrupo OPERAÇÕES DE CRÉDITO, código 1.6.0.00.00-1, quando a administradora ou gestora formalizar a operação em nome próprio, como credora na relação contratual;

    b) nos títulos contábeis PATRIMÔNIO DE FUNDOS PÚBLICOS ADMINISTRADOS e RESPONSABILIDADES POR BENS E DIREITOS DE FUNDOS PÚBLICOS ADMINISTRADOS, códigos 3.0.9.20.00-2 e 9.0.9.20.00-4, respectivamente, quando a administradora ou gestora formalizar a operação em nome do fundo, assumindo ou não o risco pelo crédito concedido.

9. Disposições Gerais

1 – Os saldos das contas de compensação devem ser conciliados, mês a mês, com vistas ao levantamento de balancetes e balanços. (Circ. 1.273)

2 – Os controles analíticos destinam-se a permitir a identificação das características dos elementos registrados e os seus respectivos valores. (Circ. 1.273)

3 – Os valores que se vinculam a operações conduzidas pela Carteira de Câmbio devem ser expressos, no balancete analítico da Carteira de Câmbio, pelo saldo apresentado nos respectivos subtítulos de uso interno Câmbio. (Circ. 1.273)

Capítulo 3

3.Normas básicas da Demonstração de Resultados (DRE)

3.1.CONTAS DE RESULTADOS – RECEITAS

7.1.0.00.Receitas Operacionais

COSIF 1.17.1 – CLASSIFICAÇÃO

(Revisado em 08-11-2012)

1.17.1.1 – Para fins de registros contábeis e elaboração das demonstrações financeiras, as receitas e despesas se classificam em Operacionais e Não Operacionais. (Circ. n° 1.273)

1.17.1.2 – As receitas, em sentido amplo, englobam as rendas, os ganhos e os lucros, enquanto as despesas correspondem às despesas propriamente ditas, às perdas e aos prejuízos. (Circ. n° 1.273)

1.17.1.3 – As **Rendas Operacionais** representam remunerações obtidas pela instituição em suas operações ativas e de prestação de serviços, ou seja, aquelas que se referem a atividades típicas, regulares e habituais. (Circ. n° 1.273)

1.17.1.4 – As **Despesas Operacionais** decorrem de gastos relacionados às atividades típicas e habituais da instituição. (Circ. n° 1.273)

1.17.1.5 – As **Receitas não Operacionais** provêm de remunerações eventuais não relacionadas com as operações típicas da instituição. (Circ. n° 1.273)

1.17.1.6 – Os gastos não relacionados às atividades típicas e habituais da instituição constituem **Despesas não Operacionais**. (Circ. 1.273)

1.17.1.7 – Os ganhos e as perdas de capital correspondem a eventos que independem de atos de gestão patrimonial. (Circ. n° 1.273)

1.17.1.8 – As gratificações pagas a empregados e administradores e as contribuições para instituições de assistência ou previdência de empregados contabilizam-se como despesas operacionais, quando concedidas por valor fixo, verba ou porcentual da folha de pagamento ou critérios assemelhados, independentemente da existência de lucros. (Circ. n° 1.273)

Contabilidade Bancária e de Instituições Financeiras 167

1.17.1.9 – Classificam-se como **participações estatutárias nos lucros** somente aquelas participações, gratificações e contribuições que legal, estatutária ou contratualmente devam ser apuradas por uma porcentagem do lucro ou, pelo menos, subordinem-se à sua existência. (Circ. n° 1.273)

1.17.1.10 – Em relação aos títulos genéricos de receitas e despesas, tais como **OUTRAS RENDAS OPERACIONAIS, OUTRAS DESPESAS ADMINISTRATIVAS** e **OUTRAS DESPESAS OPERACIONAIS**, a instituição deve adotar subtítulos de uso interno para identificar a natureza dos lançamentos efetivados. (Circ. n° 1.273)

Fonte: <http://www.cosif.com.br/mostra.asp?arquivo=nb-1701>.

7.1.1.00.Receitas de Intermediação Financeira

Originam-se, em sua maior parte, de juros de créditos concebidos, de resultados da carteira de títulos e valores mobiliários, operações de câmbio, resultados de aplicações compulsórias, etc.

O banco tem basicamente dois tipos de receitas: as de juros e as de tarifas. As de juros compreendem todas as receitas advindas das aplicações, ou seja, os juros que o banco cobra pelos empréstimos que concede aos clientes, os quais estão em sua carteira de crédito, e os juros que obtém pela valorização deações, moedas estrangeiras e demais títulos que possui. As receitas de juros, ou como designadas nas Demonstrações de resultado1 são:

7.1.1.00.Rendas de Operações de Crédito

Operações de Crédito. A receita da intermediação financeira com operações de crédito compreende as receitas de juros de empréstimos e financiamentos advindas de operações de capital de giro através de contratos de mútuo, desconto de duplicatas, conta garantida, repasses de BNDES e financiamentos de importação.2

7.1.2.00.Operações de Arrendamento Mercantil *(Leasing)*

Receitas de arrendamentos, subarrendamentos, alienação de bens arrendados, entre outros.

---

1 ASSAF Neto, Alexandre. **Estrutura e Análise de Balanços**. São Paulo: Atlas, 2012.

2 BANCO INDUSVAL & PARTNERS. Disponível em: <http://www.bip.b.br/port/ri/infofinan/parametros.asp#06>. Acesso em:

ARRENDAMENTO MERCANTIL – *LEASING*
CONCEITOS DE ARRENDAMENTO MERCANTIL

Segundo a **Lei nº 6.099/1974**, com suas alterações, considera-se arrendamento mercantil o negócio jurídico realizado entre pessoa jurídica, na qualidade de arrendadora, e pessoa física ou jurídica, na qualidade de arrendatária, e que tenha por objeto o arrendamento de bens adquiridos pela arrendadora, segundo especificações da arrendatária e para uso próprio desta.

(...)

Fonte: <http://www.cosif.com.br/mostra.asp?arquivo=curso6conceito>.

7.1.3.00.Operações de Câmbio

Resultado de Operações de Câmbio é constituído especialmente por receitas de juros e variação cambial de operações de adiantamento de contratos de câmbio (ACC/ACE) e receitas de câmbio pronto em operações de exportação e importação.3

Norma Básica Cosif nº 28 – Câmbio

1. Escrituração

1 – Sempre que o ato ou fato administrativo envolver outra moeda além da moeda nacional, a escrituração deve ser efetuada analiticamente por moeda estrangeira, com indicação do valor na moeda estrangeira envolvida e o valor em reais, inclusive em nível de subtítulo e titular. (Circ. nº 2.106, AN II, item 1)

2 – As contas patrimoniais representativas de moedas estrangeiras devem ser reajustadas, mensalmente, com base nas taxas fornecidas pelo Banco Central para fins de balancetes e balanços, de forma a que o saldo em moeda nacional reajustado corresponda, em natureza (devedora e credora) e valor, ao saldo em moeda estrangeira nela registrado, convertido às taxas mencionadas. A variação cambial apurada em cada uma das contas patrimoniais deve ser registrada, conforme o caso, em RENDAS DE VARIAÇÕES E DIFERENÇAS DE TAXAS e DESPESAS DE VARIAÇÕES E DIFERENÇAS DE TAXAS. (Circ. nº 2.106, AN II, item 3)

3 – Para efeito de registro contábil de operações sujeitas à atualização com base em cotação de moeda estrangeira não divulgada pelo Banco Central do Brasil, podem ser utilizadas as taxas de câmbio fornecidas por provedores de informações econômico-financeiras reconhecidos internacionalmente. (Cta-Circ. nº 3.241)

---

3 BANCO INDUSVAL & PARTNERS. Disponível em: <http://www.bip.b.br/port/ri/infofinan/parametros.asp#06>. Acesso em:

Contabilidade Bancária e de Instituições Financeiras 169

4 – A instituição deve manter controles internos adequados que evidenciem os ajustes realizados nas contas patrimoniais pela variação cambial, para apresentação ao Banco Central, quando solicitado. (Circ. nº 2.106, AN II, item 4)

5 – Os recebimentos, os pagamentos e as transferências registrados nas contas patrimoniais representativas de moedas estrangeiras devem ser contabilizados com base em taxa de câmbio praticada no dia da respectiva ocorrência. (Circ. nº 2.106, AN II, item 5)

6 – As rendas e as despesas relativas à variação cambial incidente sobre operações ativas e passivas com cláusula de reajuste cambial devem ser registradas nos títulos e nos subtítulos contábeis representativos da receita ou da despesa decorrente da aplicação ou captação efetuada. (Cta-Circ 2541, item 15)

7 – Os valores recebidos em moeda nacional por abertura de cartas de crédito de importação devem ser registrados no título DEPÓSITOS VINCULADOS, código 4.1.1.85.00-1. (Cta-Circ. nº 2.741, item 1)

2. Disponibilidades em Moedas Estrangeiras

1 – A escrituração da conta DEPÓSITOS NO EXTERIOR EM MOEDAS ESTRANGEIRAS deve ser processada centralizadamente, de forma a evidenciar, com propriedade, nos balancetes e ns balanços, os direitos e as obrigações com banqueiros no exterior. (Circ. nº 2.106, AN II, item 6; Cta--Circ. nº 3.178, item 4)

2 – Os saldos a descoberto com banqueiros no exterior, apurados na escrituração centralizada e apresentados na conta DEPÓSITOS NO EXTERIOR EM MOEDAS ESTRANGEIRAS, devem ser registrados, por ocasião do levantamento de balancetes e balanços, em OBRIGAÇÕES EM MOEDAS ESTRANGEIRAS, subtítulo Outras Obrigações. (Circ. nº 2.106, AN II, item 7; Cta-Circ. 3.178, item 4)

3 – A instituição deve promover a conferência periódica do saldo da conta DISPONIBILIDADES DE MOEDAS ESTRANGEIRAS, pelo menos por ocasião dos balancetes e dos balanços, procedimento extensivo a todas as dependências que tenham sob sua responsabilidade a guarda e o controle de numerário, devendo o respectivo termo de conferência, devidamente autenticado, ser arquivado para posteriores averiguações. (Circ. nº 2.106, AN II, item 8; Cta-Circ. nº 3.178, item 4)

4 – Relativamente à contabilização das operações de câmbio, cabe ao setor centralizador da agência encarregada da escrituração centralizada das contas DEPÓSITOS NO EXTERIOR EM MOEDAS ESTRANGEIRAS e BANCOS – DEPÓSITOS EM MOEDAS ESTRANGEIRAS NO PAÍS promover a conciliação dos extratos de contas recebidos dos banqueiros

no exterior e bancos no País, a qual deve ser realizada até 15 (quinze) dias corridos contados da data da recepção de cada extrato. Os acertos requeridos em virtude da conciliação devem ser necessariamente incorporados ao movimento da agência de origem da pendência. (Circ. n° 2.106, AN II, item 9; Cta-Circ. n° 3.178, item 4)

5 – As instituições credenciadas a operar, simultaneamente, no Mercado de Câmbio de Taxas Flutuantes e no Mercado de Ouro devem incluir o saldo da conta APLICAÇÕES TEMPORÁRIAS EM OURO, código 1.1.4.10.00-5, na sua posição de câmbio. (Cta-Circ. n° 2.394, art. 5°)

3. Aplicações em Moedas Estrangeiras

1 – No subtítulo Banco Central – Excesso de Posição da conta APLICAÇÕES EM MOEDAS ESTRANGEIRAS, registra-se o valor dos depósitos efetuados no Banco Central do Brasil, e respectivas rendas, em decorrência de excessos de posição de câmbio na forma da regulamentação em vigor, independentemente da modalidade da aplicação. (Circ. n° 2.106, AN II, item 11; Cta-Circ. n° 3.178, item 4)

4. Ordens de Pagamento em Moedas Estrangeiras

1 – As ordens recebidas do exterior para pagamento no País, cujo cumprimento não se efetive até 7 (sete) dias corridos contados da data do seu recebimento, bem como as ordens não cumpridas no exterior, cuja operação de câmbio para formalização do retorno da moeda estrangeira não se efetive até 7 (sete) dias corridos contados do recebimento do aviso de crédito, devem ser registradas na conta ORDENS DE PAGAMENTO EM MOEDAS ESTRANGEIRAS, subtítulos de uso interno Ordens do Exterior a Cumprir ou Ordens não Cumpridas no Exterior a Cancelar, em contrapartida com DEPÓSITOS NO EXTERIOR EM MOEDAS ESTRANGEIRAS. Opcionalmente, a instituição pode realizar o registro na data do recebimento da ordem ou do aviso de crédito. (Circ. n° 2.106, AN II, item 12; Cta-Circ. n° 3.178, item 4)

2 – O recebimento de ordens de pagamento do exterior sob Convênios e Ajustes é registrado com uso das rubricas OUTRAS CONTAS DE COMPENSAÇÃO ATIVAS e OUTRAS CONTAS DE COMPENSAÇÃO PASSIVAS. (Circ. n° 2.106, AN II, item 13)

5. Financiamentos em Moedas Estrangeiras

1 – Os financiamentos a importações conduzidas ao amparo de cartas de crédito a prazo ou de outras coobrigações são registrados: (Circ. n° 2.106, AN II, item 14; Cta-Circ. n° 3.178, item 4)

a) no caso de a respectiva operação de câmbio não ter sido celebrada:

Contabilidade Bancária e de Instituições Financeiras 171

I – na conta FINANCIAMENTOS EM MOEDAS ESTRANGEIRAS, subtítulos Importação – Cartas de Crédito a Prazo Utilizadas ou Importação – Não Amparada em Cartas de Crédito, em contrapartida com a conta OBRIGAÇÕES EM MOEDAS ESTRANGEIRAS, subtítulo adequado, baixando-se os correspondentes registros em contas de compensação pela abertura da carta de crédito ou concessão da garantia bancária;

II – quando da celebração da operação de câmbio para liquidação futura, o valor registrado na conta FINANCIAMENTOS EM MOEDAS ESTRANGEIRAS deve ser transferido para a conta IMPORTAÇÃO FINANCIADA – CÂMBIO CONTRATADO, retificando o valor então registrado em CÂMBIO VENDIDO A LIQUIDAR. As rendas até então apropriadas sobre a operação devem ser transferidas para RENDAS A RECEBER DE IMPORTAÇÕES FINANCIADAS;

b) no caso de a respectiva operação de câmbio já ter sido celebrada, o financiamento deve ser registrado diretamente a débito da conta IMPORTAÇÃO FINANCIADA – CÂMBIO CONTRATADO, em contrapartida com OBRIGAÇÕES EM MOEDAS ESTRANGEIRAS, subtítulo adequado, baixando-se os correspondentes registros em contas de compensação pela abertura da carta de crédito ou concessão da garantia bancária.

6. Adiantamentos sobre Contratos de Câmbio e Operações de Compra e Venda em Moedas Estrangeiras

1 – As compras e as vendas de moedas estrangeiras são registradas: (Circ. n° 2.106, AN II, item 15; Cta-Circ. n° 3.178, item 4)

a) Compras: a débito de CÂMBIO COMPRADO A LIQUIDAR, em contrapartida com OBRIGAÇÕES POR COMPRAS DE CÂMBIO;

b) Vendas: a crédito de CÂMBIO VENDIDO A LIQUIDAR, em contrapartida com DIREITOS SOBRE VENDAS DE CÂMBIO.

2 – A liquidação de operação de câmbio de compra é registrada a débito da conta representativa do ingresso do valor em moeda estrangeira, em contrapartida com a conta CÂMBIO COMPRADO A LIQUIDAR, promovendo-se, na mesma data, o registro a crédito da adequada conta em moeda nacional, em contrapartida com OBRIGAÇÕES POR COMPRAS DE CÂMBIO. (Circ. n° 2.106, AN II ,item 16; Cta-Circ. n° 3.178, item 4)

3 – A liquidação de operação de câmbio de venda é registrada a crédito da conta representativa do egresso do valor em moeda estrangeira, em contrapartida com a conta CÂMBIO VENDIDO A LIQUIDAR, promovendo-se, na mesma data, o registro a débito da adequada conta em moeda nacional, em contrapartida com DIREITOS SOBRE VENDAS DE CÂMBIO. (Circ. n° 2.106, AN II ,item 17; Cta-Circ. n° 3.178, item 4)

172 — *Inácio Dantas*

4 – Nas operações cuja liquidação se efetive no próprio dia em que sejam celebradas, é admitida a contabilização direta na conta representativa do ingresso ou egresso do valor em moeda estrangeira em contrapartida com a adequada conta em moeda nacional. (Circ. nº 2.106, AN II, item 18)

5 – O cancelamento e a baixa de operação de câmbio acarretam, pelos valores cancelados ou baixados, lançamentos inversos aos efetuados pela celebração da operação. A variação cambial ocorrida sobre contratos de câmbio de exportação, registrada em CÂMBIO COMPRADO A LIQUIDAR, deve ser transferida para OUTROS CRÉDITOS EM LIQUIDAÇÃO, por ocasião da baixa do respectivo contrato de câmbio. (Circ. nº 2.106, AN II, item 19; Cta-Circ. nº 3.178, item 4)

6 – Os valores registrados no subtítulo Letras a Entregar das contas CÂMBIO COMPRADO A LIQUIDAR e ADIANTAMENTOS SOBRE CONTRATOS DE CÂMBIO devem ser transferidos para o subtítulo Letras Entregues, das mesmas contas, por ocasião do recebimento dos documentos de exportação, desde que com a entrega dos documentos não ocorra a liquidação da operação. (Circ. nº 2.106, AN II, item 20; Cta-Circ. nº 3.178, item 4)

7 – As contas de registro dos adiantamentos em moeda nacional e em moedas estrangeiras se posicionam, nos balancetes e nos balanços, como contas retificadoras, da seguinte forma: (Circ. nº 2.106, AN II, item 21; Cta-Circ. nº 3.178, item 4)

a) as de adiantamentos em moeda nacional concedidos retificam OBRIGAÇÕES POR COMPRAS DE CÂMBIO;

b) as de adiantamentos em moedas estrangeiras concedidos retificam CÂMBIO VENDIDO A LIQUIDAR;

c) as de adiantamentos em moeda nacional recebidos retificam DIREITOS SOBRE VENDAS DE CÂMBIO;

d) as de adiantamentos em moedas estrangeiras recebidos retificam CÂMBIO COMPRADO A LIQUIDAR.

8 – As rendas de adiantamentos concedidos devem ser registradas na conta RENDAS A RECEBER DE ADIANTAMENTOS CONCEDIDOS e os encargos sobre adiantamentos recebidos na conta ENCARGOS A PAGAR SOBRE ADIANTAMENTOS RECEBIDOS. (Circ. nº 2.106, AN II, item 22)

9 – As aplicações em ADIANTAMENTOS SOBRE CONTRATOS DE CÂMBIO, subtítulos Letras a Entregar, devem ser segregadas segundo a atividade predominante do beneficiário do adiantamento, mediante a utilização de subtítulos de uso interno ou de sistema computadorizado paralelo, de forma que permita o preenchimento dos documentos da Estatística Econômico-Financeira. (Circ. nº 2.106, AN II, item 23; Cta-Circ. nº 3.178, item 4)

Contabilidade Bancária e de Instituições Financeiras 173

10 – Os valores referentes a cambiais e documentos amparados em cartas de crédito negociadas e inscritos na conta CAMBIAIS E DOCUMENTOS A PRAZO EM MOEDAS ESTRANGEIRAS devem ser transferidos para DEPÓSITOS NO EXTERIOR EM MOEDAS ESTRANGEIRAS, quando do efetivo recebimento do correspondente valor em moeda estrangeira. (Circ. n° 2.106, AN II, item 24)

11 – Na liquidação dos contratos de compras e vendas por arbitragens, devem ser utilizadas as contas DEVEDORES DIVERSOS – PAÍS ou DEVEDORES DIVERSOS – EXTERIOR, conforme o parceiro na operação esteja localizado no País ou no exterior. (Circ. n° 2.106, AN II, item 25)

12 – Os valores referentes a fretes e prêmios de seguro sobre exportação, quando pagos antecipadamente ao ingresso das divisas, devem ser registrados em VALORES EM MOEDAS ESTRANGEIRAS A RECEBER. (Circ. n° 2.106, AN II, item 26)

7. Recursos de Empréstimos e Repasses em Moedas Estrangeiras

1 – As obrigações em moedas estrangeiras, contraídas no exterior para o financiamento à exportação e à importação brasileiras, são registradas a crédito de OBRIGAÇÕES EM MOEDAS ESTRANGEIRAS, subtítulo adequado. O lançamento relativo a esse registro é efetuado à taxa praticada no dia para a moeda, devendo constar de seu histórico o prazo da operação, os encargos incidentes e, sempre que seja o caso, as condições pactuadas para a liquidação antecipada da operação. (Circ. n° 2.106, AN II, item 27)

2 – O desconto ou a venda no exterior, sem direito de regresso, de cambial de exportação, não configura a assunção pelo banco de obrigação em moeda estrangeira. (Circ. n° 2.106, AN II, item 28)

3 – A utilização de linhas de crédito especiais para o financiamento à exportação é registrada a crédito da conta BANCO CENTRAL – LINHAS DE CRÉDITO ESPECIAIS NO PAÍS, subtítulo adequado, em contrapartida com a conta RESERVAS COMPULSÓRIAS EM ESPÉCIE NO BANCO CENTRAL. (Circ. n° 2.106, AN II, item 29)

4 – O valor a ser inscrito diariamente no campo adequado do mapa que constitui o anexo II da Circular n° 2.263 é o do subtítulo Exportação, código 4.6.3.20.10-8. (Cta-Circ 2394 art 6°)

8. Depósitos em Moedas Estrangeiras

1 – A conta DEPÓSITOS EM MOEDAS ESTRANGEIRAS NO PAÍS, subtítulo De Movimentação Livre, destina-se ao registro, nos bancos autorizados a operar em câmbio no País, do acolhimento de depósitos em moedas estrangeiras de livre movimentação efetuados por pessoas físicas e jurídicas residentes ou domiciliadas no exterior, e outras admitidas pela

legislação e pela regulamentação em vigor. (Circ. nº 2.106, AN II, item 30; Cta-Circ. nº 3.178, item 4)

2 – Os valores em moedas estrangeiras referentes à comissão de agentes, a frete ou prêmio de seguro sobre exportação, cuja transferência ao beneficiário no exterior deva ocorrer posteriormente ao recebimento do valor em moeda estrangeira da exportação, são registrados a crédito de VALORES EM MOEDAS ESTRANGEIRAS A PAGAR, subtítulo adequado, em lançamento conjunto ao do registro do recebimento do valor em moeda estrangeira da exportação a que se vinculem referidos valores. No histórico dos lançamentos, devem ser indicados o número, a data da celebração e a data da liquidação da operação de câmbio de exportação correspondente. (Circ. nº 2.106, AN II, item 33)

9. Registros em Contas de Compensação

1 – As cartas de crédito abertas no exterior a favor de exportadores no País, recebidas e simplesmente avisadas aos beneficiários, não são objeto de registro contábil. Ocorrendo a confirmação, pelo banco, de carta de crédito da espécie, deve ser promovido o registro pela taxa praticada no dia para a moeda, na conta CRÉDITOS DE EXPORTAÇÃO CONFIRMADOS em contrapartida com RESPONSABILIDADES POR CRÉDITOS DE EXPORTAÇÃO CONFIRMADOS, cujo encerramento se dará, pelo importe correspondente e mediante inversão, no caso de negociação da carta de crédito confirmada, por alteração para menor do seu valor, ou por sua não utilização dentro do seu prazo de validade. (Circ. nº 2.106, AN II, item 34)

2 – A abertura de cartas de crédito de importação é registrada na conta CRÉDITOS ABERTOS PARA IMPORTAÇÃO, em contrapartida com RESPONSABILIDADES POR CRÉDITOS PARA IMPORTAÇÃO, atribuindo-se ao lançamento valor em moeda nacional com base na taxa praticada no dia para a moeda. O referido lançamento é encerrado, mediante inversão, quando do recebimento em ordem dos documentos relativos à utilização da carta de crédito ou, pelo importe correspondente, no caso de utilização parcial da carta de crédito ou de alteração, para menor, do seu valor, bem como na hipótese de não ser utilizada dentro do seu prazo de validade. (Circ. nº 2.106, AN II, item 35; Cta-Circ. nº 3.178, item 4)

3 – As garantias prestadas no exterior, por conta de terceiros, ou confirmadas no País, por conta de clientes do exterior, são registradas na conta BENEFICIÁRIOS DE GARANTIAS PRESTADAS em contrapartida com RESPONSABILIDADES POR GARANTIAS PRESTADAS, atribuindo-se ao lançamento valor em moeda nacional com base em taxa praticada no dia para a moeda. O referido lançamento é encerrado, pelo importe correspon-

Contabilidade Bancária e de Instituições Financeiras 175

dente e mediante inversão, pela utilização ou liberação da garantia prestada. (Circ. n° 2.106, AN II, item 36)

4 – As garantias recebidas de clientes, constituídas pela entrega de títulos em cobrança, são registradas a débito da adequada conta de registro da cobrança e crédito a COBRANÇA VINCULADA A OPERAÇÕES. As garantias constituídas por hipoteca, penhor, fiança, caução de valores em geral, assim como as outorgadas por banqueiros no exterior e as recebidas sob condição resolutiva, são registradas nas adequadas contas do sistema de compensação. (Circ. n° 2.106, AN II, item 37)

5 – Os *traveller's checks* recebidos de banqueiros no exterior para venda a clientes são registrados a débito de VALORES EM CUSTÓDIA, subtítulo de uso interno "Câmbio – Traveller's Checks em Consignação" e crédito de DEPOSITANTES DE VALORES EM CUSTÓDIA, subtítulo de uso interno "Câmbio – Consignação de Traveller's Checks". A critério dos bancos, parte ou todo o estoque de *traveller's checks* pode ser transferido para outras agências, mediante lançamentos nas contas DEPOSITÁRIOS DE VALORES EM CUSTÓDIA e VALORES CUSTODIADOS. Os referidos lançamentos se encerram, pelo importe correspondente e mediante inversão, quando da venda ou devolução dos *traveller's checks*. (Circ. n° 2.106, AN II, item 38)

6 – Não se conceitua como "em cobrança" a remessa ao exterior de títulos e documentos decorrentes da negociação de cartas de crédito de exportação. Assim, não deve ser efetuado o registro, em contas de compensação representativas de cobrança, relativo à remessa ao exterior de títulos e documentos referentes à negociação de tais cartas de crédito. A exclusivo critério dos estabelecimentos, e para fins de controle, pode ser efetuado o registro da remessa de tais títulos e documentos com utilização das contas OUTRAS CONTAS DE COMPENSAÇÃO ATIVAS e OUTRAS CONTAS DE COMPENSAÇÃO PASSIVAS. (Circ. n° 2.106, AN II, item 39)

7 – Os registros nas contas TÍTULOS EM COBRANÇA NO EXTERIOR, TÍTULOS EM COBRANÇA DIRETA e POSIÇÃO ESPECIAL DE CONTRATOS DE CÂMBIO DE EXPORTAÇÃO quando representativos de moeda estrangeira, devem ser atualizados pela variação cambial, mensalmente, com as contas passivas que lhes fazem contrapartida. (Circ. n° 2.106, AN II, item 40; Cta-Circ. n° 3.178, item 4)

8 – Nas baixas de operações de câmbio, deve ser efetuado registro de controle a débito de DEVEDORES POR CONTRATOS DE CÂMBIO BAIXADOS e a crédito de CONTRATOS DE CÂMBIO BAIXADOS, que é encerrado, mediante inversão, em virtude da solução da pendência de que se originou a baixa ou de ser considerada inviável a solução da pendên-

176   *Inácio Dantas*

cia, neste caso, desde que decorridos, no mínimo, 5 (cinco) anos da baixa. (Circ. nº 2.106, AN II, item 41)

9 – Os valores de contratos de câmbio de exportação inscritos em posição especial de câmbio são registrados nas contas de compensação POSIÇÃO ESPECIAL DE CONTRATOS DE CÂMBIO DE EXPORTAÇÃO e CONTRATOS DE CÂMBIO DE EXPORTAÇÃO EM POSIÇÃO ESPECIAL. O referido registro é encerrado, mediante inversão, quando do cancelamento, da baixa ou da liquidação da correspondente operação de câmbio de exportação, ou por determinação do Banco Central. (Circ. nº 2.106, AN II, item 42)

MNI 02-01-17 – OPERAÇÕES DE CÂMBIO

SEÇÃO: Operações de Câmbio – 17
(Revisado em 20-11-2014)
MNI 02-01-17

1 – Os bancos múltiplos, os bancos comerciais, as caixas econômicas, os bancos de câmbio, os bancos de investimento, os bancos de desenvolvimento, as sociedades de crédito, financiamento e investimento, as sociedades corretoras de câmbio, as sociedades corretoras de títulos e valores mobiliários e as sociedades distribuidoras de títulos e valores mobiliários devem observar, para a prática de operações de câmbio, além do disposto nesta seção, as normas, condições e limites constantes do Regulamento do Mercado de Câmbio e Capitais Internacionais (**RMCCI**), do Plano Contábil das Instituições do Sistema Financeiro Nacional (**COSIF**) e da regulamentação em vigor. (**Res. nº 1.120,** Regulamento anexo (RA) art. 2º; **Res. nº 1.653** I; **Res. nº 1.655** RA art. 2º; **Res. nº 1.770** RA art. 1º, 7º; **Res. nº** 3.568, art. 2º)

2 – Os agentes autorizados a operar no mercado de câmbio podem realizar as seguintes operações: (**Res. nº** 3.568, art. 3º I/V; **Res. nº** 3.661, art. 1º)

a) bancos, exceto os de desenvolvimento, e a Caixa Econômica Federal: todas as operações do mercado de câmbio; (**Res. nº** 3.568, art. 3º I; **Res. nº** 3.661, art. 1º)

b) bancos de desenvolvimento: operações específicas autorizadas pelo Banco Central do Brasil; (**Res. nº** 3.568, art. 3º, II; **Res. nº** 3.661, art. 1º)

c) sociedades de crédito, financiamento e investimento, sociedades corretoras de títulos e valores mobiliários, sociedades distribuidoras de títulos e valores mobiliários e sociedades corretoras de câmbio: (**Res. nº** 3.568, art. 3º, III a/d)

    I – compra e venda de moeda estrangeira em cheques vinculados a transferências unilaterais; (**Res. nº** 3.568, art. 3º, III a)

    II – compra e venda de moeda estrangeira em espécie, cheques e cheques de viagem relativos a viagens internacionais; (**Res. nº** 3.568, art. 3º, III b)

Contabilidade Bancária e de Instituições Financeiras 177

III – operações de câmbio simplificado de exportação e de importação e transferências do e para o exterior, de natureza financeira, não sujeitas ou vinculadas a registro no Banco Central do Brasil, até o limite de US$ 50.000,00 (cinquenta mil dólares dos Estados Unidos) ou seu equivalente em outras moedas; e (**Res. nº 3.568,** art. 3º, III c)

IV – operações no mercado interbancário, arbitragens no País e, por meio de banco autorizado a operar no mercado de câmbio, arbitragem com o exterior; (**Res. nº** 3.568, art. 3º, III d)

d) agências de turismo: compra e venda de moeda estrangeira em espécie, cheques e cheques de viagem relativos a viagens internacionais, observado o disposto no parágrafo 1º do artigo 4º da **Resolução nº 3.568, de 29/5/2008**; (**Res. nº** 3.568, art. 3º, IV)

NOTA DO COSIFE: O § 1º do artigo 4º da Resolução CMN nº 3.568/2008 foi alterado pelo artigo 1º da **Resolução CMN nº 3.661/2008**. O § 1º do artigo 4º da Resolução CMN **nº** 3.568/2008 passou a ter a seguinte redação: *"As autorizações para operar no mercado de câmbio detidas por agências de turismo e por meios de hospedagem de turismo expirarão em 31 de dezembro de 2009"*.

e) meios de hospedagem de turismo: compra, de residentes ou domiciliados no exterior, de moeda estrangeira em espécie, cheques e cheques de viagem relativos a turismo no País, observado o disposto no Parágrafo 1º do artigo 4º da **Resolução nº 3.568, de 29/5/2008**. (**Res. nº** 3.568, art. 3º', V)

NOTA DO COSIFE: O § 1º do artigo 4º da Resolução CMN **nº** 3.568/2008 foi alterado pelo artigo 1º da **Resolução CMN nº 3.661/2008**. O § 1º do artigo 4º da Resolução CMN **nº** 3.568/2008 passou a ter a seguinte redação: *"As autorizações para operar no mercado de câmbio detidas por agências de turismo e por meios de hospedagem de turismo expirarão em 31 de dezembro de 2009"*.

Fonte: <http://www.cosif.com.br/mostra.asp?arquivo=mni020117>.

7.1.4.00.Rendas de Aplicações Interfinanceiras de Liquidez

Operações Interfinanceiras de Liquidez, Operações com Títulos e Valores Mobiliários e Derivativos

2. Títulos de Renda Variável

1 – Compõem a carteira de títulos de renda variável: (Circ. nº 1.273)

a) as ações subscritas ou havidas por investimentos compulsórios, destinadas à negociação em mercado;

b) os bônus de subscrição de companhias abertas;

c) os certificados e cotas de fundos de renda variável;

d) ações adquiridas no mercado para livre negociação;

e) outros títulos adquiridos ou subscritos.

2 – As ações e cotas recebidas em bonificação, sem custo para a instituição, não alteram o valor de custo das aplicações no capital de outra sociedade, mas a quantidade das novas ações ou cotas é computada para a determinação do custo médio unitário. (Circ. nº 1.273)

3 – Os rendimentos produzidos pelos títulos, inclusive cotas de fundos de renda variável, registram-se a débito de DIVIDENDOS E BONIFICAÇÕES EM DINHEIRO A RECEBER, quando declarados e ainda não recebidos, em contrapartida com RENDAS DE TÍTULOS DE RENDA VARIÁVEL, para as ações/cotas adquiridas há mais de 6 (seis) meses, ou em contrapartida com a conta que registra o custo de aquisição para as ações/cotas adquiridas há menos de 6 (seis) meses. (Circ. nº 1.273)

4 – Os resultados obtidos na venda de títulos de renda variável contabilizam-se na data da operação. (Circ. nº 1.273)

5 – Quando houver contrato de distribuição, cada entidade envolvida na operação registra a parte da corretagem que lhe couber, pelo valor líquido. (Circ. nº 1.273)

6 – As ações da própria instituição adquiridas e mantidas em tesouraria figuram subtrativamente no Patrimônio Líquido, retificando a conta de reserva que deu origem aos recursos nelas aplicados. (Circ. nº 1.273)

7 – Nas operações de empréstimos de ações da carteira própria, devem ser observados os seguintes procedimentos contábeis: (Cta-Circ. nº 2.747, item 1)

a) os direitos relativos a empréstimo de ações devem ser registrados no título DIREITOS POR EMPRÉSTIMOS DE AÇÕES, em contrapartida ao título TÍTULOS DE RENDA VARIÁVEL;

b) a valorização das ações cedidas por empréstimo e a remuneração contratada na operação devem ser registradas no título RENDAS DE DIREITOS POR EMPRÉSTIMOS DE AÇÕES, em contrapartida ao título DIREITOS POR EMPRÉSTIMOS DE AÇÕES;

c) a desvalorização das ações cedidas por empréstimo deve ser registrada no título RENDAS DE DIREITOS POR EMPRÉSTIMOS DE AÇÕES, até o limite do saldo da conta, e o que exceder, no título OUTRAS DESPESAS OPERACIONAIS.

8 – As entidades tomadoras de ações por empréstimo devem observar os seguintes procedimentos contábeis: (Cta-Circ. 2.747, item 2)

a) as ações recebidas por empréstimo devem ser registradas no título TÍTULOS DE RENDA VARIÁVEL, em contrapartida ao título CREDORES POR EMPRÉSTIMOS DE AÇÕES;

Contabilidade Bancária e de Instituições Financeiras

179

b) a remuneração contratada (encargos e emolumentos) e a valorização das ações tomadas por empréstimo devem ser registradas na conta DESPESAS DE EMPRÉSTIMOS NO PAÍS – OUTRAS INSTITUIÇÕES, em contrapartida à conta CREDORES POR EMPRÉSTIMOS DE AÇÕES;

c) a desvalorização das ações tomadas por empréstimo deve ser registrada no título DESPESAS DE EMPRÉSTIMOS NO PAÍS – OUTRAS INSTITUIÇÕES, até o limite do saldo da conta, e o que exceder, no título OUTRAS RENDAS OPERACIONAIS.

Fonte: <http://www4.bcb.gov.br/NXT/denorcosif/DOWNLOAD/nb-04.PDF>.

3. Títulos de Renda Fixa

1 – Definição de Carteira: (Circ. n° 1.273)

a) Carteira Própria Bancada é representada pelos títulos que permanecem em estoque, livres para negociação, oriundos de compras definitivas ou recompras, registrados em TÍTULOS DE RENDA FIXA;

b) Carteira Própria Financiada é composta pelos títulos com compromisso de recompra não vinculados a revendas, ou seja, os títulos da carteira própria da instituição vinculados ao mercado aberto, registrados em TÍTULOS DE RENDA FIXA – VINCULADOS A RECOMPRAS;

c) Carteira de Terceiros Bancada é formada pelos títulos adquiridos com compromisso de revenda e não repassados, ou seja, não vendidos com compromisso de recompras, registrados em REVENDAS A LIQUIDAR – POSIÇÃO BANCADA;

d) Carteira de Terceiros Financiada compreende os títulos adquiridos com compromisso de revenda e repassados, isto é, vendidos com compromisso de recompra, registrados em REVENDAS A LIQUIDAR – POSIÇÃO FINANCIADA;

e) Aplicações em Depósitos Interfinanceiros correspondem aos Depósitos Interfinanceiros efetuados em outras instituições.

2 Formação da Carteira Própria: (Circ. n° 1.273)

a) compõem a carteira de títulos de renda fixa os seguintes títulos:
   – Letras Financeiras do Tesouro;
   – Notas do Tesouro Nacional;
   – Letras do Tesouro Nacional;
   – Bônus do Tesouro Nacional;
   – Letras do Banco Central;
   – Notas do Banco Central;   – Bônus do Banco Central;
   – Obrigações dos Tesouros Estaduais e Municipais;
   – Debêntures Conversíveis em ações;
   – Debêntures Inconversíveis;
   – Letras de Câmbio;
   – Letras Imobiliárias;

- Letras Hipotecárias;
- Certificados de Depósito Bancário;
- Obrigações da Eletrobrás;
- Títulos da Dívida Agrária;
- Cotas de Fundos de Renda Fixa;
- Outros títulos assemelhados, sejam aqueles com renda prefixada, pós-fixada ou flutuante (taxa variável);

b) a aquisição de títulos de renda fixa para formação de carteira própria registra-se pelo valor efetivamente pago, inclusive comissão de colocação, na data da compra definitiva e, no caso de venda, o valor líquido efetivamente recebido;

c) os rendimentos atribuídos aos títulos contabilizam-se mensalmente, ou em períodos menores, pelo método exponencial ou linear, de acordo com a cláusula de remuneração do título, com base na taxa de aquisição, de tal maneira que, na data correspondente à do vencimento, os seus valores estejam atualizados em razão da fluência de seus prazos;

d) as rendas dos títulos, inclusive cotas de fundos de renda fixa, são debitadas na própria conta que registra os títulos, a crédito de RENDAS DE TÍTULOS DE RENDA FIXA;

e) os prêmios de continuidade recebidos em dinheiro, nos casos de repactuação dos prazos de vencimento de debêntures pertencentes à sociedade, contabilizam-se a crédito da adequada conta de rendas a apropriar, para a apropriação mensal ou em períodos menores, em razão da fluência de seu prazo, a crédito de RENDAS DE TÍTULOS DE RENDA FIXA;

f) lucros ou prejuízos apurados na venda definitiva de títulos da espécie são contabilizados a crédito de LUCROS COM TÍTULOS DE RENDA FIXA ou a débito de PREJUÍZOS COM TÍTULOS DE RENDA FIXA;

g) as rendas dos títulos de renda fixa devem ser reconhecidas até a data da venda definitiva, sendo que o lucro ou prejuízo será a diferença entre o preço de venda e o valor atualizado até a data da operação. (Cta-Circ. nº 2.799, item 2)

h) quando da alienação de título ou valor mobiliário classificado nas categorias títulos para negociação ou títulos disponíveis para venda, os valores registrados nas rubricas TVM – AJUSTE POSITIVO AO VALOR DE MERCADO, código 7.1.5.90.00-6, e TVM – AJUSTE NEGATIVO AO VALOR DE MERCADO, código 8.1.5.80.00-6, no semestre em que ocorrer a operação, devem ser reclassificados para a adequada conta de resultado do período que registre o lucro ou prejuízo na operação. (Cta-Circ. nº 3.026, item 9)

Fonte: <http://www4.bcb.gov.br/NXT/denorcosif/DOWNLOAD/nb-04.PDF>.

Contabilidade Bancária e de Instituições Financeiras 181

7.1.5.00.Rendas de Instrumentos Financeiros Derivativos

O que são e quais são os Instrumentos Financeiros Derivativos?
Segundo o Cosif, entende-se por instrumentos financeiros derivativos aqueles cujo valor varia em decorrência de mudanças em taxa de juros, preço de título ou valor mobiliário, preço de mercadoria, taxa de câmbio, índice de bolsa de valores, índice de preço, índice ou classificação de crédito, ou qualquer outra variável similar específica, cujo investimento inicial seja inexistente ou pequeno em relação ao valor do contrato, e que sejam liquidados em data futura.

A CVM – Comissão de Valores Mobiliários expediu a **Instrução CVM nº 467/2008,** que dispõe sobre a aprovação de contratos derivativos admitidos à negociação ou registrados nos mercados organizados de valores mobiliários.

Ainda segundo o Banco Central do Brasil, entre as operações com as citadas características de Instrumentos Financeiros Derivativos estão:
Derivativos Financeiros e Agropecuários
Derivativos de Crédito
Operações Compromissadas
Fundos Derivativos
Operações de Hedge
(...)
Fonte: <http://www.cosif.com.br/mostra.asp?arquivo=mtvm_instrfinancder>.

CONTA: 7.1.5.10.00-0 RENDAS DE TÍTULOS DE RENDA FIXA

FUNÇÃO:

Registrar as rendas de títulos de renda fixa que constituam receita efetiva da instituição, no período.
Esta conta requer os seguintes subtítulos de uso interno:
– Letras do Banco Central
– Letras do Tesouro Nacional
– Obrigações do Tesouro Nacional
– Títulos Estaduais e Municipais
– Certificados de Depósito Bancário
– Letras de Câmbio
– Letras Hipotecárias
– Letras Imobiliárias
– Debêntures
– Obrigações da Eletrobrás
– Títulos da Dívida Agrária

– Cédulas Hipotecárias
– Cotas de Fundos de Renda Fixa
– Outros
BASE NORMATIVA: (Circular BCB nº 1273)
NOTAS DO COSIFE:.
FUNCIONAMENTO:
– Creditada pelo valor das rendas auferidas, recebidas ou não.
– Debitada por ocasião do balanço, para apuração do resultado.
Fonte: <http://www.cosif.com.br/mostra.asp?arquivo=contas71510>.

7.1.7.00.Rendas de Prestação de Serviços

Rendas de Prestação de Serviços são constituídas por receitas de prestação de garantias, corretagem de operações em bolsas, tarifas bancárias, de cobrança de títulos para terceiros e serviços diversos, etc.

7.1.8.00.Rendas de Participações

Rendas nos ajustes em Investimento: no Exterior, em Coligadas e Controladas.
Ex.:
SUBGRUPO: 7.1.8.00.00-2 – Rendas de Participações

CONTA: 7.1.8.20.00-6 RENDAS DE AJUSTES EM INVESTIMENTOS EM COLIGADAS E CONTROLADAS
FUNÇÃO:
Registrar o aumento do valor do investimento decorrente de lucros ou ganhos efetivos, inclusive decorrente de incentivos fiscais, apurado em sociedade coligada ou controlada.
Os ganhos por variação na porcentagem de participação em coligadas e controladas não se registram nessa conta, por haver título próprio para eles.
BASE NORMATIVA: (Circular BCB nº 1.273)
NOTAS DO COSIFE:
FUNCIONAMENTO:
– Creditada pelo valor do acréscimo na conta de investimentos que corresponder proporcionalmente aos lucros ou aos ganhos efetivos do período da coligada ou controlada.
– Debitada por ocasião do balanço, para apuração do resultado.

Fonte: <http://www.cosif.com.br/mostra.asp?arquivo=contas71820>.

Contabilidade Bancária e de Instituições Financeiras 183

7.1.9.00.Outras Receitas Operacionais

As receitas não operacionais provêm de remunerações eventuais não relacionadas com as operações típicas da instituição (Circ. BCB n° 1.273)

LUCROS EM OPERAÇÕES DE VENDA OU DE TRANSFERÊNCIA DE ATIVOS FINANCEIROS

SUBGRUPO: 7.1.9.00.00-5 – Outras Receitas Operacionais
CONTA: 7.1.9.15.00-7 – LUCROS EM OPERAÇÕES DE VENDA OU DE TRANSFERÊNCIA DE ATIVOS FINANCEIROS
SUBTÍTULOS:

CÓDIGOS	TÍTULOS CONTÁBEIS	ATRIBUTOS	F	E	P
7.1.9.15.10-0	De Operações de Crédito	UBDKIFJACTSWER-LMNH-Z	---	711	718
7.1.9.15.20-3	De Operações de Arrendamento Mercantil	UBDKIFJACTSWER-LMNH-Z	---	711	718
7.1.9.15.30-6	De Outras Operações com Características de Concessão de Crédito	UBDKIFJACTSWER-LMNH-Z	---	711	718
7.1.9.15.40-9	De Outros Ativos Financeiros	UBDKIFJACTSWER-LMNH-Z	---	711	718

FUNÇÃO:
Destina-se ao registro, pela instituição vendedora ou cedente, do resultado positivo apurado em uma operação de venda ou de transferência de ativos financeiros que foram por ela baixados, integral ou proporcionalmente.

O subtítulo De Outros Ativos Financeiros, código 7.1.9.15.40-9, deve ser utilizado apenas quando não houver conta específica, mantido controle por tipo de ativo em subtítulo de uso interno.

BASE NORMATIVA: **Carta-Circular BCB n° 3.360**
NOTAS:
FUNCIONAMENTO:
– Debitada pelas operações realizadas.
– Creditada pelas baixas.
Fonte: <http://www.cosif.com.br/mostra.asp?arquivo=contas71915>.

7.3.0.00.Receitas não Operacionais

7.3.10.Lucros (Ganhos) em Transações com Valores e Bens (Alienação de Ativos)

7.3.92.Aluguéis Recebidos e 7.3.99.Reversão de Provisões Não Operacionais

7.8.0.00.Rateios de Resultados Internos

CONTA: 7.8.1.10.00-1 RATEIO DE RESULTADOS INTERNOS
FUNÇÃO:
Registrar, em caráter facultativo, as despesas e receitas que as dependências da instituição ratearem entre si.

Não é permitido registrar, nos saldos globais da instituição, em balancetes, inclusive nos de junho e dezembro, qualquer diferença entre os saldos devedores e credores desta conta, uma vez que as pendências devem ser previamente regularizadas.

BASE NORMATIVA: (Circular BCB nº 1.273)
NOTAS DO COSIFE:
FUNCIONAMENTO:
a) No caso de despesas:
  - Na dependência responsável pelas despesas:
  - Debitada pelo valor das despesas.
  - Creditada por ocasião do balanço, para apuração de resultado.
  - Na dependência que processar o rateio das despesas:
  - Creditada pelo valor correspondente ao rateio das despesas.
  - Debitada por ocasião do balanço, para apuração de resultado.

b) No caso de receitas:
  - Na dependência beneficiária das receitas:
  - Creditada pelo valor das receitas pertencentes à dependência.
  - Debitada por ocasião do balanço, para apuração de resultado.
  - Na dependência que processar o rateio das receitas:
  - Debitada pelo valor correspondente ao rateio das receitas.
  - Creditada por ocasião do balanço, para apuração de resultado.

Fonte: <http://www.cosif.com.br/mostra.asp?arquivo=contas78110>.

7.9.0.00.Apuração de Resultado

7.9.1.Apuração de Resultado do Exercício, "encontro" das Contas de "Despesas" para obtenção do Resultado do Exercício.

3.2.CONTAS DE RESULTADOS – DESPESAS

Despesas de Intermediação Financeira

O conceito OPERACIONAL está relacionado com as atividades típicas, regulares e habituais da instituição financeira.

Contabilidade Bancária e de Instituições Financeiras _____ 185

Além das despesas com funcionários e despesas administrativas, comuns a todos os tipos de empresas, o banco tem o custo de obter dinheiro (Despesas de Intermediação Financeira). Esse custo compreende os juros que paga aos donos das contas de poupança, os juros dos empréstimos que faz no exterior, os aumentos das reservas para problemas com crédito, entre outros. Na conta de *Despesas de Intermediação Financeira* também são incluídos os gastos com aumento de provisões para devedores duvidosos.4

8.1.1.00.Operações de Captação de Mercado

O valor das despesas financeiras é a diferença entre o valor líquido recebido e a soma algébrica dos valores de resgate das opções compradas e vendidas. (Cosif).

Captações de Depósitos a Prazo
MNI 02-07-04 – DEPÓSITOS A PRAZO

MNI – MANUAL DE NORMAS E INSTRUÇÕES
TÍTULO: NORMAS OPERACIONAIS DE INSTITUIÇÕES FINANCEIRAS E ASSEMELHADAS – 2
CAPITULO: Depósitos – 7
SEÇÃO: A Prazo – 4

(Revisado em 22-01-2013)

MNI 02-07-04

1 – Os bancos múltiplos, os bancos comerciais, os bancos de investimento, os bancos de desenvolvimento e as caixas econômicas podem captar recursos sob a modalidade de depósitos a prazo, de pessoas físicas e jurídicas, com ou sem emissão de certificado, nas condições estipuladas nesta seção. (**Res. nº 394** Regulamento anexo (RA) art. 29 e Parágrafo 3º; **Res. nº 2.624** art. 2º I; **Res. nº 3.454,** art. 1º)

2 Consideram-se depósito a prazo com emissão de certificado os **Certificados de Depósito Bancário (CDB)** e, sem emissão de certificado, os **Recibos de Depósito Bancário (RDB)**. (**Res. nº 3.454,** art. 1º, parágrafo único)

3 – As sociedades de crédito, financiamento e investimento podem captar recursos por meio de RDB de pessoas físicas e jurídicas, e as cooperativas de crédito, de seus associados. (**Res. nº** 3.442, art. 31, I; **Res. nº 3.454,** art. 2º, I e II)
NOTA DO COSIFE: A **Resolução CMN 3.442/2007,** mencionada como referência neste texto expedido pelo Banco Central do Brasil, foi REVOGA-

---

4 ASSAF Neto, Alexandre. **Estrutura e Análise de Balanços**. Atlas, 2012.

186 *Inácio Dantas*

DA pela **Resolução CMN n° 3.859/2010,** que altera e consolida as normas relativas à constituição e ao funcionamento de cooperativas de crédito.

4 – O contratos de depósitos a prazo devem observar os prazos mínimos e as formas de remuneração de que trata a seção **2-1-3**. Os depósitos interfinanceiros continuam sujeitos à regulamentação específica, na forma da seção **2-7-2**. (**Res. n° 3.454,** art. 3°, parágrafo único)

5 – Estão vedadas: (**Res. n° 3.454,** art. 4° I e II; **Res. n° **3.567, art. 5°; **Cta--Circ. n° 3.366** 1)

a) a captação das seguintes modalidades de depósito: (**Res. n° 3.454**, art. 4°, I a/c)

I – de aviso prévio; (**Res. n° 3.454**, art. 4°, I a)

II – de acionistas representados por recibos inegociáveis de depósitos não movimentáveis por cheque; (**Res. n° 3.454**, art. 4°, I b)

III – de reaplicação automática; (**Res. n° 3.454**, art. 4°, I c)

b) a captação de depósitos a prazo de instituições financeiras, incluídas as operações de transferência de titularidade de depósitos a prazo, com ou sem emissão de certificado, realizadas diretamente entre instituições financeiras. (**Res. n° 3.454**, art. 4° II; **Res. n° **3.567, art. 5°; **Cta-Circ. 3.366** 1)

NOTA DO COSIFE: A **Carta-Circular BCB n° 3.366/2008** foi REVOGA-DA pela **Carta-Circular BCB n° 3.458/2010,** que não estabeleceu novas regras.

(...)

Fonte: <http://www.cosif.com.br/mostra.asp?arquivo=mni020704>.

Captações de Depósitos no Mercado Interfinanceiro
MNI 02-07-02 – DEPÓSITOS – NO MERCADO INTERFINANCEI-RO

MNI – MANUAL DE NORMAS E INSTRUÇÕES
TÍTULO: NORMAS OPERACIONAIS DE INSTITUIÇÕES FINANCEIRAS E ASSEMELHADAS – 2
CAPITULO: Depósitos – 7
SEÇÃO: No Mercado Interfinanceiro – 2

(Revisado em 06-01-2013)
MNI 02-07-02

1 – Os bancos múltiplos, os bancos comerciais, as caixas econômicas, os bancos de investimento, os bancos de desenvolvimento, os bancos de câmbio, as sociedades de crédito, financiamento e investimento, as sociedades de crédito imobiliário, as companhias hipotecárias, as associações de poupança e empréstimo, as cooperativas de crédito e as sociedades de arrendamento mercantil podem receber depósitos interfinanceiros, desde que satisfeitas as seguintes condições: (**Res. n° **3.399, art. 1°, I/III; **Res. n° **3.426, art. 3°, II; **Res. n° **3.442, art. 31, I; **Res. n° **3.567, art. 5°, II)

Contabilidade Bancária e de Instituições Financeiras 187

NOTA DO COSIFE: A **Resolução CMN nº 3.442/2007,** mencionada como referência neste texto expedido pelo Banco Central do Brasil, foi REVOGADA pela **Resolução CMN nº 3.859/2010,** que altera e consolida as normas relativas à constituição e ao funcionamento de cooperativas de crédito.

a) não haja emissão de certificado; (**Res. nº** 3.399, art. 1º, I)

b) sejam registrados e liquidados financeiramente em sistema de registro e liquidação financeira de ativos autorizado pelo Banco Central do Brasil; (**Res. nº** 3.399, art. 1º, II)

c) tenham como depositantes as instituições listadas neste item e sociedades corretoras de câmbio, sociedades corretoras de títulos e valores mobiliários, sociedades distribuidoras de títulos e valores mobiliários e sociedades de crédito ao microempreendedor e a empresa de pequeno porte. (**Res. nº** 3.399, art. 1º, III; **Res. nº** 3.567, art. 5º, II)

2 – Na realização dos depósitos interfinanceiros, a instituição depositante deve observar os limites de diversificação de risco de que tratam os **itens 2-2-2**-5/10, observado que: (**Res. nº** 3.399, art. 2º, parágrafo 1º e 2º; **Res. nº** 3.426, art. 2º, II; **Res. nº** 3.442, art. 31, III; **Res. nº 3.454**, art. 5º)

NOTA DO COSIFE: A **Resolução CMN nº 3.442/2007,** mencionada como referência neste texto expedido pelo Banco Central do Brasil, foi REVOGADA pela **Resolução CMN nº 3.859/2010,** que altera e consolida as normas relativas à constituição e ao funcionamento de cooperativas de crédito.

a) os limites de diversificação referidos neste item não se aplicam aos depósitos efetuados entre instituições sujeitas à consolidação de suas demonstrações financeiras, nos termos da regulamentação estabelecida pelo Conselho Monetário Nacional; (**Res. nº** 3.399, art. 2º, parágrafo 1º)

b) as cooperativas de crédito ficam sujeitas aos limites de diversificação de risco contidos nos **itens 2-2-2**-11/15. (**Res. nº** 3.399, art. 2º, parágrafo 2º)

3 – As instituições depositantes de depósitos interfinanceiros podem negociar os referidos depósitos, observadas as seguintes condições: (**Res. nº** 3.399, art. 3º, I/III; **Res. nº** 3.426, art. 2º, II; **Res. nº** 3.442, art. 31, III; **Res. nº 3.454**, art. 5º)

NOTA DO COSIFE: A **Resolução CMN nº 3.442/2007,** mencionada como referência neste texto expedido pelo Banco Central do Brasil, foi REVOGADA pela **Resolução CMN nº 3.859/2010,** que altera e consolida as normas relativas à constituição e ao funcionamento de cooperativas de crédito.

a) a operação deve ser contratada mediante cessão dos respectivos direitos creditórios a outra instituição autorizada a efetuar depósitos interfinanceiros; (**Res. nº** 3.399, art. 3º, I)

b) é facultada a liquidação antecipada dos depósitos, desde que cumpridos os prazos mínimos fixados para as operações realizadas no sistema financeiro de que trata a **seção 2-1-3**; (**Res. nº** 3.399, art. 3º, II)

188 *Inácio Dantas*

c) não são admitidas negociações dos respectivos depósitos em suas datas de vencimento. (**Res. nº** 3.399, art. 3º, III)

4 – Os depósitos interfinanceiros podem ser efetuados com garantia, limitada a: (**Res. nº** 3.399, art. 4º I, II)

   a) penhor de direitos creditórios; (**Res. nº** 3.399, art. 4º, I)

   b) alienação fiduciária de coisa fungível e cessão fiduciária de direitos sobre coisas móveis, bem como de títulos de crédito, de que trata o **artigo 66-B da Lei nº 4.728, de 14/7/1965**, introduzido pelo **artigo 55 da Lei nº 10.931, de 2/8/2004**. (**Res. nº** 3.399, art. 4º, II)

5 – Na realização de depósitos interfinanceiros vinculados a fins específicos, tais como os de crédito rural, de crédito imobiliário e de microfinanças, deve ser observada, ainda, a regulamentação específica relacionada a esses depósitos. (**Res. nº** 3.399, art. 5)

Fonte: http://www.cosif.com.br/mostra.asp?arquivo=mni020702>.

8.1.2.00.Operações de Empréstimos e Repasses

Despesas na captação de Empréstimos e Repasses do SFH, BNDES, Banco do Brasil, Tesouro Nacional, CEF e instituições no país e no exterior.

CONTA: 8.1.2.20.00-5 DESPESAS DE REFINANCIAMENTOS SUBTÍTULOS:

CÓDIGOS	TÍTULOS CONTÁBEIS	ATRIBUTOS	F	E	P
8.1.2.20.10-8	Banco Central – Área Bancária	UBD-IF-----E--LMN--Z	---	---	---
8.1.2.20.20-1	Tesouro Nacional – Área Rural e Industrial	UBD-IF-----ER-LMN--Z	---	---	---
8.1.2.20.30-4	Recursos do SFH	U--------SWE---M-Z	---	---	---

FUNÇÃO:

Registrar as despesas de captação de recursos de refinanciamentos, que constituam custo efetivo da instituição, no período.

BASE NORMATIVA: (Circular BCB nº 1.273)

NOTAS DO COSIFE:

FUNCIONAMENTO:

– Debitada pelo valor das despesas incorridas, pagas ou não, em conformidade com o Regime de Competência.

– Creditada por eventuais estornos, em conformidade com as NBC – Normas Brasileiras de Contabilidade e com o previsto no art. 2º do Decreto– Lei 486/69 (art. 269 do RIR/99) e por ocasião do balanço, para apuração do resultado.

Fonte: <http://www.cosif.com.br/mostra.asp?arquivo=contas81220>.

Contabilidade Bancária e de Instituições Financeiras 189

8.1.3.00.Operações de Arrendamento Mercantil (Leasing)

1. O que é uma operação de *leasing*?

O *leasing* é um contrato denominado na legislação brasileira como "arrendamento mercantil". As partes desse contrato são denominadas "arrendador" e "arrendatário", conforme sejam, de um lado, um banco ou sociedade de arrendamento mercantil e, de outro, o cliente. O objeto do contrato é a aquisição, por parte do arrendador, de bem escolhido pelo arrendatário para sua utilização. O arrendador é, portanto, o proprietário do bem, sendo que a posse e o usufruto, durante a vigência do contrato, são do arrendatário. O contrato de arrendamento mercantil pode prever ou não a opção de compra, pelo arrendatário, do bem de propriedade do arrendador.

2. Ficam a cargo de quem as despesas adicionais?

Despesas tais como seguro, manutenção, registro de contrato, ISS e demais encargos que incidam sobre os bens arrendados são de responsabilidade do arrendatário ou do arrendador, dependendo do que for pactuado no contrato de arrendamento. Contudo, esse assunto não é da competência do Banco Central.

Fonte: <http://www.bcb.gov.br/?LEASINGFAQ>.

8.1.3.10.1.Depreciações dos Bens Arrendados

Pronunciado Cosif 1.11
8. Imobilizado de Arrendamento
4.A depreciação dos bens arrendados reconhece-se mensalmente, nos termos da legislação em vigor, devendo ser registrada a débito de DESPESAS DE ARRENDAMENTO, subtítulo Depreciação de Bens Arrendados, em contrapartida com DEPRECIAÇÃO ACUMULADA DE BENS ARRENDADOS, a qual figura como conta retificadora do subgrupo Imobilizado de Arrendamento.

8.1.4.00.Despesas de Câmbio

CONTA: 8.1.4.20.00-1 DESPESAS DE OPERAÇÕES DE CÂMBIO
SUBTÍTULOS:

CÓDIGOS	TÍTULOS CONTÁBEIS	ATRIBUTOS	F	E	P
8.1.4.20.10-4	Exportação	UB--IF--CT-----L-N--Z	---	---	---
8.1.4.20.20-7	Importação	UB--IF--CT-----L-N--Z	---	---	---
8.1.4.20.30-0	Financeiro	UB--IF--CT-----LMN--Z	---	---	---
8.1.4.20.90-8	Outras	UB--IF--CT-----LMN--Z	---	---	---

FUNÇÃO:

Registrar as despesas decorrentes de operações de câmbio que constituam custo efetivo da instituição, no período.

Exemplos de desdobramentos de uso interno que se ajustam à função desta conta:
– De Cobrança sobre o Exterior
– Prêmios sobre Compras de Câmbio de Exportação
– De Créditos de Importação
– Comissões sobre Transferências
– Prêmios em Operações Interbancárias
– De Corretagem sobre Operações de Câmbio
– Descontos de Cambiais – CCR
– Outros

BASE NORMATIVA: (**Circular BCB nº 2.106,** Anexo I; **Carta-Circular BCB nº 3.178,** 5 I)

NOTAS DO COSIFE:

FUNCIONAMENTO:

– Debitada pelo valor das despesas incorridas, pagas ou não, em conformidade com o Regime de Competência.

– Creditada por eventuais estornos, em conformidade com as NBC – Normas Brasileiras de Contabilidade e com o previsto no art. 2º do Decreto-Lei nº 486/69 (art. 269 do RIR/99) e por ocasião do balanço, para apuração do resultado.

Fonte: <http://www.cosif.com.br/mostra.asp?arquivo=contas81420>

8.1.5.00.Despesas com Títulos, Valores Mobiliários e Instrumentos Financeiros Derivativos

8.1.5.00.00-0 DESPESAS COM TÍTULOS E VALORES MOBILIÁRIOS E INSTRUMENTOS FINANCEIROS DERIVATIVOS

CÓDIGOS	TÍTULOS CONTÁBEIS	ATRIBUTOS	F	E	P
8.1.5.10.00-7	DESÁGIOS NA COLOCAÇÃO DE TÍTULOS	U----F-A--SWE--LM---Z	---	712	715
8.1.5.20.00-4	PREJUÍZOS COM TÍTULOS DE RENDA FIXA	UBDKIFJACTSWEROLMNH-Z	---	712	715
8.1.5.30.00-1	PREJUÍZOS COM TÍTULOS DE RENDA VARIÁVEL	UBDKIFJACTSWEROLMNH-Z	---	712	715
8.1.5.50.00-5	DESPESAS EM OPERAÇÕES COM DERIVATIVOS	UBDKIFJACTSWEROLMNH-Z	---	712	716
8.1.5.70.00-9	PREJUÍZOS EM APLICAÇÕES EM OURO	UBDKIFJACTSWEROLMNH-Z	---	712	715
8.1.5.80.00-6	TVM – AJUSTE NEGATIVO AO VALOR DE MERCADO	UBD-IF-ACTSWE--LMN--Z	---	712	715
8.1.5.95.00-8	PERDAS PERMANENTES	UBD-IF-ACTSWE-OLMN--Z	---	712	715

Contabilidade Bancária e de Instituições Financeiras 191

OBSERVAÇÃO: Os códigos FEP estão nas contas do desdobramento.
Fonte: <http://www.cosif.com.br/mostra.asp?arquivo=elenco815>.

CONTA: 8.1.5.10.00-7 DESÁGIOS NA COLOCAÇÃO DE TÍTULOS
FUNÇÃO:
Registrar o valor dos deságios na colocação de títulos emitidos pela instituição, assim entendidos como a diferença a menor entre o valor de colocação e o valor de emissão dos mesmos, no período.
BASE NORMATIVA: (Circular BCB nº 1.273)
NOTAS DO COSIFE:
FUNCIONAMENTO:
– Debitada pelo valor dos deságios, em conformidade com o Regime de Competência.
– Creditada por eventuais estornos, em conformidade com as NBC – Normas Brasileiras de Contabilidade e com o previsto no art. 2º do Decreto-Lei nº 486/69 (art. 269 do RIR/99) e por ocasião do balanço, para apuração de resultado.
Fonte: <http://www.cosif.com.br/mostra.asp?arquivo=contas81510>.

8.1.6.00.Despesas de Participações

Desp. de Ajustes em Investimentos em Controladas e Coligadas
Cosif 1.11.2 – PARTICIPAÇÕES EM COLIGADAS E CONTROLADAS
(...)
(Revisado em 18-11-2012)

1.11.2.1 – Os **investimentos em sociedades coligadas e controladas**, no País e no exterior, devem observar as seguintes normas: (Circ. 1.273; **Res. nº 3.619**)

a) devem ser avaliados pelo método da equivalência patrimonial os investimentos em:

    I – coligadas, quando participarem com 20% (vinte por cento) ou mais do capital votante ou detiverem influência significativa em sua administração;

    II – sociedades controladas;

    III – sociedades integrantes do conglomerado econômico-financeiro;

    IV – sociedades que estejam sob controle comum.

b) são coligadas as sociedades quando uma participa do capital da outra, com 10% (dez por cento) ou mais, sem controlá-la; controlada é a sociedade na qual a controladora, diretamente ou por meio de outras controladas, é titular de direitos de sócio que lhe assegurem, de modo permanente, preponderância nas deliberações sociais e o poder de eleger a maioria dos administradores;

c) para efeito de apurar a relação entre o valor contábil do investimento e do patrimônio líquido da instituição participante, são computados, como parte do valor contábil do investimento, os créditos da instituição participante contra sociedades coligadas e controladas, que não sejam resultantes de negócios usuais do objeto social da instituição participante, mais o ágio não amortizado, ou deduzido do deságio não amortizado, conforme o caso, e da provisão para perdas, se houver, atualizados até a data do balanço da investidora;

d) o patrimônio líquido da instituição participante que serve de base para determinação de relevância é o patrimônio líquido do balanço que está sendo encerrado, incluído o resultado do período ajustado pelos valores de provisões e participações estatutárias a serem constituídas, e ainda, não se considerando o resultado da própria avaliação de investimentos pelo método de equivalência patrimonial;

e) as instituições participantes, previamente à adoção das providências aqui tratadas, devem solicitar às suas coligadas e controladas que procedam à avaliação de investimentos que porventura possuam em outras sociedades nas condições previstas neste item.

f) as instituições que detenham investimentos que, em face do disposto na alínea "a", não possam mais ser avaliados pelo método da equivalência patrimonial, devem:

I – considerar o valor contábil do investimento na data-base 31 de dezembro de 2008, incluindo o ágio ou o deságio não amortizado, como novo valor de custo para fins de mensuração futura e de determinação do seu valor recuperável; e

II – contabilizar, em contrapartida desses investimentos, os dividendos recebidos por conta de lucros que já tiverem sido reconhecidos por equivalência patrimonial.

1.11.2.2 – O valor do investimento na coligada ou controlada deve ser determinado mediante a aplicação, sobre o valor do patrimônio líquido, da porcentagem de participação no capital da coligada ou controlada, após efetuados os ajustes que forem necessários para eliminar efeitos decorrentes das integralizações parciais de aumentos de capital em dinheiro, da diversidade de critérios contábeis, dos resultados não realizados intercompanhias e excluídas eventuais participações recíprocas. (Circ. 1.273)

1.11.2.3 – Para efeito de apuração do valor do patrimônio líquido das sociedades coligadas e controladas, são computados os valores destinados, no período, à distribuição de dividendos, não podendo resultar, do cumprimento da norma, sub ou supervalorização do investimento. (Circ. 1.273)

Contabilidade Bancária e de Instituições Financeiras 193

1.11.2.4 – As participações em sociedades coligadas ou controladas devem ser registradas deduzidas do saldo de eventuais perdas decorrentes de redução ao valor recuperável dos ativos (**Res. nº 3.566**)
(...)
Fonte: <http://www.cosif.com.br/mostra.asp?arquivo=nb-1102>

8.1.7.00.Despesas Administrativas

Despesas de âmbito comum, correlatas à Contabilidade Comercial.

8.1.7.00.Despesas do Pessoal

8.1.7.30.Benefícios
8.1.7.33.Proventos
8.1.7.69.Despesas Tributárias
Segue o mesmo padrão de Despesas da Contabilidade Comercial.

8.1.8.00.Aprovisionamentos e Ajustes Patrimoniais

Despesas de Amortização do Intangível, Despesa de Depreciação, etc.

8.1.9.00.Outras Despesas Operacionais

Despesas de Administração de Fundos, IOF, ISS, Cofins, PIS/Pasep, Juros de Capital, etc.

8.3.9.90.Despesas de Provisões não Operacionais

"Os gastos não relacionados às atividades típicas da instituição constituem despesas não operacionais (Circ. BCB nº 1.273)".

8.8.0.00.Rateio de Resultados Internos

Ver a Conta **7.8.0.00.**

8.9.0.00.Apuração de Resultado – ARE

Apuração do Resultado do Exercício, a "débito de Receitas".

Outras Obrigações
1.Imposto de Renda e Contribuição Social
5 – As transferências de PROVISÃO PARA IMPOSTOS E CONTRIBUI-ÇÕES SOBRE LUCROS para IMPOSTOS E CONTRIBUIÇÕES SOBRE

LUCROS A PAGAR, por ocasião dos balanços semestrais, devem ser efetuadas antes do levantamento dos balancetes correspondentes, quando for o caso. (Circ. nº 1.962, art 3º, § 2º; Cta-Circ. nº 2.294, art. 2º.)

Fonte: <http://www.cosif.com.br/mostra.asp?arquivo=nb-1401>.

CONTA 8.9.4.10.00-6 IMPOSTO DE RENDA
(...)
SUBTÍTULOS:

CÓDIGOS	TÍTULOS CONTÁBEIS	ATRIBUTOS	F	E	P
8.9.4.10.10-9	Provisão para Imposto de Renda – Valores Correntes	UBDKIFJACTSWER-LMNH-Z	---	712	890
8.9.4.10.20-2	Provisão para Imposto de Renda – Valores Diferidos	UBDKIFJACTSWER-LMNH-Z	---	712	890
8.9.4.10.30-5	Ativo Fiscal Diferido	UBDKIFJACTSWER-LMNH-Z	---	712	892

FUNÇÃO:

Registrar as parcelas necessárias à constituição ou à reversão de provisão para Imposto de Renda, bem como dos valores relativos à constituição e baixa de créditos tributários observado que:

a) no subtítulo Provisão para Imposto de Renda – Valores Correntes, código 8.9.4.10.10-9, devem ser registrados os valores da provisão para Imposto de Renda a pagar ou a recuperar relativos ao resultado tributável do período;

b) no subtítulo Provisão para Imposto de Renda – Valores Diferidos, código 8.9.4.10.20-2, devem ser registrados os valores da provisão para Imposto de Renda a pagar em períodos futuros, escriturados como obrigação fiscal diferida;

c) no subtítulo Ativo Fiscal Diferido, código 8.9.4.10.305, devem ser registrados os valores correspondentes aos créditos tributários de Imposto de Renda;

BASE NORMATIVA: (**Circular BCB nº 1.872,** art. 9º; **Carta-Circular BCB nº 3093,** 3 III)

NOTAS DO COSIFE:

A **Circular BCB nº 1.872/1990** foi REVOGADA pela **Circular BCB nº 3.081/2002,** que revogou circulares e cartas-circulares sem função por decurso de prazo ou por regulamentação superveniente.

FUNCIONAMENTO:

– Debitada pelos valores da espécie.

– Creditada por ocasião do balanço semestral, pelo encerramento do saldo, em contrapartida com APURAÇÃO DE RESULTADO.

(...)

Fonte: <http://www.cosif.com.br/mostra.asp?arquivo=contas89410>.

Capítulo 4

4.1. Exercícios Contábeis

(Lançamentos Contábeis, Razonetes, Balancetes, Balanço Patrimonial, Demonstrativo do Resultado do Exercício).

Exercício 01

Enunciados de Fatos Contábeis para efetuar:
– Lançamentos Contábeis – Partida Dobrada (as 4 Fórmulas Contábeis)
– Razonetes (Modelo Cosif)

– Constituição do Capital Social

– Aquisição de Imobilizado

– Aquisição de Intangíveis (Marcas, *Softwares***)**

– Material em Estoque

Banco Bombanco S.A. – Fatos Contábeis em 14.05.20x4
Pede-se:
a) Lançamentos Contábeis – Partida Dobrada (usando as 4 Fórmulas Contábeis)
b) Razonetes
c) Balancete Analítico

No.do Lançamento e descrição do fato Contábil:	Valor R$
1-Constituição do Capital Social do Banco Bombanco S.A., da seguinte forma: R$ 600.000,00 em dinheiro (moeda nacional); R$ 150.000,00 num Terreno (para uso como estacionamento do Banco) R$ 250.000,00 num Imóvel para instalação da Agência	1.000.000
2-Da Constituição do Capital Social, o Bombanco ficou com R$ 100.000,00 em Caixa. O restante foi deposita na Conta "Banco Central - Reservas Livres em Espécie".	
3-Ainda, do saldo do Caixa, R$ 50.000,00 foi depositado no "Banco do Brasil S.A. - Conta Depósitos"	50.000
4-Compra, para uso da Agência, de "Móveis e Equipamentos de Uso" para a Agência. Pago em dinheiro.	20.000
5-Compra das "Instalações" da Agência. Pago com cheque do "Banco do Brasil S.A."	5.000

6-Compra, para uso da Agência, de "Equipamentos de Informática", a prazo.	60.000
7-Compra, a prazo, de "Material de Expediente", em grande volume.	7.000
8-Registro da Marca "Bombanco S.A." no INPI. Pago em dinheiro.	2.000
9-Aquisição de "Softwares" para os Computadores do Banco. Pago a prazo.	3.600
10-Foi feita uma Pintura Nova no prédio da Agência. Conta a pagar no mês seguinte.	20.000

Notas:

Para melhor fixação dos lançamentos, ver "**Esquemas de Registros Contábeis – Cosif**" – **vapítulo 5** deste livro:

Enunciados:

01.**Capital Social**, ver "**Esquema de Registros Contábeis nº 01**" – "Constituição, Aumento e Redução de Capital Social"; ver também **Limite Mínimo de Capital dos Bancos – Capital realizado e Patrimônio Líquido.**

10.**Imobilizações**, ver "**Esquema de Registros Contábeis nº 33**", "Bens e Imobilizações"; "**Pintura Nova**" – CPC nº 27 – Ativo Imobilizado. "14 – Os gastos com benfeitorias, indispensáveis à adaptação de imóveis próprios às necessidades de funcionamento, agregam-se ao valor dos imóveis e escrituram-se nos títulos adequados dos desdobramentos Imobilizações em Curso e Imóveis de Uso. (Circ. nº 1.273)"

a) Lançamentos Contábeis
1-Subscrição do Capital Social (Ações no País)

D 6.1.1.50.X (-) Capital a Realizar	1.000.000	
C 6.1.1.10.X Capital		1.000.000

1A-Realização Total do Capital Subscrito

D 1.1.1.10 Caixa	600.000	
D 2.2.3.10.X Terrenos	150.000	
D 2.2.3.10.X Edificações	250.000	
C 6.1.1.50.X (-) Capital a Realizar		1.000.000

2-Parte ficou em Caixa, e parte foi depositada em Depósitos sem Conta Reserva

D 1.1.3.10 Banco Central - Reservas Livres em Espécie	500.000	
C 1.1.1.10 Caixa		500.000

3-Depósito Bancário no Banco do Brasil (Sem Conta "Reserva")

D 1.1.2.10 Banco do Brasil S.A. - Conta Depósitos	50.000	
C 1.1.1.10 Caixa		50.000

Contabilidade Bancária e de Instituições Financeiras 197

4-Compra de Imobilizado de Uso

D 2.2.4.20 Móveis e Equipamentos de Uso	20.000
C 1.1.1.10 Caixa	20.000

5-Compra de "Instalações", pago em cheque da Conta Depósitos

D 2.2.4.10 Instalações	5.000
C 1.1.2.10 Banco do Brasil S.A. - Conta Depósitos	5.000

6-Compra de "Equipamentos de Informática" (Sistemas de Comunicação), a prazo

D 2.2.9.30.X Equipamentos de Informática	60.000
C 4.9.9.20 Obrigações por Compra de Bens e Direitos	60.000

7-Compra, a prazo, de Material de Expediente em grande volume. Ficou em "Estoque"

D 1.9.8.40 Material de Estoque	7.000
C 4.9.9.92.X Fornecedores	7.000

8-Registro da Marca "Bombanco S.A." Pago em Dinheiro

D 2.5.1.98.X Marcas e Patentes	2.000
C 1.1.1.10 Caixa	2.000

9-Aquisição de "Softwares" para os computadores, a prazo. Contrato de 5 anos.

D 2.5.1.98.X Softwares	3.600
C 4.9.9.20 Obrigações por Compra de Bens e Direitos	3.600

10 Pintura Nova do Imóvel da Agência. Conta a pagar no mês seguinte.

D 2.2.3.10.X Edificações	20.000
C 4.9.9.92.X Contas a Pagar	20.000

b) Razonetes:

1.1.1.10 Caixa		
D	C	Saldo
1A-600.000		600.000
	2-500.000	100.000
	3- 50.000	50.000
	4- 20.000	30.000

1.1.2.10 Banco do Brasil S.A. - Conta Depósitos		
D	C	Saldo
3-50.000		50.000
	5- 5.000	45.000
50.000	*5.000*	*45.000*

	8 - 2.000	28.000
600.000	**572.000**	**28.000**

1.1.3.10 Banco Central - Reservas Livres em Espécie

D	C	Saldo
2-500.000		500.000
500.000	**0**	**500.000**

1.9.8.40 Material de Estoque

D	C	Saldo
7- 7.000		7.000
7.000	**0**	**7.000**

2.2.3.10.X Terrenos

D	C	Saldo
1A-150.000		150.000
150.000	**0**	**150.000**

2.2.3.10.X Edificações

D	C	Saldo
1A-250.000		250.000
10- 20.000		270.000
270.000	**0**	**270.000**

2.2.4.20 Móveis e Equipamentos de Uso

D	C	Saldo
4-20.000		20.000
20.000	**0**	**20.000**

2.2.4.10 Instalações

D	C	Saldo
5- 5.000		5.000
5.000	**0**	**5.000**

2.2.9.30.X Equipamentos de Informática

D	C	Saldo
6- 60.000		60.000
60.000	**0**	**60.000**

2.5.1.98.X Marcas e Patentes

D	C	Saldo
8- 2.000		2.000
2.000	**0**	**2.000**

2.5.1.98.X Softwares

D	C	Saldo
9- 3.600		3.600
3.600	**0**	**3.600**

4.9.9.20 Obrigações por Compra de Bens e Direitos

D	C	Saldo
	6- 60.000	-60.000
	9- 3.600	-63.600
0	**63.600**	**-63.600**

4.9.9.92.X Fornecedores

D	C	Saldo
	7- 7.000	-7.000
0	**7.000**	**-7.000**

Contabilidade Bancária e de Instituições Financeiras 199

6.1.1.10.X Capital		
D	C	Saldo
	1.000.000-1	-1.000.000
		-1.000.000
0	*1.000.000*	*-1.000.000*

4.9.9.92.X Contas a Pagar		
D	C	Saldo
	10-20.000	-20.000
0	*20.000*	*-20.000*

6.1.1.50.X(-)Capital a Realizar		
D	C	Saldo
1-1.000.000		1.000.000
	1A-1.000.000	0
1.000.000	*1.000.000*	*0*

c) Balancete

BALANCETE ANALÍTICO

Data: 14.05.20x4   Emissão: 15.05.20x4

Instituição: Banco Bombanco S.A.

Endereço: Rua X, 00   CNPJ: 00.000.000/0000-00

DISCRIMINAÇÃO DOS VERBETES	CÓDIGO NÚMERO	TOTAL	REALIZÁVEL EM ATÉ	
			3 MESES	APÓS 3 M
ATIVO CIRCULANTE E REALIZÁVEL A LONGO PRAZO				
CIRCULANTE	1.0.0.00	580.000	580.000	
Disponibilidades	1.1.0.00	577.000	577.000	
Caixa	1.1.1.00	28.000	28.000	
Caixa	1.1.1.10	28.000	28.000	
Depósitos Bancários	1.1.2.00	45.000	45.000	
Banco do Brasil S.A. Conta Depósitos	1.1.2.10	45.000	45.000	
Reservas Livres	1.1.3.00	500.000	500.000	
Banco Central – Reservas Livres em Espécie	1.1.3.10	500.000	500.000	
Outros Valores e Bens	1.9.0.00	7.000	7.000	
Material de Estoque	1.9.8.40	7.000	7.000	
PERMANENTE	2.0.0.00	**510.600**	**510.600**	
Imobilizado de Uso	2.2.0.00	420.000	420.000	
Terrenos	2.2.3.10.X	150.000	150.000	

Edificações	2.2.3.10.X	270.000	270.000	
Instalações, Móveis e Equipamentos de Uso	2.2.4.00	25.000	25.000	
Instalações	2.2.4.10	5.000	5.000	
Móveis e Equipamentos de Uso	2.2.4.20	20.000	20.000	
Outros	2.2.9.00	60.000	60.000	
Equipamentos de Informática	2.2.9.30.X	60.000	60.000	
Intangível	2.5.0.00	5.600	5.600	
Ativos Intangíveis	2.5.1.00	5.600	5.600	
Outros Ativos Intangíveis	2.5.1.98	5.600	5.600	
Marcas e Patentes	2.5.1.98.X	2.000	2.000	
Softwares	2.5.1.98.X	3.600	3.600	
TOTAL DO ATIVO		**1.090.600**	**1.090.600**	

DISCRIMINAÇÃO DOS VERBETES	CÓDIGO NÚMERO	TOTAL	REALIZÁVEL EM ATÉ	
			3 MESES	APÓS 3 M
PASSIVO CIRCULANTE E EXIGÍVEL A LONGO PRAZO				
PASSIVO CIRCULANTE	4.0.0.00	**90.600**	**90.600**	
Diversos	4.9.9.00	90.600	90.600	
Obrigações por compra de Bens e Direitos	4.9.9.20	63.600	63.600	
Fornecedores	4.9.9.92.X	7.000	7.000	
Contas a Pagar	4.9.9.92.X	20.000	20.000	
PATRIMÔNIO LÍQUIDO	6.0.0.00	**1.000.000**	**1.000.000**	
Capital Social	6.1.1.00	1.000.000	1.000.000	
Capital	6.1.1.10	1.000.000	1.000.000	
TOTAL DO PASSIVO		**1.090.600**	**1.090.600**	

——————————————————— ———————————————————

Diretor Responsável pela Área Contábil/Auditoria   Local e Data:

——————————————————— ———————————————————

Diretor   Profissional de Contabilidade

Contabilidade Bancária e de Instituições Financeiras _____ 201

CRC:

CPF:

Mod.: <http://www4.bcb.gov.br/NXT/gateway.dll?f=templates&fn=default.htm&vid=nmsDenor-Cosif:idvDenorCosif>.

Exercício 02

Enunciados de Fatos Contábeis para efetuar:
– Lançamentos Contábeis – Partida Dobrada (as 4 Fórmulas Contábeis)
– Razonetes (Modelo Cosif)
– Balancete Analítico

– Captações de Empréstimos

– Aplicações em Ouro

– Captações de Depósitos de Clientes (à Vista, Poupança, a Prazo)

– Despesas Antecipadas

– Reservas Compulsórios Banco Central

Banco Bombanco S.A. Fatos Contábeis – 22.05.20x4

Pede-se:

a) Lançamentos Contábeis – Partida Dobrada (Usando as 4 Fórmulas Contábeis)

b) Razonetes (Com o transporte de Saldos do Exercício Anterior)

c) Balancete Analítico

Nº do lançamento e descrição do fato Contábil:	Valor R$
1 – Captação de Empréstimo no País, no BNDES, Moeda Nacional, sendo: R$ 100.000 entraram diretamente na Conta "Banco do Brasil S.A. Conta Depósitos" R$ 200.000 entraram diretamente na Conta "Banco Central – Reservas Livres em Espécie	300.000 150.000
2 – Bombanco faz "Aplicações Temporária em Ouro". Transfere de sua conta no "Banco Central – Reservas Livres em Espécie".	45.000
3 – Abertura da Agência. Clientes fazem depósito em dinheiro na Conta Movimento	400.000
4 – Depósitos em dinheiro na Conta Poupança	250.000
5 – Clientes fazem depósitos em cheque na Conta Movimento	100.000
6 – Clientes fazem depósitos em cheque na Conta Poupança	50.000
7 – Clientes transferem da Conta Movimento para a Conta Poupança	15.000
8 – Banco faz uma Despesa Antecipada de "Manutenção e Conservação". Pagamento será uma conta a pagar, na conclusão do serviço.	3.000
9 – Cheques são remetidos ao Serviço de Compensação de Cheques (16)	150.000

10 – Apurar a Movimentação do dia e Efetuar a Reserva Compulsória dos Depósitos	Apurar

Notas:

Para melhor fixação dos lançamentos, ver "**Esquemas de Registros Contábeis – Cosif**", no **Capítulo 5** deste livro.

Enunciados:

1 – Recursos Nacionais para Repasses no País, ver "**Esquema de Registros Contábeis nº 11**". Encargos pós-fixados, para serem resgatados em 30.04.X4, pela variação da TR (por exemplo, 0,6% a.m.);

3 – Depósitos à Vista, Depósitos de Poupança, ver "**Esquema de Registros Contábeis nºs 04 e 05**"

5, 6 e 9 – "Esquema de Registro nº 04". Instrução 1.1.1.10 – Conta "Caixa", Funcionamento: "*Debitada pela entrada de numerário, cheques e outros papéis a cobrar. Creditada pela saída desses valores*".

9 – Serviço de Compensação de Cheques e Outros Papéis, ver "**Esquema de Registros Contábeis nº 16**"

10 – Recolhimento Compulsório, ver "**Esquema de Registros Contábeis nº 18**"

Movimento dos Depósitos (fins didáticos) – VSR Valor Sujeito ao Recolhimento. Ver MNI 01.11.02; "Esquema de Registro Nnº 4"

Depósitos à Vista R$ 400.000 (-) Transferências p/ Poupança R$ 15.000 = Média R$ 385.000 x 45% = 173.250

Depósitos de Poupança R$ 250.000 (+) Transferido de Depósitos à Vista R$ 15.000 = R$ 265.000 x 20% R$ 53.000

Total "Reserva Compulsória": R$ 226.250

Tabela de "Reserva Compulsória": 45% Depósitos à Vista; 20% Depósitos Poupança – Cosif 01-11-08.

a) Lançamentos Contábeis

1-Captação de Empréstimo no BNDES (Moeda Nacional)

D	1.1.2.10 Banco do Brasil S.A. Conta Depósitos	300.000	
D	1.1.3.10 Banco Central-Reservas Livres em Espécie	150.000	
C	4.6.4.30 Obrigações Por Repasses – BNDES		450.000

2-Aplicações Temporárias em Ouro

D	1.1.4.10 Aplicações Temporária em Ouro	45.000	
C	1.1.3.10 Banco Central-Reservas Livres em Espécie		45.000

3 – Depósitos em Dinheiro – Conta Movimento

Contabilidade Bancária e de Instituições Financeiras 203

D	1.1.1.10 Caixa	400.000	
C	4.1.1 Depósitos à Vista		400.000

4 – Depósitos na Poupança

D	1.1.1.10 Caixa	250.000	
C	4.1.2 Depósitos de Poupança		250.000

5 – Depósitos em cheque na Conta Movimento

D	1.1.1.10 Caixa	100.000	
C	4.1.1 Depósitos à Vista		100.000

6 – Depósitos em cheques na Poupança

D	1.1.1.10 Caixa	50.000	
C	4.1.2 Depósitos de Poupança		50.000

7 – Transferências da Conta Movimento para a Conta Poupança

D	4.1.1 Depósitos à Vista	15.000	
C	4.1.2 Depósitos de Poupança		15.000

8 – Despesa Antecipada de "Manutenção e Conservação"

D	1.9.9.10 Despesas Antecipadas	3.000	
C	4.9.9.92.X Contas a Pagar		3.000

9 – Cheques remetidos ao Serviço de Compensação

D	1.4.1.30.X Cheques e Outros Papéis Remetidos	150.000	
C	1.1.1.10 Caixa		150.000

10 – Recolhimento da Reserva Compulsória ao Bacen – Depósitos em Dinheiro

D	1.4.2.28 Reservas Compulsórias em Espécie – B. Central	226.250	
D	1.1.3.10 Banco Central-Reservas Livres em Espécie	423.750	
C	1.1.1.10 Caixa		650.000

b) Razonetes:

1.1.1.10 Caixa		
D	C	Saldo
		28.000

1.1.2.10 Banco do Brasil S.A. – Conta Depósitos		
D	C	Saldo
		45.000

3 – 400.000		428.000
4 – 250.000		678.000
5 – 100.000		778.000
6 – 50.000		828.000
	150.000 – 9	678.000
	650.000 -10	28.000
800.000	**800.000**	**28.000**

1.1.4.10 Aplicações Temporária em Ouro		
D	C	Saldo
2- 45.000		45.000
45.000	**0**	**45.000**

1.4.2.28 Reservas Comp. em Espécie – B. Central		
D	C	Saldo
10- 226.250		226.250
226.250	**0**	**226.250**

1.9.9.10 Despesas Antecipadas		
D	C	Saldo
8 – 3.000		3.000
3.000	**0**	**3.000**

2.2.3.10.X Edificações		
D	C	Saldo
		270.000
0	**0**	**270.000**

2.2.4.20 Móveis e Equipamentos de Uso		
D	C	Saldo
		20.000
0	**0**	**20.000**

1-300.000		345.000
300.000	**0**	**345.000**

1.1.3.10 Banco Central – Reservas Livres em Espécie		
D	C	Saldo
		500.000
1- 150.000		650.000
	2- 45.000	605.000
10- 423.750		1.028.750
573.750	**45.000**	**1.028.750**

1.4.1.30.X Cheques e Outros Papéis Remetidos		
D	C	Saldo
9- 150.000		150.000
150.000	**0**	**150.000**

1.9.8.40 Material de Estoque		
D	C	Saldo
		7.000
0	**0**	**7.000**

2.2.3.10.X Terrenos		
D	C	Saldo
		150.000
0	**0**	**150.000**

2.2.4.10 Instalações		
D	C	Saldo
		5.000
0	**0**	**5.000**

Contabilidade Bancária e de Instituições Financeiras

2.5.1.98.X Marcas e Patentes

D	C	Saldo
		2.000
0	*0*	*2.000*

2.5.1.98.X Softwares

D	C	Saldo
		3.600
0	*0*	*3.600*

4.1.1 Depósitos à Vista

D	C	Saldo
	400.000 – 3	-400.000
	100.000 – 5	-500.000
7 – 15.000		-485.000
15.000	*500.000*	*-485.000*

2.2.9.30.X Equipamentos de Informática

D	C	Saldo
		60.000
0	*0*	*60.000*

4.6.4.30 Obrigações por Repasses – BNDES

D	C	Saldo
	450.000 -1	-450.000
0	*450.000*	*-450.000*

4.1.2 Depósitos de Poupança

D	C	Saldo
	250.000 – 4	-250.000
	50.000 – 6	-300.000
	15.000 – 7	-315.000
0	*315.000*	*-315.000*

4.9.9.92.X Fornecedores

D	C	Saldo
		-7.000
0	*0*	*-7.000*

4.9.9.20 Obrigações por Compra de Bens e Direitos

D	C	Saldo
		-63.600
0	*0*	*-63.600*

6.1.1.10.XCapital

D	C	Saldo
		-1.000.000
0	*0*	*-1.000.000*

4.9.9.92.X Contas a Pagar

D	C	Saldo
		-20.000
	8 – 3.000	-23.000
0	*3.000*	*-23.000*

BALANCETE ANALÍTICO

Data: 22.05.20x4 Emissão: 23.05.20x4

Instituição: Banco Bombanco S.A.

Endereço: Rua X, 00 CNPJ: 00.000.000/0000-00

DISCRIMINAÇÃO DOS VERBETES	CÓDIGO NÚMERO	TOTAL	REALIZÁVEL EM ATÉ	
			3 MESES	APÓS 3 M
ATIVO CIRCULANTE E REALIZÁVEL A LONGO PRAZO				
CIRCULANTE	1.0.0.00	1.833.000	1.833.000	

Disponibilidades	1.1.0.00	1.446.750	1.446.750
Caixa	1.1.1.00	28.000	28.000
Caixa	1.1.1.10	28.000	28.000
Depósitos Bancários	1.1.2.00	345.000	345.000
Banco do Brasil S.A. Conta Depósitos	1.1.2.10	345.000	345.000
Reservas Livres	1.1.3.00	1.028.750	1.028.750
Banco Central – Reservas Livres em Espécie	1.1.3.10	1.028.750	1.028.750
Aplicações em Ouro	1.1.4.00	45.000	45.000
Aplicações Temporárias em Ouro	1.1.4.10	45.000	45.000
Relações Interfinanceiras	1.4.0.00	376.250	376.250
Cheques e Outros Papéis Remetidos	1.4.1.30.X	150.000	150.000
Créditos Vinculados	1.4.2.00	226.250	226.250
Reservas Comp. em Espécie B. Central	1.4.2.28	226.250	226.250
Outros Valores e Bens	1.9.0.00	10.000	10.000
Material de Estoque	1.9.8.40	7.000	7.000
Despesas Antecipadas	1.9.9.00	3.000	3.000
Despesas Antecipadas	1.9.9.10	3.000	3.000
PERMANENTE	**2.0.0.00**	**510.600**	**510.600**
Imobilizado de Uso	2.2.0.00	420.000	420.000
Terrenos	2.2.3.10.X	150.000	150.000
Edificações	2.2.3.10.X	270.000	270.000
		0	0
Instalações, Móveis e Equipamentos de Uso	2.2.4.00	25.000	25.000
Instalações	2.2.4.10	5.000	5.000
Móveis e Equipamentos de Uso	2.2.4.20	20.000	20.000
		0	0

Contabilidade Bancária e de Instituições Financeiras

Outros	2.2.9.00	60.000	60.000
Equipamentos de Informática	2.2.9.30.X	60.000	60.000
		0	0
Intangível	2.5.0.00	5.600	5.600
Ativos Intangíveis	2.5.1.00	5.600	5.600
Outros Ativos Intangíveis	2.5.1.98	5.600	5.600
Marcas e Patentes	2.5.1.98.X	2.000	2.000
Softwares	2.5.1.98.X	3.600	3.600
TOTAL DO ATIVO		**2.343.600**	**2.343.600**

DISCRIMINAÇÃO DOS VERBETES	CÓDIGO NÚMERO	TOTAL	REALIZÁVEL EM ATÉ	
			3 MESES	APÓS 3 M
PASSIVO CIRCULANTE E EXIGÍVEL A LONGO PRAZO				
PASSIVO CIRCULANTE	**4.0.0.00**	**1.343.600**	**1.343.600**	
Depósitos	4.1.0.00	800.000	800.000	
Depósitos à Vista	4.1.1.00	485.000	485.000	
Depósitos de Poupança	**4.1.2.00**	315.000	315.000	
				0
Obrigações por Empréstimos e Repasses	4.6.0.00	450.000	450.000	
Obrigações por Repasses – BNDES	4.6.4.30	450.000	450.000	
				0
Diversos	4.9.9.00	93.600	93.600	
Obrigações por compra de Bens e Direitos	4.9.9.20	63.600	63.600	
Fornecedores	4.9.9.92.X	7.000	7.000	
Contas a Pagar	4.9.9.92.X	23.000	23.000	
PATRIMÔNIO LÍQUIDO	**6.0.0,00**	**1.000.000**	**1.000.000**	
Capital Social	6.1.1.00	1.000.000	1.000.000	
Capital	6.1.1.10	1.000.000	1.000.000	
TOTAL DO PASSIVO		**2.343.600**	**2.343.600**	

Diretor Responsável pela Área Contábil/Auditoria   Local e Data:

208 — Inácio Dantas

Diretor	Profissional de Contabilidade
	CRC:
	CPF:

Mod.http://www4.bcb.gov.br/NXT/gateway.dll?f=templates&fn=default.htm&vid=nmsDenorCosif:idvDenorCosif

Exercício 03

Enunciados de Fatos Contábeis para efetuar:
– Lançamentos Contábeis – Partida Dobrada (as 4 Fórmulas Contábeis)
– Razonetes (Modelo Cosif)
– Balancete Analítico

– Serviço de Compensação de Cheques

– Pagamento de Despesas

– Provisões de Despesas

– Rendas Operacionais

Suprimento de Caixa

– Saques de Clientes

– Empréstimos Compulsórios Banco Central (Depósitos à Vista e Poupança)

Fatos Contábeis – 23.05.20x4

Pede-se:
a) Lançamentos Contábeis – Partida Dobrada (usando as 4 Fórmulas Contábeis)
b) Razonetes (com o transporte de Saldos do Exercício Anterior)
c) Balancete Analítico

Nº do lançamento e descrição do fato Contábil:	Valor R$
1 – Compensação dos cheques depositados no dia anterior.	150.000
1A – Do total dos cheques **Depósitos à Vista, R$ 5.000 voltaram** "sem fundos"	
AB – Do total dos cheques de **Depósitos de Poupança, R$ 2.000** voltaram "sem fundos"	
1C – Efetuar os lançamentos referentes à "Reserva Compulsória" e "Reservas Livres"	
2 – Pagamento da conta de Água referente ao mês 04/20x4. Creditada a conta da PJ	350
3 – Provisão da Nota Fiscal de Energia Elétrica do mês 04/20x4	2.400

Contabilidade Bancária e de Instituições Financeiras 209

4 – Despesa de Aluguel de espaço para estacionamento do mês 05/20x4, a ser pago a prazo.	2.400
5 – Rendas de Pacotes de Serviços PJ referentes ao mês 04/20x4	12.000
6 – Rendas de Pacotes de Serviços PF, referentes ao mês 04/20x4	6.500
7 – Suprimento de Caixa da Agência junto ao Banco Central	90.000
8 – Clientes efetuam saques em dinheiro da Conta Movimento	7.000
9 – Clientes efetuam saques em dinheiro da Conta Poupança	10.000
10 – Ajustar os Depósitos Compulsórios pelas Movimentações nas contas "Depósitos à Vista"	
e "Depósitos de Poupança"	apurar

Notas:

Para melhor fixação dos Lançamentos, ver "**Esquemas de Registros Contábeis – Cosif**" no **Capítulo 5** deste livro.

Enunciados:

1 – Compensação dos cheques depositados no dia anterior (22.05.20x4) e Depósito Compulsório:

Depósitos à Vista: R$ 100.000 (-) R$ 5.000 (Devolvidos) = R$ 95.000 x 45% Compulsório = R$ 42.750

Depósitos de Poupança: R$ 50.000 (-) R$ 2.000 (Devolvidos) = R$ 48.000 x 20% Compulsório = R$ 9.600

Total: R$ 143.000 = Compulsórios R$ 52.350, "Reservas Livres R$ 90.650"

7 – "Esquemas de Registro Contábil n° 17", item 4.17.2.1 – Disponibilidades

10A – *"Os cheques e outros papéis registrados transitoriamente na conta CAIXA não podem compor o saldo da conta no fim do dia, que expressará, exclusivamente, o numerário existente. (Circ. n° 1.273)."*

b) Depósitos à Vista:

Enunciado 2: Crédito na conta PJ: R$ 350

Enunciados 5 e 6: Débito de "Rendas de Pacotes de Serviços PJ e PF", total: R$ 18.500

Enunciado 8: Saques da Conta: R$ 7.000

Total movimentação "Depósitos à Vista": R$ 350 (+) R$ 18.500 (-) R$ 7.000 = R$ 25.150

Total do Compulsório a Enviar ao Banco Central: R$ 25.150 x 45% = R$ 11.317,50

c) Depósitos de Poupança

Enunciado 9: Saques de R$ 10.000 x 20% = R$ 2.000

Total do Compulsório a retornar do Banco Central: R$ 2.000

210 *Inácio Dantas*

d) Itens b e c ver "Esquemas de Registro Contábil nº 18", item 4.18.1.2 "Liberação Parcial de Depósito"

a) Lançamentos Contábeis:

1 – Devolução, Reserva Compulsória e Reservas Livres dos Cheques Compensados

D	1.1.3.10 Banco Central – Reservas Livres em Espécie	90.650	
D	1.4.2.28 Reservas Compulsórias em Espécie – B. Central	52.350	
D	4.1.1 Depósitos à Vista	5.000	
D	4.1.2 Depósitos de Poupança	2.000	
C	1.4.1.30.X Cheques e O/Papéis Rem. Serv. de Compensação		150.000

2 – Pagamento de Conta de Água, com crédito na Conta Pessoa Jurídica

D	8.1.7.03 Água, Energia e Gás	350	
C	4.1.1 Depósitos à Vista		350

3 – Provisão da Nota Fiscal de Energia Elétrica

D	8.1.7.03 Água, Energia e Gás	2.400	
C	4.9.9.92.X Fornecedores		2.400

4 – Provisão do Aluguel de 05/20x4 referente cessão de Estacionamento

D	8.1.7.06 Despesas de Aluguéis	2.400	
C	4.9.9.30.X Aluguéis a Pagar		2.400

5 – Rendas de Pacotes de Serviços PJ referentes ao mês 04/20X4

D	4.1.1 Depósitos à Vista	12.000	
C	7.1.7.98 Rendas de Pacotes de Serviços PJ		12.000

6 – Rendas de Pacotes de Serviços PF referentes ao mês 04/20X4

D	4.1.1 Depósitos à Vista	6.500	
C	7.1.7.94 Rendas de Pacotes de Serviços PF		6.500

7 – Suprimento de Caixa junto ao Banco Central (Reservas Livres)

D	1.1.1.10 Caixa	90.000	
C	1.1.3.10 Banco Central – Reservas Livres em Espécie		90.000

8 – Saques (em dinheiro) da Conta Movimento

D	4.1.1 Depósitos à Vista	7.000	

Contabilidade Bancária e de Instituições Financeiras _____ 211

C	1.1.1.10 Caixa	7.000

9 – Saques (em dinheiro) da Conta Poupança

D	4.1.2 Depósitos de Poupança	10.000	
C	1.1.1.10 Caixa		10.000

10 – Depósito Compulsório ao Banco do Brasil

D	1.4.2.28 Reservas Compulsórias em Espécie – B. Central	11.317,50	
C	1.1.3.10 Banco Central – Reservas Livres em Espécie		11.317,50

10a – Liberação Parcial de Compulsório Poupança – Banco do Brasil

D	1.1.3.10 Banco Central – Reservas Livres em Espécie	2.000,00	
C	1.4.2.28 Reservas Compulsórias em Espécie – B. Central		2.000,00

b) Razonetes:

1.1.1.10 Caixa		
D	C	Saldo
		28.000
7 – 90.000		118.000
	8 -7.000	111.000
	9 – 10.000	101.000
90.000	**17.000**	**101.000**

1.1.2.10 Banco do Brasil S.A. – Conta Depósitos		
D	C	Saldo
		345.000
0	*0*	*345.000*

1.1.3.10 Banco Central – Reservas Livres em Espécie		
D	C	Saldo
		1.028.750
1 – 90.650		1.119.400
	7 – 90.000	1.029.400
	10- 11.317,50	1.018.082,50
10a- 2.000		1.020.082,50
92.650	**101.317,50**	**1.020.082,50**

1.1.4.10 Aplicações Temporárias em Ouro		
D	C	Saldo
		45.000
0	*0*	*45.000*

1.4.1.30.X Cheques e O/Papéis Rem. Serv. Comp.		
D	C	Saldo
		150.000
	1 – 150.000	0
0	*150.000*	*0*

1.4.2.28 Reservas Comp. em Espécie B. Central		
D	C	Saldo
		226.250
1 – 52.350		278.600
10-11.317,50		289.917,50

1.9.8.40 Material de Estoque		
D	C	Saldo
		7.000
0	0	7.000

	10a- 2.000	287.917,50
63.668	2.000	287.917,50

2.2.3.10.X Terrenos		
D	C	Saldo
		150.000
0	0	150.000

1.9.9.10 Despesas Antecipadas		
D	C	Saldo
		3.000
0	0	3.000

2.2.4.10 Instalações		
D	C	Saldo
		5.000
0	0	5.000

2.2.3.10.X Edificações		
D	C	Saldo
		270.000
0	0	270.000

2.5.1.98.X Marcas e Patentes		
D	C	Saldo
		2.000
0	0	2.000

2.2.4.20 Móveis e Equipamentos de Uso		
D	C	Saldo
		20.000
0	0	20.000

2.2.9.30.X Equipamentos de Informática		
D	C	Saldo
		60.000
0	0	60.000

2.5.1.98.X Softwares		
D	C	Saldo
		3.600
0	0	3.600

4.1.2 Depósitos de Poupança		
D	C	Saldo
		-315.000
1- 2.000		-313.000
9 – 10.000		-303.000
12.000	0	-303.000

4.1.1 Depósitos à Vista		
D	C	Saldo
		-485.000
1 – 5.000		-480.000
	2 – 350	-480.350
5 – 12.000		-468.350
6 – 6.500		-461.850
8 – 7.000		-454.850
30.500	350	-454.850

4.6.4.30 Obrigações por Repasses-BNDES		
D	C	Saldo
		-450.000

Contabilidade Bancária e de Instituições Financeiras _____ 213

0	0	-450.000

4.9.9.30.X Aluguéis a Pagar

D	C	Saldo
	4 – 2.400	-2.400
0	2.400	-2.400

4.9.9.92.X Fornecedores

D	C	Saldo
		-7.000
	3 – 2.400	-9.400
0	2.400	-9.400

4.9.9.20 Obrigações por Compra de Bens e Direitos

D	C	Saldo
		-63.600
0	0	-63.600

4.9.9.92.X Contas a Pagar

D	C	Saldo
		-23.000
0	0	-23.000

7.1.7.94 Rendas de Pacotes de Serviços – PF

D	C	Saldo
	6 – 6.500	-6.500
0	6.500	-6.500

6.1.1.10.XCapital

D	C	Saldo
		-1.000.000
0	0	-1.000.000

8.1.7.03 Água, Energia e Gás

D	C	Saldo
2 – 350		350
3 – 2.400		2.750
2.750	0	2.750

7.1.7.98 Rendas de Pacotes de Serviços – PJ

D	C	Saldo
	5 – 12.000	-12.000
0	12.000	-12.000

8.1.7.06 Despesas de Aluguéis

D	C	Saldo
4 – 2.400		2.400
2.400	0	2.400

BALANCETE ANALÍTICO

Data: 23.05.20x4   Emissão: 24.05.20x4

Instituição: Banco Bombanco S.A.

Endereço: Rua X, 00   CNPJ: 00.000.000/0000-00

DISCRIMINAÇÃO DOS VERBETES	CÓDIGO NÚMERO	TOTAL	REALIZÁVEL EM ATÉ	
			3 MESES	APÓS 3 M
ATIVO CIRCULANTE E REALIZÁVEL A LONGO PRAZO				

CIRCULANTE	**1.0.0.00**	**1.809.000,00**	**1.809.000,00**
Disponibilidades	1.1.0.00	1.511.082,50	1.511.082,50
Caixa	1.1.1.00	101.000,00	101.000,00
Caixa	1.1.1.10	101.000,00	101.000,00
Depósitos Bancários	1.1.2.00	345.000,00	345.000,00
Banco do Brasil S.A. Conta Depósitos	1.1.2.10	345.000,00	345.000,00
Reservas Livres	1.1.3.00	1.020.082,50	1.020.082,50
Banco Central – Reservas Livres em Espécie	1.1.3.10	1.020.082,50	1.020.082,50
Aplicações em Ouro	1.1.4.00	45.000,00	45.000,00
Aplicações Temporárias em Ouro	1.1.4.10	45.000,00	45.000,00
Relações Interfinanceiras	1.4.0.00	287.917,50	287.917,50
Créditos Vinculados	1.4.2.00	287.917,50	287.917,50
Reservas Comp. em Espécie B. Central	1.4.2.28	287.917,50	287.917,50
Outros Valores e Bens	1.9.0.00	10.000,00	10.000,00
Material de Estoque	1.9.8.40	7.000,00	7.000,00
Despesas Antecipadas	1.9.9.00	3.000,00	3.000,00
Despesas Antecipadas	1.9.9.10	3.000,00	3.000,00
PERMANENTE	**2.0.0.00**	**510.600,00**	**510.600,00**
Imobilizado de Uso	2.2.0.00	505.000,00	505.000,00
Terrenos	2.2.3.10.X	150.000,00	150.000,00
Edificações	2.2.3.10.X	270.000,00	270.000,00
Instalações, Móveis e Equipamentos de Uso	2.2.4.00	25.000,00	25.000,00
Instalações	2.2.4.10	5.000,00	5.000,00
Móveis e Equipamentos de Uso	2.2.4.20	20.000,00	20.000,00

Contabilidade Bancária e de Instituições Financeiras

Outros	2.2.9.00	60.000,00	60.000,00	
Equipamentos de Informática	2.2.9.30.X	60.000,00	60.000,00	
Intangível	2.5.0.00	5.600,00	5.600,00	
Ativos Intangíveis	2.5.1.00	5.600,00	5.600,00	
Outros Ativos Intangíveis	2.5.1.98	5.600,00	5.600,00	
Marcas e Patentes	2.5.1.98.X	2.000,00	2.000,00	
Softwares	2.5.1.98.X	3.600,00	3.600,00	
TOTAL DO ATIVO		**2.319.600,00**	**2.319.600,00**	

DISCRIMINAÇÃO DOS VERBETES	CÓDIGO NÚMERO	TOTAL	REALIZÁVEL EM ATÉ	
			3 MESES	APÓS 3 M
PASSIVO CIRCULANTE E EXIGÍVEL A LONGO PRAZO				
PASSIVO CIRCULANTE	**4.0.0.00**	**1.306.250,00**	**1.306.250,00**	
Depósitos	4.1.0.00	757.850,00	757.850,00	
Depósitos à Vista	4.1.1.00	454.850,00	454.850,00	
Depósitos de Poupança	**4.1.2.00**	303.000,00	303.000,00	
			-	
Obrigações por Empréstimos e Repasses	4.6.0.00	450.000,00	450.000,00	
Obrigações por Repasses – BNDES	4.6.4.30	450.000,00	450.000,00	
			-	
Diversos	4.9.9.00	98.400,00	98.400,00	
Obrigações por compra de Bens e Direitos	4.9.9.20	63.600,00	63.600,00	
Aluguéis a Pagar	4.9.9.30.X	2.400,00	2.400,00	
Fornecedores	4.9.9.92.X	9.400,00	9.400,00	
Contas a Pagar	4.9.9.92.X	23.000,00	23.000,00	
PATRIMÔNIO LÍQUIDO	**6.0.0.00**	**1.000.000,00**	**1.000.000,00**	
Capital Social	6.1.1.00	1.000.000,00	1.000.000,00	
Capital	6.1.1.10	1.000.000,00	1.000.000,00	
CONTAS DE RESULTADOS				
Rendas de Prestação de Serviços	7.1.7.00	18.500,00	18.500,00	
Rendas de Pacotes de Serviços – PF	7.1.7.94	6.500,00	6.500,00	
Rendas de Pacotes de Serviços – PJ	7.1.7.98	12.000,00	12.000,00	

Despesas Administrativas	8.1.7.00	-5.150,00	-5.150,00	
Água, Energia, Gás	8.1.7.03	-2.750,00	-2.750,00	
Despesas de Aluguéis	8.1.7.06	-2.400,00	-2.400,00	
TOTAL DO PASSIVO		**2.319.600,00**	**2.319.600,00**	

Diretor Responsável pela Área Contábil/Auditoria

Local e Data:

Diretor

Profissional de Contabilidade

CRC:

CPF:

Mod.: <http://www4.bcb.gov.br/NXT/gateway.dll?f=templates&fn=default.htm&vid=nmsDenor-Cosif:idvDenorCosif>.

Exercício 04

Enunciados de Fatos Contábeis para efetuar:
– Lançamentos Contábeis – Partida Dobrada (as 4 Fórmulas Contábeis)
– Razonetes (Modelo Cosif)
– Balancete Analítico (após concluída a Parte C)

Exercício dividido em 3 partes:

Parte A – Empréstimos e Títulos Descontados

– Empréstimos Concedidos (Pré e Pós-Fixados) – Cálculos e Lançamentos

– Duplicatas Descontadas

Fatos Contábeis – 24.05.20x4

Pede-se:
a) Lançamentos Contábeis – Partida Dobrada (usando as 4 Fórmulas Contábeis)
b) Razonetes (com o transporte de Saldos do Exercício Anterior)
c) Balancete Analítico

Nº do lançamento e descrição do fato Contábil:
1 – Clientes obtêm empréstimos. Valor creditado na conta "Depósitos à Vista" 1A – Prefixado – Método de cálculo utilizado: linear Valor liberado: R$ 150.000,00; Valor do Resgate: R$ 160.000,00; Encargos: R$ 10.000,00 Data do resgate: 23.06.20x4 (30 dias)

Contabilidade Bancária e de Instituições Financeiras _____ 217

2 – Clientes obtêm empréstimos pós-fixados: Método exponencial, na conta "Depósitos à Vista" Valor liberado: R$ 90.000,00; Juros pela variação do CDI (2% a.m.) Data do resgate: 30.06.20x4 (37 dias) O valor a resgatar será juros mais principal
3 – Clientes descontam Duplicatas, com crédito na conta "Depósitos à Vista" Total das Duplicatas R$ 10.000,00 Taxa de Desconto efetiva: 2% ao mês === R$ 10.000, 00 x 2% = 200,00 Data de vencimento das duplicatas: 23.06.20x4 (30 dias) Taxa Cobrada pelo banco R$ 25,00
4 – Clientes obtêm empréstimos Pós-fixados, com valor fixado no vencimento. Crédito na conta "Depósitos à Vista" Valor no Vencimento em 30.06.20x4: R$ 20.000,00 Valor contratado nesta data (24.05.20x4): R$ 18.000,00 (37 dias) O principal é pago integralmente no vencimento
5 – Clientes obtêm Empréstimos Pós-fixados, com valor fixado no vencimento. Com cálculo de Fator. Crédito na conta "Depósitos à Vista" Valor no Vencimento em 30.06.20x4: R$ 80.000,00 Valor contratado nesta data (24.05.20x4): R$ 75.000,00 (37 dias) O principal é pago integralmente no vencimento

Notas:

Enunciados:

1 – As apropriações das Rendas prefixadas, ou pós-fixadas, são feitas no final do mês (Princípio da Competência).

Valores de Rendas a Apropriar, método linear

a) Em 24.05.X4, pela liberação dos recursos, considerando que os clientes receberam os empréstimos em dinheiro (na Conta Corrente).

b) Em 31.05.X4 = 7 dias (não se conta o dia da liberação, conta-se o dia do pagamento). A apropriação como Rendas será: R$ 10.000,00 : 30 dias x 7 dias = R$ 2.333,00

c) Em 23.06.X4, data do resgate, a apropriação das Rendas será: R$ 10.000 : 30 x 23 = R$ 7.667,00.

1B – Classificação do Risco (Res. n° 2.682, art. 6°, I/VIII) – Ver 1.6.0.0.00 Operações de Crédito (**Capítulo 5** deste livro), Norma Básica Cosif n° 6.

2 – Nessas operações Pós-fixadas, a apropriação das rendas será feita em 31.05.X4 e no resgate, em 30.06.X4, pelo método exponencial;

4 – Idem critérios do Enunciado n° 2

5 – Idem critérios do Enunciado n° 2, com o cálculo do "Fator", exponencialmente.

Observações:

i) Conforme "Esquema de Registro N° 28 (**Capítulo 5**), Subseção 4.28.2 e 4.28.1.1, "Apropriação **mensal** das Receitas nas operações prefixadas ou pós-fixadas."

ii) Compulsório que atualmente estão com alíquota zero:

Inácio Dantas

"Recolhimentos Compulsórios sobre concessão de Empréstimos, Financiamentos, além de Avais, Fianças ou outras garantias entre Pessoas Físicas ou Jurídicas não financeiras." (Circular n° 2.564, de 17.04.1995)

iii) Cálculo do IOF, uso da alíquota máxima de 1,5% para fins didáticos. Ver as alíquotas diárias, mínimas e máximas no portal da Receita Federal: <http://www.receita.fazenda.gov.br/aliquotas/impcresegcamb.htm>.

iv) Exercícios adaptados do livro "Manual de Contabilidade Bancária" (Cláudio Filgueiras, Campus, 2005) e "Contabilidade de Instituições Financeiras" (Gomes/Niyama, Atlas, 2012).

_____

a) Lançamentos

1 – Lançamentos Contábeis do Empréstimo Prefixado (Método Linear):

Na liberação ao Cliente:

D	1.6.1.20 Empréstimos	160.000	
C	4.1.1 Depósitos à Vista		147.600
C	1.6.1.20.X (-)Rendas a Apropriar-Empréstimo (Uso Int.)		10.000
C	4.9.1.10.X IOF a Recolher		2.400

1A – Classificação de Risco de Nível B – (30 dias)

D	3.1.3.00.X Operações de Risco de Nível B	160.000	
C	9.1.0.00.X Classificação Carteira de Crédito		160.000

1B-Constituição da Provisão – Nível B = 1%

D	8.1.8.30 Provisão para Operação de Crédito	1.600	
C	1.6.9.20 (-)Provisão para Empréstimos e Tít. Descontados		1.600

2 – Lançamentos Contábeis do Empréstimo Pós-fixado (Método Exponencial)

Na liberação ao Cliente:

D	1.6.1.20 Empréstimos	90.000	
C	4.1.1 Depósitos à Vista		88.650
C	4.9.1.10.X IOF a Recolher		1.350

2A – Classificação de Risco – Nível C – (37 dias)

D	3.1.4.00.X Operações de Risco de Nível C	90.000	
C	9.1.0.00.X Classificação Carteira de Crédito		90.000

2B – Constituição da Provisão – Nível C = 3%

D	8.1.8.30 Provisão para Operação de Crédito	2.700	

Contabilidade Bancária e de Instituições Financeiras 219

C	1.6.9.20. (-)Provisão para Empréstimos e Tít. Descontados		2.700

3 – Lançamentos Contábeis do Desconto de Duplicatas:

Na liberação ao Cliente:

D	1.6.1.30 Títulos Descontados	10.000	
C	4.1.1 Depósitos à Vista		9.775
C	1.6.1.20.X (-)Rendas a Apropriar-Empréstimos (Uso Int.)		200
C	7.1.7.40 Rendas de Cobranças		25

3A – Classificação de Risco – Nível B – (30 dias)

D	3.1.3.00.X Operações de Risco de Nível B	10.000	
C	9.1.0.00.X Classificação Carteira de Crédito		10.000

3B – Constituição da Provisão – Nível B = 1%

D	8.1.8.30 Provisão para Operação de Crédito	100	
C	1.6.9.20. (-)Provisão para Empréstimos e Tít. Descontados		100

4 – Lançamentos Contábeis do Empréstimo fixado no Vencimento

Na liberação ao Cliente:

D	1.6.1.20 Empréstimos	20.000	
D	4.1.1 Depósitos à Vista		17.700
C	1.6.1.20.X (-)Rendas a Apropriar-Empréstimos (Uso Int.)		2.000
C	4.9.1.10.X IOF a Recolher		300

4A – Classificação de Risco – Nível C – (37 dias)

D	3.1.4.00.X Operações de Risco de Nível C	20.000	
C	9.1.0.00.X Classificação Carteira de Crédito		20.000

4B – Constituição da Provisão – Nível C = 3%

D	8.1.8.30 Provisão para Operação de Crédito	600	
C	1.6.9.20. (-)Provisão para Empréstimos e Tít. Descontados		600

5 – Lançamentos Contábeis do Empréstimo fixado no Vencimento

Na liberação ao Cliente:

D	1.6.1.20 Empréstimos	80.000	

220   *Inácio Dantas*

D	4.1.1 Depósitos à Vista	73.800
C	1.6.1.20.X (-)Rendas a Apropriar-Empréstimos (Uso Int.)	5.000
C	4.9.1.10.X IOF a Recolher	1.200

5A – Classificação de Risco – Nível C – (37 dias)

D	3.1.4.00.X Operações de Risco de Nível C	80.000
C	9.1.0.00.X Classificação Carteira de Crédito	80.000

5B – Constituição da Provisão – Nível C = 3%

D	8.1.8.30 Provisão para Operação de Crédito	2.400
C	1.6.9.20. (-)Provisão para Empréstimos e Tít. Descontados	2.400

b) Razonetes

1.6.1.20 Empréstimos		
D	C	Saldo
1- 160.000		160.000
2- 90.000		250.000
4- 20.000		270.000
5- 80.000		350.000
350.000	**0**	**350.000**

1.6.1.20.X (-)Rendas a Apropriar-Empr. (Uso Int.)		
D	C	Saldo
	1- 10.000	-10.000
	3- 200	-10.200
	4- 2.000	-12.200
	5- 5.000	-17.200
0	**17.200**	**-17.200**

1.6.1.30 Títulos Descontados		
D	C	Saldo
3- 10.000		10.000
10.000	**0**	**10.000**

3.1.3.00.X Operações de Risco de Nível B		
D	C	Saldo
1A- 160.000		160.000
3A- 10.000		170.000
170.000	**0**	**170.000**

4.1.1 Depósitos à Vista		
D	C	Saldo
		-454.850

1.6.9.20 (-)Provisão para Empr. e Tít. Descontados		
D	C	Saldo
	1B – 1.600	-1.600
	2B – 2.700	-4.300
	3B – 100	-4.400
	4B – 600	-5.000
	5B- 2.400	-7.400
0	**7.400**	**-7.400**

3.1.4.00.X Operações de Risco de Nível C		
D	C	Saldo
2A- 90.000		90.000
4A- 20.000		110.000
5A- 80.000		190.000

1- 147.600	-602.450
2- 88.650	-691.100
3- 9.775	-700.875
4- 17.700	-718.575
5- 73.800	-792.375
0	**337.525**	**-792.375**

190.000	**0**	**190.000**

7.1.7.40 Rendas de Cobranças

D	C	Saldo
	3 -- 25	25
0	**25**	**-25**

4.9.1.10.X IOF a Recolher

D	C	Saldo
1- 2.400		-2.400
2- 1.350		-3.750
4- 300		-4.050
5- 1.200		-5.250
0	**5.250**	**-5.250**

8.1.8.30 Provisão para Operação de Crédito

D	C	Saldo
1B – 1.600		1.600
2B – 2.700		4.300
3B – 100		4.400
4B – 600		5.000
5B – 2.400		7.400
7.400	**0**	**7.400**

9.1.0.00.X Classificação Carteira de Crédito

D	C	Saldo
1A- 160.000		-160.000
2A – 90.000		-250.000
3A – 10.000		-260.000
4 A- 20.000		-280.000
5A- 80.000		-360.000
0	**360.000**	**-360.000**

Parte B – Operações de Câmbio e outros fatos contábeis

– Operações de Câmbio (Importação e Exportação)

– Adiantamentos a Clientes (Cheques Especiais, "Saques a Descoberto")

– Cheques Administrativos (Cheques Visados)

– Cobrança Simples

– Transferência Eletrônica Disponível – TED

Fatos Contábeis – 24.05.20x4
Pede-se:
a) Lançamentos Contábeis – Partida Dobrada (usando as 4 Fórmulas Contábeis)
b) Razonetes (com o transporte de Saldos do Exercício Anterior)

Nº do lançamento e descrição do fato Contábil:
6 – Operações de Câmbio – Exportação – Moeda: Dólar (US$) O registro do contrato deverá ser efetuado na respectiva conta de ativo em moeda estrangeira e na conta de passivo referente à obrigação, que não é uma conta em moeda estrangeira. Valor do contrato de Exportação em dólares: US$ 100,000.00 – Cotação: US$ 1 = R$ 2,90 a) O Contrato de Exportação prevê, em 07.06.20x4, um adiantamento de 80% do valor. b) Ajustar (*Fair Value* – Valor Justo) o valor do contrato em 30.04.20X4 em função da contação do dólar naquela data; c) Data da liquidação do contrato: 30.06.20x4. c1) O valor de liquidação não sofrerá ajuste de variação de taxa, ou seja, será o saldo da conta. c2) A renda a ser apropriada na operação de adiantamento será de R$ 6.960,00, ou seja, R$ 290.000,00 x 80% x 3%. Essa apropriação será feita em 02.06.20x4.
7 – Operações de Câmbio – Importação – Moeda: Dólar (US$) Valor do contrato de Importação em dólares: US$ 100,000.00 – Cotação: US$ 1 = R$ 2,90 a) O Contrato de Exportação prevê, em 07.06.20x4, uma antecipação de 80% do valor. b) Ajustar (*Fair Value* – Valor Justo) o valor do contrato, em 31.05.20X4, em função da contação do dólar naquela data; c) Data da liquidação do contrato: 30.06.20x4. O valor de liquidação não sofrerá ajuste de variação de taxa, ou seja, será o saldo da conta. 7A – Conta de Compensação da Operação.
8 – Conta Corrente com saldo "a descoberto". Clientes com saldos "negativos" de R$ 15.000,00. Banco faz "adiantamento" para cobrir a conta. 8A – Provisão da Operação de Crédito (Nível "B", 1%)
9 – Cheques Administrativos – Débito na Conta Movimento Um cliente solicita a emissão de cheque administrativo no valor R$ 10.000,00 9A-O Banco cobra, por hipótese, uma taxa de R$ 10,00 pela emissão.
10 – Cobrança Simples Clientes PJ colocam seus títulos (duplicatas) em Cobrança Simples. Vencto. 23.06.X4 Valor dos títulos R$ 80.000,00. Banco cobra R$ 60,00 de taxas. 10A – Banco cobra R$ 60,00 de taxas.
11 – Transferência TED (Transferência Eletrônica Disponível) para outro Banco (Brasil). Clientes PJ fazem TED de suas contas movimentos para contas movimentos de outros clientes em outros bancos/agências. Valor da operação: R$ 50.000. 11A – Taxas cobradas pela operação R$ 100,00 11B – Ajuste do Compulsório junto ao Banco Central. 45% da Transferência
12-Clientes sacam os cheques administrativos no Caixa – R$ 10.000,00.

Notas:

Enunciados:

6 e 7 – Adaptados do livro "Manual de Contabilidade Bancária (Cláudio Filgueiras, Campus, 2005, págs. 387 a 389).

8 – "São exemplos de Empréstimos (...) os adiantamentos a depositantes" Norma Básica Cosif n° 6. Ver também **"Esquema de Registro Contábil n° 4, Capítulo 5**, "Adiantamentos a Depositantes", Esquema 4.11. Ver ainda "Esquema de Registro Contábil n° 09 – Classificação das Operações de Crédito"

Contabilidade Bancária e de Instituições Financeiras 223

9 – Cheques Administrativos, Cód. 4.9.9.05 sofre incidência do "Depósito Compulsório" (Ver Tabela completa em:
<http://www.bcb.gov.br/htms/novaPaginaSPB/Resumo_das_normas_dos_compuls%C3%B3rios.pdf)>. Porém, como a emissão e o saque foram na mesma data, a base é igual a zero.

a) Lançamentos

6 – Lançamentos Contábeis do Contrato de Exportação: US$ 100,000,00 x R$ 2,90.

D	1.8.2.06 Câmbio Comprado a Liquidar	290.000	
C	4.9.2.35.X Obrigações por Compra de Câmbio		290.000

6A – Registro na respectiva conta de compensação

D	3.0.5.50.X Títulos em Cobrança no Exterior	290.000	
C	9.0.5.90.X Cobrança Vinculada a Operações		290.000

7 – Lançamentos Contábeis do Contrato de Exportação.

US$ 100,000.00 x R$ 2,90

D	1.8.2.25 Direitos sobre Venda de Câmbio	290.000	
C	4.9.2.05.X Câmbio Vendido a Liquidar		290.000

7A – Registro na respectiva conta de compensação

D	3.0.5.50.X Títulos em Cobrança no Exterior	290.000	
C	9.0.5.70.X Cobrança por conta de Terceiros		290.000

8 – Adiantamento a Depositantes

D	1.6.1.10 Adiantamentos a Depositantes	15.000	
C	4.1.1 Depósitos à Vista		15.000

8A – Constituição da Provisão – Nível B = 1%

D	8.1.8.30 Provisão para Operação de Crédito	150	
C	1.6.9.20 (-)Provisão para Empréstimos e Tít. Descontados		150

9 – Emissão do Cheque Administrativo

D	4.1.1 Depósitos à Vista	10.000	
C	4.9.9.05 Cheques Administrativos		10.000

9A – Taxa cobrada pela Emissão do Cheque Administrativo

D	4.1.1 Depósitos à Vista	10	

C	7.1.7.98.X Rendas de Tarifas Bancárias – PJ		10

10 – Títulos em Cobrança Simples – Entrada dos Títulos

D	3.0.5.30.X Títulos em Cobrança Direta	80.000	
C	9.0.5.70.X Cobrança por Conta de Terceiros		80.000

10A – Taxa cobrada pelos títulos em cobrança simples

D	4.1.1 Depósitos à Vista	60	
C	7.1.7.98.X Rendas de Tarifas Bancárias- PJ		60

11 – Transferência de TED Enviada

D	4.1.1 Depósitos à Vista	50.000	
C	4.1.1.30.X.Depósitos de Instituições do Sistema Financeiro		50.000

11A – Taxa cobrada pela emissão de TED

D	4.1.1 Depósitos à Vista	100	
C	7.1.7.98.X Rendas de Tarifas Bancárias- PJ		100

11B – Ajuste do Compulsório da Transferência

D	1.1.3.10 Banco Central – Reservas Livres em Espécie	22.500	
C	1.4.2.28 Reservas Compulsórias em Espécie – B. Central		22.500

12-Saque dos Cheques Administrativos no Caixa

D	4.9.9.05 Cheques Administrativos	10.000	
C	1.1.1.10 Caixa		10.000

b) Razonetes

1.1.1.10 Caixa		
D	C	Saldo
		101.000
	12- 10.000	91.000
	10.000	*91.000*

1.1.3.10 Banco Central – Reservas Livres em Espécie		
D	C	Saldo
		1.020.082,50
11B- 22.500		1.042.582,50
22.500	*0,00*	*1.042.582,50*

1.4.2.28 Reservas Comp. em Espécie B. Central		
D	C	Saldo
		287.917,50

1.6.1.10 Adiantamentos a Depositantes		
D	C	Saldo
8- 15.000		15.000

Contabilidade Bancária e de Instituições Financeiras

	11B- 22.500	265.417,50
0	**22.500**	**265.417,50**

15.000	0	15.000

1.6.9.20 (-)Provisão para Empr. e Tít. Descontados

D	C	Saldo
		-7.400
	8A- 150	-7.550
0	**150**	**-7.550**

3.0.5.30.X Títulos em Cobrança Direta

D	C	Saldo
10- 80.000		80.000
80.000	**0**	**80.000**

1.8.2.06 Câmbio Comprado a Liquidar

D	C	Saldo
6- 290.000		290.000
290.000	**0**	**290.000**

1.8.2.25 Direitos sobre Venda de Câmbio

D	C	Saldo
7- 290.000		290.000
290.000	**0**	**290.000**

4.1.1 Depósitos à Vista

D	C	Saldo
		-792.375
	8- 15.000	-807.375
9- 10.000		-797.375
9A- 10		-797.365
10A- 60		-797.305
11- 50.000		-747.305
11A- 100		-747.205
60.170	**15.000**	**-747.205**

3.0.5.50.X Títulos em Cobrança no Exterior

D	C	Saldo
6A- 290.000		290.000
7A- 290.000		580.000
580.000	**0**	**580.000**

4.1.1.30.X.Dep. de Instituições do Sist. Financeiro

D	C	Saldo
	11- 50.000	-50.000
	50.000	**-50.000**

4.9.2.35.X Obrigações por Compra de Câmbio

D	C	Saldo
	6- 290.000	-290.000
0	**290.000**	**-290.000**

4.9.2.05.X Câmbio Vendido a Liquidar

D	C	Saldo
	7- 290.000	-290.000
0	**290.000**	**-290.000**

7.1.7.98.X Rendas de Tarifas Bancárias – PJ

D	C	Saldo
		-12.000
	9A- 10	-12.010

4.9.9.05 Cheques Administrativos

D	C	Saldo
	9- 10.000	-10.000
12- 10.000		0

10A- 60	-12.070
11A- 100	-12.170
170	**-12.170**

10.000	10.000		0

9.0.5.70.X Cobrança por conta de Terceiros

D	C	Saldo
	7A- 290.000	-290.000
	10- 80.000	-370.000
0	**370.000**	**-370.000**

8.1.8.30 Provisão para Operação de Crédito

D	C	Saldo
		7.400
8A- 150		7.550
150	**0**	**7.550**

9.0.5.90.X Cobrança Vinculada a Operações

D	C	Saldo
	6A- 290.000	-290.000
0	**290.000**	**-290.000**

Parte C – Fatos Contábeis diversos

– **Ampliação da Agência**
– **Receitas de Exercícios Futuros**
– **Transferências Intercontas Clientes**
– **Recebimentos de Impostos e Tributos dos Clientes**
– **Saques nos Terminais de Caixa**
– **Pagamento de Despesas**
– **Aplicações em CDB – Certificado de Depósito Bancário por clientes, com Apropriação de Despesas**

Fatos Contábeis – 24.05.20x4
Pede-se:
a) Lançamentos Contábeis – Partida Dobrada (usando as 4 Fórmulas Contábeis)
b) Razonetes (com o transporte de Saldos do Exercício Anterior)
b) Balancete Analítico

Nº do lançamento e descrição do fato Contábil:	Valor R$
13 – O Banco Bombanco S.A. amplia sua Agência, com nova sala de cofres, Gerência, etc. Incorre, no período, um gasto em pago com cheque do Banco do Brasil – Conta Depósitos referentes à Adaptação da Agência (novos caixas), etc. O serviço está inconcluso.	32.000
14 – Receitas de Exercícios Futuros Bombanco aluga parte do seu estacionamento a terceiros, e recebe em dinheiro três alugueres, antecipadamente. O primeiro aluguel será apropriado em 31.05.X4 (Princípio da Competência).	3.000
15 – Cliente A transfere de sua Conta Movimento para o cliente B, também Conta Movimento. Ambos os clientes da mesma agência.	5.000

Contabilidade Bancária e de Instituições Financeiras

16 – Clientes recolhem Impostos, tributos e Contribuições Sociais nos Caixas da Agência:	
Recolhimentos em dinheiro:	120
INSS	250
IPVA	1.200
16A – Recolhimentos usando o Cartão de Débito da Agência (Conta Movimento):	600
Recolhimentos de IR, PIS, Cofins, IPI	170
Recolhimentos de ICMS	
Recolhimentos de Contribuições Sindicais	
16B – Repasse ao Governo (Municipal, Estadual e Federal) e Sindicatos, das arrecadações.	
17 – Clientes efetuam saques em dinheiro num terminal de caixa	370
18 – Bombanco faz gastos (despesas – Regime de Caixa):	500
18A – Publicidade: R$ 300,00; Água: R$ 90,00; Telefone: R$ 100,00; Manutenção: R$ 130,00	
19 – Clientes fazem aplicação em CDB para 30 dias. (Depósitos a Prazo)	15.000
A aplicação é prefixada. As despesas serão apropriadas pelo Princípio da Competência	16.000
A aplicação é transferida da conta Poupança para Depósitos a Prazo. O total a resgatar em 23.06.x4 terá um rendimento ao cliente de R$ 1.000,00. Este valor será contabilizado como "Despesas a Apropriar"	

Notas:

Enunciados:

13 – Base Normativa Circular BCB nº 1.273. Os gastos totais serão incorporados ao "Ativo Imobilizado, conta contábil "Imóveis".

14 – Ver no **Capítulo 2, "Norma Básica Cosif nº 15"**, conta 5.1.1.10.

16C – A conta "Depósitos à Vista", Cód. 4.1.1 "desdobra-se em várias subcontas. A conta 4.1.1.40.00-8 "Depósitos de Governos", por sua vez, "desdobra-se em "Governo Municipal, Estadual, Federal e outros. Para fins didáticos, usaremos a conta única do Grupo 4.1.1. Ver "**Esquemas de Registros Contábeis nº 13 – Obrigações por Recebimentos Especiais, Capítulo 5"**

A conta para repasse das "Contribuições Sindicais" far-se-á na conta 4.1.1.20.X "Depósitos de Pessoa Jurídica". Para facilidade deste trabalho, usaremos unicamente a conta 4.1.1 "Depósitos à Vista";

19 – "Despesas a Apropriar de Depósitos a Prazo", ver em "**Esquema de Registro Contábil nº 07, Capítulo 5, Esquema 7.1.**

a) Lançamentos

13 – Lançamento dos Gastos em Benfeitorias.

D	2.4.1.70.X.Instalação e Adaptação de Dependências	32.000
C	1.1.2.10.Banco do Brasil S.A – Conta Depósitos	32.000

14 – Alugueres recebidos antecipadamente

D	1.1.1.10 Caixa	3.000
C	5.1.1.10.X.Aluguéis	3.000

15 – Transferência Conta Corrente. Cliente A para Cliente B.

D	4.1.1 Depósitos à Vista	3.000
C	4.1.1 Depósitos à Vista	3.000

16 – Recebimento de Impostos/Tributos em dinheiro

D	1.1.1.10 Caixa	370
C	4.9.1.35.Recebimento de Contribuições Previdenciárias	120
C	4.9.1.40.Recebimento de Tributos Estaduais e Municipais	250

16A – Recebimento de Impostos/Tributos com débito em Conta Movimento

D	4.1.1 Depósitos à Vista	1.970
C	4.9.1.50.Recebimento de Tributos Federais	1.200
C	4.9.1.40.Recebimento de Tributos Estaduais e Municipais	600
C	4.9.1.30.Contribuição Sindical	170

16B – Repasse para os órgãos governamentais e sindicatos.

D	4.9.1.50.Recebimento de Tributos Federais	1.200
D	4.9.1.40.Recebimento de Tributos Estaduais e Municipais	850
D	4.9.1.30.Contribuição Sindical	170
D	4.9.1.35 Recebimento de Contribuições Previdenciárias	120
C	4.1.1 Depósitos à Vista	2.340

17 – Clientes efetuam saques em dinheiro

D	4.1.1 Depósitos à Vista	370
C	1.1.1.10 Caixa	370

18 – Pagamento de Despesas em dinheiro.

D	8.1.7.45.Despesa de Propaganda e Publicidade	300
D	8.1.7.03.Água, Energia e Gás	90
D	8.1.7.12.Despesas de Comunicações	100
D	8.1.7.21.Despesas de Manutenção e Conservação de Bens	130
C	1.1.1.10 Caixa	620

Contabilidade Bancária e de Instituições Financeiras

19 – Transferência da Conta Poupança para Depósitos a Prazo

D	4.1.1 Depósitos à Vista	15.000
D	4.1.5.10 (-)Despesas a Apropriar de Depósitos a Prazo	1.000
C	4.1.5 Depósitos a Prazo	16.000

b) Razonetes

1.1.1.10 Caixa		
D	C	Saldo
		91.000
14- 3.000		94.000
16- 370		94.370
	17- 370	94.000
	18- 620	93.380
3.370	**990**	**93.380**

1.4.2.28 Reservas Comp. em Espécie B. Central		
D	C	Saldo
		265.417,50
0	**0**	**265.417,50**

1.6.1.10 Adiantamentos a Depositantes		
D	C	Saldo
		15.000
0	**0**	**15.000**

1.6.1.20 Empréstimos		
D	C	Saldo
		350.000
0	**0**	**350.000**

1.6.9.20 (-)Provisão para Empr. e Tít. Descontados		
D	C	Saldo
		-7.550
0	**0**	**-7.550**

1.1.2.10 Banco do Brasil S.A. – Conta Depósitos		
D	C	Saldo
		345.000
13- 32.000		313.000
0	**32.000**	**313.000**

1.1.3.10 Banco Central – Reservas Livres em Espécie		
D	C	Saldo
		1.042.582,50
0	**0,00**	**1.042.582,50**

1.1.4.10 Aplicações Temporária em Ouro		
D	C	Saldo
		45.000
0	**0**	**45.000**

1.6.1.30 Títulos Descontados		
D	C	Saldo
		10.000
0	**0**	**10.000**

1.6.1.20.X (-)Rendas a Apropriar-Empr.(Uso Int.)		
D	C	Saldo
		-17.200
0	**0**	**-17.200**

1.8.2.25 Direitos sobre Venda de Câmbio		
D	C	Saldo
		290.000
0	**0**	**290.000**

1.8.2.06 Câmbio Comprado a Liquidar		
D	C	Saldo
		290.000
0	**0**	**290.000**

1.9.9.10 Despesas Antecipadas		
D	C	Saldo
		3.000
0	**0**	**3.000**

1.9.8.40 Material de Estoque		
D	C	Saldo
		7.000
0	**0**	**7.000**

2.2.3.10.X Edificações		
D	C	Saldo
		270.000
0	**0**	**270.000**

2.2.3.10.X Terrenos		
D	C	Saldo
		150.000
0	**0**	**150.000**

2.2.4.20 Móveis e Equipamentos de Uso		
D	C	Saldo
		20.000
0	**0**	**20.000**

2.2.4.10 Instalações		
D	C	Saldo
		5.000
0	**0**	**5.000**

2.4.1.70.X.Instalação e Adap. de Dependências		
D	C	Saldo
13- 32.000		32.000
32.000	**0**	**32.000**

2.2.9.30.X Equipamentos de Informática		
D	C	Saldo
		60.000
0	**0**	**60.000**

2.5.1.98.X Marcas e Patentes		
D	C	Saldo
		2.000
0	**0**	**2.000**

2.5.1.98.X *Softwares*		
D	C	Saldo
		3.600
0	**0**	**3.600**

3.1.4.00.X Operações de Risco de Nível C		
D	C	Saldo
		190.000
	0	**190.000**

3.1.3.00.X Operações de Risco de Nível B		
D	C	Saldo
		170.000
	0	**170.000**

Contabilidade Bancária e de Instituições Financeiras

3.0.5.50.X Títulos em Cobrança no Exterior		
D	C	Saldo
		580.000
0	0	580.000

3.0.5.30.X Títulos em Cobrança Direta		
D	C	Saldo
		80.000
0	0	80.000

4.1.1.30.X.Dep. de Instituições do Sist. Financeiro		
D	C	Saldo
		-50.000
0	0	-50.000

4.1.1 Depósitos à Vista		
D	C	Saldo
		-747.205
15- 3.000	15- 3.000	-747.205
16A- 1.970		-745.235
	16B- 2.340	-747.575
17- 370		-747.205
19- 15.000		-732.205
20.340	5.340	-732.205

4.1.2 Depósitos de Poupança		
D	C	Saldo
		-303.000
0	0	-303.000

4.1.5 Depósitos a Prazo		
D	C	Saldo
	19- 16.000	-16.000
0	16.000	-16.000

4.1.5.10 (-)Despesas a Apropriar de Dep. a Prazo		
D	C	Saldo
19- 1.000		1.000
0	0	1.000

4.9.1.10.X IOF a Recolher		
D	C	Saldo
		-5.250
0	0	-5.250

4.6.4.30 Obrigações por Repasses – BNDES		
D	C	Saldo
		-450.000
0	0	-450.000

4.9.1.35.Recebim.Contribuições Previdenciárias		
D	C	Saldo
	16- 120	-120
16B- 120		0
120	120	0

4.9.1.30.Contribuição Sindical		
D	C	Saldo
	16A- 170	-170
16B- 170	0	0
170	170	0

4.9.2.05.X Câmbio Vendido a Liquidar		
D	C	Saldo

4.9.1.40.Rec. Tributos Estaduais e Municipais		
D	C	Saldo

		-290.000
0	*0*	*-290.000*

4.9.9.20 Obrigações por Compra de Bens e Direitos

D	C	Saldo
		-63.600
0	*0*	*-63.600*

4.9.9.92.X Fornecedores

D	C	Saldo
		-9.400
0	*0*	*-9.400*

5.1.1.10.X.Aluguéis

D	C	Saldo
	14- 3.000	-3.000
	3.000	*-3.000*

7.1.7.40 Rendas de Cobranças

D	C	Saldo
		-25
0	*0*	*-25*

7.1.7.98.X Rendas de Tarifas Bancárias – PJ

D	C	Saldo
		-12.170
0	*0*	*-12.170*

8.1.7.06 Despesas de Aluguéis

D	C	Saldo
		2.400
	0	*2.400*

8.1.7.21.Desp. Manutenção e Conserv. de Bens

	16- 250	-250
	16A- 600	-850
16B- 850		0
850	*850*	*0*

4.9.2.35.X Obrigações por Compra de Câmbio

D	C	Saldo
		-290.000
0	*0*	*-290.000*

4.9.9.30.X Aluguéis a Pagar

D	C	Saldo
		-2.400
0		*-2.400*

4.9.9.92.X Contas a Pagar

D	C	Saldo
		-23.000
0	*0*	*-23.000*

6.1.1.10.X Capital

D	C	Saldo
		-1.000.000
0	*0*	*-1.000.000*

7.1.7.94 Rendas de Pacotes de Serviços – PF

D	C	Saldo
		-6.500
0		*-6.500*

8.1.7.03 Água, Energia e Gás

Contabilidade Bancária e de Instituições Financeiras 233

D	C	Saldo
18- 130		130
130	*0*	*130*

8.1.7.45.Despesa de Propaganda e Publicidade		
D	C	Saldo
18- 300		300
300	*0*	*300*

8.1.8.30 Provisão para Operação de Crédito		
D	C	Saldo
		7.550
0	*0*	*7.550*

9.0.5.70.X Cobrança por conta de Terceiros		
D	C	Saldo
		-370.000
0	*0*	*-370.000*

D	C	Saldo
		2.750
18 – 90		2.840
90	*0*	*2.840*

8.1.7.12.Despesas de Comunicações		
D	C	Saldo
18- 100		100
100	*0*	*100*

9.1.0.00.X Classificação Carteira de Crédito		
D	C	Saldo
		-360.000
0	*0*	*-360.000*

9.0.5.90.X Cobrança Vinculada a Operações		
D	C	Saldo
		-290.000
0	*0*	*-290.000*

c) Balancete Analítico

BALANCETE ANALÍTICO
Data: 24.05.20x4
Emissão: 25.05.20x4
Instituição: Banco Bombanco S.A.
Endereço: Rua X, 00
CNPJ: 00.000.000/0000-00

DISCRIMINAÇÃO DOS VERBETES	CÓDIGO NÚMERO	TOTAL	REALIZÁVEL EM ATÉ	
			3 MESES	APÓS 3 M
ATIVO CIRCULANTE E REALIZÁVEL A LONGO PRAZO				
CIRCULANTE	**1.0.0.00**	**2.699.630,00**	**2.699.630,00**	
Disponibilidades	**1.1.0.00**	**1.493.962,50**	**1.493.962,50**	
Caixa	1.1.1.00	93.380,00	93.380,00	
Caixa	1.1.1.10	93.880,00	93.880,00	
Depósitos Bancários	**1.1.2.00**	**313.000,00**	**313.000,00**	
Banco do Brasil S.A. Conta Depósitos	1.1.2.10	313.000,00	313.000,00	

234 _Inácio Dantas_

Reservas Livres	1.1.3.00	1.042.582,50	1.042.582,50
Banco Central – Reservas Livres em Espécie	1.1.3.10	1.042.582,50	1.042.582,50
Aplicações em Ouro	1.1.4.00	45.000,00	45.000,00
Aplicações Temporárias em Ouro	1.1.4.10	45.000,00	45.000,00
Relações Interfinanceiras	1.4.0.00	**265.417,50**	**265.417,50**
Créditos Vinculados	1.4.2.00	265.417,50	265.417,50
Reservas Comp. em Espécie B. Central	1.4.2.28	265.417,50	265.417,50
Operações de Crédito	1.6.0.00	**399.750,00**	**399.750,00**
Empréstimos e Títulos Descontados	1.6.1.00	392.200,00	392.200,00
Adiantamentos a Depositantes	1.6.1.10	15.000,00	15.000,00
Empréstimos	1.6.1.20	350.000,00	350.000,00
(-)Rendas a Apropriar-Empréstimos (Uso Int.)	1.6.1.20.X	17.200,00	17.200,00
Títulos Descontados	1.6.1.30	10.000,00	10.000,00
Provisões para Operações de Crédito	1.6.9.00	- 7.550,00	- 7.550,00
(-)Provisão p/ Emprést. e Títulos Descontados	1.6.9.20	- 7.550,00	- 7.550,00
Outros Créditos	1.8.0.00	**580.000,00**	**580.000,00**
Câmbio	1.8.2.00	580.000,00	580.000,00
Câmbio Comprado a Liquidar	1.8.2.06	290.000,00	290.000,00
Direitos sobre Venda de Câmbio	1.8.2.25	290.000,00	290.000,00
Outros Valores e Bens	1.9.0.00	**10.000,00**	**10.000,00**
Material de Estoque	1.9.8.40	7.000,00	7.000,00
Despesas Antecipadas	1.9.9.00	3.000,00	3.000,00
Despesas Antecipadas	1.9.9.10	3.000,00	3.000,00
PERMANENTE	2.0.0.00	**542.600,00**	**542.600,00**
Imobilizado de Uso	2.2.0.00	505.000,00	505.000,00

Contabilidade Bancária e de Instituições Financeiras

Terrenos	2.2.3.10.X	150.000,00	150.000,00	
Edificações	2.2.3.10.X	270.000,00	270.000,00	
Instalações, Móveis e Equipamentos de Uso	2.2.4.00	25.000,00	25.000,00	
Instalações	2.2.4.10	5.000,00	5.000,00	
Móveis e Equipamentos de Uso	2.2.4.20	20.000,00	20.000,00	
Outros	2.2.9.00	60.000,00	60.000,00	
Equipamentos de Informática	2.2.9.30.X	60.000,00	60.000,00	
Diferido	2.4.0.00	32.000,00	32.000,00	
Gastos de Organização e Expansão	2.4.1.00	32.000,00	32.000,00	
Instalação e Adaptação de Dependências	2.4.1.70.X	32.000,00	32.000,00	
Intangível	2.5.0.00	5.600,00	5.600,00	
Ativos Intangíveis	2.5.1.00	5.600,00	5.600,00	
Outros Ativos Intangíveis	2.5.1.98	5.600,00	5.600,00	
Marcas e Patentes	2.5.1.98.X	2.000,00	2.000,00	
Softwares	2.5.1.98.X	3.600,00	3.600,00	
Compensação	3.0.0.00	**1.020.000,00**	**1.020.000,00**	
Cobrança	3.0.5.00	660.000,00	660.000,00	
Títulos em Cobrança Direta	3.0.5.30.X	80.000,00	80.000,00	
Títulos em Cobrança no Exterior	3.0.5.50.X	580.000,00	580.000,00	
Classificação das Carteiras de Crédito	3.1.0.00	360.000,00	360.000,00	
Operações de Risco de Nível B	3.1.3.00.X	170.000,00	170.000,00	
Operações de Risco de Nível C	3.1.4.00.X	190.000,00	190.000,00	
TOTAL DO ATIVO		**4.262.230,00**	**4.262.230,00**	0

DISCRIMINAÇÃO DOS VERBETES	CÓDIGO NÚMERO	TOTAL	REALIZÁVEL EM ATÉ	
			3 MESES	APÓS 3 M
PASSIVO CIRCULANTE E EXIGÍVEL A LONGO PRAZO				
PASSIVO CIRCULANTE	4.0.0.00	**2.233.855,00**	**2.233.855,00**	

236 — Inácio Dantas

Depósitos	4.1.0.00	**1.100.205,00**	**1.100.205,00**
Depósitos à Vista	4.1.1.00	732.205,00	732.205,00
Depósitos de Instituições do Sist. Financeiro	4.1.1.30.X	50.000,00	50.000,00
Depósitos de Poupança	4.1.2.00	303.000,00	303.000,00
Depósitos a Prazo	4.1.5.00	16.000,00	16.000,00
Despesas a Apropriar de Depósitos a Prazo	4.1.5.10	- 1.000,00	- 1.000,00
			–
Obrigações por Empréstimos e Repasses	4.6.0.00	**450.000,00**	**450.000,00**
Obrigações por Repasses – BNDES	4.6.4.30	450.000,00	450.000,00
Outras Obrigações	4.9.0.00	**683.650,00**	**683.650,00**
IOF a Recolher	4.9.1.10.X	5.250,00	5.250,00
Câmbio	4.9.2.00	580.000,00	580.000,00
Câmbio Vendido a Liquidar	4.9.2.05.X	290.000,00	290.000,00
Obrigações por Compra de Câmbio	4.9.2.35.X	290.000,00	290.000,00
Diversos	4.9.9.00	98.400,00	98.400,00
Obrigações por compra de Bens e Direitos	4.9.9.20	63.600,00	63.600,00
Aluguéis a Pagar	4.9.9.30.X	2.400,00	2.400,00
Fornecedores	4.9.9.92.X	9.400,00	9.400,00
Contas a Pagar	4.9.9.92.X	23.000,00	23.000,00
Resultados de Exercícios Futuros	5.0.0.00	**3.000,00**	**3.000,00**
Rendas Antecipadas	5.1.1.10	3.000,00	3.000,00
Aluguéis	5.1.1.10.X	3.000,00	3.000,00
PATRIMÔNIO LÍQUIDO	6.0.0.00	**1.000.000,00**	**1.000.000,00**
Capital Social	6.1.1.00	1.000.000,00	1.000.000,00
Capital	6.1.1.10	1.000.000,00	1.000.000,00

Contabilidade Bancária e de Instituições Financeiras 237

CONTAS DE RESULTADOS			
Rendas de Prestação de Serviços	7.1.7.00	**18.695,00**	**18.695,00**
Rendas de Cobranças	7.1.7.40	25,00	25,00
Rendas de Pacotes de Serviços – PF	7.1.7.94	6.500,00	6.500,00
Rendas de Pacotes de Serviços – PJ	7.1.7.98	12.170,00	12.170,00
Despesas Administrativas	8.1.7.00	**- 5.770,00**	**- 5.770,00**
Água, Energia, Gás	8.1.7.03	- 2.840,00	- 2.840,00
Despesas de Aluguéis	8.1.7.06	- 2.400,00	- 2.400,00
Despesas de Comunicações	8.1.7.12	- 100,00	- 100,00
Despesas de Manutenção e Cons. de Bens	8.1.7.21	- 130,00	- 130,00
Despesas de Propaganda e Publicidade	8.1.7.45	- 300,00	- 300,00
Aprovisionamentos e Ajustes Patrimoniais	8.1.8.00	**- 7.550,00**	**- 7.550,00**
Despesas para Provisões Operacionais	8.1.8.30	- 7.550,00	- 7.550,00
Provisão para Operações de Crédito	8.1.8.30	- 7.550,00	- 7.550,00
Compensação	9.0.0.00	**1.020.000,00**	**1.020.000,00**
Cobrança	9.0.5.00	660.000,00	660.000,00
Cobrança por Conta de Terceiros	9.0.5.70.X	370.000,00	370.000,00
Cobrança Vinculada a Operações	9.0.5.90.X	290.000,00	290.000,00
			–
Classificação Carteira de Crédito	9.1.0.00	360.000,00	360.000,00
Classificação Carteira de Crédito	9.1.0.00	360.000,00	360.000,00
TOTAL DO PASSIVO		**4.262.230,00**	**4.262.230,00**	0

Diretor Responsável pela Área Contábil/Auditoria

Local e Data:

Diretor

Profissional de Contabilidade

CRC:

CPF:

Mod.: <http://www4.bcb.gov.br/NXT/gateway.dll?f=templates&fn=default.htm&vid=nmsDenorCosif:idvDenorCosif>.

Exercício 05

Enunciados de Fatos Contábeis para efetuar:
– Lançamentos Contábeis – Partida Dobrada (as 4 Fórmulas Contábeis)
    – Razonetes (Modelo Cosif)
    – Balancete Analítico (após Parte B)

Exercício dividido em 2 partes:

Parte A – Ajustes das "Despesas e Receitas a Apropriar" de Empréstimos

Fatos Contábeis – 31.05.20x4
Pede-se:
a)Lançamentos Contábeis – Partida Dobrada (Usando as 4 Fórmulas Contábeis)
b)Razonetes (com o transporte de Saldos do Exercício Anterior)

No. do Lançamento e descrição do fato contábil:	Valor R$
1 Ajuste (Princípio da Competência) do Empréstimo no País, captado no BNDES, em Moeda Nacional. Empréstimo em 22.05.20x4, Enunciado nº 1. Método de cálculo exponencial. Juro de 0,60% ao mês: **08** **30** **= R$ 450.000,00 x ((1 + 0,006) – 1) = R$ 808,00**	808,00
2 – "Valor Justo" (*Fair Value*) das Aplicações Temporárias em Ouro. Enunciado nº 2, de 22.05.20x4. Valor atual: R$ 46.200.	1.200,00
3 – Apropriação de 50% da "Despesa de Manutenção e Conservação" e Pagamento de 50% da Conta a Pagar, em dinheiro. Enunciado nº 8, de 22.05.20x4.	1.500,00
4 – Apropriação das Rendas referentes "Empréstimos", Enunciado nº 1A, de 24.05.20x4. Método de cálculo linear: Valor dos encargos (para 30 dias): R$ 10.000,00 ÷ 30 x 7 = R$ 2.333,00	2.333,00
5 – Apropriação das Rendas referentes a "Empréstimos". Enunciado nº 2, de 24.05. 20x4. Método de cálculo exponencial: Valor dos Empréstimos: R$ 90.000,00, juros pela variação do CDI (Certificado de Depósito Interbancário) de 2% a.m., data de resgate: 30.06.20x4 (37 dias). No mês de maio/20x4, são 07 dias. **07** **30** **= R$ 90.000,00 x ((1 + 0,02) – 1) = R$ 417,00**	417,00
6 – Apropriação das Rendas referentes a "Duplicatas Descontadas". Enunciado nº 3, de 24.05.20x4. Valor dos encargos: R$ 200,00 para 30 dias = Cálculo da apropriação: R$ 200,00 ÷ 7 x 30) = 47,00	47,00

Contabilidade Bancária e de Instituições Financeiras

7 – Apropriação das Rendas referentes a "Empréstimos". Enunciado nº 4, de 24.05. 20x4. Método de cálculo pós-fixado. Valor dos Encargos: R$ 2.000,00. (R$ 20.000,00 – R$ 18.000,00). Tempo do Empréstimo: 37 dias. Cálculo *pro rata die*, (7 dias do mês de maio/20x4). Vencimento em 30.06.20x4. 07 37 0,1892　　　　　　　　　　R$ 20.000,00 = = 1,1111 = 1,020131　　　R$ 18.000,00 　　　　　　　　　　　　　R = R$ 18.000,00 x (1,020131 – 1) = R$ 362,00	362,00
8 – Apropriação das Rendas referentes a "Empréstimos". Enunciado nº 4, de 24.05.20x4. Método de cálculo pós-fixado. Valor dos Encargos: R$ 5.000,00. (R$ 80.000,00 – R$ 75.000,00). Tempo de Empréstimo: 37 dias. Cálculo *pro rata die*, (7 dias do mês de maio/20x4). Vencimento em 30.06.20x4. 07 37 0,189189　　　　　　　　R$ 80.000,00 = = 1,066667 = 1,012285　R$ 75.000,00 　　　　　　　　　　　　　R = R$ 75.000,00 x (1,012285 – 1) = R$ 922,00	922.00

Pag. 299

– "Valor Justo" (CPC 46) *(Fair Value)* das Aplicações em Ouro

– Apropriação das Rendas de Empréstimos e Duplicatas Descontadas (Fluência de Prazo), com cálculos e lançamentos contábeis

Notas:
– Apropriação de Rendas pelo método linear, ou exponencial, ver item **6.7.Disposições Gerais**, item 2 – Operações com Taxas Pós-fixadas ou Flutuantes:
– Cálculos dos Empréstimos adaptados do livro "Manual de Contabilidade Bancária" (Cláudio Filgueiras, Campus, 2005) e "Contabilidade de Instituições Financeiras (Gomes/Niyama, Atlas, 2012).

---

a) Lançamentos

1 – Apropriação dos Encargos do Empréstimo – BNDES

D	8.1.2.55 Despesas de Repasses – BNDES	808	
C	4.6.4.30 Obrigações por Repasses – BNDES		808

2 – Ajuste ao "Valor Justo" da Aplicação em Ouro

D	1.1.4.10 Aplicações Temporária em Ouro	1.200	
C	7.1.5.90.TVM – Ajuste Positivo ao Valor de Mercado		1.200

240 — Inácio Dantas

3 – Apropriação da Despesa Antecipada de Manutenção (50% executado).

D	8.1.7.21 Despesas de Manutenção e Conserv. de Bens	1.500	
C	1.9.9.10 Despesas Antecipadas		1.500

3A – Pagamento de 50% do Contrato de Manutenção.

D	4.9.9.92.X Contas a Pagar	1.500	
C	1.1.1.10 Caixa		1.500

4 – Apropriação de 7/30 dos Encargos Prefixados do Empréstimo de 24.05.20X4.

D	1.6.1.20.X (–)Rendas a Apropriar – Empréstimos (Uso Int.)	2.333	
C	7.1.1.05.Rendas de Empréstimos		2.333

5 – Apropriação de 7/30 dos Encargos Pós-fixados do Empréstimo de 24.05.20X4.

D	1.6.1.20 Empréstimos	417	
C	7.1.1.05.Rendas de Empréstimos		417

6 – Apropriação de 7/30 dos Encargos de "Títulos Descontados" em 24.05.20X4.

D	1.6.1.20.X (–)Rendas a Apropriar – Empréstimos (Uso Int.)	47	
C	7.1.1.10.Rendas de Títulos Descontados		47

7 – Apropriação de 7/37 dos Encargos de "Empréstimos" em 24.05.20X4.

D	1.6.1.20.X (–)Rendas a Apropriar – Empréstimos (Uso Int.)	362,00	
C	7.1.1.05.Rendas de Empréstimos		362,00

8 – Apropriação de 7/37 dos Encargos de "Empréstimos" em 24.05.20X4.

D	1.6.1.20.X (–)Rendas a Apropriar – Empréstimos (Uso Int.)	922,00	
C	7.1.1.05.Rendas de Empréstimos		922,00

b) Razonetes

1.1.1.10 Caixa			1.1.4.10 Aplicações Temporárias em Ouro		
D	C	Saldo	D	C	Saldo
		93.380			45.000
	3A– 1.500	91.880	2– 1.200		46.200
0	*1.500*	*91.880*	*1.200*	*0*	*46.200*

Contabilidade Bancária e de Instituições Financeiras

1.6.1.20 Empréstimos

D	C	Saldo
		350.000
5– 417		350.417,00
417,00	**0**	**350.417,00**

1.9.9.10 Despesas Antecipadas

D	C	Saldo
		3.000
	3– 1.500	1.500
0	**1.500**	**1.500**

4.9.9.92.X Contas a Pagar

D	C	Saldo
		– 23.000
3A– 1.500		– 21.500
1.500	**0**	**– 21.500**

7.1.1.10.Rendas de Títulos Descontados

D	C	Saldo
	6 – – 47	– 47
0	**47,00**	**– 47,00**

8.1.2.55 Despesas de Repasses – BNDES

D	C	Saldo
1– 808		1– 808
808,00	**0**	**808,00**

1.6.1.20.X (–)Rendas a Apropriar – Emp. (Uso Int.)

D	C	Saldo
		– 17.200
4– 2.333		– 14.867
6 – – 47		– 14.820
7 – – 362		– 14.458,00
8– 922		– 13.536,00
3.664,00	**0**	**13.536,00**

4.6.4.30 Obrigações por Repasses – BNDES

D	C	Saldo
		– 450.000
	808	– 450.808
0	**808**	**– 450.808**

7.1.1.05.Rendas de Empréstimos

D	C	Saldo
	4– 2.333	– 2.333
	5– 417	– 2.750,00
	7– 362	– 3.112,00
	8– 922	– 4.034,00
0	**4.034,00**	**– 4.034,00**

7.1.5.90.TVM – Ajuste Positivo ao Valor de Mercado

D	C	Saldo
	2– 1.200	– 1.200
0	**1.200**	**– 1.200**

8.1.7.21 Despesas de Manut. e Conserv. de Bens

D	C	Saldo
		130
3– 1.500		1.630
1.500	**0**	**1.630**

242   *Inácio Dantas*

Parte B – Ajustes das Despesas e Receitas a Apropriar e Outras

– "Valor Justo" de Operações de Câmbio

– Adiantamentos de Salários

– Apropriação de Aluguel do mês

– Provisão da Folha de Pagamentos do mês (Princípio da Competência)

– Apropriação das Depreciações e das Amortizações do mês (Competência)

Fatos Contábeis – 31.05.20x4
Pede-se:
a) Lançamentos Contábeis – Partida Dobrada (usando as 4 Fórmulas Contábeis)
b) Razonetes (com o transporte de Saldos do Exercício Anterior)
c) Balancete Analítico

Nº do lançamento e descrição do fato Contábil:	Valor R$
9 – Ajuste a "Valor Justo" (*Fair Value*) das Operações de Câmbio referentes aos Enunciados nºs 6 e 7, de 24.05.20x4. Enunciado nº 6 – Contrato de Exportação de US$ 100.000,00 – US$ 1,00 = R$ 2,90. Valor da cotação do dólar em 31.05.20x4: US$ 1,00 = R$ 3,00.	10.000
10 – Enunciado nº 7. Contrato de Importação de US$ 100.000,00 – US$ 1,00 = R$ 2,90. Valor da cotação do dólar em 31.05.20x4: US$ 1,00 = R$ 3,00.	10.000
11 – Apropriação das Rendas referentes ao Enunciado 8, de 24.05.20x4. Cliente resga--ta o adiantamento, fazendo um depósito em dinheiro na Conta Movimento. 11A – Depósito na Conta Movimento (em dinheiro) 11B – Cálculo pelo método linear. Juro de 1,3% a.m. = R$ 15.000,00 x 1,5% : 30 x 7 11C – Reversão da Provisão, Enunciado nº 8A, de 24.05.20x4. Cliente liquidou o "Empréstimos"	15.000 45 150
12 – Apropriação das Despesas referentes ao Enunciado nº 19, de 24.05.20x4. Cliente. Método linear. 12A – Valor do Rendimento total: R$ 1.000,00 ,para 30 dias. = R$ 1.000,00 : 30 x 7 dias	233
13 – Banco Bombanco faz Adiantamentos de Salários, referentes a maio/20x4 Valor é creditado na Conta Movimento dos funcionários	4.000
14 – Apropriação do "Aluguel", parcela 1/3 referente a maio/20x4 (Princípio da Com – tência), conforme Enunciado nº 14, de 24.05.20x4.	1.000
15 – Provisões da Folha de Pagamento (Valores simbólicos): Salários R$ 15.000,00; Horas Extras: R$ 2.000,00; INSS (Retido): R$ 1.800; Imposto de Renda Retido: R$ 200,00, desconto do Adiantamento Salarial. O Salário Líquido será pago em junho/20x4. 15A – Provisão de Férias: R$ 1.300 (1/12) 15B – Provisão do 13º Salário (1/12) 15C – Provisão de INSS – Folha de Pagamento – Empresa 15D – Provisão de FGTS	1.300 600 4.000 1.000

Contabilidade Bancária e de Instituições Financeiras

16 – Apropriação das Depreciações e Amortizações do mês.	675
*Edificações: 25 anos, 4% ao ano. R$ 270.000 x 4% : 12 meses	42
*Instalações: 10 anos, 10% ao ano. R$ 5.000 x 10% : 12 meses	167
*Móveis e Equip. de Uso: 10 anos, 10% ao ano, R$ 20.000 x 10% : 12 meses.	1.000
*Equipamentos de Informática: 5 anos, 20% ao ano, R$ 60.000 x 20% : 12 meses	100
16A – *Softwares:* contrato para 36 meses: R$ 3.600 : 36 x 1 mês	
(o prazo contratual do *Software* foi de 36 meses).	

Notas:

Enunciados nºs 9 e 10, adaptados do livro "Manual de Contabilidade Bancária (Cláudio Filgueiras, Campus, PF. 387 a 389.

Enunciado nº 16. Depreciações conforme porcentuais estabelecidos em **"7. Provisão para Depreciação do Imobilizado de Uso", Norma Básica Cosif nº 11, Item** 2.0.0.0.00.ATIVO PERMANENTE.

Amortização de "Marcas":

Conforme CPC 04: "Vida útil: Os Ativos Intangíveis com vida útil definida são amortizados. Os ativos intangíveis com vida útil indefinida não são amortizados, sendo obrigatoriamente testados os seus custos para recuperabilidade anualmente, nos termos do CPC 01)."

a) Lançamentos

9 – Apropriação das Receitas – Valor Justo – Exportação

D	1.8.2.06 Câmbio Comprado a Liquidar	10.000	
C	7.1.3.30.Rendas de Variações e Diferenças de Taxas		10.000

10 – Apropriação das Despesas – Valor Justo – Importação

D	8.1.4.50 Despesas de Variações e Diferenças de Taxas	10.000	
C	4.9.2.05.X Câmbio Vendido a Liquidar		10.000

11A – Cliente deposita na Conta Movimento para cobrir "Adiantamento"

D	4.1.1 Depósitos à Vista	15.000	
C	1.6.1.10 Adiantamentos a Depositantes		15.000

11B – Apropriação das Rendas relativas a 7 dias de maio/20x4

D	4.1.1 Depósitos à Vista	45	
C	7.1.1.03.Rendas de Adiantamentos a Depositantes		45

11C – Reversão da Constituição da Provisão – Nível B = 1%

D	1.6.9.20 (–)Provisão para Empréstimos e Tít. Descontados	150	
C	8.1.8.30 Provisão para Operação de Crédito		150

244   *Inácio Dantas*

12 – Apropriação das Despesas referentes a CDB, Depósito a Prazo.

D	8.1.1.30.Despesas de Depósitos a Prazo	233
C	4.1.5.10 (–)Despesas a Apropriar de Depósitos a Prazo	233

13 – Adiantamentos Salariais aos funcionários – maio/20x4

D	1.8.8.03 Adiantamentos e Antecipações Salariais	4.000
C	4.1.1 Depósitos à Vista	4.000

14 – Apropriação do Aluguel 1/3, referente a maio/20x4.

D	5.1.1.10.X.Aluguéis	1.000
C	7.3.9.20.Rendas de Aluguéis	1.000

15 – Provisão Folha de Pagamento do mês de maio/20x4.

D	8.1.7.33.1.Salários, Ordenados e Gratificações	15.000
D	8.1.7.33.8.Horas Extras	2.000
C	4.9.4.20.X.Impostos e Contribuiç. s/ Salários (IR/Taxas/INSS)	1.800
C	4.9.4.20.X.Impostos e Contribuiç. s/ Salários (IR/Taxas/INSS)	200
C	4.9.9.27.X.Salários e Vencimentos (a Pagar)	11.000
C	1.8.8.03 Adiantamentos e Antecipações Salariais	4.000

15A – Provisão Férias – 1/12 – 20x4

D	8.1.7.33.3.Férias	1.300
C	4.9.9.30.X.Férias (a Pagar)	1.300

15B – Provisão do 13º Salário (1/12) – 20x4

D	8.1.7.33.4.13º Salário	600
C	4.9.9.30.X.13º Salário (a Pagar)	600

15C – Provisão de INSS – Folha de Pagamento 05/20x4 – Empresa

D	8.1.7.30.2.Previdência Social – INSS	4.000
C	4.9.4.20.X.Impostos e Contribuiç. s/ Salários (IR/Taxas/INSS)	4.000

15D – Provisão FGTS – Funcionários– Folha de Pagamento 05/20x4

D	8.1.7.30.1.FGTS	1.000
C	4.9.4.20.X.Impostos e Contribuiç. s/ Salários (IR/Taxas/INSS)	1.000

Contabilidade Bancária e de Instituições Financeiras **245**

16 – Cota de Depreciação do mês de maio/20x4

D	8.1.8.20.Despesas de Depreciação	1.884
C	2.2.3.99.(–)Depreciação Acumul. de Imóveis de Uso – Edificações	675
C	2.2.4.99.(–)Depreciação Acumul. de Móves/Equip. de Uso	209
C	2.2.9.99.X.(–)Deprec. Acumul. de Outras Imobilizaç. de Uso	1.000

16A – Cota de Amortização do Intangível – *Softwares* 01/36.

D	8.1.8.10.X.Despesas de Amortização Intangível	100
C	2.5.1.99.(–)Amortização do Intangível Acumulada	100

b) Razonetes

1.1.1.10 Caixa				1.6.1.10 Adiantamentos a Depositantes		
D	C	Saldo		D	C	Saldo
		91.880				15.000
0	*0*	*91.880*			11A– 15.000	0
				0	*15.000*	*0*

1.8.2.06 Câmbio Comprado a Liquidar				1.6.9.20 (–)Provisão para Empr. e Tít. Descontados		
D	C	Saldo		D	C	Saldo
		290.000				– 7.550
9– 10.000		300.000		11C– 150		– 7.400
10.000	*0*	*300.000*		*0*	*0*	*– 7.400*

2.2.3.99.(–)Deprec. Acumul. de Imóveis de Uso – Edific.				1.8.8.03 Adiantamentos e Antecip. Salariais		
D	C	Saldo		D	C	Saldo
	16– 675	– 675		13– 4.000	15– 4.000	0
	675	*– 675*		*4.000*	*4.000*	*0*

2.2.4.99.(–)Deprec. Acum. de Móves/Equip. de Uso						
D	C	Saldo				
	16– 209	– 209		2.2.9.99.X.(–)Deprec. Acum. de O/ Imob. de Uso		
0	*209*	*– 209*		D	C	Saldo
					16– 1.000	– 1.000
				0	*0*	*– 1.000*

2.5.1.99.(–)Amortização do Intangível Acumul.		
D	C	Saldo
	16A – 100	– 100
0	*100*	*– 100*

4.1.5.10 (–)Despesas a Apropriar de Dep. a Prazo		
D	C	Saldo
		1.000
	12– 233	767
0	*233*	*767*

4.9.4.20.X.Imp. e Contrib. s/S alários (IR/Taxas/INSS)		
D	C	Saldo
	15– 1.800	– 1.800
	15– 200	– 2.000
	15C– 4.000	– 6.000
	15D– 1.000	– 7.000
0	*7.000*	*– 7.000*

4.9.9.30.X.Férias (a Pagar)		
D	C	Saldo
	15A– 1.300	– 1.300
0	*1.300*	*– 1.300*

5.1.1.10.X.Aluguéis		
D	C	Saldo
		– 3.000
15– 1.000		– 2.000
1.000	*0*	*– 2.000*

7.1.3.30.Rendas de Variações e Dif. de Taxas		
D	C	Saldo
	9– 10.000	– 10.000
0	*10.000*	*– 10.000*

4.1.1 Depósitos à Vista		
D	C	Saldo
		– 732.205
11A– 15.000		– 717.205
11B– 45		– 717.160
	13– 4.000	– 721.160
15.045	*4.000*	*– 721.160*

4.9.2.05.X Câmbio Vendido a Liquidar		
D	C	Saldo
		– 290.000
	10– 10.000	– 300.000
0	*10.000*	*– 300.000*

4.9.9.27.X.Salários e Vencimentos (a Pagar)		
D	C	Saldo
	15– 11.000	– 11.000
11.000	*– 11.000*	

4.9.9.30.X.13º Salário (a Pagar)		
D	C	Saldo
	15B– 600	– 600
600	*– 600*	

7.1.1.03.Rendas de Adiantamtos a Depositantes		
D	C	Saldo
	11B– 45	– 45
0	*45*	*– 45*

7.3.9.20.Rendas de Aluguéis		
D	C	Saldo
	14– 1.000	– 1.000
0	*1.000*	*– 1.000*

Contabilidade Bancária e de Instituições Financeiras 247

8.1.1.30.Despesas de Depósitos a Prazo		
D	C	Saldo
12– 233		233
233	**0**	**233**

8.1.4.50.Despesas de Variações e Dif. de Taxas		
D	C	Saldo
10– 10.000		10.000
10.000	**0**	**10.000**

8.1.7.30.1.FGTS		
D	C	Saldo
15D– 1.000		1.000
1.000	**0**	**1.000**

8.1.7.30.2.Previdência Social – INSS		
D	C	Saldo
15C– 4.000		4.000
4.000	**0**	**4.000**

8.1.7.33.1.Salários, Ordenados e Gratificações		
D	C	Saldo
15– 15.000		15.000
15.000	**0**	**15.000**

8.1.7.33.3.Férias		
D	C	Saldo
15A– 1.300		1.300
1.300	**0**	**1.300**

8.1.7.33.4.13º Salário		
D	C	Saldo
15B– 600		600
600	**0**	**600**

8.1.7.33.8.Horas Extras		
D	C	Saldo
15– 2.000		2.000
0	**0**	**2.000**

8.1.8.10.X.Despesas de Amortização Intangível		
D	C	Saldo
16A– 100		
100	**0**	**100**

8.1.8.20.Despesas de Depreciação		
D	C	Saldo
16– 1.883		
1.884	**0**	**1.884**

8.1.8.30 Provisão para Operação de Crédito		
D	C	Saldo
		7.550
	11C– 150	7.400
0	**150**	**7.400**

248   *Inácio Dantas*

c) Balancete Analítico

BALANCETE ANALÍTICO

Data: 31.05.20x4   Emissão: 01.06.20x4

Instituição: Banco Bombanco S.A.

Endereço: Rua X, 00   CNPJ: 00.000.000/0000 – 00

DISCRIMINAÇÃO DOS VERBETES	CÓDIGO NÚMERO	TOTAL	REALIZÁVEL EM ATÉ	
			3 MESES	APÓS 3 M.
ATIVO CIRCULANTE E REALIZÁVEL A LONGO PRAZO				
CIRCULANTE	**1.0.0.00**	**2.697.061,00**	**2.697.061,00**	
Disponibilidades	**1.1.0.00**	**1.493.662,50**	1.493.662,50	
Caixa	1.1.1.00	91.880,00	91.880,00	
Caixa	1.1.1.10	91.880,00	91.880,00	
Depósitos Bancários	**1.1.2.00**	313.000,00	313.000,00	
Banco do Brasil S.A. Conta Depósitos	1.1.2.10	313.000,00	313.000,00	
Reservas Livres	**1.1.3.00**	1.042.582,50	1.042.582,50	
Banco Central – Reservas Livres em Espécie	1.1.3.10	1.042.582,50	1.042.582,50	
Aplicações em Ouro	**1.1.4.00**	46.200,00	46.200,00	
Aplicações Temporárias em Ouro	1.1.4.10	46.200,00	46.200,00	
Relações Interfinanceiras	**1.4.0.00**	**265.417,50**	**265.417,50**	
Créditos Vinculados	**1.4.2.00**	265.417,50	265.417,50	
Reservas Comp. em Espécie B. Central	1.4.2.28	265.417,50	265.417,50	
Operações de Crédito	**1.6.0.00**	**339.481,00**	**339.481,00**	
Empréstimos e Títulos Descontados	1.6.1.00	346.881,00	346.881,00	
Empréstimos	1.6.1.20	350.417,00	350.417,00	
(–)Rendas a Apropriar – Empréstimos (Uso Int.)	1.6.1.20.X	– 13.536,00	– 13.536,00	

Contabilidade Bancária e de Instituições Financeiras

Títulos Descontados	1.6.1.30	10.000,00	10.000,00
			–
Provisões para Operações de Crédito	1.6.9.00	– 7.400,00	– 7.400,00
(–)Provisão p/ Emprést. e Títulos Descontados	1.6.9.20	– 7.400,00	– 7.400,00
			–
Outros Créditos	1.8.0.00	**590.000,00**	**590.000,00**
Câmbio	1.8.2.00	590.000,00	590.000,00
Câmbio Comprado a Liquidar	1.8.2.06	300.000,00	300.000,00
Direitos sobre Venda de Câmbio	1.8.2.25	290.000,00	290.000,00
Outros Valores e Bens	1.9.0.00	**8.500,00**	**8.500,00**
Material de Estoque	1.9.8.40	7.000,00	7.000,00
Despesas Antecipadas	1.9.9.00	1.500,00	1.500,00
Despesas Antecipadas	1.9.9.10	1.500,00	1.500,00
PERMANENTE	2.0.0.00	**540.616,00**	**540.616,00**
Imobilizado de Uso	2.2.0.00	419.325,00	419.325,00
Terrenos	2.2.3.10.X	150.000,00	150.000,00
Edificações	2.2.3.10.X	270.000,00	270.000,00
(–)Deprec. Acumulada de Imóveis Uso	2.2.3.99	– 675,00	– 675,00
Instalações, Móveis e Equipamentos de Uso	2.2.4.00	24.791,00	24.791,00
Instalações	2.2.4.10	5.000,00	5.000,00
Móveis e Equipamentos de Uso	2.2.4.20	20.000,00	20.000,00
Deprec. Acuml. de Móveis/Equip. de Uso	2.2.4.99	– 209,00	– 209,00
Outros	2.2.9.00	59.000,00	59.000,00
Equipamentos de Informática	2.2.9.30.X	60.000,00	60.000,00
Deprec. Acumul. de Outros Imob. de Uso	2.2.9.99.X	– 1.000,00	– 1.000,00

250   *Inácio Dantas*

Diferido	2.4.0.00	32.000,00	32.000,00
Gastos de Organização e Expansão	2.4.1.00	32.000,00	32.000,00
Instalação e Adaptação de Dependências	2.4.1.70.X	32.000,00	32.000,00
Intangível	2.5.0.00	5.500,00	5.500,00
Ativos Intangíveis	2.5.1.00	5.500,00	5.500,00
Outros Ativos Intangíveis	2.5.1.98	5.500,00	5.500,00
Marcas e Patentes	2.5.1.98.X	2.000,00	2.000,00
Softwares	2.5.1.98.X	3.600,00	3.600,00
Amortização do Intangível Acumulada	2.5.1.99	− 100,00	− 100,00
Compensação	3.0.0.00	**1.020.000,00**	**1.020.000,00**
Cobrança	3.0.5.00	660.000,00	660.000,00
Títulos em Cobrança Direta	3.0.5.30.X	80.000,00	80.000,00
Títulos em Cobrança no Exterior	3.0.5.50.X	580.000,00	580.000,00
		−	
Classificação das Carteiras de Crédito	3.1.0.00	360.000,00	360.000,00
Operações de Risco de Nível B	3.1.3.00.X	170.000,00	170.000,00
Operações de Risco de Nível C	3.1.4.00.X	190.000,00	190.000,00
TOTAL DO ATIVO		**4.257.677,00**	**4.257.677,00**	0

DISCRIMINAÇÃO DOS VERBETES	CÓDIGO NÚMERO	TOTAL	REALIZÁVEL EM ATÉ	
			3 MESES	APÓS 3 M
PASSIVO CIRCULANTE E EXIGÍVEL A LONGO PRAZO				
PASSIVO CIRCULANTE	4.0.0.00	**2.233.850,00**	**2.233.850,00**	
Depósitos	4.1.0.00	**1.089.393,00**	**1.089.393,00**	
Depósitos à Vista	4.1.1.00	721.160,00	721.160,00	
Depósitos de Instituições do Sist. Financeiro	4.1.1.30.X	50.000,00	50.000,00	
Depósitos de Poupança	4.1.2.00	303.000,00	303.000,00	
Depósitos a Prazo	4.1.5.00	16.000,00	16.000,00	
Despesas a Apropriar de Depósitos a Prazo	4.1.5.10	− 767,00	− 767,00	
Obrigações por Empréstimos e Repasses	4.6.0.00	**450.808,00**	**450.808,00**	

Contabilidade Bancária e de Instituições Financeiras 251

Obrigações por Repasses – BNDES	4.6.4.30	450.808,00	450.808,00
Outras Obrigações	4.9.0.00	**712.050,00**	**712.050,00**
IOF a Recolher	4.9.1.10.X	5.250,00	5.250,00
Câmbio	4.9.2.00	**590.000,00**	**590.000,00**
Câmbio Vendido a Liquidar	4.9.2.05.X	300.000,00	300.000,00
Obrigações por Compra de Câmbio	4.9.2.35.X	290.000,00	290.000,00
Impostos e Contribuições a Recolher	4.9.4.20	**7.000,00**	**7.000,00**
Impostos e Contribuições s/ Salários	4.9.4.20.X	7.000,00	7.000,00
Diversos	4.9.9.00	**109.800,00**	**109.800,00**
Obrigações por compra de Bens e Direitos	4.9.9.20	63.600,00	63.600,00
Salários e Vencimentos a Pagar	4.9.9.27.X	11.000,00	11.000,00
13º Salário a Pagar	4.9.9.30.X	600,00	600,00
Férias	4.9.9.30.X	1.300,00	1.300,00
Aluguéis a Pagar	4.9.9.30.X	2.400,00	2.400,00
Fornecedores	4.9.9.92.X	9.400,00	9.400,00
Contas a Pagar	4.9.9.92.X	21.500,00	21.500,00
Resultados de Exercícios Futuros	5.0.0.00	**2.000,00**	**2.000,00**
Rendas Antecipadas	5.1.1.10	2.000,00	2.000,00
Aluguéis	5.1.1.10.X	2.000,00	2.000,00
PATRIMÔNIO LÍQUIDO	6.0.0.00	**1.000.000,00**	**1.000.000,00**
Capital Social	6.1.1.00	1.000.000,00	1.000.000,00
Capital	6.1.1.10	1.000.000,00	1.000.000,00
CONTAS DE RESULTADOS			
Rendas de Operações de Crédito	7.1.1.00	**4.126,00**	**4.126,00**
Rendas de Adiantam. a Depositantes	7.1.1.03	45,00	45,00
Rendas de Empréstimos	7.1.1.05	4.034,00	4.034,00

Rendas de Títulos Descontados	7.1.1.10	47,00	47,00
Rendas de Câmbio	7.1.3.00	**10.000,00**	**10.000,00**
Rendas de Variações e Dif. de Taxas	7.1.3.30	10.000,00	10.000,00
Rendas de Títs e Vls Mobls e Instr. Fin. Der.	7.1.5.00	**1.200,00**	**1.200,00**
TVM – Ajuste Positivo ao Valor de Mercado	7.1.5.90	1.200,00	1.200,00
Rendas de Prestação de Serviços	7.1.7.00	**18.695,00**	**18.695,00**
Rendas de Cobranças	7.1.7.40	25,00	25,00
Rendas de Pacotes de Serviços – PF	7.1.7.94	6.500,00	6.500,00
Rendas de Pacotes de Serviços – PJ	7.1.7.98	12.170,00	12.170,00
Outras Receitas Não Operacionais	7.3.9.00	**1.000,00**	**1.000,00**
Rendas de Aluguéis	7.3.9.20	1.000,00	1.000,00
Operações de Captação de Mercado	8.1.1.00	**– 233,00**	**– 233,00**
Despesas de Depósitos a Prazo	8.1.1.30	– 233,00	– 233,00
Operações de Empréstimos e Repasses	8.1.2.00	**– 808,00**	**– 808,00**
Despesas de Repasses – BNDES	8.1.2.55	– 808,00	– 808,00
Operações de Câmbio	8.1.4.00	**– 10.000,00**	**– 10.000,00**
Despesas de Variaç. e Difças de Taxas	8.1.4.50	– 10.000,00	– 10.000,00
Despesas Administrativas	8.1.7.00	**– 31.170,00**	**– 31.170,00**
Água, Energia, Gás	8.1.7.03	– 2.840,00	– 2.840,00
Despesas de Aluguéis	8.1.7.06	– 2.400,00	– 2.400,00
Despesas de Comunicações	8.1.7.12	– 100,00	– 100,00
Despesas de Manutenção e Cons. de Bens	8.1.7.21	– 1.630,00	– 1.630,00
FGTS	8.1.7.30.1	– 1.000,00	– 1.000,00
Previdência Social – INSS	8.1.7.30.2	– 4.000,00	– 4.000,00

Contabilidade Bancária e de Instituições Financeiras

Salários, Ordenados, Gratificações	8.1.7.33.1	– 15.000,00	– 15.000,00
Férias	8.1.7.33.3	– 1.300,00	– 1.300,00
13º Salário	8.1.7.33.4	– 600,00	– 600,00
Horas Extras	8.1.7.33.8	– 2.000,00	– 2.000,00
Despesas de Propaganda e Publicidade	8.1.7.45	– 300,00	– 300,00
Aprovisionamentos e Ajustes Patrimoniais	8.1.8.00	**– 1.984,00**	**– 1.984,00**
Despesas de Amortização Intangível	8.1.8.10	– 100,00	– 100,00
Despesas de Depreciação	8.1.8.20	– 1.884,00	– 1.884,00
Despesas para Provisões Operacionais	8.1.8.30	**– 7.400,00**	**– 7.400,00**
Provisão para Operações de Crédito	8.1.8.30	– 7.400,00	– 7.400,00
Compensação	9.0.0.00	**1.020.000,00**	**1.020.000,00**
Cobrança	9.0.5.00	660.000,00	660.000,00
Cobrança por Conta de Terceiros	9.0.5.70.X	370.000,00	370.000,00
Cobrança Vinculada a Operações	9.0.5.90.X	290.000,00	290.000,00
Classificação Carteira de Crédito	9.1.0.00	360.000,00	360.000,00
Classificação Carteira de Crédito	9.1.0.00	360.000,00	360.000,00
TOTAL DO PASSIVO		**4.257.677,00**	**4.257.677,00** 0

Local e Data:

_____
Diretor Responsável pela Área Contábil/Auditoria

_____
Diretor

_____
Profissional de Contabilidade

CRC:

CPF:

Mod.: <http://www4.bcb.gov.br/NXT/gateway.dll?f=templates&fn=default.htm&vid=nmsDenorCosif:idvDenorCosif>.

254 *Inácio Dantas*

Exercício 06

Enunciados de Fatos Contábeis para efetuar:
– Lançamentos Contábeis – Partida Dobrada (as 4 Fórmulas Contábeis)
– Razonetes (Modelo Cosif)
(Balancete Analítico será elaborado em 30.06.X4)

Parte A – Pagamento dos Salários, Recolhimento dos Impostos, Ajustes das Operações de Câmbio.

– Adiantamentos de Câmbio

– Crédito dos Salários dos Funcionários em Conta Movimento

– Recolhimento (pelo Banco) das suas Contribuições Sociais e Impostos

– Saque de Clientes em Terminais de Caixa com Cartão de Débito

Fatos Contábeis – 07.06.20x4

Pede-se:

a) Lançamentos Contábeis – Partida Dobrada (usando as 4 Fórmulas Contábeis)

b) Razonetes (com o transporte de Saldos do Exercício Anterior)

Nº do lançamento e descrição do fato Contábil:	Valor R$
1 – Adiantamentos de Câmbio – Referentes aos Enunciados nºs 6 e 7, do dia 24.05.X4.	
Operações de Câmbio – Importação e Exportação.	
1A – Exportação (Moeda US$). Valor da Operação: US$ 100.000,00	
Valor do dólar em 07.06.x4: R$ 3,00. Adiantamento: US$ 100.000 x R$ 3,05 x 80%	244.000
1B – Importação (Moeda US$). Valor da Operação: US$ 100.000,00	
Valor do dólar em 07.06.x4: R$ 3,00. Adiantamento: US$ 100.000 x R$ 3,05 x 80%	244.000
2 – Folha de Pagamento. Crédito dos Salários aos funcionários na Conta Movimento	11.000
2A – Recolhimento de Contribuições e Encargos Sociais Provisionados (maio/20x4)	7.000
2B – Recolhimento do IOF (maio/20x4)	5.250
3 – Clientes fazem saques nos Terminais de Caixa, com cartão de Débito	11.000

Notas:
Enunciados:
1 (A e B) – – A liquidação será em 30.06.X4 e não sofrerá ajuste de variação de taxa, ou seja, será o saldo da conta;

Contabilidade Bancária e de Instituições Financeiras												255

– Na Exportação haverá uma "Renda" relativa à apropriação do Adiantamento de 3%, que será apropriada em 30.06.X4 (R$ 244.000 x 3% = R$ 7.320,00)

2 – O crédito do recolhimento é efetuado diretamente na Conta "Depósitos à Vista", pessoa jurídica, Governo, conta 4.1.1.40.X (Cosif 4.1.1.40.00.8). Para fins didáticos, utilizamos a conta sintética 4.1.1 Depósitos à Vista.

a) Lançamentos

1A – Adiantamento referente à Operação Câmbio – Exportação

D	4.9.2.36 (–)Adiantamento sobre Contratos de Câmbio	244.000	
C	4.1.1 Depósitos à Vista		244.000

1B – Adiantamento referente à Operação Câmbio – Importação

D	4.1.1 Depósitos à Vista	244.000	
C	1.8.2.26 (–)Adiantamentos em Moeda Nacional Receb.		244.000

2 – Pagamento Salários Funcionários referentes a maio/20x4

D	4.9.9.27.X Salarios e Vencimentos (a Pagar)	11.000	
C	4.1.1 Depósitos à Vista		11.000

2A – Recolhimento de Contribuições/Encargos Provisionados ref. a maio/20x4.

D	4.9.4.20.X.Imp. e Contrib. s/ Salários (IR/Taxas/INSS)	7.000	
C	4.1.1 Depósitos à Vista		7.000

2B – Recolhimento do IOF ref. a maio/20x4.

D	4.9.1.10.X IOF a Recolher	5.250	
C	4.1.1 Depósitos à Vista		5.250

3 – Clientes fazem Saques nos Terminais, em dinheiro.

D	4.1.1 Depósitos à Vista	11.000	
C	1.1.1.10 Caixa		11.000

b) Razonetes

1.1.1.10 Caixa		
D	C	Saldo
		91.880

1.8.2.26 (–)Adiantam. em Moeda Nacional Receb.		
D	C	Saldo
	1B– 244.000	– 244.000

| | 3– 11.000 | 80.880 |
| 0 | 11.000 | 80.880 |

| 0 | 244.000 | – 244.000 |

4.1.1 Depósitos à Vista

D	C	Saldo
		– 721.160
	1A– 244.000	– 965.160
1B– 244.000		– 721.160
	2– 11.000	– 732.160
	2A– 7.000	– 739.160
3– 11.000		– 728.160
	2B– 5.250	– 733.410
255.000	267.250	– 733.410

4.9.1.10.X IOF a Recolher

D	C	Saldo
		– 5.250
2B– 5.250		0
5.250	0	0

4.9.2.36 (–)Adiantam. s/ Contratos de Câmbio

D	C	Saldo
1A– 244.000		244.000
244.000	0	244.000

4.9.9.27.X.Salários e Vencimentos (a Pagar)

D	C	Saldo
		– 11.000
2– 11.000		0
11.000	0	0

4.9.4.20.X.Imp. e Contrib. s/ Salários (IR/Taxas/INSS)

D	C	Saldo
		– 7.000
2A– 7.000		0
7.000	0	0

Parte B – Ajustes (Cobrança Simples, Resgates de Empréstimos, etc.)

– **Apropriação de Despesas Antecipadas**

– **Apropriação de Rendas de Empréstimos (Cálculos e Lançamentos Contábeis)**

– **Resgates de Operações de Câmbio**

– **Baixa de Contas de Compensação dos Empréstimos**

Fatos Contábeis – 23.06.20x4

Pede-se:

a) Lançamentos Contábeis – Partida Dobrada (usando as 4 Fórmulas Contábeis)

b) Razonetes (com o transporte de Saldos do Exercício Anterior)

Contabilidade Bancária e de Instituições Financeiras   **257**

Nº do lançamento e descrição do fato Contábil:	Valor R$
1 – Ajuste (Princípio da Competência) do Empréstimo no País, captado no BNDES, em moeda nacional. Empréstimo em 22.05.20x4. Enunciado nº 1. Método de cálculo exponencial. Juro de 0,60% ao mês: **23** **30** **= R$ 450.000,00 x ((1 + 0,006) – 1) = R$ 2.069,00** 1A – Resgate do Empréstimo junto ao BNDES. Uso das "Reservas Livres" – BACEN	2.069 452.850
2 – Resgate das Aplicações Temporárias em Ouro. Enunciado nº 2, de 22.05.x4 Valor atual do ouro: R$ 49.600. Valor contábil: R$ 46.200. Ganho 2A – Resgate do Valor Aplicado diretamente em Reservas Livres – BACEN	3.400 49.600
3 – Remuneração da Poupança, pela fluência de prazo. Taxa: 0,6% ao mês. Saldo da conta Depósitos de Poupança: R$ 303.000,00 x 0,6% =	1.818
4 – Enunciado nº 19, de 24.05.14. Aplicação em CDB. Apropriação das Despesas. Valor do Rendimento total: R$ 1.000,00, para 30 dias. = R$ 1.000,00 : 30 x 23 dias 4A– Saldo da conta Depósitos a Prazo o cliente transfere para a conta Poupança	767 16.000
55 – Enunciado nº 2, de 24.05.20x4. Resgate do Empréstimo e Apropriação de Rendas. Parte já foi Apropriada em 31.05. Restam: R$ 10.000,00 : 30 x 23 dias. 5A – Cliente Resgata o Empréstimo com Débito em Conta Movimento 5B – Reversão da Conta de Compensação – Classificação de Risco de Nível B, 30 dias 5C – Reversão da Conta de Provisão de Crédito – Nível B – 1%	7.666 160.000 160.000 1.600
6 – Enunciado nº 3, de 24.05.X4. Resgate de Títulos Descontados. Valor dos Títulos Descontados, resgatados no caixa, no vencimento. 6A – Valor dos Encargos (Rendas) – R$ 200,00 : 30 x 23 dias 6B – Reversão da Classificação de Risco de Nível B 6C – Reversão da Constituição da Provisão – Nível B = 1%	10.000 153 10.000 100
7 – Enunciado nº 10, de 24.04.20x4. Cobrança Simples, Pagamento no vencimento. 7A – Recebimento no Caixa da Cobrança simples e crédito na Conta Movimento	80.000 80.000
8 – Clientes sacam cheques da Conta Movimento na "boca do caixa"	80.000

Notas:

Enunciados:

7 – Esquema de Registro Contábil n° 40, Cobrança Simples, **capítulo 5.**

-----

a) Lançamentos

-----

1 – Apropriação *pro rata die* das Despesas – BNDES

D	8.1.2.55.Despesas de Repasses – BNDES	2.069	
C	4.6.4.30 Obrigações por Repasses – BNDES		2.069

1A – Resgate do Empréstimo – BNDES

D	4.6.4.30 Obrigações por Repasses – BNDES	452.877	
C	1.1.3.10.Banco Central – Reservas Livres em Espécie		452.877

258 — *Inácio Dantas*

2 – Apropriação da Variação da cotação do Ouro.

D	1.1.4.10 Aplicações Temporária em Ouro	3.400	
C	7.1.5.70.Rendas de Aplicações em Ouro		3.400

2A – Resgate da Aplicação em Ouro – Conta Reservas Livres

D	1.1.3.10.Banco Central – Reservas Livres em Espécie	49.600	
C	1.1.4.10 Aplicações Temporária em Ouro		49.600

3 – Apropriação das Despesas relativas à Poupança.

D	8.1.1.10 Despesas de Depósitos Poupança	1.818	
C	4.1.2 Depósitos de Poupança		1.818

4 – Apropriação das Despesas Provisionadas relativas à Aplicação em CDB

D	8.1.1.30.Despesas de Depósitos a Prazo	767	
C	4.1.5.10 (–)Despesas a Apropr.Depósitos a Prazo		767

4A – Resgate da Aplicação em CDB, em dinheiro.

D	4.1.5 Depósitos a Prazo	16.000	
C	4.1.2 Depósitos de Poupança		16.000

5 – Apropriação de 23/30 dos Encargos Prefixados do Empréstimo de 24.05.X4.

D	1.6.1.20.X (–)Rendas a Apropriar – Empréstimos (Uso Int.)	7.666	
C	7.1.1.05.Rendas de Empréstimos		7.666

5A – Resgate da Aplicação em CDB, em dinheiro.

D	4.1.1 Depósitos à Vista	160.000	
C	1.6.1.20 Empréstimos		160.000

5B – Reversão da Classificação de Risco de Nível B – (30 dias)

D	9.1.0.00.X Classificação Carteira de Crédito	160.000	
C	3.1.3.00.X Operações de Risco de Nível B		160.000

5C – Reversão da Constituição da Provisão – Nível B = 1%

D	1.6.9.20 (–)Provisão para Empréstimos e Tít. Descontados	1.600	
C	8.1.8.30 Provisão para Operação de Crédito		1.600

Contabilidade Bancária e de Instituições Financeiras 259

6 – Crédito na Conta Movimento dos Clientes – Títulos Descontados

D	1.1.1.10 Caixa	10.000	
C	1.6.1.30 Títulos Descontados		10.000

6A – Apropriação de 23/30 dos Encargos de "Títulos Descontados" 24.05.20X4.

D	1.6.1.20.X (–)Rendas a Apropriar – Empréstimos (Uso Int.)	153	
C	7.1.1.10.Rendas de Títulos Descontados		153

6B – Classificação de Risco de Nível B – (30 dias)

D	9.1.0.00.X Classificação Carteira de Crédito	10.000	
C	3.1.3.00.X Operações de Risco de Nível B		10.000

6C – Reversão da Constituição da Provisão – Nível B = 1%

D	1.6.9.20 (–)Provisão para Empréstimos e Tít. Descontados	100	
C	8.1.8.30 Provisão para Operação de Crédito		100

7 – Títulos em Cobrança Simples – Pagamento dos Títulos

D	9.0.5.70.X Cobrança por Conta de Terceiros	80.000	
C	3.0.5.30.X Títulos em Cobrança Direta		80.000

7A – Recebimento dos Títulos em Cobrança Simples – Caixa

D	1.1.1.10 Caixa	80.000	
C	4.1.1 Depósitos à Vista		80.000

8 – Saques de cheques de clientes na boca do caixa.

D	4.1.1 Depósitos à Vista	80.000	
C	1.1.1.10 Caixa		80.000

b) Razonetes

1.1.1.10 Caixa		
D	C	Saldo
		80.880
7A– 80.000		160.880
	8– 80.000	80.880
6– 10.000		90.880
90.000	**80.000**	**90.880**

1.1.3.10 Banco Central – Reservas Livres em Espécie		
D	C	Saldo
		1.042.582,50
	1A– 452.877	589.705,50
2A– 49.600		639.305,50
49.600	**452.850,00**	**639.305,50**

1.1.4.10 Aplicações Temporárias em Ouro		
D	C	Saldo
		46.200
2– 3.400		49.600
	2A– 49.600	0
3.400	**49.600**	**0**

1.6.1.20 Empréstimos		
D	C	Saldo
		350.417
	5A– 160.000	190.417
	160.000	**.417,00**

1.6.1.30 Títulos Descontados		
D	C	Saldo
		10.000
	6– 10.000	
0	**10.000**	**0**

1.6.1.20.X (–)Rendas a Apropriar – Emp. (Uso Int.)		
D	C	Saldo
		– 13.536,00
5– 7.666		– 5.870,00
6A– 153		– 5.717,00
7.819,00	**0**	**– 5.717,00**

1.6.9.20 (–)Provisão para Empr. e Tít. Descontados		
D	C	Saldo
		– 7.400
5C– 1.600		– 5.800
6C– 100		– 5.700
1.700	**0**	**– 5.700**

3.1.3.00.X Operações de Risco de Nível B		
D	C	Saldo
		170.000
	5B– 160.000	10.000
	6B– 10.000	0
	170.000	**0**

3.0.5.30.X Títulos em Cobrança Direta		
D	C	Saldo
		80.000
	7– 80.000	0
0	**80.000**	**0**

4.1.2 Depósitos de Poupança		
D	C	Saldo
		– 303.000
	3– 1.818	– 304.818
	4A– 16.000	– 320.818
0	**17.818**	**– 320.818**

4.1.1 Depósitos à Vista		
D	C	Saldo
		– 733.410
5A– 160.000		– 573.410
	7A– 80.000	– 653.410
8– 80.000		– 573.410
240.000	**80.000**	**– 573.410**

4.1.5.10 (–)Despesas a Apropr. Depósitos a Prazo		
D	C	Saldo
		767

4.1.5 Depósitos a Prazo		
D	C	Saldo
		– 16.000

Contabilidade Bancária e de Instituições Financeiras

	767	0
0	**767**	**0**

4A– 16.000		0
16.000	**0**	**0**

7.1.1.05.Rendas de Empréstimos

D	C	Saldo
		– 4.034,00
	5– 7.666	– 11.700,00
	7.666	**– 11.700,00**

4.6.4.30 Obrigações por Repasses – BNDES

D	C	Saldo
		– 450.808
	1– 2.069	– 452.877
1A– 452.877		0
452.877	**2.069**	**0**

7.1.1.10.Rendas de Títulos Descontados

D	C	Saldo
		– 47
	6A– 153	– 200
0	**153**	**– 200**

7.1.5.70.Rendas de Aplicações em Ouro

D	C	Saldo
	2– 3.400	– 3.400
0	**3.400**	**– 3.400**

8.1.1.10 Despesas de Depósitos Poupança

D	C	Saldo
3– 1.818		1.818
1.818	**0**	**1.818**

8.1.1.30.Despesas de Depósitos a Prazo

D	C	Saldo
		233
4– 767		1.000
767	**0**	**1.000**

8.1.2.55 Despesas de Repasses – BNDES

D	C	Saldo
		808
1– 2.069		2.877
2.069	**0**	**2.877**

8.1.8.30 Provisão para Operação de Crédito

D	C	Saldo
		7.400
	5C– 1.600	5.800
	6C– 100	5.700
0	**1.700**	**5.700**

9.0.5.70.X Cobrança por conta de Terceiros

D	C	Saldo
		– 370.000
7– 80.000		– 290.000
80.000	**0**	**– 290.000**

9.1.0.00.X Classificação Carteira de Crédito

D	C	Saldo
		– 360.000
5B– 160.000		– 200.000
6B– 10.000		– 190.000
170.000	**0**	**– 190.000**

Exercício 07

Enunciados de Fatos Contábeis para efetuar:
– Lançamentos Contábeis – Partida Dobrada (as 4 Fórmulas Contábeis)
– Razonetes (Modelo Cosif)

Parte A – Complemento dos Ajustes (Apropriações de Rendas e Despesas, Câmbio, etc.)

– Apropriação de Despesas Antecipadas

– Rendas de Empréstimos (Cálculo método Exponencial e Lançamento Contábil)

– Baixa de Contas de Compensação

– Resgate de Operações de Câmbio – Importação e Exportação

Fatos Contábeis – 30.06.20x4
Pede-se:
a) Lançamentos Contábeis – Partida Dobrada (usando as 4 Fórmulas Contábeis)
b) Razonetes (com o transporte de Saldos do Exercício Anterior)

Nº do lançamento e descrição do fato Contábil:	Valor R$
1 – Enunciado nº 8, de 22.05.x4. Despesa Antecipada de "Manutenção e Conservação".	
1A – Apropriação da Despesa de Manutenção e Conservação	3.000
1B – Pagamento da conta, em dinheiro.	3.000
2 – Enunciado nº 2, de 24.05.20x4. Apropriação das Rendas referentes a "Empréstimos". Método de Cálculo Exponencial: Valor do Empréstimo: R$ 90.000,00, juros pela variação do CDI (2% a.m.), data de resgate: 30.06.20x4 (37 dias). No mês de junho/20x4, são 30 dias.	
$\frac{30}{30}$	
= R$ 90.000,00 x ((1 + 0,02) $^{\frac{30}{30}}$ − 1) = R$ 1.800,00	1.800
2A – Reversão da conta de Compensação – Classificação de Risco de Nível B, 30 dias.	90.000
2B – Reversão da Conta de "Previsão de Crédito" – Nível B, 1%.	2.700
2C – Cliente resgatou o Empréstimo com débito na Conta Movimento.	92.217
3 – Apropriação das Rendas referentes a "Empréstimos". Enunciado nº 4, de 24.05.20x4. Método de cálculo pós-fixado. Valor dos Encargos: R$ 2.000,00 (R$ 20.000,00 – R$ 18.000,00). Tempo do Empréstimo: 37 dias. Cálculo *pro rata die*, 30 dias do mês de junho/20x4, vencimento em 30.06.20x4.	
$\frac{30}{37}$ 0,81081	
= R$ 20.000,00 = 1,1111 = 1,0892	
R$ 18.000,00	
	1.638
R$ 18.362,00 x (1,0892 − 1) = R$ 1.638,00	20.000
3A – Reversão da conta de Compensação – Classificação de Risco de Nível B, 30 dias.	600
3B – Reversão da Conta de "Previsão de Crédito" – Nível C, 3%.	20.000
3C – Cliente resgatou o Empréstimo com débito na Conta Movimento.	

Contabilidade Bancária e de Instituições Financeiras — 263

4 – Apropriação das Rendas referentes a "Empréstimos". Enunciado nº 5, de 24.05.20x4. Método de cálculo pós-fixado. Valor dos Encargos: R$ 5.000,00 (R$ 80.000,00 – R$ 75.000,00). Tempo do Empréstimo: 37 dias. Cálculo *pro rata die*, 37 dias do mês de junho/20x4, vencimento em 30.06.20x4. **30** **37 0,81081** **= R$ 80.000,00 = 1,066667 = 1,05372** **R$ 75.000,00**	
R$ 75.922,00 x (1,05372 – 1) = R$ 4.079,00	4.079 80.000
4A – Reversão da conta de Compensação – Classificação de Risco de Nível B, 30 dias.	2.400
4B – Reversão da Conta de "Previsão de Crédito" – Nível C, 3%.	80.000
4C – Cliente resgatou o Empréstimo com débito na Conta Movimento	

5 – Resgate de Operações de Câmbio referentes aos Enunciados 6 e 7, do dia 24.05.X4	
Exportação (Moeda US$). Valor da Operação: US$ 100.000,00	
5A – Registro Contábil da Liquidação (Moeda Nacional) do contrato.	290.000
5B – Registro da Renda a Receber da Operação de crédito:	
(Valor do adiantamento: R$ 244.000 x taxa de 3%)	7.320
5C – Registro Contábil da Liquidação do Adiantamento Contrato	251.320
(R$ 244.000 + R$ 7.320)	
5D – Registro da liquidação na respectiva conta de compensação.	290.000
6 – Importação (Moeda US$). Valor da Operação: US$ 100.000,00	
6A – Registro Contábil da Liquidação (Moeda Nacional) do Contrato (R$ 290.000,00)	244.000
6B – Registro da liquidação na respectiva conta de compensação	290.000
7 – Registro Contábil da Liquidação (Moeda Nacional) da Importação/Exportação	300.000

Notas:

Enunciado nº 4: há diferença de R$ 1,00 em razão de arredondamentos de casas decimais.

---

a) Lançamentos

1A – Apropriação de Despesa de Manutenção e pagamento

D	8.1.7.21.Despesas de Manutenção e Conservação de Bens	1.500	
C	1.9.9.10 Despesas Antecipadas		1.500

1B – Pagamento da Conta referente à Manutenção e à Conservação

D	4.9.9.92.X Contas a Pagar	3.000	
C	1.1.1.10 Caixa		3.000

264 — *Inácio Dantas*

2 – Apropriação de 30/30 dos Encargos Pós-fixados do Empréstimo de 24.05.20X4.

D	1.6.1.20 Empréstimos	1.800
C	7.1.1.05.Rendas de Empréstimos	1.800

2A – Reversao da Classificação de Risco de Nível C – (36 dias)

D	9.1.0.00.X Classificação Carteira de Crédito	90.000
C	3.1.4.00.X Operações de Risco de Nível C	90.000

2B – Reversão da Constituição da Provisão – Nível C = 3%

D	1.6.9.20. (–)Provisão para Empréstimos e Tít. Descontados	2.700
C	8.1.8.30 Provisão para Operação de Crédito	2.700

2C – Resgate do Empréstimo – Débito em Conta Movimento

D	4.1.1 Depósitos à Vista	92.217
C	1.6.1.20 Empréstimos	92.217

3 – Apropriação de 30/37 dos Encargos de "Empréstimos" 24.05.20X4.

D	1.6.1.20.X (–)Rendas a Apropriar – Empréstimos (Uso Int.)	1.638
C	7.1.1.05.Rendas de Empréstimos	1.638

3A – Reversão da Classificação de Risco de Nível C – (37 dias)

D	9.1.0.00.X Classificação Carteira de Crédito	20.000
C	3.1.4.00.X Operações de Risco de Nível C	20.000

3B – Reversão da Constituição da Provisão – Nível C = 3%

D	1.6.9.20 (–)Provisão para Empréstimos e Tít. Descontados	600
C	8.1.8.30 Provisão para Operação de Crédito	600

3C – Resgate do Empréstimo – Débito em Conta Movimento

D	4.1.1 Depósitos à Vista	20.000
C	1.6.1.20 Empréstimos	20.000

4 – Apropriação de 30/37 dos Encargos de "Empréstimos" 24.05.20X4.

D	1.6.1.20.X (–)Rendas a Apropriar – Empréstimos (Uso Int.)	4.079
C	7.1.1.05.Rendas de Empréstimos	4.079

Contabilidade Bancária e de Instituições Financeiras 265

4A – Reversão da Classificação de Risco – Nível C – (37 dias)

D	9.1.0.00.X Classificação Carteira de Crédito	80.000	
C	3.1.4.00.X Operações de Risco de Nível C		80.000

4B – Reversão da Constituição da Provisão – Nível C = 3%

D	1.6.9.20 (–)Provisão para Empréstimos e Tít. Descontados	2.400	
C	8.1.8.30 Provisão para Operação de Crédito		2.400

4C – Resgate do Empréstimo – Débito em Conta Movimento

D	4.1.1 Depósitos à Vista	80.000	
C	1.6.1.20 Empréstimos		80.000

5A – Liquidação do contrato de Exportação (Moeda Nacional)

D	4.9.2.35.X Obrigações por Compra de Câmbio	290.000	
C	4.1.1 Depósitos à Vista		290.000

5B – Rendas por aplicações do Adiantamento – Exportação (Moeda Nacional)

D	1.8.2.75 (–)Rendas a Receber de Adiantamentos Concedidos	7.320	
C	7.1.3.10 Rendas de Operações de Câmbio		7.320

5C – Liquidação do Adiantamento do Contrato – Exportação (Moeda Nacional)

D	4.1.1 Depósitos à Vista	251.320	
C	4.9.2.36 (–)Adiantamentos s/ Contratos de Câmbio		244.000
C	1.8.2.75 (–)Rendas a Receber de Adiantamentos Concedidos		7.320

5D – Liquidação – Conta de Compensação – Exportação

D	9.0.5.90 Cobrança Vinculada a Operações	290.000	
C	3.0.5.50.X Títulos em Cobrança no Exterior		290.000

6A – Liquidação da Operação Câmbio – Importação

D	1.8.2.26 Adiantamentos em Moeda Nacional	244.000	
C	4.1.1 Depósitos à Vista	46.000	
C	1.8.2.25 Direitos sobre Venda de Câmbio		290.000

6B – Liquidação – Conta de Compensação – Importação

D	9.0.5.70.X Cobrança por Conta de Terceiros	290.000	
C	3.0.5.50.X Títulos em Cobrança no Exterior		290.000

266 — Inácio Dantas

7 – Liquidação do Contrato – Importação/Exportação

D	4.9.2.05.X Câmbio Vendido a Liquidar	300.000
C	1.8.2.06 Câmbio Comprado a Liquidar	300.000

b)Razonetes

1.1.1.10 Caixa		
D	C	Saldo
		90.880
	1B– 3.000	87.880
	3.000	**87.880**

1.8.2.06 Câmbio Comprado a Liquidar		
D	C	Saldo
		300.000
	7– 300.000	0
	0	**0**

1.6.1.20.X (–)Rendas a Apropriar – Emp. (Uso Int.)		
D	C	Saldo
		– 5.717,00
3– 1.638		– 4.079,00
4– 4.079		0,00
5.717	**0**	**0**

1.6.1.20 Empréstimos		
D	C	Saldo
		190.417
2– 1.800		192.217
	2C– 92.217	100.000
	3C– 20.000	80.000
	4C– 80.000	0
1.800,00	**192.217**	**0**

1.8.2.25 Direitos sobre Venda de Câmbio		
D	C	Saldo
		290.000
	6A– 290.000	0
0	**290.000**	**0**

1.8.2.75 (–)Rendas a Receb. de Adiant. Concedidos		
D	C	Saldo
5B– 7.320		7.320
	5C– 7.320	0
7.320	**7.320**	**0**

1.6.9.20 (–)Provisão para Empr. e Tít. Descontados		
D	C	Saldo
		– 5.700
2B– 2.700		– 3.000
3B– 600		– 2.400
4B– 2.400		0
5.700	**0**	**0**

3.0.5.50.X Títulos em Cobrança no Exterior		
D	C	Saldo
		580.000
	5D– 290.000	290.000
	6B– 290.000	0

1.8.2.26 (–)Adiantam. em Moeda Nacional Receb.		
D	C	Saldo
		– 244.000
6A– 244.000		0
244.000	**0**	**0**

Contabilidade Bancária e de Instituições Financeiras

0	580.000	0

4.1.1 Depósitos à Vista

D	C	Saldo
		– 573.410
2C– 92.217		– 481.193
3C– 20.000		– 461.193
4C– 80.000		– 381.193
	5A– 290.000	– 671.193
5C– 251.320		– 419.873
6A– 46.000		– 373.873
489.537	**290.000**	**– 373.873**

4.9.2.05.X Câmbio Vendido a Liquidar

D	C	Saldo
		– 300.000
7– 300.000		0
300.000	**0**	**0**

4.9.2.36 (–)Adiantam.s/Contratos de Câmbio

D	C	Saldo
		244.000
	5C– 244.000	0
0	**244.000**	**0**

7.1.1.05.Rendas de Empréstimos

D	C	Saldo
		– 11.700,00
	2– 1.800	– 13.500,00
	3– 1.638	– 15.138,00
	4– 4.079	– 19.217,00
0	**7.517**	**– 19.217,00**

8.1.8.30 Provisão para Operação de Crédito

D	C	Saldo

1.9.9.10 Despesas Antecipadas

D	C	Saldo
		1.500
1A– 1.500		0
0	**1.500**	**0**

3.1.4.00.X Operações de Risco de Nível C

D	C	Saldo
		190.000
	2A– 90.000	100.000
	3A– 20.000	80.000
	4A– 80.000	0
0	**190.000**	**0**

4.9.2.35.X Obrigações por Compra de Câmbio

D	C	Saldo
		– 290.000
5A– 290.000		0
290.000	**0**	**0**

4.9.9.92.X Contas a Pagar

D	C	Saldo
		– 21.500
1B– 3.000		– 18.500
3.000	**0**	**– 18.500**

7.1.3.10 Rendas de Operações de Câmbio

D	C	Saldo
	5B– 7.320	– 7.320
	7.320	**– 7.320**

8.1.7.21.Despesas de Manutenção e Cons. de Bens

D	C	Saldo
		1.630

		5.700
	2B– 2.700	3.000
	3B– 600	2.400
	4B– 2.400	0
0	**5.700**	**0**

1A– 1.500		3.130
3.000	**0**	**3.130**

9.0.5.90.X Cobrança Vinculada a Operações		
D	C	Saldo
		– 290.000
5D– 290.000		0
290.000	**0**	**0**

9.0.5.70.X Cobrança por Conta de Terceiros		
D	C	Saldo
		– 290.000
6B– 290.000		0
290.000	**0**	**0**

9.1.0.00.X Classificação Carteira de Crédito		
D	C	Saldo
		– 190.000
2A– 90.000		– 100.000
3A– 20.000		– 80.000
4A– 80.000		0
190.000	**0**	**0**

Parte B – Provisões (Princípio da Competência), Depreciações e Amortizações

– Apropriação de Despesas (Fluência de Prazo)

– Provisão Folha de Pagamentos do mês (Princípio da Competência)

– Apropriação de Depreciações e Amortizações do mês (Competência)

– Operações de Financiamento Habitacional

Fatos Contábeis – 30.06.20x4

Pede-se:

a) Lançamentos Contábeis – Partida Dobrada (usando as 4 Fórmulas Contábeis)

b) Razonetes (com o transporte de Saldos do Exercício Anterior)

c) Balancete Analítico

1 – Apropriação do "Aluguel", parcela 2/3 referente a junho/20x4 (Princípio da Competência), conforme Enunciado nº 14, de 24.05.20x4.	1.000

Contabilidade Bancária e de Instituições Financeiras 269

2 – Provisões da Folha de Pagamento (Valores simbólicos): Salários R$ 15.000,00; Horas Extras: R$ 2.000,00; INSS (Retido): R$ 1.800; Imposto de Renda Retido: R$ 200,00, desconto do Adiantamento Salarial. O Salário Líquido será pago em junho/20x4. 2A – Provisão de Férias: R$ 1.300 (1/12) 2B – Provisão de 13º Salário (1/12) 2C – Provisão de INSS – Folha de Pagamento – Empresa 2D – Provisão de FGTS	1.300 600 4.000 1.000
3 – Apropriação das Depreciações e Amortizações do mês. *Edificações: 25 anos, 4% ao ano. R$ 270.000 x 4% : 12 meses *Instalações: 10 anos, 10% ao ano. R$ 5.000 x 10% : 12 meses *Móveis e Equip. de Uso: 10 anos, 10% ao ano, R$ 20.000 x 10% : 12 meses. *Equipamentos de Informática: 5 anos, 20% ao ano, R$ 60.000 x 20% : 12 meses	675 42 167 1.000
4 – *Softwares*, contrato para 36 meses. R$ 3.600 : 36 x 1 mês (o prazo contratual do *Software* foi de 36 meses).	100
5 – Operação de Financiamento Habitacional 5 – Aprovação do Financiamento – Pós-fixado, taxa TR (Taxa Referencial) + 8,5% ao ano. 5A – Comissão recebida pelo Bombanco para Abertura de Crédito 5B – Pagamento ao Vendedor após o Registro da Hipoteca (conta Pessoa Física) 5C – Apropriação da Receita (efetiva) ref. ao Financiamento Obs.: Recebimento da 1ª prestação ocorrerá em 31.07.20x4. Dívida total: R$ 460.000.	400.000 3.000 400.000 60.000

Notas:

Enunciados:

5– Adaptado do livro "Contabilidade de Instituições Financeiras (Niyama/ Gomes, Atlas, 2012).

a) Lançamentos

1 – Apropriação do Aluguel 2/3, referente a junho/20x4.

D	5.1.1.10.X.Aluguéis	1.000	
C	7.3.9.20.Rendas de Aluguéis		1.000

2 – Provisão Folha de Pagamento do mês de Junho/20x4.

D	8.1.7.33.1.Salários, Ordenados e Gratificações	15.000	
D	8.1.7.33.8.Horas Extras	2.000	
C	4.9.4.20.X.Impostos e Contribuiç. s/ Salários (IR/Taxas/INSS)		1.800
C	4.9.4.20.X.Impostos e Contribuiç. s/ Salários (IR/Taxas/INSS)		200
C	4.9.9.27.X.Salários e Vencimentos (a Pagar)		15.000

2A – Provisão de Férias – 2/12 – 20x4

D	8.1.7.33.3.Férias	1.300	
C	4.9.9.30.X.Férias (a Pagar)		1.300

Inácio Dantas

2B – Provisão de 13º Salário (2/12) – 20x4

D	8.1.7.33.4.13º Salário	600	
C	4.9.9.30.X.13º Salário (a Pagar)		600

2C – Provisão INSS – Folha de Pagamento 06/20x4 – Empresa

D	8.1.7.30.2.Previdência Social – INSS	4.000	
C	4.9.4.20.X.Impostos e Contribuiç. s/ Salários (IR/Taxas/INSS)		4.000

2D – Provisão FGTS – Funcionários – Folha de Pagamento 06/20x4

D	8.1.7.30.1.FGTS	1.000	
C	4.9.4.20.X.Impostos e Contribuiç. s/ Salários (IR/Taxas/INSS)		1.000

3 – Cota de Depreciação do mês de junho/20x4

D	8.1.8.20.Despesas de Depreciação	1.884	
C	2.2.3.99.(–)Depreciação Acumul. de Imóveis de Uso – Edificações		675
C	2.2.4.99.(–)Depreciação Acumul. de Móves/Equip. de Uso		209
C	2.2.9.99.X.(–)Deprec. Acumul .de Outras Imobilizaç. de Uso		1.000

4 – Cota de Amortização do Intangível – *Softwares* 02/36.

D	8.1.8.10.X.Despesas de Amortização Intangível	100	
C	2.5.1.99.(–)Amortização do Intangível Acumulada		100

5 – Aprovação do Financiamento Habitacional

D	1.6.4.30 Financiamentos Habitacionais	400.000	
C	4.9.9.10.X Credores por Recursos a Liberar – Vendedores		400.000

5A – Comissão relativa à Abertura do Crédito do Financiamento Habitacional

D	1.1.1.10 Caixa	3.000	
C	7.1.1.65 Rendas de Financiamentos Habitacionais		3.000

5B – Crédito na Conta Movimento Pessoa Física (Vendedor)

D	4.9.9.10.X Credores por Recursos a Liberar – Vendedores	400.000	
C	4.1.1 Depósitos à Vista		400.000

5C – Apropriação da Receita do mês (Princípio da Competência)

D	1.6.4.30 Financiamentos Habitacionais	60.000	

Contabilidade Bancária e de Instituições Financeiras 271

| C | 7.1.1.65 Rendas de Financiamentos Habitacionais | 60.000 |

b) Razonetes

1.1.1.10 Caixa		
D	C	Saldo
		87.880
5A– 3.000		90.880
3.000	**0**	**90.880**

1.6.4.30 Financiamentos Habitacionais		
D	C	Saldo
5– 400.000		400.000
5C– 60.000		460.000
460.000	**0**	**460.000**

2.2.3.99.(–)Deprec. Acumul. de Imóveis de Uso – Edific.		
D	C	Saldo
		– 675
	3– 675	– 1.350
0	**675**	**– 1.350**

2.2.4.99.(–)Depreciaç. Acum. de Móves/ Equip. de Uso		
D	C	Saldo
		– 209
	3– 209	– 418
0	**209**	**– 418**

2.5.1.99.(–)Amortização do Intangível Acumulada		
D	C	Saldo
		– 100
	4– 100	– 200
0	**100**	**– 200**

2.2.9.99.X.(–)Deprec. Acum. de Outras Imobiliz. de Uso		
D	C	Saldo
		– 1.000
	3– 1.000	– 2.000
0	**1.000**	**– 2.000**

4.1.1 Depósitos à Vista		
D	C	Saldo
		– 373.873
	5B 400.000	– 773.873
0	**400.000**	**– 773.873**

4.9.4.20.X.Imp. e Contrib. s/ Salários (IR/Taxas/INSS)		
D	C	Saldo
	2– 1.800	– 1.800
	2– 200	– 2.000
	2C– 4.000	– 6.000
	2D– 1.000	– 7.000
	7.000	**– 7.000**

4.9.9.10.X Credores p/ Recursos a Liberar – Vended.		
D	C	Saldo
	5– 400.000	– 400.000
5B– 400.000		0
400.000	**400.000**	**0**

4.9.9.27.X.Salários e Vencimentos (a Pagar)		
D	C	Saldo
	2– 15.000	– 15.000
	15.000	**– 15.000**

| 4.9.9.30.X.Férias (a Pagar) | | |

D	C	Saldo
		− 1.300
	1.300	− 2.600
0	1.300	− 2.600

4.9.9.30.X.13º Salário (a Pagar)

D	C	Saldo
		− 600
	2B− 600	− 1.200
0	600	− 1.200

5.1.1.10.X.Aluguéis

D	C	Saldo
		− 2.000
1− 1.000		− 1.000
1.000	0	− 1.000

7.1.1.65 Rendas de Financiamentos Habitacionais

D	C	Saldo
	5A− 3.000	− 3.000
	5C− 60.000	− 63.000
0	63.000	− 63.000

7.3.9.20.Rendas de Aluguéis

D	C	Saldo
		− 1.000
	1− 1.000	− 2.000
0	1.000	− 2.000

8.1.7.30.1.FGTS

D	C	Saldo
		1.000
2C− 1.000		2.000
1.000	0	2.000

8.1.7.30.2.Previdência Social − INSS

D	C	Saldo
		4.000
2C− 4.000		8.000
4.000	0	8.000

8.1.7.33.1.Salários, Ordenados e Gratificações

D	C	Saldo
		15.000
2− 15.000		30.000
15.000	0	30.000

8.1.7.33.3.Férias

D	C	Saldo
		1.300
2A− 1.300		2.600
1.300	0	2.600

8.1.7.33.4.13º Salário

D	C	Saldo
		600
2B− 600		1.200
600	0	1.200

8.1.7.33.8.Horas Extras

D	C	Saldo
		2.000
2.000		4.000
2.000	0	4.000

8.1.8.10.X.Despesas de Amortização Intangível

D	C	Saldo
		100
4− 100		200
100	0	200

Contabilidade Bancária e de Instituições Financeiras

8.1.8.20.Despesas de Depreciação		
D	C	Saldo
		1.884
3– 1.884		3.768
1.884	**0**	**3.768**

c) Balancete Analítico

B A L A N C E T E A N A L Í T I C O				
Data: 30.06.20x4				
Instituição: Banco Bombanco S.A.				
Endereço: Rua X, 00				
DISCRIMINAÇÃO DOS VERBETES	CÓDIGO NÚMERO	TOTAL	REALIZÁVEL EM ATÉ 3 MESES	
ATIVO CIRCULANTE E REALIZÁVEL A LONGO PRAZO				
CIRCULANTE	**1.0.0.00**	**1.775.603,00**	**1.775.603,00**	
Disponibilidades	1.1.0.00	**1.043.185,50**	1.043.185,50	
Caixa	1.1.1.00	90.880,00	90.880,00	
Caixa	1.1.1.10	90.880,00	90.880,00	
Depósitos Bancários	1.1.2.00	313.000,00	313.000,00	
Banco do Brasil S.A. Conta Depósitos	1.1.2.10	313.000,00	313.000,00	
Reservas Livres	1.1.3.00	639.305,50	639.305,50	
Banco Central – Reservas Livres em Espécie	1.1.3.10	639.305,50	639.305,50	
Relações Interfinanceiras	**1.4.0.00**	**265.417,50**	**265.417,50**	
Créditos Vinculados	1.4.2.00	265.417,50	265.417,50	
Reservas Comp. em Espécie B. Central	1.4.2.28	265.417,50	265.417,50	
Financiamentos Imobiliárioes	**1.6.4.00**	**460.000,00**	**460.000,00**	
Financiamentos Habitacionais	1.6.4.30	460.000,00	460.000,00	
Outros Valores e Bens	**1.9.0.00**	**7.000,00**	**7.000,00**	
Material de Estoque	1.9.8.40	7.000,00	7.000,00	

PERMANENTE	2.0.0.00	**501.232,00**	**501.232,00**	
Imobilizado de Uso	2.2.0.00	418.650,00	418.650,00	
Terrenos	2.2.3.10.X	150.000,00	150.000,00	
Edificações	2.2.3.10.X	270.000,00	270.000,00	
(–)Deprec. Acumulada de Imóveis Uso	2.2.3.99	– 1.350,00	– 1.350,00	
Instalações, Móveis e Equipamentos de Uso	2.2.4.00	24.582,00	24.582,00	
Instalações	2.2.4.10	5.000,00	5.000,00	
Móveis e Equipamentos de Uso	2.2.4.20	20.000,00	20.000,00	
Deprec. Acuml. de Móveis/Equip. de Uso	2.2.4.99	– 418,00	– 418,00	
Outros	2.2.9.00	58.000,00	58.000,00	
Equipamentos de Informática	2.2.9.30.X	60.000,00	60.000,00	
Deprec. Acumul. de Outros Imob. de Uso	2.2.9.99.X	– 2.000,00	– 2.000,00	
Diferido	2.4.0.00	**32.000,00**	**32.000,00**	
Gastos de Organização e Expansão	2.4.1.00	32.000,00	32.000,00	
Instalação e Adaptação de Dependências	2.4.1.70.X	32.000,00	32.000,00	
Intangível	2.5.0.00	**5.400,00**	**5.400,00**	
Ativos Intangíveis	2.5.1.00	5.400,00	5.400,00	
Outros Ativos Intangíveis	2.5.1.98	5.400,00	5.400,00	
Marcas e Patentes	2.5.1.98.X	2.000,00	2.000,00	
Softwares	2.5.1.98.X	3.600,00	3.600,00	
Amortização do Intangível Acumulada	2.5.1.99	– 200,00	– 200,00	
TOTAL DO ATIVO		**314.235,00**	**2.314.235,00**	0

DISCRIMINAÇÃO DOS VERBETES	CÓDIGO NÚMERO	TOTAL	REALIZÁVELEMATÉ	
			3MESES	APÓS 3M.
PASSIVO CIRCULANTE E EXIGÍVEL A LONGO PRAZO				
PASSIVO CIRCULANTE	4.0.0.00	**264.391,00**	**264.391,00**	

Contabilidade Bancária e de Instituições Financeiras

Depósitos	4.1.0.00	**144.691,00**	**144.691,00**
Depósitos à Vista	4.1.1.00	773.873,00	773.873,00
Depósitos de Instituições do Sist. Financeiro	4.1.1.30.X	50.000,00	50.000,00
Depósitos de Poupança	4.1.2.00	320.818,00	320.818,00
Outras Obrigações	4.9.0.00	**119.700,00**	**119.700,00**
Impostos e Contribuições a Recolher	4.9.4.20	**7.000,00**	**7.000,00**
Impostos e Contribuições s/ Salários	4.9.4.20.X	7.000,00	7.000,00
Diversos	4.9.9.00	**112.700,00**	**112.700,00**
Obrigações por compra de Bens e Direitos	4.9.9.20	63.600,00	63.600,00
Salários e Vencimentos a Pagar	4.9.9.27.X	15.000,00	15.000,00
13º Salário a Pagar	4.9.9.30.X	1.200,00	1.200,00
Férias	4.9.9.30.X	2.600,00	2.600,00
Aluguéis a Pagar	4.9.9.30.X	2.400,00	2.400,00
Fornecedores	4.9.9.92.X	9.400,00	9.400,00
Contas a Pagar	4.9.9.92.X	18.500,00	18.500,00
Resultados de Exercícios Futuros	5.0.0.00	**1.000,00**	**1.000,00**
Rendas Antecipadas	5.1.1.10	1.000,00	1.000,00
Aluguéis	5.1.1.10.X	1.000,00	1.000,00
PATRIMÔNIO LÍQUIDO	6.0.0.00	**1.000.000,00**	**000.000,00**
Capital Social	6.1.1.00	1.000.000,00	1.000.000,00
Capital	6.1.1.10	1.000.000,00	1.000.000,00
CONTAS DE RESULTADOS			
Rendas de Operações de Crédito	7.1.1.00	**82.462,00**	**82.462,00**
Rendas de Adiantam. a Depositantes	7.1.1.03	45,00	45,00
Rendas de Empréstimos	7.1.1.05	19.217,00	19.217,00
Rendas de Títulos Descontados	7.1.1.10	200,00	200,00
Rendas de Financiamentos Habitacionais	7.1.1.65	63.000,00	63.000,00

Rendas de Câmbio	7.1.3.00	**17.320,00**	**17.320,00**
Rendas de Operações de Câmbio	7.1.3.10	7.320,00	7.320,00
Rendas de Variações e Dif. Taxas	7.1.3.30	10.000,00	10.000,00
Rendas de Títs e Vls Mobls e Instr. Fin. Der.	7.1.5.00	**4.600,00**	**4.600,00**
Rendas de Aplicações em Ouro	7.1.5.70	3.400,00	3.400,00
TVM – Ajuste Positivo ao Valor de Mercado	7.1.5.90	1.200,00	1.200,00
Rendas de Prestação de Serviços	7.1.7.00	**18.695,00**	**18.695,00**
Rendas de Cobranças	7.1.7.40	25,00	25,00
Rendas de Pacotes de Serviços – PF	7.1.7.94	6.500,00	6.500,00
Rendas de Pacotes de Serviços – PJ	7.1.7.98	12.170,00	12.170,00
Outras Receitas Não Operacionais	7.3.9.00	**2.000,00**	**2.000,00**
Rendas de Aluguéis	7.3.9.20	2.000,00	2.000,00
Operações de Captação de Mercado	8.1.1.00	**– 2.818,00**	**– 1.000,00**
Despesas de Depósitos Poupança	8.1.1.10	– 1.818,00	**– 1.818,00**
Despesas de Depósitos a Prazo	8.1.1.30	– 1.000,00	– 1.000,00
Operações de Empréstimos e Repasses	8.1.2.00	**– 2.877,00**	**– 2.877,00**
Despesas de Repasses – BNDES	8.1.2.55	– 2.877,00	– 2.877,00
Operações de Câmbio	8.1.4.00	**– 10.000,00**	**– 10.000,00**
Despesas de Variaç. e Difças de Taxas	8.1.4.50	– 10.000,00	– 10.000,00
Despesas Administrativas	8.1.7.00	**– 56.570,00**	**– 56.570,00**
Água, Energia, Gás	8.1.7.03	– 2.840,00	– 2.840,00
Despesas de Aluguéis	8.1.7.06	– 2.400,00	– 2.400,00
Despesas de Comunicações	8.1.7.12	– 100,00	– 100,00
Despesas de Manutenção e Cons. de Bens	8.1.7.21	– 3.130,00	– 3.130,00
FGTS	8.1.7.30.1	– 2.000,00	– 2.000,00
Previdência Social – INSS	8.1.7.30.2	– 8.000,00	– 8.000,00

Contabilidade Bancária e de Instituições Financeiras   277

Salários, Ordenados, Gratificações	8.1.7.33.1	– 30.000,00	– 30.000,00	
Férias	8.1.7.33.3	– 2.600,00	– 2.600,00	
13º Salário	8.1.7.33.4	– 1.200,00	– 1.200,00	
Horas Extras	8.1.7.33.8	– 4.000,00	– 4.000,00	
Despesas de Propaganda e Publicidade	8.1.7.45	– 300,00	– 300,00	
Aprovisionamentos e Ajustes Patri-moniais	8.1.8.00	**– 3.968,00**	**– 3.968,00**	
Despesas de Amortização Intangível	8.1.8.10	– 200,00	– 200,00	
Despesas de Depreciação	8.1.8.20	– 3.768,00	– 3.768,00	
TOTAL DO PASSIVO		**2.314.235,00**	**2.314.235,00**	**0**

_____   _____

Diretor Responsável pela Área Contábil/Auditoria   Local e Data:

_____   _____

Diretor   Profissional de Contabilidade

                                         CRC:

                                         CPF:

Mod.: <http://www4.bcb.gov.br/NXT/gateway.dll?f=templates&fn=default.htm&vid=nmsDenor-Cosif:idvDenorCosif>.

Parte C – Apuração de Resultado do Exercício – ARE

– Apuração de Resultados – Lucros

– Apropriação do Imposto de Renda e Contribuição Social sobre o Lucro Líquido

– Demonstração de Resultado do Exercício (DRE) Padrão Banco Central do Brasil

– Balanço Patrimonial (Padrão Banco Central do Brasil)

– Modelo de Balanço Patrimonial e DRE para Mídia

– Exemplo Demonstrações Financeiras do Bradesco

30.06.20x4 – Apuração de Resultado do Exercício – ARE

Pede-se:

278 — *Inácio Dantas*

a) Lançamentos Contábeis

b) Razonetes de Apuração (Apuração do Resultado do Exercício – ARE)

c) Demonstração de Resultados (Modelo)

d) Balanço Patrimonial

e) Balanço Patrimonial (Modelo para Publicação na Mídia)

f) DRE – Demonstrativo de Resultado Operacional (Mídia)

Relação das Contas de Resultados – Receitas

Lançamento nº 1	Código:	ValorR$
Rendas de Operações de Crédito	7.1.1.00	**82.462,00**
Rendas de Adiantam. a Depositantes	7.1.1.03	45,00
Rendas de Empréstimos	7.1.1.05	19.217,00
Rendas de Títulos Descontados	7.1.1.10	200,00
Rendas de Financiamentos Habitacionais	7.1.1.65	63.000,00
Rendas de Câmbio	7.1.3.00	**17.320,00**
Rendas de Operações de Câmbio	7.1.3.10	7.320,00
Rendas de Variações e Dif. Taxas	7.1.3.30	10.000,00
Rendas de Títs e Vls Mobls e Instr. Fin. Der.	7.1.5.00	**4.600,00**
Rendas de Aplicações em Ouro	7.1.5.70	3.400,00
TVM – Ajuste Positivo ao Valor de Mercado	7.1.5.90	1.200,00
Rendas de Prestação de Serviços	7.1.7.00	**18.695,00**
Rendas de Cobranças	7.1.7.40	25,00
Rendas de Pacotes de Serviços – PF	7.1.7.94	6.500,00
Rendas de Pacotes de Serviços – PJ	7.1.7.98	12.170,00
Outras Receitas Não Operacionais	7.3.9.00	**2.000,00**
Rendas de Aluguéis	7.3.9.20	2.000,00
Total R$		**125.077,00**

Relação das Contas de Resultados – Despesas

Operações de Captação de Mercado	8.1.1.00	**– 2.818,00**
Despesas de Depósitos Poupança	8.1.1.10	– 1.818,00

Contabilidade Bancária e de Instituições Financeiras

Despesas de Depósitos a Prazo	8.1.1.30	– 1.000,00
Operações de Empréstimos e Repasses	8.1.2.00	**2.877,00**
Despesas de Repasses – BNDES	8.1.2.55	2.877,00
Operações de Câmbio	8.1.4.00	**– 10.000,00**
Despesas de Variaç. e Difças de Taxas	8.1.4.50	– 10.000,00
Despesas Administrativas	8.1.7.00	**– 56.570,00**
Água, Energia, Gás	8.1.7.03	– 2.840,00
Despesas de Aluguéis	8.1.7.06	– 2.400,00
Despesas de Comunicações	8.1.7.12	– 100,00
Despesas de Manutenção e Cons. de Bens	8.1.7.21	– 3.130,00
FGTS	8.1.7.30.1	– 2.000,00
Previdência Social – INSS	8.1.7.30.2	– 8.000,00
Salários, Ordenados, Gratificações	8.1.7.33.1	– 30.000,00
Férias	8.1.7.33.3	– 2.600,00
13º Salário	8.1.7.33.4	– 1.200,00
Horas Extras	8.1.7.33.8	– 4.000,00
Despesas de Propaganda e Publicidade	8.1.7.45	– 300,00
Aprovisionamentos e Ajustes Patrimoniais	8.1.8.00	**– 3.968,00**
Despesas de Amortização Intangível	8.1.8.10	– 200,00
Despesas de Depreciação	8.1.8.20	– 3.768,00
Total R$		**76.206,00**

a) Lançamentos

1. Encerramento das Contas de Resultados – Receitas (30.06.20X4)

D	7.1.1.03	Rendas de Adiantam. a Depositantes	45
D	7.1.1.05	Rendas de Empréstimos	19.217
D	7.1.1.10	Rendas de Títulos Descontados	200
D	7.1.1.65	Rendas de Financiamentos Habitacionais	63.000
D	7.1.3.10	Rendas de Operações de Câmbio	7.320
D	7.1.3.30	Rendas de Variações e Dif. Taxas	10.000
D	7.1.5.70	Rendas de Aplicações em Ouro	3.400
D	7.1.5.90	TVM – Ajuste Positivo ao Valor de Mercado	1.200
D	7.1.7.40	Rendas de Cobranças	25

280 — Inácio Dantas

D	7.1.7.94	Rendas de Pacotes de Serviços – PF	6.500	
D	7.1.7.98	Rendas de Pacotes de Serviços – PJ	12.170	
D	7.3.9.20	Rendas de Aluguéis	2.000	
C	7.9.1.10.	Apuração de Resultado do Exercício – ARE		125.077

2.Encerramento das Contas de Resultados – Despesas (30.06.20X4)

D	7.9.1.10.	Apuração de Resultado do Exercício – ARE	76.233	
C	8.1.1.10	Despesas de Depósitos Poupança		1.818
C	8.1.1.30	Despesas de Depósitos a Prazo		1.000
C	8.1.2.55	Despesas de Repasses – BNDES		2.877
C	8.1.4.50	Despesas de Variaç. e Difças de Taxas		10.000
C	8.1.7.03	Água, Energia, Gás		2.840
C	8.1.7.06	Despesas de Aluguéis		2.400
C	8.1.7.12	Despesas de Comunicações		100
C	8.1.7.21	Despesas de Manutenção e Cons. de Bens		3.130
C	8.1.7.30.1	FGTS		2.000
C	8.1.7.30.2	Previdência Social – INSS		8.000
C	8.1.7.33.1	Salários, Ordenados, Gratificações		30.000
C	8.1.7.33.3	Férias		2.600
C	8.1.7.33.4	13º Salário		1.200
C	8.1.7.33.8	Horas Extras		4.000
C	8.1.7.45	Despesas de Propaganda e Publicidade		300
C	8.1.8.10	Despesas de Amortização Intangível		200
C	8.1.8.20	Despesas de Depreciação		3.768

3 – Apropriação dos Impostos (Contribuição Social: 15%, Imposto de Renda: 25%) e Reserva Legal (5%).

D	7.9.1.10.	Apuração de Resultado do Exercício – ARE	48.844	
C	8.9.4.10.10	Provisão p/ Imposto de Renda – Vals. Correntes		12.211
C	8.9.4.20.10	Provisão p/ Contrib. Social – Vals. Correntes		7.327
C	6.1.5.10.	Reserva Legal		1.465
C	6.1.8.10.	Lucros ou Prejuízos Acumulados		27.841

4 – Apropriação dos Impostos (Renda e Contribuição Social) p/ Provisão a Recolher

D	8.9.4.10.10	Provisão p/ Imposto de Renda – Vals. Correntes	12.211	

Contabilidade Bancária e de Instituições Financeiras

C	8.9.4.20.10 Provisão p/ Contrib. Social – Vals. Correntes	7.327
C	4.9.4.15.Provisões para Impostos e Contribuiç. s/ Lucros	19.538

b)Razonetes de Encerramento

7.9.1.10.Apuração de Resultado do Exercício – ARE		
D	C	Saldo
	1– 125.077	– 125.077
2– 76.233		– 48.844
3– 48.844		0
125.077	**125.077**	**0**

8.9.4.10.10 Provisão p/ Imp.de Renda – Vals. Correntes		
D	C	Saldo
	3– 12.211	– 12.211
4– 12.211		0
12.211	**12.211**	**0**

8.9.4.20.10 Provisão p/ Contrib. Social – Vals. Correntes		
D	C	Saldo
	3– 7.327	– 7.327
4– 7.327		0
7.327	**7.327**	**0**

6.1.5.10.Reserva Legal		
D	C	Saldo
	3– 1.465	– 1.465
	1.465	**– 1.465**

4.9.4.15.Provisões para Impostos e Contribuiç. s/ Lucros		
D	C	Saldo
	4– 19.538	– 19.538
0	**19.538**	**– 19.538**

6.1.8.10.Lucros ou Prejuízos Acumulados		
D	C	Saldo
	3– 27.841	– 27.841
0	**27.841**	**– 27.841**

c) **Modelo – Demonstração de Resultados – Banco Bombanco S.A. – 30.06.20x4**

Código	Discrminação	em R$
10	**RECEITAS DA INTERMEDIAÇÃO FINANCEIRA**	**104.382**
711	Operações de Crédito	82.462
712	Operações de Arrendamento Mercantil	0
713	Operações de Câmbio	17.320
714	Rendas de Aplicações Interfinanceiras de Liquidez	0
715	Rendas com Instrumento Financeiro Derivativos	4.600
716	Resultado de Transações com Títulos e Valores Mobiliários	
15	**DESPESAS DA INTERMEDIAÇÃO FINANCEIRA**	**15.695**
811	Operações de Captação de Mercado	2.818
812	Operações de Empréstimos e Repasses	2.877

813	Operações de Arrendamento Mercantil		0
814	Despesas de Câmbio		10.000
815	Despesas com Títulos, Valores Mobiliários e Instrumentos Financeiros		0
816	Despesas de Participações		0
20	**RESULTADO BRUTO DA INTERMEDIAÇÃO FINANCEIRA**		**88.687**
50	**OUTRAS RECEITAS/DESPESAS OPERACIONAIS**		**– 41.843**
717	Rendas de Prestações de Serviços		18.695
718	Rendas de Participações		0
817	Despesas Administrativas		8.770
817	Despesas do Pessoal		47.800
817	Despesas Tributárias		0
719	Outras Receitas Operacionais		0
819	Outras Despesas Operacionais	*818*	3.968
60	RESULTADO OPERACIONAL		**46.844**
65	RESULTADO NÃO OPERACIONAL	*739*	2.000
75	RESULTADO ANTES TRIBUTAÇÃO S/LUCRO E PARTICIPAÇÕES		**48.844**
80	IMPOSTO DE RENDA E CONTRIBUIÇÃO SOCIAL		**– 19.538**
890	Provisão para Imposto de Renda		– 12.211
891	Provisão para Contribuição Social		– 7.327
894	Ativo Fiscal Diferido		0
85	PARTICIPAÇÕES ESTATUTÁRIAS NO LUCRO		0
90	LUCRO LÍQUIDO (PREJUÍZO)		**29.306**
92	JUROS SOBRE CAPITAL PRÓPRIO		0
95	LUCRO POR AÇÃO		0

Diretor Responsável pela Área
Contábil / Auditoria

Diretor

Local e Data

Profissional de Contabilidade

CRC:

CPF:

Notas:

Ver **capítulo 6** "Modelos de Formulários Contábeis", conforme Banco Central.

Contabilidade Bancária e de Instituições Financeiras

d) Balanço Patrimonial

BALANÇO PATRIMONIAL		
Data: 30.06.20x4	Emissão: 01.07.20x4	
Instituição: Banco Bombanco S.A.		
Endereço: Rua X, 00	CNPJ: 00.000.000/0000 – 00	

CÓD. NÚMERO	DISCRIMINAÇÃO DOS VERBETES	VALORES R$
	ATIVO CIRCULANTE	**1.775.603,00**
110	**DISPONIBILIDADES**	**1.043.185,50**
140	**RELAÇÕES INTERFINANCEIRAS**	**265.417,50**
	Créditos Vinculados	265.417,50
142	Reservas Comp. em Espécie B. Central	265.417,50
160	**OPERAÇÕES DE CRÉDITO**	**460.000,00**
	FINANCIAMENTOS IMOBILIÁRIOS	460.000,00
164	Financiamentos Habitacionais	460.000,00
190	**OUTROS VALORES E BENS**	**7.000,00**
198	Material de Estoque	7.000,00
	PERMANENTE	**501.232,00**
220	**IMOBILIZADO DE USO**	**418.650,00**
223	Terrenos	150.000,00
223	Edificações	270.000,00
223	(–)Deprec. Acumulada de Imóveis Uso	– 1.350,00
224	**INSTALAÇÕES, MÓVEIS E EQUIPAMENTOS DE USO**	**24.582,00**
224	Instalações	5.000,00
224	Móveis e Equipamentos de Uso	20.000,00
224	Deprec. Acuml. de Móveis/Equip. de Uso	– 418,00
229	**OUTROS**	**58.000,00**
229	Equipamentos de Informática	60.000,00

229	Deprec. Acumul. de Outros Imob. de Uso	− 2.000,00
240	**DIFERIDO**	**32.000,00**
241	Gastos de Organização e Expansão	32.000,00
241	Instalação e Adaptação de Dependências	32.000,00
250	**INTANGÍVEL**	**5.400,00**
251	Ativos Intangíveis	5.400,00
251	Outros Ativos Intangíveis	5.400,00
251	Marcas e Patentes	2.000,00
251	*Softwares*	3.600,00
251	Amortização do Intangível Acumulada	− 200,00
	TOTAL DO ATIVO	**2.314.235,00**

CÓD.	DISCRIMINAÇÃO DOS VERBETES	VALORES R$
NÚMERO		
	PASSIVO CIRCULANTE	**1.283.929,00**
	DEPÓSITOS	**1.144.691,00**
411	Depósitos à Vista	773.873,00
411	Depósitos de Instituições do Sist. Financeiro	50.000,00
412	Depósitos de Poupança	320.818,00
	OUTRAS OBRIGAÇÕES	**139.238,00**
494	Fiscais e Prividenciárias	19.538,00
494	Impostos e Contribuições s/ Salários	7.000,00
499	DIVERSOS	112.700,00
	RESULTADOS DE EXERCÍCIOS FUTUROS	**1.000,00**
	PATRIMÔNIO LÍQUIDO	**1.029.306,00**
611	Capital Social	1.000.000,00
615	Reserva Legal	1.465,00
618	Lucros ou Prejuízos Acumulados	27.841,00
	TOTAL DO PASSIVO	**2.314.235,00**

Contabilidade Bancária e de Instituições Financeiras 285

Diretor Responsável pela Área Contábil / Auditoria	Local e Data
	Profissional de Contabilidade
Diretor	CRC:
	CPF:

e)	Balanço Patrimonial (Modelo para Publicação na Mídia)

Banco Bombanco S.A. 30.06.20x4.

ATIVO	R$	PASSIVO e PATRIMÔNIO LÍQUIDO	
ATIVO CIRCULANTE	**1.775.603,00**	PASSIVO CIRCULANTE	**1.283.929,00**
Disponibilidades	1.043.185,50	Depósitos	1.144.691,00
Relações interfinanceiras	265.417,50	Outras Obrigações	139.238,00
Operações de Crédito	460.000,00		
Outros Valores e Bens	7.000,00	**RESULTADOS DE EXERCÍCIOS FUTUROS**	**1.000,00**
ATIVO PERMANENTE	**538.632,00**	PATRIMÔNIO LÍQUIDO	**1.029.306,00**
Imobilizado de Uso	501.232,00	Capital Social Realizado	1.000.000,00
Intangível	5.400,00	+Reservas de Lucros	**1.465,00**
Diferido	32.000,00	Reserva Legal	1.465,00
		Lucros ou Prejuízos Acumulados	27.841,00
Total Ativo:	**2.314.235,00**	Total Passivo:	**2.314.235,00**

Banco Bombanco S.A. – Data: 30.06.20x4

DRE – Demonstrativo de Resultado Operacional (Modelo para publicação na Mídia)

Receitas da Intermediação Financeira		104.382
(–)Despesas da Intermediação Financeira		– 15.695
(=)Resultado Bruto da Intermediação Financeira		**88.687**
Outras Receitas/Despesas Operacionais		**– 41.843**
Receitas de Prestações de Serviços	*717*	18.695
Despesas Administrativas		– 8.770
Despesas do Pessoal		– 47.800
Despesas Tributárias		0
Outras Receitas Operacionais		0

Outras Despesas Operacionais	– 3.968
Resultado da Equivalência Patrimonial	0
Resultado Operacional	46.844
Resultado Não Operacional	**2.000**
Receitas	2.000
Despesas	0
Resultado Antes da Tributação/Participação	**48.844**
Provisão para IR e Contribuição Social	– 19.538
Lucro/Prejuízo do Exercício	**29.306**

Demonstração de Resultado do Exercício – Individual	
Descrição:	01/01/2014 a 31/12/2014
Receitas da Intermediação Financeira	94.339.700
Despesas da Intermediação Financeira	– 84.845.758
Resultado Bruto Intermediação Financeira	9.493.942
Outras Despesas/Receitas Operacionais	2.622.668
Receitas de Prestação de Serviços	10.704.071
Despesas de Pessoal	– 11.321.243
Outras Despesas Administrativas	– 11.848.544
Despesas Tributárias	– 1.881.680
Outras Receitas Operacionais	1.326.319
Outras Despesas Operacionais	– 3.896.939
Resultado da Equivalência Patrimonial	19.540.684
Resultado Operacional	**12.116.610**
Resultado Não Operacional	**– 264.258**
Receitas	102.789
Despesas	– 367.047
Resultado Antes Tributação/Participações	**11.852.352**
Provisão para IR e Contribuição Social	3.236.466
IR Diferido	0
Participações/Contribuições Estatutárias	0
Participações	0
Contribuições	0

Reversão dos Juros sobre Capital Próprio	0
Lucro/Prejuízo do Período	**15.088.818**
Lucro por Ação – (R$ / Ação)	4

Balanço Patrimonial – Bradesco –	31/12/2014
Ativo Total	**978.703.169**
Ativo Circulante	**601.147.548**
Disponibilidades	14.126.024
Aplicações Interfinanceiras de Liquidez	267.845.724
Títulos e Valores Mobiliários	123.058.123
Relações Interfinanceiras	50.203.216
Relações Interdependências	394.522
Operações de Crédito	113.984.038
Operações de Arrendamento Mercantil	– 1.437
Outros Créditos	30.454.342
Outros Valores e Bens	1.082.996
Ativo Realizável a Longo Prazo	**249.649.679**
Aplicações Interfinanceiras de Liquidez	22.596.708
Títulos e Valores Mobiliários	73.880.618
Relações Interfinanceiras	617.154
Relações Interdependências	0
Operações de Crédito	128.748.287
Operações de Arrendamento Mercantil	– 494
Outros Créditos	23.636.587
Outros Valores e Bens	170.819
Ativo Permanente	**127.905.942**
Investimentos	120.511.163
Dependências no Exterior	0
Participações em Controladas	120.506.649
Participações em Coligadas e Equiparadas	0
Outros Investimentos	47.863
Provisão para Perdas	– 43.349
Imobilizado de Uso	2.705.169
Imobilizado de Arrendamento	108.207

Intangível	4.581.403
Diferido	0

 Bradesco

Balanço Patrimonial – Bradesco –	31/12/2014
Passivo Total	**978.703.169**
Passivo Circulante	**662.024.658**
Depósitos	214.307.379
Captações no Mercado Aberto	333.863.976
Recursos de Aceites e Emissão de Títulos	46.647.805
Relações Interfinanceiras	1.070.798
Relações Interdependências	4.890.607
Obrigações por Empréstimos	12.157.260
Obrigações por Repasse do País	13.067.674
Obrigações por Repasse do Exterior	1.498.543
Outras Obrigações	34.520.616
Passivo Exigível a Longo Prazo	**235.143.226**
Depósitos	91.549.846
Captações no Mercado Aberto	29.539.829
Recursos de Aceites e Emissão de Títulos	45.000.786
Relações Interfinanceiras	0
Relações Interdependências	0
Obrigações por Empréstimos	1.992.847
Obrigações por Repasse do País	29.082.393
Obrigações por Repasse do Exterior	0
Outras Obrigações	37.977.525
Resultados de Exercícios Futuros	**27.035**
Patrimônio Líquido	**81.508.250**
Capital Social Realizado	38.100.000
Reservas de Capital	11.441
Reservas de Reavaliação	0
Ativos Próprios	0
Controladas/Coligadas e Equiparadas	0
Reservas de Lucro	43.888.120
Legal	5.193.467

Contabilidade Bancária e de Instituições Financeiras

Estatutária	38.992.668
Para Contingências	0
De Lucros a Realizar	0
Retenção de Lucros	0
Especial p/ Dividendos Não Distribuídos	0
Outras Reservas de Lucro	– 298.015
Ajustes de Avaliação Patrimonial	– 491.311
Ajustes de Títulos e Valores Mobiliários	0
Ajustes Acumulados de Conversão	0
Ajustes de Combinação de Negócios	0
Lucros/Prejuízos Acumulados	0

Fonte: <http://www.investsite.com.br/demonstracao_resultado.php?cod_negociacao=BBDC3>.

Capítulo 5

5.1.Esquemas de Registros Contábeis – Cosif

Fonte dos "Esquemas de Registros Contábeis" – http://www.cosif.com.br/mostra.asp?arquivo=esqind

Esquema 01.Constituição, Aumento e Redução de Capital Social

CAPITAL INICIAL – 4.1.1

CONTABILIDADE BANCÁRIA
ESQUEMAS DE REGISTROS CONTÁBEIS – CONTABILIZAÇÃO
Esquema 1 – Constituição, Aumento e Redução do Capital Social
Capital Inicial
Subscrição do capital inicial
Realização, total ou parcial, do capital subscrito
Depósito de dinheiro nas Reservas Livres no Banco Central
Recolhimento ao Banco Central ou à sua ordem dos valores recebidos dos subscritores ou TÍTULOS DE RENDA FIXA
Liberação do recolhimento após a solução do processo no Banco Central
(Revisado em 24-11-2014)
1 – Subscrição do capital inicial
Débito – 6.1.1.50.00-9 – CAPITAL A REALIZAR
Crédito – 6.1.1.10.00-1 – CAPITAL
2 – Realização, total ou parcial, do capital subscrito
Débito – 1.1.1.10.00-6 – CAIXA ou
Débito – outra conta adequada:
Débito – 1.1.2.00.00-2 – Depósitos Bancários
Débito – 1.3.0.00.00-4 – Títulos e Valores Mobiliários
Débito – 1.9.0.00.00-8 – Outros Valores e Bens
Débito – 2.1.0.00.00-3 – Investimentos
Débito – 2.2.0.00.00-2 – Imobilizado de Uso
Crédito – 6.1.1.50.00-9 – CAPITAL A REALIZAR

Contabilidade Bancária e de Instituições Financeiras

3 – Depósito de dinheiro nas Reservas Livres no Banco Central

Débito – 1.1.3.10.00-2 – **BANCO CENTRAL – RESERVAS LIVRES EM ESPÉCIE**

Crédito – 1.1.1.10.00-6 – **CAIXA** ou

Crédito – 1.1.2.00.00-2 – **Depósitos Bancários**

4 – Recolhimento ao Banco Central ou à sua ordem dos valores recebidos dos subscritores ou TÍTULOS DE RENDA FIXA

Em dinheiro:

Débito – 1.4.2.15.00-1 – **BANCO CENTRAL – DEPÓSITOS PARA CAPITAL EM DINHEIRO**

Crédito – 1.1.3.10.00-2 – **BANCO CENTRAL – RESERVAS LIVRES EM ESPÉCIE**

Em títulos emitidos pelo Banco Central ou pelo Tesouro Nacional:

Débito – 1.3.4.10.00-3 – **BANCO CENTRAL – DEPÓSITOS PARA CAPITAL EM TÍTULOS**

Crédito – 1.3.1.10.00-4 – **TÍTULOS DE RENDA FIXA**

5 – Liberação do recolhimento, após a solução do processo no Banco Central

Liberação de dinheiro

Débito – 1.1.3.10.00-2 – **BANCO CENTRAL – RESERVAS LIVRES EM ESPÉCIE**

Crédito – 1.4.2.15.00-1 – **BANCO CENTRAL – DEPÓSITOS PARA CAPITAL EM DINHEIRO**

Liberação de Títulos

Débito – 1.3.1.10.00-4 – **TÍTULOS DE RENDA FIXA**

Crédito – 1.3.4.10.00-3 – **BANCO CENTRAL – DEPÓSITOS PARA CAPITAL EM TÍTULOS**

AUMENTO DE CAPITAL – 4.1.2

CONTABILIDADE BANCÁRIA

ESQUEMAS DE REGISTROS CONTÁBEIS – CONTABILIZAÇÃO

Esquema 1 – Constituição, Aumento e Redução do Capital Social

Aumento de Capital

Com aproveitamento de reservas ou de lucros acumulados

Enquanto pendente de decisão do Banco Central

Após a aprovação do aumento pelo Banco Central

Em dinheiro

Responsabilidade do subscritor pelo aumento de capital, enquanto pendente de decisão do Banco Central

Depósitos dos subscritores para aumento de capital sujeito à aprovação do Banco Central

Recolhimento ao Banco Central, ou à sua ordem, dos valores recebidos dos subscritores

Lançamento de transferência dos recursos de CAIXA (ou outra conta adequada) para RESERVAS LIVRES EM ESPÉCIE:

Na data do despacho aprobatório pelo Banco Central

Registro de capital

Liberação do recolhimento

Integralização do aumento de capital remanescente, se for o caso (Revisado em 24-11-2014)

1 – Com aproveitamento de reservas ou de lucros acumulados

Enquanto pendente de decisão do Banco Central

Após a aprovação do aumento pelo Banco Central

1.1 – Enquanto pendente de decisão do Banco Central

Débito – 6.1.2.20.00-1 – <u>**CORREÇÃO MONETÁRIA DE AUMENTOS DE CAPITAL**</u>

Débito – 6.1.3.10.00-7 – <u>**RESERVA DE ÁGIOS POR SUBSCRIÇÃO DE AÇÕES**</u>

Débito – 6.1.3.70.00-9 – <u>**RESERVA DE ATUALIZAÇÃO DE TÍTULOS PATRIMONIAIS**</u>

Débito – 6.1.3.80.00-6 – <u>**RESERVA ESPECIAL – LEI Nº 8.200**</u>

Débito – 6.1.3.99.00-4 – <u>**OUTRAS RESERVAS DE CAPITAL**</u>

Débito – 6.1.4.10.00-0 – <u>**RESERVA DE REAVALIAÇÃO DE IMÓVEIS DE USO PRÓPRIO**</u>

Débito – 6.1.4.30.00-4 – <u>**RESERVA DE REAVALIAÇÃO DE BENS DE COLIGADAS E CONTROLADAS**</u>

Débito – 6.1.5.10.00-3 – <u>**RESERVA LEGAL**</u>

Débito – 6.1.5.20.00-0 – <u>**RESERVAS ESTATUTÁRIAS**</u>

Débito – 6.1.5.30.00-7 – <u>**RESERVAS PARA CONTINGÊNCIAS**</u>

Débito – 6.1.5.40.00-4 – <u>**RESERVAS PARA EXPANSÃO**</u>

Débito – 6.1.5.50.00-1 – <u>**RESERVAS DE LUCROS A REALIZAR**</u>

Débito – 6.1.5.80.00-2 – <u>**RESERVAS ESPECIAIS DE LUCROS**</u>

Débito – 6.1.8.00.00-5 – <u>**Lucros ou Prejuízos Acumulados**</u>

Crédito – 6.1.1.20.00-8 – <u>**AUMENTO DE CAPITAL**</u>

1.2 – Após a aprovação do aumento pelo Banco Central

Débito – 6.1.1.20.00-8 – <u>**AUMENTO DE CAPITAL**</u>

Crédito – 6.1.1.10.00-1 – <u>**CAPITAL**</u>

2 – Em dinheiro

Responsabilidade do subscritor pelo aumento de capital, enquanto pendente de decisão do Banco Central

Contabilidade Bancária e de Instituições Financeiras _____ 293

Depósitos dos subscritores para aumento de capital sujeito à aprovação do Banco Central

Recolhimento ao Banco Central, ou à sua ordem, dos valores recebidos dos subscritores

Lançamento de transferência dos recursos de CAIXA (ou outra conta adequada) para RESERVAS LIVRES EM ESPÉCIE:

Na data do despacho aprobatório pelo Banco Central

Registro de capital

Liberação do recolhimento

Integralização do aumento de capital remanescente, se for o caso

2.1 – Responsabilidade do subscritor pelo aumento de capital, enquanto pendente de decisão do Banco Central

Débito – 6.1.1.50.00-9 – **CAPITAL A REALIZAR**

Crédito – 6.1.1.20.00-8 – **AUMENTO DE CAPITAL**

2.2 – Depósitos dos subscritores para aumento de capital sujeito à aprovação do Banco Central

Débito – 1.1.1.10.00-6 – **CAIXA** ou

Débito – 1.1.2.00.00-2 – **Depósitos Bancários**

Crédito – 6.1.1.50.00-9 – **CAPITAL A REALIZAR**

2.3 – Recolhimento ao Banco Central, ou à sua ordem, dos valores recebidos dos subscritores

Em dinheiro

Débito –1.4.2.15.00-1 – **BANCO CENTRAL – DEPÓSITOS PARA CAPITAL EM DINHEIRO**

Crédito – 1.1.3.10.00-2 – **BANCO CENTRAL – RESERVAS LIVRES EM ESPÉCIE**

Em títulos de emissão do Banco Central ou do Tesouro Nacional

Débito – 1.3.4.10.00-3 – **BANCO CENTRAL – DEPÓSITOS PARA CAPITAL EM TÍTULOS**

Crédito – 1.3.1.10.00-4 – **TÍTULOS DE RENDA FIXA**

2.4 – Lançamento de transferência dos recursos financeiros de CAIXA (ou outra conta adequada – BANCOS – CONTA MOVIMENTO, por exemplo) para BANCO CENTRAL – RESERVAS LIVRES EM ESPÉCIE:

Débito – 1.1.3.10.00-2 – **BANCO CENTRAL – RESERVAS LIVRES EM ESPÉCIE**

Crédito – 1.1.1.10.00-6 – **CAIXA** ou

Crédito – 1.1.2.00.00-2 – **Depósitos Bancários**

2.5 – Na data do despacho aprobatório pelo Banco Central

2.5.1 – Registro de capital

Débito – 6.1.1.20.00-8 – **AUMENTO DE CAPITAL**

Crédito – 6.1.1.10.00-1 – **CAPITAL**

2.6 – Liberação do recolhimento
Se recolhido em moeda corrente
Débito – 1.1.3.10.00-2 – **BANCO CENTRAL – RESERVAS LIVRES EM ESPÉCIE** ou outra conta adequada
Crédito – 1.4.2.15.00-1 – **BANCO CENTRAL – DEPÓSITOS PARA CAPITAL EM DINHEIRO** ou em títulos emitidos pelo Banco Central ou pelo Tesouro Nacional
Débito – 1.3.1.10.00-4 – **TÍTULOS DE RENDA FIXA**
Crédito – 1.3.4.10.00-3 – **BANCO CENTRAL – DEPÓSITOS PARA CAPITAL EM TÍTULOS**
2.7 – Integralização do aumento de capital remanescente, se for o caso
Débito – 1.1.1.10.00-6 – **CAIXA** ou
Débito – 1.1.2.00.00-2 – **Depósitos Bancários**
Crédito – 6.1.1.50.00-9 – **CAPITAL A REALIZAR**

REDUÇÃO DE CAPITAL – 4.1.3

CONTABILIDADE BANCÁRIA
ESQUEMAS DE REGISTROS CONTÁBEIS – CONTABILIZAÇÃO
Esquema 1 – **Constituição, Aumento e Redução do Capital Social**
Redução de Capital
Redução de Capital para Amortização de Prejuízos Acumulados
Antes da aprovação do BACEN
Depois da aprovação do BACEN
Redução de Capital para resgate de Ações por Deliberação da Assembleia Geral
Antes da aprovação do BACEN
Depois da aprovação do BACEN
Para reembolso aos acionistas dissidentes
Antes da aprovação do BACEN
Depois da aprovação do BACEN
Quando for efetuado o pagamento da Redução do Capital
Ações caídas em comisso-mora do acionista
Na falta de reservas ou lucros e quando não se encontrar comprador para as ações
Sem redução do capital, por haver lucros acumulados ou reservas suficientes
Para conversão em reservas ou lucros acumulados, quando for considerado excessivo o capital
(Revisado em 24-11-2014)
1 – Redução de Capital para Amortização de Prejuízos Acumulados

Contabilidade Bancária e de Instituições Financeiras

Antes da aprovação do BACEN
Depois da aprovação do BACEN
1.1 – Antes da aprovação do BACEN:
Débito – 6.1.1.40.00-2 – **REDUÇÃO DE CAPITAL**
Crédito – 6.1.8.00.00-5 – **Lucros ou Prejuízos Acumulados**
1.2 – Depois da aprovação do BACEN:
Débito – 6.1.1.10.00-1 – **CAPITAL**
Crédito – 6.1.1.40.00-2 – **REDUÇÃO DE CAPITAL**
2 – Redução de Capital para resgate de Ações por Deliberação da Assembleia Geral
Antes da aprovação do BACEN
Depois da aprovação do BACEN
2.1 – Antes da aprovação do BACEN:
Débito – 6.1.1.40.00-2 – **REDUÇÃO DE CAPITAL**
Crédito – 4.9.9.90.00-9 – **CREDORES DIVERSOS – EXTERIOR**
Crédito – 4.9.9.92.00-7 – **CREDORES DIVERSOS – PAÍS**
2.2 – Depois da aprovação do BACEN:
Débito – 6.1.1.10.00-1 – **CAPITAL**
Crédito – 6.1.1.40.00-2 – **REDUÇÃO DE CAPITAL**
3 – Para reembolso aos acionistas dissidentes
Antes da aprovação do BACEN
Depois da aprovação do BACEN
3.1 – Antes da aprovação do BACEN:
Débito – 6.1.1.40.00-2 – **REDUÇÃO DE CAPITAL**
Crédito – 4.9.9.90.00-9 – **CREDORES DIVERSOS – EXTERIOR**
Crédito – 4.9.9.92.00-7 – **CREDORES DIVERSOS – PAÍS**
3.2 – Depois da aprovação do BACEN:
Débito – 6.1.1.10.00-1 – **CAPITAL**
Crédito – 6.1.1.40.00-2 – **REDUÇÃO DE CAPITAL**
4 – Quando for efetuado o pagamento da Redução do Capital
Débito – 4.9.9.90.00-9 – **CREDORES DIVERSOS – EXTERIOR**
Débito – 4.9.9.92.00-7 – **CREDORES DIVERSOS – PAÍS**
Crédito – 1.1.1.10.00-6 – **CAIXA** ou
Crédito – 1.1.2.00.00-2 – **Depósitos Bancários**
5 – Ações caídas em comisso-mora do acionista
Na falta de reservas ou lucros e quando não se encontrar comprador para as ações
Sem redução do capital, por haver lucros acumulados ou reservas suficientes
5.1 – Na falta de reservas ou lucros e quando não se encontrar comprador para as ações

Débito – 6.1.1.10.00-1 – **CAPITAL**

Crédito – 6.1.1.50.00-9 – **CAPITAL A REALIZAR**

5.2 – Sem redução do capital, por haver lucros acumulados ou reservas suficientes

Débito – Adequada conta de Reservas:

Débito – 6.1.2.20.00-1 – **CORREÇÃO MONETÁRIA DE AUMENTOS DE CAPITAL**

Débito – 6.1.3.10.00-7 – **RESERVA DE ÁGIOS POR SUBSCRIÇÃO DE AÇÕES**

Débito – 6.1.3.70.00-9 – **RESERVA DE ATUALIZAÇÃO DE TÍTULOS PATRIMONIAIS**

Débito – 6.1.3.80.00-6 – **RESERVA ESPECIAL – LEI Nº 8.200**

Débito – 6.1.3.99.00-4 – **OUTRAS RESERVAS DE CAPITAL**

Débito – 6.1.4.10.00-0 – **RESERVA DE REAVALIAÇÃO DE IMÓVEIS DE USO PRÓPRIO**

Débito – 6.1.4.30.00-4 – **RESERVA DE REAVALIAÇÃO DE BENS DE COLIGADAS E CONTROLADAS**

Débito – 6.1.5.10.00-3 – **RESERVA LEGAL**

Débito – 6.1.5.20.00-0 – **RESERVAS ESTATUTÁRIAS**

Débito – 6.1.5.30.00-7 – **RESERVAS PARA CONTINGÊNCIAS**

Débito – 6.1.5.40.00-4 – **RESERVAS PARA EXPANSÃO**

Débito – 6.1.5.50.00-1 – **RESERVAS DE LUCROS A REALIZAR**

Débito – 6.1.5.80.00-2 – **RESERVAS ESPECIAIS DE LUCROS**

Débito – 6.1.8.00.00-5 – **Lucros ou Prejuízos Acumulados**

Crédito – 6.1.1.50.00-9 – **CAPITAL A REALIZAR** ou

Crédito – 6.1.9.10.00-5 – **AÇÕES EM TESOURARIA**

6 – Para conversão em reservas ou lucros acumulados, quando for considerado excessivo o capital

Débito – 6.1.1.10.00-1 – **CAPITAL**

Crédito – Adequada conta de Reservas

Crédito – 6.1.2.20.00-1 – **CORREÇÃO MONETÁRIA DE AUMENTOS DE CAPITAL**

Crédito – 6.1.3.10.00-7 – **RESERVA DE ÁGIOS POR SUBSCRIÇÃO DE AÇÕES**

Crédito – 6.1.3.70.00-9 – **RESERVA DE ATUALIZAÇÃO DE TÍTULOS PATRIMONIAIS**

Crédito – 6.1.3.80.00-6 – **RESERVA ESPECIAL – LEI Nº 8.200**

Crédito – 6.1.3.99.00-4 – **OUTRAS RESERVAS DE CAPITAL**

Crédito – 6.1.4.10.00-0 – **RESERVA DE REAVALIAÇÃO DE IMÓVEIS DE USO PRÓPRIO**

Crédito – 6.1.4.30.00-4 – **RESERVA DE REAVALIAÇÃO DE BENS DE COLIGADAS E CONTROLADAS**

Crédito – 6.1.5.10.00-3 – **RESERVA LEGAL**

Contabilidade Bancária e de Instituições Financeiras 297

Crédito – 6.1.5.20.00-0 – **RESERVAS ESTATUTÁRIAS**
Crédito – 6.1.5.30.00-7 – **RESERVAS PARA CONTINGÊNCIAS**
Crédito – 6.1.5.40.00-4 – **RESERVAS PARA EXPANSÃO**
Crédito – 6.1.5.50.00-1 – **RESERVAS DE LUCROS A REALIZAR**
Crédito – 6.1.5.80.00-2 – **RESERVAS ESPECIAIS DE LUCROS**
Crédito – 6.1.8.00.00-5 – **Lucros ou Prejuízos Acumulados**

AÇÕES EM TESOURARIA – 4.1.4

CONTABILIDADE BANCÁRIA
ESQUEMAS DE REGISTROS CONTÁBEIS – CONTABILIZAÇÃO
Esquema 1 – Constituição, Aumento e Redução do Capital Social
    Ações em Tesouraria
    Reembolso de ações do próprio capital da instituição, nas operações
autorizadas previamente pelo Banco Central, pelo custo de aquisição
    Venda das ações reembolsadas
    Havendo lucro na alienação
    Havendo prejuízo na alienação
    Ações recebidas em doações
    (Revisado em 24-11-2014)

1 – Reembolso de ações do próprio capital da instituição nas operações
    autorizadas previamente pelo Banco Central, pelo custo de aquisição
    Débito – 6.1.9.10.00-5 – **AÇÕES EM TESOURARIA**
Crédito – 1.1.1.10.00-6 – **CAIXA** ou
Crédito – 1.1.2.00.00-2 – **Depósitos Bancários**
    2 – Venda das ações reembolsadas
    Havendo lucro na alienação
    Havendo prejuízo na alienação
    2.1 – Havendo lucro na alienação
    Débito – 1.1.1.10.00-6   **CAIXA** ou
Débito – 1.1.2.00.00-2 – **Depósitos Bancários**
Crédito – 7.3.9.99.00-7   **OUTRAS RENDAS NÃO OPERACIONAIS**
(lucro na venda das ações)
Crédito – 6.1.9.10.00-5 – **AÇÕES EM TESOURARIA**

2 – Venda das ações reembolsadas
    2.2 – Havendo prejuízo na alienação
    Débito – 1.1.1.10.00-6 – **CAIXA** ou
Débito – 1.1.2.00.00-2 – **Depósitos Bancários**
Débito – 8.3.9.99.00-4 – **OUTRAS DESPESAS NÃO OPERACIONAIS**
(prejuízo na venda das ações)
Crédito – 6.1.9.10.00-5 – **AÇÕES EM TESOURARIA**

3 – Ações recebidas em doações
Débito – 6.1.9.10.00-5 – <u>AÇÕES EM TESOURARIA</u>
Crédito – 6.1.3.99.00-4 – <u>OUTRAS RESERVAS DE CAPITAL</u>

Esquema 03.Reservas

RESERVAS PATRIMONIAIS – CONTABILIZAÇÃO

CONTABILIDADE BANCÁRIA
ESQUEMAS DE REGISTROS CONTÁBEIS – CONTABILIZAÇÃO
Esquema 3 – Reservas
   Reservas de Capital
   Reservas de Reavaliação – Ajustes de Avaliação Patrimonial
   Reservas de Lucros (e suas subdivisões)
NOTAS DO COSIF:
Ver:
- **COSIF 1.16** – Normas Básicas – Patrimônio Líquido
- COSIF 2.2 – Elenco de Contas – Função da Conta – **6.0.0.00.00-2 – Patrimônio Líquido**

RESERVAS DE REAVALIAÇÃO – é importante conhecer as modificações introduzidas na Lei nº 6.404/1976 (Lei das Sociedades por Ações, também conhecida como Lei das Sociedades Anônimas). Veja, como reminiscência, o revogado **Princípio da Atualização Monetária** e os respectivos comentários e, ainda, um resumo das ocorrências na antiga **NBC-T-5 – Atualização Monetária**. Tudo isto passou a denominar-se **"Ajuste de Avaliação Patrimonial"**.

AÇÕES NOMINATIVAS – Deixou de existir o anonimato dos acionistas nas Sociedades por Ações a partir da vigência da Lei nº 8.021/1990 e do artigo 19 da Lei nº 8.088/1990. Respectivamente, as referidas leis proibiram a liquidação financeira de operações sem a identificação da contraparte na negociação e sem a identificação dos proprietários dos Títulos de Crédito de modo geral. Tal determinação legal passou a constar do Código Civil Brasileiro, que entrou em vigor em 11/01/2002.

ENDOSSO – Na transmissão do título por endosso, este deve conter a identificação do favorecido ("endosso em preto"), sendo, portanto, proibido o "endosso em branco" (ao portador). O mesmo raciocínio vale para o cheque (**Lei nº 7.357/1985 – Lei do Cheque**). Como a quase totalidade dos títulos negociados no SFN – Sistema Financeiro Nacional (brasileiro) é escritural (os títulos não são emitidos na forma física), eles devem estar custodiados em

Contabilidade Bancária e de Instituições Financeiras 299

Câmaras de Registro, Custódia e Liquidação de Títulos (**MNI 2-12-5**). Assim sendo, a transmissão desses títulos somente acontecerá mediante a emissão de Nota de Negociação expedida por instituição do SFN (**MNI 2-12-2**).

RESERVAS DE CAPITAL – 4.3.1

CONTABILIDADE BANCÁRIA
TÍTULO: Plano Contábil das Instituições do SFN – COSIF
CAPÍTULO: ESQUEMAS DE REGISTROS CONTÁBEIS – CONTA-
BILIZAÇÃO
Esquema 3 – Reservas
Esquema 3.1 – Reservas de capital
Ágio como contribuição dos subscritores de ações
Doações e subvenções para investimentos
Utilização das reservas de capital para compensar prejuízo
Utilização de reserva de capital em aumento de capital, enquanto pendente de decisão do Banco Central
Utilização de reserva para pagamento de dividendos a ações preferenciais, no caso de utilização de reservas de capital, e quando essa vantagem lhes for assegurada
Pelo pagamento dos dividendos
NOTA DO COSIFE: Veja:
Função das Contas – 6.1.3.00.00-0 – **Reservas de Capital**
COSIF 1.16.3 – Patrimônio Líquido – **Reservas de Capital**
1 – Ágio como contribuição dos subscritores de ações
Débito – 1.1.1.10.00-6 – **CAIXA** ou
Débito – 1.1.2.00.00-2 – **Depósitos Bancários**
Crédito – 6.1.3.10.00-7 – **RESERVA DE ÁGIOS POR SUBSCRIÇÃO DE AÇÕES**
2 – Doações e subvenções para investimentos
Débito – Adequada conta do Ativo
Crédito – 6.1.3.99.00-4 – **OUTRAS RESERVAS DE CAPITAL**
3 – Utilização das reservas de capital para compensar prejuízo
Débito – 6.1.3.10.00-7 – **RESERVA DE ÁGIOS POR SUBSCRIÇÃO DE AÇÕES**
Débito – 6.1.3.70.00-9 – **RESERVA DE ATUALIZAÇÃO DE TÍTULOS PATRIMONIAIS**
Débito – 6.1.3.80.00-6 – **RESERVA ESPECIAL – LEI Nº 8.200**
Débito – 6.1.3.99.00-4 – **OUTRAS RESERVAS DE CAPITAL**
Crédito – 6.1.8.10.00-2 – **LUCROS OU PREJUÍZOS ACUMULADOS**

300 — Inácio Dantas

4 – Utilização de reserva de capital em aumento de capital, enquanto pendente de decisão do Banco Central

Débito – 6.1.3.10.00-7 – **RESERVA DE ÁGIOS POR SUBSCRIÇÃO DE AÇÕES**

Débito – 6.1.3.70.00-9 – **RESERVA DE ATUALIZAÇÃO DE TÍTULOS PATRIMONIAIS**

Débito – 6.1.3.80.00-6 – **RESERVA ESPECIAL – LEI Nº 8.200**

Débito – 6.1.3.99.00-4 – **OUTRAS RESERVAS DE CAPITAL**

Crédito – 6.1.1.20.00-8 – **AUMENTO DE CAPITAL**

5 – Utilização de reserva para pagamento de dividendos a ações preferenciais, no caso de utilização de reservas de capital, e quando essa vantagem lhes for assegurada

Débito – 6.1.3.10.00-7 – **RESERVA DE ÁGIOS POR SUBSCRIÇÃO DE AÇÕES**

Débito – 6.1.3.70.00-9 – **RESERVA DE ATUALIZAÇÃO DE TÍTULOS PATRIMONIAIS**

Débito – 6.1.3.80.00-6 – **RESERVA ESPECIAL – LEI Nº 8.200**

Débito – 6.1.3.99.00-4 – **OUTRAS RESERVAS DE CAPITAL**

Crédito – 4.9.3.10.00-5 – **DIVIDENDOS E BONIFICAÇÕES A PAGAR**

Crédito – 6.1.8.80.00-1 – **DIVIDENDOS E LUCROS PAGOS ANTECI-PADAMENTE**

6 – Pelo pagamento dos dividendos

Débito – 4.9.3.10.00-5 – **DIVIDENDOS E BONIFICAÇÕES A PA-GAR** ou Débito – 6.1.8.80.00-1 – **DIVIDENDOS E LUCROS PAGOS ANTECIPADAMENTE**

Crédito – 1.1.1.10.00-6 – **CAIXA** ou

Crédito – 1.1.2.00.00-2 – **Depósitos Bancários**

RESERVAS DE REAVALIAÇÃO – 4.3.2

CONTABILIDADE BANCÁRIA
ESQUEMAS DE REGISTROS CONTÁBEIS – CONTABILIZAÇÃO
Esquema 3 – Reservas
Subesquema 3.2 – Reservas de Reavaliação (Ajustes de Avaliação Patrimonial – Lei nº 11.638/2007)
Reavaliação de imóveis de uso
Novas avaliações de imóveis de uso
Reversão, à medida que a reserva for sendo realizada, mediante depreciação, alienação ou baixa do imóvel reavaliado
Reavaliação de ativos em coligadas
Ajustes positivos
Ajustes negativos

Contabilidade Bancária e de Instituições Financeiras 301

NOTA DO COSIFE:

Depois das alterações feitas pela legislação em vigor, no capítulo XV da Lei das Sociedades por Ações (Lei nº 6.404/1976), relativas à escrituração contábil, para adequá-la às NBC – Normas Brasileiras de Contabilidade convergidas às Normas Internacionais de Contabilidade, a Reserva de Reavaliação, que podia ser feita esporadicamente, agora deve ser levada em conta a cada levantamento de Balanço Patrimonial, considerando-se principalmente o Princípio de Contabilidade da Entidade, o qual se refere ao perfeito levantamento da Situação Líquida Patrimonial.

Para contabilização, não somente desse ajuste patrimonial como também todos os demais estabelecidos pelas NBC, no grupamento do Patrimônio Líquido, foi criada a conta Ajustes de Avaliação Patrimonial, em que podem ser lançados todos os ajustes credores (aumento do patrimônio) e devedores (diminuição do patrimônio), que não seriam admitidos pela legislação tributária.

Porém, de forma diferente, com base no **artigo 61 da Lei nº 11.941/2009**, o Banco Central do Brasil criou as seguintes contas:

7.1.8.10.00-9 – **RENDAS DE AJUSTES EM INVESTIMENTOS NO EXTERIOR**

7.1.8.20.00-6 – **RENDAS DE AJUSTES EM INVESTIMENTOS EM COLIGADAS E CONTROLADAS**

8.1.6.10.00-0 – **DESPESAS DE AJUSTES EM INVESTIMENTOS NO EXTERIOR**

8.1.6.20.00-7 – **DESPESAS DE AJUSTES EM INVESTIMENTOS EM COLIGADAS E CONTROLADAS**

Essas contas devem ser utilizadas como contrapartidas dos ajustes positivos (rendas) e dos ajustes negativos (despesas) de investimentos em coligadas e controladas no País e no exterior.

Porém, a sua utilização implica no lançamento de seus saldos na conta Lucros e Prejuízos Acumulados, por ocasião dos balanços patrimoniais. Mas esses ajustes não são tributáveis (quando positivos) nem dedutível da base de cálculo do Imposto de Renda (quando negativos).

Assim, quando transitados pela conta Lucros e Prejuízos Acumulados, há necessidade de se efetuarem ajustes no LALUR – Livro de Apuração do Lucro Real, para excluí-los da base de tributação. Por isso, o procedimento mais simples seria o lançamento de tais ajustes diretamente na conta de RESERVA DE REAVALIAÇÃO DE BENS DE COLIGADAS E CONTROLADAS ou em AJUSTES DA AVALIAÇÃO PATRIMONIAL EM COLIGADAS E CONTROLADAS, mesmo porque, depois de lançados os valores em Lucros ou Prejuízos Acumulados, tem-se que recorrer às contas de rendas e de despesas mencionadas para se obter os valores a serem transferidos para a conta de Reserva. Enfim, se é possível complicar, para que facilitar?

No COSIF 1.1.2.5., lê-se:

*A **par das disposições legais** e das exigências regulamentares específicas atinentes à escrituração, **observam-se, ainda, os princípios fundamentais de contabilidade**, cabendo à instituição: (Circ. n° 1.273, Res. n° 4.007)*

Para evitar o trânsito por Lucros ou Prejuízos Acumulados, os saldos das contas de rendas e despesas pertinentes poderiam ser automaticamente transferidos para a conta de Reserva.

Veja o **Esquema 32** – Equivalência Patrimonial em Controladas

Veja também:

COSIF 2.2 – Elenco de Contas – Função das Contas – 6.1.4.00.00-3 – **Reservas de Reavaliação**

COSIF 1.16.4 – Patrimônio Líquido – **Reservas de Reavaliação**

1. REAVALIAÇÃO DE IMÓVEIS DE USO

Novas avaliações de imóveis de uso

Reversão, à medida que a reserva for sendo realizada, mediante depreciação, alienação ou baixa do imóvel reavaliado

1.1 – Novas avaliações de imóveis de uso

Débito – 2.2.3.10.00-8 – **IMÓVEIS DE USO**

Crédito – 6.1.4.10.00-0 – **RESERVA DE REAVALIAÇÃO DE IMÓVEIS DE USO PRÓPRIO**

1.2 – Reversão, à medida que a reserva for sendo realizada, mediante depreciação, alienação ou baixa do imóvel reavaliado

Débito – 6.1.4.10.00-0 – **RESERVA DE REAVALIAÇÃO DE IMÓVEIS DE USO PRÓPRIO**

Crédito – 6.1.8.10.00-2 – **LUCROS OU PREJUÍZOS ACUMULADOS**

2. REAVALIAÇÃO DE ATIVOS EM COLIGADAS

3.2.2.1. Ajustes positivos

Débito – 2.1.1.20.00-0 – **PARTICIPAÇÕES NO EXTERIOR AVALIADAS PELO MEP**

Débito – 2.1.2.10.00-6 – **PARTICIPAÇÕES EM COLIGADAS E CONTROLADAS**

Crédito – 6.1.4.30.00-4 – **RESERVA DE REAVALIAÇÃO DE BENS DE COLIGADAS E CONTROLADAS**

3.2.2.2. Ajustes negativos

Débito – 6.1.4.30.00-4 – **RESERVA DE REAVALIAÇÃO DE BENS DE COLIGADAS E CONTROLADAS**

Crédito – 2.1.1.20.00-0 – **PARTICIPAÇÕES NO EXTERIOR AVALIADAS PELO MEP**

Crédito – 2.1.2.10.00-6 – **PARTICIPAÇÕES EM COLIGADAS E CONTROLADAS**

Contabilidade Bancária e de Instituições Financeiras 303

RESERVAS DE LUCROS – 4.3.3

CONTABILIDADE BANCÁRIA
ESQUEMAS DE REGISTROS CONTÁBEIS – CONTABILIZAÇÃO
Esquema 3 – Reservas
Subesquema 3.3 – Reservas de Lucros
  Reservas Legais, Estatutárias e outras Reservas de Lucros
  Constituição das reservas (Transferência de Lucros Acumulados)
  Utilização das Reservas de Lucros para compensar prejuízo
  Utilização das Reservas de Lucros em aumento de capital, enquanto pendente de decisão do Banco Central
  Utilização das Reservas Estatutárias nas finalidades previstas nos estatutos
  Reversão da Reservas para Contingências, quando deixarem de existir as razões de sua constituição ou ocorrer a perda prevista
  Reversão da Reserva de Expansão, na medida da execução do projeto de expansão, ou quando este se tornar inviável
  Reversão da Reservas de Lucros a Realizar, quando realizados os lucros em conformidade com a legislação em vigor
  Reversão da Reserva Especial de Lucros para pagamento dos dividendos obrigatórios, quando a situação financeira permitir
  NOTA DO COSIFE: Ver:
  COSIF – Função das Contas – 6.1.5.00.00-6 – Reservas de Lucros
  COSIF 1.16.5 – Patrimônio Líquido – Reserva de Lucros
1 – RESERVAS LEGAIS, ESTATUTÁRIAS E OUTRAS RESERVAS DE LUCROS
  Constituição das reservas (Transferência de Lucros Acumulados)
  Utilização das Reservas de Lucros para compensar prejuízo
  Utilização das Reservas de Lucros em aumento de capital, enquanto pendente de decisão do Banco Central
  1.1 – Constituição das reservas (Transferência de Lucros Acumulados)
  Débito – 6.1.8.10.00-2 – LUCROS OU PREJUÍZOS ACUMULADOS
Crédito – 6.1.5.10.00-3 – RESERVA LEGAL
Crédito – 6.1.5.20.00-0 – RESERVAS ESTATUTÁRIAS
Crédito – 6.1.5.30.00-7 – RESERVAS PARA CONTINGÊNCIAS
Crédito – 6.1.5.40.00-4 – RESERVAS PARA EXPANSÃO
Crédito – 6.1.5.50.00-1 – RESERVAS DE LUCROS A REALIZAR
Crédito – 6.1.5.80.00-2 – RESERVAS ESPECIAIS DE LUCROS
  1.2 – Utilização das Reservas de Lucros para compensar prejuízo
  Débito – 6.1.5.10.00-3 – RESERVA LEGAL
Débito – 6.1.5.20.00-0 – RESERVAS ESTATUTÁRIAS

Débito – 6.1.5.30.00-7 – **RESERVAS PARA CONTINGÊNCIAS**
Débito – 6.1.5.40.00-4 – **RESERVAS PARA EXPANSÃO**
Débito – 6.1.5.50.00-1 – **RESERVAS DE LUCROS A REALIZAR**
Débito – 6.1.5.80.00-2 – **RESERVAS ESPECIAIS DE LUCROS**
Crédito – 6.1.8.10.00-2 – **LUCROS OU PREJUÍZOS ACUMULADOS**
1.3 – Utilização das Reservas de Lucros em aumento de capital, enquanto pendente de decisão do Banco Central
Débito – 6.1.5.10.00-3 – **RESERVA LEGAL**
Débito – 6.1.5.20.00-0 – **RESERVAS ESTATUTÁRIAS**
Débito – 6.1.5.30.00-7 – **RESERVAS PARA CONTINGÊNCIAS**
Débito – 6.1.5.40.00-4 – **RESERVAS PARA EXPANSÃO**
Débito – 6.1.5.50.00-1 – **RESERVAS DE LUCROS A REALIZAR**
Débito – 6.1.5.80.00-2 – **RESERVAS ESPECIAIS DE LUCROS**
Crédito – 6.1.1.20.00-8 – **AUMENTO DE CAPITAL**

2 – UTILIZAÇÃO DAS RESERVAS ESTATUTÁRIAS NAS FINALIDADES PREVISTAS NOS ESTATUTOS
Débito – 6.1.5.20.00-0 – **RESERVAS ESTATUTÁRIAS**
Crédito – Conta estabelecida pelo Estatuto ou por deliberação da Assembleia Geral, de acordo com a Lei nº 6.404/1976 – Lei das Sociedades por Ações
3 – REVERSÃO DA RESERVAS PARA CONTINGÊNCIAS, QUANDO DEIXAREM DE EXISTIR AS RAZÕES DE SUA CONSTITUIÇÃO OU OCORRER A PERDA PREVISTA
Débito – 6.1.5.30.00-7 – **RESERVAS PARA CONTINGÊNCIAS**
Crédito – 6.1.8.10.00-2 – **LUCROS OU PREJUÍZOS ACUMULADOS**
4 – REVERSÃO DA RESERVA DE EXPANSÃO, NA MEDIDA DA EXECUÇÃO DO PROJETO DE EXPANSÃO, OU QUANDO ESTE SE TORNAR INVIÁVEL
Débito – 6.1.5.40.00-4 – **RESERVAS PARA EXPANSÃO**
Crédito – 6.1.8.10.00-2 – **LUCROS OU PREJUÍZOS ACUMULADOS**
5 – REVERSÃO DAS RESERVAS DE LUCROS A REALIZAR – QUANDO REALIZADOS OS LUCROS EM CONFORMIDADE COM A LEGISLAÇÃO EM VIGOR
Débito – 6.1.5.50.00-1 – **RESERVAS DE LUCROS A REALIZAR**
Crédito –6.1.8.10.00-2 – **LUCROS OU PREJUÍZOS ACUMULADOS**
6 – REVERSÃO DA RESERVA ESPECIAL DE LUCROS PARA PAGAMENTO DOS DIVIDENDOS OBRIGATÓRIOS, QUANDO A SITUAÇÃO FINANCEIRA PERMITIR
Débito – 6.1.5.80.00-2 – **RESERVAS ESPECIAIS DE LUCROS**
Crédito – 4.9.3.10.00-5 – **DIVIDENDOS E BONIFICAÇÕES A PAGAR**
Crédito – 6.1.8.80.00-1 – **DIVIDENDOS E LUCROS PAGOS ANTECIPADAMENTE**

Contabilidade Bancária e de Instituições Financeiras 305

Esquema 04.Depósitos à Vista

ESQUEMA DE REGISTRO CONTÁBIL – N° 04 – DEPÓSITOS À VISTA

CONTABILIDADE BANCÁRIA
TÍTULO: Plano Contábil das Instituições do SFN – COSIF
CAPÍTULO: ESQUEMAS DE REGISTROS CONTÁBEIS – CONTA-
BILIZAÇÃO
Esquema 4 – Depósitos à Vista
Depósito inicial
Movimentação da conta
Transferência para contas especiais ou com destinação específica
Pagamento a cargo de outro estabelecimento com agência não participante
do Serviço de Compensação local
Pagamento de cheque sacado contra outra agência não participante do Ser-
viço de Compensação integrada local
Garantias recebidas pela instituição
Depósitos a prazo vencidos e não resgatados (com ou sem emissão de
certificado)
Cheque visado
Cheque marcado
Cheques de viagem
Adiantamentos a depositantes
Transferência para créditos em liquidação, mediante crédito na conta do
depositante
Encerramento da conta

DEPÓSITO INICIAL – ESQUEMA 4.1

CONTABILIDADE BANCÁRIA
ESQUEMAS DE REGISTROS CONTÁBEIS – CONTABILIZAÇÃO
Esquema 4 – Depósitos à Vista
Depósito inicial
Pelo depósito inicial realizado na abertura da conta
Débito – **CAIXA**
Crédito – Adequada conta de 4.1.1.00.00-0 – **Depósitos à Vista**

MOVIMENTAÇÃO DA CONTA – ESQUEMA 4.2

CONTABILIDADE BANCÁRIA
ESQUEMAS DE REGISTROS CONTÁBEIS – CONTABILIZAÇÃO
Esquema 4 – Depósitos à Vista
Movimentação da conta

Outros depósitos
Retiradas
Transferência de uma conta para outra, com a devida autorização
(...)
1. Outros depósitos
Débito – 1.1.1.10.00-6 – **CAIXA**
Crédito – Adequada conta de 4.1.1.00.00-0 – **Depósitos à Vista**
2. Retiradas
Débito – Adequada conta de 4.1.1.00.00-0 – **Depósitos à Vista**
Crédito – 1.1.1.10.00-6 – **CAIXA**
3. Transferência de uma conta para outra, com a devida autorização
Débito – Adequada conta de 4.1.1.00.00-0 – **Depósitos à Vista**
Crédito – Adequada conta de 4.1.1.00.00-0 – **Depósitos à Vista**

CONTA 1.1.1.10

TÍTULO:	Plano Contábil das Instituições do SFN – COSIF
CAPÍTULO:	**Elenco de Contas** – 2
SEÇÃO:	Função e Funcionamento das Contas – 2.2
SUBSEÇÃO:	1.0.0.00.00-7 – **ATIVO CIRCULANTE E REALIZÁVEL A LONGO PRAZO**
GRUPO:	1.1.0.00.00-6 **DISPONIBILIDADES**
SUBGRUPO:	1.1.1.00.00-9 CAIXA

CONTA: 1.1.1.10.00-6 CAIXA
FUNÇÃO: Registrar o numerário existente em moeda corrente nacional.
BASE NORMATIVA: Circular BCB nº 1.273
NOTAS DO COSIF:
FUNCIONAMENTO:
– Debitada pela entrada de numerário, cheques e outros papéis a cobrar.
– Creditada pela saída desses valores.
Obs. do autor: Note-se que o registro na conta Caixa refere-se a **numerário, cheques e outros papéis a cobrar.**

CONTA 1.1.1.90

TÍTULO:	Plano Contábil das Instituições do SFN – COSIF
CAPÍTULO:	**Elenco de Contas** – 2
SEÇÃO:	Função e Funcionamento das Contas – 2.2
SUBSEÇÃO:	1.0.0.00.00-7 – **ATIVO CIRCULANTE E REALIZÁVEL A LONGO PRAZO**
GRUPO:	1.1.0.00.00-6 **DISPONIBILIDADES**
SUBGRUPO:	1.1.1.00.00-9 CAIXA

Contabilidade Bancária e de Instituições Financeiras 307

CONTA: 1.1.1.90.00-2 CAIXA
FUNÇÃO:
Destina-se ao registro do numerário existente, em moeda corrente nacional, de propriedade do grupo de consórcio, destinado ao depósito em conta bancária.

Os cheques e outros valores recebidos e não depositados registram-se em CHEQUES E OUTROS VALORES A RECEBER.

Periodicamente, pelo menos na data-base de balancete, o saldo existente nessa conta deve ser objeto de verificação por pessoas estranhas à Tesouraria, lavrando-se o correspondente termo de conferência devidamente autenticado, o qual constitui documento de contabilidade a ser arquivado em pasta própria para futuras averiguações.

BASE NORMATIVA: (**Carta Circular BCB n° 3.1473** – Anexo IV, 1)
NOTAS DO COSIF:
FUNCIONAMENTO:
– Debitada pela entrada dos valores.
– Creditada pelos depósitos efetuados ou por transferências.

CHEQUE VISADO – ESQUEMA 4.8

CONTABILIDADE BANCÁRIA
ESQUEMAS DE REGISTROS CONTÁBEIS – CONTABILIZAÇÃO
Esquema 4 – Depósitos à Vista
  Cheque visado
  Pelo visto do cheque
  Pelo pagamento do cheque visado
  (...)
  1. Pelo visto do cheque
  Débito – Adequada conta de 4.1.1.00.00-0 – **Depósitos à Vista**
  Crédito – Adequada conta de 4.1.1.00.00-0 – **Depósitos à Vista**, subtítulo de uso interno Cheques Visados
  2. Pelo pagamento do cheque visado
  Débito – Adequada conta de 4.1.1.00.00-0 – **Depósitos à Vista**, subtítulo de uso interno Cheques Visados
Crédito – 1.1.1.10.00-6 – **CAIXA** (pelo efetivo pagamento em dinheiro na "boca do caixa") ou
Crédito – Adequada conta de 4.1.1.00.00-0 – **Depósitos à Vista** (pelo depósito em outra conta de Depósito à Vista no mesmo banco) ou
Crédito – 4.4.1.00.00-7 – **OBRIGAÇÕES A PARTICIPANTES DE SISTEMA DE LIQUIDAÇÃO** (pela liquidação do cheques através de Câmara de compensação)

ADIANTAMENTOS A DEPOSITANTES – ESQUEMA 4.11

CONTABILIDADE BANCÁRIA
ESQUEMAS DE REGISTROS CONTÁBEIS – CONTABILIZAÇÃO
Esquema 4 – Depósitos à Vista
Adiantamentos a depositantes
Ocorrência do saldo devedor na conta do cliente
Transferência diária da totalidade dos adiantamentos para a adequada conta de depósito, sem alteração dos registros individuais dos saldos devedores
Reversão, no dia útil imediato ao do lançamento global anterior
(...)
1. Ocorrência do saldo devedor na conta do cliente
Débito – Adequada conta de 4.1.1.00.00-0 – **Depósitos à Vista**
Crédito – 1.1.1.10.00-6 – **CAIXA** ou outra conta adequada
2. Transferência diária da totalidade dos adiantamentos para a adequada conta de Depósito, sem alteração dos registros individuais dos saldos devedores
Débito – 1.6.1.10.00-1 – **ADIANTAMENTOS A DEPOSITANTES**
Crédito – Adequada conta de 4.1.1.00.00-0 – **Depósitos à Vista** (global)
3. Reversão, no dia útil imediato ao do lançamento global anterior
Débito – Adequada conta de 4.1.1.00.00-0 – **Depósitos à Vista** (global)
Crédito – 1.6.1.10.00-1 – **ADIANTAMENTOS A DEPOSITAN**TES

ENCERRAMENTO DA CONTA – ESQUEMA 4.13

CONTABILIDADE BANCÁRIA
ESQUEMAS DE REGISTROS CONTÁBEIS – CONTABILIZAÇÃO
Esquema 4 – Depósitos à Vista
Encerramento da conta
Transferência do saldo da conta por uso indevido de cheque
Acatamento de cheques e retirada do valor
NOTA DO COSIFE: Veja:
COSIF 1.12.1 – Normas Básicas – Depósitos à Vista
Função das Contas – **Depósitos à Vista**
MNI 2-7 – Depósitos
CHEQUE – Legislação – Características – Endosso – Câmara de Compensação de Cheques e Outros Papéis
1. Transferência do saldo da conta por uso indevido de cheque
Débito – Adequada conta de 4.1.1.00.00-0 – **Depósitos à Vista**
Crédito – Adequada conta de 4.1.1.00.00-0 – **Depósitos à Vista**, subtítulo de uso interno Contas em Encerramento

Contabilidade Bancária e de Instituições Financeiras　　　309

2. Acatamento de cheques e retirada do valor
Débito – Adequada conta de 4.1.1.00.00-0 – **Depósitos à Vista**, subtítulo de uso interno Contas em Encerramento
Crédito – 1.1.1.10.00-6 – **CAIXA**

Esquema 05. Depósitos de Poupança

ESQUEMA 5.2 – MOVIMENTAÇÃO DA CONTA DE POUPANÇA

CONTABILIDADE BANCÁRIA
ESQUEMAS DE REGISTROS CONTÁBEIS – CONTABILIZAÇÃO
Esquema 5 – Depósitos de Poupança
Subesquema 5.2 – Movimentação da conta de Poupança
　Novos depósitos
　Retiradas ou saques
　(...)
1 – Novos depósitos
　Débito – 1.1.1.10.00-6 – **CAIXA**
(pelo depósito em dinheiro ou em cheques de terceiros do mesmo banco ou de outros bancos)
Débito – 4.1.1.00.00-0 – **DEPÓSITOS À VISTA**
(pela transferência da conta corrente do cliente bancário para outra conta por ele indicada)
Crédito – 4.1.2.10.00-0 – **DEPÓSITOS DE POUPANÇA LIVRES – PESSOAS FÍSICAS**
Crédito – 4.1.2.20.00-7 – **DEPÓSITOS DE POUPANÇA LIVRES – PESSOAS JURÍDICAS**
Crédito – 4.1.2.25.00-2 – **DEPÓSITOS DE POUPANÇA LIGADAS**
Crédito – 4.1.2.30.00-4 – **DEPÓSITOS DE POUPANÇA PECÚLIO**
Crédito – 4.1.2.35.00-9 – **DEPÓSITOS DE POUPANÇA DE INSTITUIÇÕES DO SISTEMA FINANCEIRO**
Crédito – 4.1.2.40.00-1 – **DEPÓSITOS DE POUPANÇA PROGRAMADA**
Crédito – 4.1.2.50.00-8 – **DEPÓSITOS DE POUPANÇA – VALORES MÚLTIPLOS**
Crédito – 4.1.2.60.00-5 – **DEPÓSITOS DE POUPANÇA VINCULADA**
Crédito – 4.1.2.80.00-9 – **DEPÓSITOS DE POUPANÇA ESPECIAL**
　2 – Retiradas ou saques
　Débito – 4.1.2.10.00-0 – **DEPÓSITOS DE POUPANÇA LIVRES – PESSOAS FÍSICAS**

310

Inácio Dantas

Débito – 4.1.2.20.00-7 – **DEPÓSITOS DE POUPANÇA LIVRES – PES-SOAS JURÍDICAS**
Débito – 4.1.2.25.00-2 – **DEPÓSITOS DE POUPANÇA LIGADAS**
Débito – 4.1.2.30.00-4 – **DEPÓSITOS DE POUPANÇA PECÚLIO**
Débito – 4.1.2.35.00-9 – **DEPÓSITOS DE POUPANÇA DE INSTITUI-ÇÕES DO SISTEMA FINANCEIRO**
Débito – 4.1.2.40.00-1 – **DEPÓSITOS DE POUPANÇA PROGRAMADA**
Débito – 4.1.2.50.00-8 – **DEPÓSITOS DE POUPANÇA – VALORES MÚLTIPLOS**
Débito – 4.1.2.60.00-5 – **DEPÓSITOS DE POUPANÇA VINCULADA**
Débito – 4.1.2.80.00-9 – **DEPÓSITOS DE POUPANÇA ESPECIAL**
Crédito – 1.1.1.10.00-6 – **CAIXA**
(pela retirada ou pelo saque em dinheiro)
Crédito – 4.1.1.00.00-0 – **DEPÓSITOS À VISTA**
(pelo valor transferido das diversas contas enumeradas)

Esquema 07.Depósitos a Prazo

ESQUEMA DE REGISTRO CONTÁBIL – Nº 07 – DEPÓSITOS A PRAZO

CONTABILIDADE BANCÁRIA
ESQUEMAS DE REGISTROS CONTÁBEIS – CONTABILIZAÇÃO
Esquema 7 – Depósitos a Prazo
Depósito a Prazo sem emissão de certificado (RDB)
Com rendimento prefixado
Com rendimento pós-fixado
Levantamento do depósito durante a vigência do contrato
Levantamento do depósito no vencimento, em caso de não retirada pelo cliente
Levantamento do depósito – resgate do certificado de depósito bancário vencido
Depósito a Prazo com emissão de certificado – CDB
Depósitos sob aviso
NOTA DO COSIFE: Veja:
COSIF 1.12 – Normas Básicas – Recursos de Depósitos (entre outros)
COSIF 1.12.2 – Depósitos a Prazo
Imposto de Renda NA FONTE – Regulamento do Imposto de Renda – RIR/99
MNI 2-7 – Depósitos
MTVM – Manual de Títulos e Valores Mobiliários

Contabilidade Bancária e de Instituições Financeiras 311

Sistemas de Registro, Liquidação e Custódia
RDB – Recibo de Depósitos Bancários
CDB – Certificado de Depósitos Bancários
Nota 1:
As contas de DESPESAS A APROPRIAR não existem, portanto, devem ser criadas como subtítulos de uso interno das contas do grupamento 4.1.5.00.00-2 – **Depósitos a Prazo**, em conformidade com o disposto no **COSIF 1.1.5.9**.
Nota 2:
As contas de "DEPÓSITOS NÃO RESGATADOS" não existem, portanto, devem ser criadas como subtítulo de uso interno das contas do grupamento 4.1.5.00.00-2 – **Depósitos a Prazo**, em conformidade com o disposto no **COSIF 1.1.5.9**.
Nota 3:
Os títulos emitidos pelas instituições financeiras devem ser obrigatoriamente custodiados na CETIP ou em outra Câmara de Liquidação e Custódia. Portanto, não devem ser esquecidos os lançamentos de Custódia dos Títulos em conformidade com o **Esquema de Contabilização 41**.

ESQUEMA 7.1. DEPÓSITO A PRAZO SEM EMISSÃO DE CERTIFICADO (RDB)

CONTABILIDADE BANCÁRIA
ESQUEMAS DE REGISTROS CONTÁBEIS – CONTABILIZAÇÃO
Esquema 7 – Depósitos a Prazo
Depósito a Prazo sem emissão de certificado (RDB)
Com rendimento prefixado – sem emissão de certificado (RDB)
Registro do recebimento do depósito e das despesas a apropriar
Apropriação de despesas do período pela fluência do prazo ou pagamentos periódicos da renda
Liquidação e retenção do Imposto de Renda na fonte
(...)
Nota 1:
As contas de DESPESAS A APROPRIAR não existem, portanto, devem ser criadas como subtítulos de uso interno das contas do grupamento 4.1.5.00.00-2 – **Depósitos a Prazo**, em conformidade com o disposto no **COSIF 1.1.5.9**.
1. Registro do recebimento do depósito e das despesas a apropriar
Débito – 1.1.1.10.00-6 – **CAIXA** ou
Débito – 1.1.2.00.00-2 – **DEPÓSITOS BANCÁRIOS**
Débito – 4.1.5.10.99-9 – **DESPESAS A APROPRIAR DE DEPÓSITOS A**

312 — *Inácio Dantas*

PRAZO (Ver **NOTA 1**)
Crédito – 4.1.5.10.00-9 – **DEPÓSITOS A PRAZO** – subtítulos apropriados
2. Apropriação de despesas do período pela fluência do prazo ou pagamentos periódicos da renda
Débito – 8.1.1.30.00-9 – **DESPESAS DE DEPÓSITOS A PRAZO**
Crédito – 4.1.5.10.99-9 – **DESPESAS A APROPRIAR DE DEPÓSITOS A PRAZO** (Ver **NOTA 1**)
Crédito – 4.1.5.10.00-9 – **DEPÓSITOS A PRAZO** – subtítulos apropriados
Crédito – 1.1.1.10.00-6 – **CAIXA** ou
Crédito – outra conta do grupamento de 1.1.2.00.00-2 – **DEPÓSITOS BANCÁRIOS**
3. Liquidação e retenção do Imposto de Renda na fonte
Débito – 4.1.5.10.00-9 – **DEPÓSITOS A PRAZO** – subtítulos apropriados
Crédito – 1.1.1.10.00-6 – **CAIXA** ou
Crédito – 1.1.2.00.00-2 – **DEPÓSITOS BANCÁRIOS**
Crédito – 4.9.4.20.00-5 – **IMPOSTOS E CONTRIBUIÇÕES A RECOLHER**

Esquema 09. Classificação das Operações de Crédito por Nível de Risco e Aprovisionamento

ESQUEMA 9.1 – CONTABILIZAÇÃO DAS OPERAÇÕES DE CRÉDITO POR NÍVEL DE RISCO

CONTABILIDADE BANCÁRIA
ESQUEMAS DE REGISTROS CONTÁBEIS – CONTABILIZAÇÃO
Esquema 9 – Classificação das Operações de Crédito por Nível de Risco e Aprovisionamento
Esquema 9.1 – Contabilização das Operações de Crédito por Nível de Risco
Contabilização dos Créditos de Nível de Risco AA
Contabilização dos Créditos de Nível de Risco A
Contabilização dos Créditos de Nível de Risco B
Contabilização dos Créditos de Nível de Risco C
Contabilização dos Créditos de Nível de Risco D
Contabilização dos Créditos de Nível de Risco E
Contabilização dos Créditos de Nível de Risco F
Contabilização dos Créditos de Nível de Risco G
Contabilização dos Créditos de Nível de Risco H
(...)

Contabilidade Bancária e de Instituições Financeiras 313

PERDAS NO RECEBIMENTO DE CRÉDITOS
PROVISÕES
1. Contabilização dos Créditos de Nível de Risco AA
Débito – 3.1.1.10.00-0 – **OPERAÇÕES DE CRÉDITO DE NÍVEL AA**
Débito – 3.1.1.20.00-7 – **OPERAÇÕES DE ARRENDAMENTO MER-CANTIL DE NÍVEL AA**
Débito – 3.1.1.30.00-4 – **OUTROS CRÉDITO DE NÍVEL AA**
Crédito – 9.1.1.10.00-2 – **CARTEIRA DE CRÉDITOS CLASSIFICA-DOS**
2. Contabilização dos Créditos de Nível de Risco A
Débito – 3.1.2.10.00-3 – **OPERAÇÕES DE CRÉDITO DE NÍVEL A**
Débito – 3.1.2.20.00-0 – **OPERAÇÕES DE ARRENDAMENTO MER-CANTIL DE NÍVEL A**
Débito – 3.1.2.30.00-7 – **OUTROS CRÉDITO DE NÍVEL A**
Crédito – 9.1.1.10.00-2 – **CARTEIRA DE CRÉDITOS CLASSIFICA-DOS**
3. Contabilização dos Créditos de Nível de Risco B
Débito – 3.1.3.10.00-6 – **OPERAÇÕES DE CRÉDITO DE NÍVEL B**
Débito – 3.1.3.20.00-3 – **OPERAÇÕES DE ARRENDAMENTO MER-CANTIL DE NÍVEL B**
Débito – 3.1.3.30.00-0 – **OUTROS CRÉDITOS DE NÍVEL B**
Crédito – 9.1.1.10.00-2 – **CARTEIRA DE CRÉDITOS CLASSIFICA-DOS**
4. Contabilização dos Créditos de Nível de Risco C
Débito – 3.1.4.10.00-9 – **OPERAÇÕES DE CRÉDITO DE NÍVEL C**
Débito – 3.1.4.20.00-6 – **OPERAÇÕES DE ARRENDAMENTO MER-CANTIL DE NÍVEL C**
Débito – 3.1.4.30.00-3 – **OUTROS CRÉDITO DE NÍVEL C**
Crédito – 9.1.1.10.00-2 – **CARTEIRA DE CRÉDITOS CLASSIFICA-DOS**
5. Contabilização dos Créditos de Nível de Risco D
Débito – 3.1.5.10.00-2 – **OPERAÇÕES DE CRÉDITO DE NÍVEL D**
Débito – 3.1.5.20.00-9 – **OPERAÇÕES DE ARRENDAMENTO MER-CANTIL DE NÍVEL D**
Débito – 3.1.5.30.00-6 – **OUTROS CRÉDITOS DE NÍVEL D**
Crédito – 9.1.1.10.00-2 – **CARTEIRA DE CRÉDITOS CLASSIFICA-DOS**
6. Contabilização dos Créditos de Nível de Risco E
Débito – 3.1.6.10.00-5 – **OPERAÇÕES DE CRÉDITO DE NÍVEL E**
Débito – 3.1.6.20.00-2 – **OPERAÇÕES DE ARRENDAMENTO MER-**

CANTIL DE NÍVEL E
Débito – 3.1.6.30.00-9 – **OUTROS CRÉDITOS DE NÍVEL E**
Crédito – 9.1.1.10.00-2 – **CARTEIRA DE CRÉDITOS CLASSIFICA-DOS**

7. Contabilização dos Créditos de Nível de Risco F
Débito – 3.1.7.10.00-8 – **OPERAÇÕES DE CRÉDITO DE NÍVEL F**
Débito – 3.1.7.20.00-5 – **OPERAÇÕES DE ARRENDAMENTO MER-CANTIL DE NÍVEL F**
Débito – 3.1.7.30.00-2 – **OUTROS CRÉDITOS DE NÍVEL F**
Crédito – 9.1.1.10.00-2 – **CARTEIRA DE CRÉDITOS CLASSIFICA-DOS**

8. Contabilização dos Créditos de Nível de Risco G
Débito – 3.1.8.10.00-1 – **OPERAÇÕES DE CRÉDITO DE NÍVEL G**
Débito – 3.1.8.20.00-8 – **OPERAÇÕES DE ARRENDAMENTO MER-CANTIL DE NÍVEL G**
Débito – 3.1.8.30.00-5 – **OUTROS CRÉDITOS DE NÍVEL G**
Crédito – 9.1.1.10.00-2 – **CARTEIRA DE CRÉDITOS CLASSIFICA-DOS**

9. Contabilização dos Créditos de Nível de Risco H
Débito – 3.1.9.10.00-4 – **OPERAÇÕES DE CRÉDITO DE NÍVEL H**
Débito – 3.1.9.20.00-1 – **OPERAÇÕES DE ARRENDAMENTO MER-CANTIL DE NÍVEL H**
Débito – 3.1.9.30.00-8 – **OUTROS CRÉDITO DE NÍVEL H**
Crédito – 9.1.1.10.00-2 – **CARTEIRA DE CRÉDITOS CLASSIFICA-DOS**

Obs. do autor: Ver os percentuais de provisão em **Norma Básica Cosif nº 6 – 2. Classificação das Operações de Crédito por Nível de Risco e Provis**ionamento

Esquema 11. Recursos Nacionais para Repasses no País

ESQUEMA DE REGISTRO CONTÁBIL – Nº 11 – RECURSOS NACIO-NAIS PARA REPASSES NO PAÍS

CONTABILIDADE BANCÁRIA
ESQUEMAS DE REGISTROS CONTÁBEIS – CONTABILIZAÇÃO
Esquema 11 – Recursos Nacionais para Repasses no País
Repasses de Instituições Oficiais – Operações com juros antecipados
Repasses de Instituições Oficiais – Operações com juros postergados
Repasses de Outras Instituições – Operações com juros antecipados
Repasses de Outras Instituições – Operações com juros postergados

Contabilidade Bancária e de Instituições Financeiras 315

NOTA DO COSIFE:
COSIF 1.1.10 – Normas Básicas – Critérios de Avaliação e Apropriação Contábil
COSIF 1.12.8 – Normas Básicas – Recursos de Empréstimos e Repasses
FUNÇÃO DAS CONTAS – 4.6.0.00.00-2 – **Obrigações por Empréstimos e Repasses**
MNI 2-3 – **Empréstimos e Financiamentos Diversos**
NOTA 1:
A conta DESPESAS A APROPRIAR DE REPASSES DO PAÍS deve ser aberta como subtítulo de uso interno das respectivas contas do grupo 4.6.4.00.00-4 – **Repasses do País – Instituições Oficiais**, em conformidade com o que dispõe o **COSIF 1.1.5.9**.
NOTA 2:
A conta RENDAS A APROPRIAR DE REPASSES DO PAÍS deve ser aberta como subtítulo de uso interno das respectivas contas do grupo 1.6.2.30.00-8 – **FINANCIAMENTOS COM INTERVENIÊNCIA**, em conformidade com o que dispõe o **COSIF 1.1.5.9**.
   1. Repasses de Instituições Oficiais – Operações com juros antecipados
   1.1 Pela liberação dos recursos a favor da instituição
   Débito – 1.1.1.10.00-6 – **CAIXA** ou
Débito – 1.1.2.00.00-2 – **Depósitos Bancários** ou
Débito – 1.1.3.10.00-2 – **BANCO CENTRAL – RESERVAS LIVRES EM ESPÉCIE**
(líquido da operação)
Débito – DESPESAS A APROPRIAR DE REPASSES DO PAÍS (Ver **NOTA 1**)
(pelos encargos financeiros [juros e outros])
Crédito – 4.6.4.10.00-1 – **OBRIGAÇÕES POR REPASSES – TESOURO NACIONAL**
Crédito – 4.6.4.20.00-8 – **OBRIGAÇÕES POR REPASSES – BANCO DO BRASIL**
Crédito – 4.6.4.30.00-5 – **OBRIGAÇÕES POR REPASSES – BNDES**
Crédito – 4.6.4.40.00-2 – **OBRIGAÇÕES POR REPASSES – CEF**
Crédito – 4.6.4.50.00-9 – **OBRIGAÇÕES POR REPASSES – FINAME**
Crédito – 4.6.4.60.00-6 – **OBRIGAÇÕES POR REPASSES – FINEP**
Crédito – 4.6.4.90.00-7 – **OBRIGAÇÕES POR REPASSES – OUTRAS INSTITUIÇÕES OFICIAIS**
(pelo valor total da obrigação)
   1.2. Pela liberação do empréstimo à empresa solicitante

Débito – 1.6.2.30.00-8 – **FINANCIAMENTOS COM INTERVENI-ÊNCIA**

Crédito – RENDAS A APROPRIAR DE REPASSES NO PAÍS (ver **NOTA 2**)

Crédito – 1.1.1.10.00-6 – **CAIXA** ou

Crédito – 1.1.2.00.00-2 – **Depósitos Bancários** ou

Crédito – 4.1.1.00.00-0 – **Depósitos à Vista**

1.3. Pela apropriação das receitas financeiras pela fluência do prazo

Débito – RENDAS A APROPRIAR DE REPASSES NO PAÍS (ver **NOTA 2**)

Crédito – 7.1.1.25.00-0 – **RENDAS DE FINANCIAMENTOS COM IN-TERVENIÊNCIA**

1.4. Apropriação das despesas financeiros pela fluência do prazo

Débito – 8.1.2.45.00-4 – **DESPESAS DE REPASSES – TESOURO NACIONAL**

Débito – 8.1.2.50.00-6 – **DESPESAS DE REPASSES – BANCO DO BRA-SIL**

Débito – 8.1.2.55.00-1 – **DESPESAS DE REPASSES – BNDES**

Débito – 8.1.2.60.00-3 – **DESPESAS DE REPASSES – CEF**

Débito – 8.1.2.65.00-8 – **DESPESAS DE REPASSES – FINAME**

Débito – 8.1.2.70.00-0 – **DESPESAS DE REPASSES – FINEP**

Débito – 8.1.2.75.00-5 – **DESPESAS DE REPASSES – OUTRAS INSTI-TUIÇÕES OFICIAIS**

Crédito – DESPESAS A APROPRIAR DE REPASSES DO PAÍS (Ver **NOTA 1**)

1.5 Pela amortização ou liquidação do contrato pela empresa mutuária

Débito – 1.1.1.10.00-6 – **CAIXA** ou

Débito – 1.1.2.00.00-2 – **Depósitos Bancários** ou

Débito – 4.1.1.00.00-0 – **Depósitos à Vista**

Crédito – 1.6.2.30.00-8 – **FINANCIAMENTOS COM INTERVENIÊN-CIA**

1.6 Pela amortização ou liquidação da operação junto à instituição oficial

Débito – 4.6.4.10.00-1 – **OBRIGAÇÕES POR REPASSES – TESOU-RO NACIONAL**

Débito – 4.6.4.20.00-8 – **OBRIGAÇÕES POR REPASSES – BANCO DO BRASIL**

Débito – 4.6.4.30.00-5 – **OBRIGAÇÕES POR REPASSES – BNDES**

Débito – 4.6.4.40.00-2 – **OBRIGAÇÕES POR REPASSES – CEF**

Débito – 4.6.4.50.00-9 – **OBRIGAÇÕES POR REPASSES – FINAME**

Débito – 4.6.4.60.00-6 – **OBRIGAÇÕES POR REPASSES – FINEP**

Contabilidade Bancária e de Instituições Financeiras 317

Débito – 4.6.4.90.00-7 – **OBRIGAÇÕES POR REPASSES – OUTRAS INSTITUIÇÕES OFICIAIS**
Crédito – 1.1.1.10.00-6 – **CAIXA** ou
Crédito – 1.1.2.00.00-2 – **Depósitos Bancários** ou
Crédito – 1.1.3.10.00-2 – **BANCO CENTRAL – RESERVAS LIVRES EM ESPÉCIE**
2. **Repasses de Instituições Oficiais – Operações com juros postergados**
2.1 **Pela liberação dos recursos pela instituição oficial**
Débito – 1.1.1.10.00-6 – **CAIXA** ou
Débito – 1.1.2.00.00-2 – **Depósitos Bancários** ou
Débito – 1.1.3.10.00-2 – **BANCO CENTRAL – RESERVAS LIVRES EM ESPÉCIE**
Crédito – 4.6.4.10.00-1 – **OBRIGAÇÕES POR REPASSES – TESOURO NACIONAL**
Crédito – 4.6.4.20.00-8 – **OBRIGAÇÕES POR REPASSES – BANCO DO BRASIL**
Crédito – 4.6.4.30.00-5 – **OBRIGAÇÕES POR REPASSES – BNDES**
Crédito – 4.6.4.40.00-2 – **OBRIGAÇÕES POR REPASSES – CEF**
Crédito – 4.6.4.50.00-9 – **OBRIGAÇÕES POR REPASSES – FINAME**
Crédito – 4.6.4.60.00-6 – **OBRIGAÇÕES POR REPASSES – FINEP**
Crédito – 4.6.4.90.00-7 – **OBRIGAÇÕES POR REPASSES – OUTRAS INSTITUIÇÕES OFICIAIS**
2.2. **Pela liberação dos recursos à empresa mutuária**
Débito – 1.6.2.30.00-8 – **FINANCIAMENTOS COM INTERVENIÊNCIA**
Crédito – 1.1.1.10.00-6 – **CAIXA** ou
Crédito – 1.1.2.00.00-2 – **Depósitos Bancários** ou
Crédito – 4.1.1.00.00-0 – **Depósitos à Vista**
2.3. **Pela apropriação mensal dos encargos financeiros (receitas) a receber da empresa mutuária**
Débito – 1.6.2.30.00-8 – **FINANCIAMENTOS COM INTERVENIÊNCIA**
Crédito – 7.1.1.25.00-0 – **RENDAS DE FINANCIAMENTOS COM INTERVENIÊNCIA**
2.4. **Pela apropriação mensal dos encargos financeiros a pagar (despesas) à instituição oficial, pela fluência do prazo**
Débito – 8.1.2.45.00-4 – **DESPESAS DE REPASSES – TESOURO NACIONAL**
Débito – 8.1.2.50.00-6 – **DESPESAS DE REPASSES – BANCO DO BRASIL**

318   *Inácio Dantas*

Débito – 8.1.2.55.00-1 – **DESPESAS DE REPASSES – BNDES**
Débito – 8.1.2.60.00-3 – **DESPESAS DE REPASSES – CEF**
Débito – 8.1.2.65.00-8 – **DESPESAS DE REPASSES – FINAME**
Débito – 8.1.2.70.00-0 – **DESPESAS DE REPASSES – FINEP**
Débito – 8.1.2.75.00-5 – **DESPESAS DE REPASSES – OUTRAS INSTI-
TUIÇÕES OFICIAIS**
Crédito – 4.6.4.10.00-1 – **OBRIGAÇÕES POR REPASSES – TESOURO
NACIONAL**
Crédito – 4.6.4.20.00-8 – **OBRIGAÇÕES POR REPASSES – BANCO
DO BRASIL**
Crédito – 4.6.4.30.00-5 – **OBRIGAÇÕES POR REPASSES – BNDES**
Crédito – 4.6.4.40.00-2 – **OBRIGAÇÕES POR REPASSES – CEF**
Crédito – 4.6.4.50.00-9 – **OBRIGAÇÕES POR REPASSES – FINAME**
Crédito – 4.6.4.60.00-6 – **OBRIGAÇÕES POR REPASSES – FINEP**
Crédito – 4.6.4.90.00-7 – **OBRIGAÇÕES POR REPASSES – OUTRAS
INSTITUIÇÕES OFICIAIS**
    2.3 Pela amortização ou liquidação da obrigação
Débito – 4.6.4.10.00-1 – **OBRIGAÇÕES POR REPASSES – TESOURO
NACIONAL**
Débito – 4.6.4.20.00-8 – **OBRIGAÇÕES POR REPASSES – BANCO DO
BRASIL**
Débito – 4.6.4.30.00-5 – **OBRIGAÇÕES POR REPASSES – BNDES**
Débito – 4.6.4.40.00-2 – **OBRIGAÇÕES POR REPASSES – CEF**
Débito – 4.6.4.50.00-9 – **OBRIGAÇÕES POR REPASSES – FINAME**
Débito – 4.6.4.60.00-6 – **OBRIGAÇÕES POR REPASSES – FINEP**
Débito – 4.6.4.90.00-7 – **OBRIGAÇÕES POR REPASSES – OUTRAS
INSTITUIÇÕES OFICIAIS**
Crédito – 1.1.1.10.00-6 – **CAIXA** ou
Crédito – 1.1.2.00.00-2 – **Depósitos Bancários** ou
Crédito – 1.1.3.10.00-2 – **BANCO CENTRAL – RESERVAS LIVRES
EM ESPÉCIE**
    3. Repasses de Outras Instituições – operações com juros antecipados
    3.1 Pela liberação dos recursos a favor da instituição
    Débito – 1.1.1.10.00-6 – **CAIXA** ou
Débito – 1.1.2.00.00-2 – **Depósitos Bancários** ou
Débito – 1.1.3.10.00-2 – **BANCO CENTRAL – RESERVAS LIVRES EM
ESPÉCIE**
(líquido da operação)
Débito – DESPESAS A APROPRIAR DE REPASSES DO PAÍS (Ver **NOTA
1**) (pelos encargos financeiros [juros e outros])

Contabilidade Bancária e de Instituições Financeiras _____ 319

Crédito – 4.6.2.10.00-5 – **OBRIGAÇÕES POR EMPRÉSTIMOS NO PAÍS** (pelo valor total da obrigação)
3.2. Pela liberação do empréstimo à empresa solicitante
Débito – 1.6.2.30.00-8 – **FINANCIAMENTOS COM INTERVENIÊNCIA**
Crédito – RENDAS A APROPRIAR DE REPASSES NO PAÍS (ver **NOTA 2**)
Crédito – 1.1.1.10.00-6 – **CAIXA** ou
Crédito – 1.1.2.00.00-2 – **Depósitos Bancários** ou
Crédito – 4.1.1.00.00-0 – **Depósitos à Vista**
3.3. Pela apropriação das receitas financeiras pela fluência do prazo
Débito – RENDAS A APROPRIAR DE REPASSES NO PAÍS (ver **NOTA 2**)
Crédito – 7.1.1.25.00-0 – **RENDAS DE FINANCIAMENTOS COM IN-TERVENIÊNCIA**
3.4. Apropriação das despesas financeiras pela fluência do prazo
Débito – 8.1.2.80.00-7 – **DESPESAS DE REPASSES – INTERFI-NANCEIROS**
Crédito – DESPESAS A APROPRIAR DE REPASSES DO PAÍS (Ver **NOTA 1**)
3.5 Pela amortização ou liquidação do contrato pela empresa mutuária
Débito – 1.1.1.10.00-6 – **CAIXA** ou
Débito – 1.1.2.00.00-2 – **Depósitos Bancários** ou
Débito – 4.1.1.00.00-0 – **Depósitos à Vista**
Crédito – 1.6.2.30.00-8 – **FINANCIAMENTOS COM INTERVENIÊNCIA**
3.6 Pela amortização ou liquidação da operação junto à instituição
Débito – 4.6.2.10.00-5 – **OBRIGAÇÕES POR EMPRÉSTIMOS NO PAÍS**
Crédito – 1.1.1.10.00-6 – **CAIXA** ou
Crédito – 1.1.2.00.00-2 – **Depósitos Bancários** ou
Crédito – 1.1.3.10.00-2 – **BANCO CENTRAL – RESERVAS LIVRES EM ESPÉCIE**
4. Repasses de Outras Instituições – operações com juros postergados
4.1 Pela liberação dos recursos pela instituição
Débito – 1.1.1.10.00-6 – **CAIXA** ou
Débito – 1.1.2.00.00-2 – **Depósitos Bancários** ou
Débito – 1.1.3.10.00-2 – **BANCO CENTRAL – RESERVAS LIVRES EM ESPÉCIE**
Crédito – 4.6.2.10.00-5 – **OBRIGAÇÕES POR EMPRÉSTIMOS NO PAÍS**
4.2. Pela liberação dos recursos à empresa mutuária
Débito – 1.6.2.30.00-8 – **FINANCIAMENTOS COM INTERVENIÊN-CIA**
Crédito – 1.1.1.10.00-6 – **CAIXA** ou

320   *Inácio Dantas*

Crédito – 1.1.2.00.00-2 – **Depósitos Bancários** ou
Crédito – 4.1.1.00.00-0 – **Depósitos à Vista**
4.3. Pela apropriação mensal dos encargos financeiros (receitas) a receber da empresa mutuária
Débito   –   1.6.2.30.00-8   –   **FINANCIA-MENTOS   COM   INTERVENIÊNCIA**
Crédito – 7.1.1.25.00-0 – **RENDAS DE FINANCIAMENTOS COM INTERVENIÊNCIA**
4.4. Pela apropriação mensal dos encargos financeiros a pagar (despesas) à instituição oficial, pela fluência do prazo
Débito   –   8.1.2.80.00-7   –   **DESPESAS   DE   REPASSES   –   INTERFINANCEIROS**
Crédito – 4.6.2.10.00-5 – **OBRIGAÇÕES POR EMPRÉSTIMOS NO PAÍS**
4.5 Amortização ou liquidação da obrigação
Débito – 4.6.2.10.00-5 – **OBRIGAÇÕES POR EMPRÉSTIMOS NO PAÍS**
Crédito – 1.1.1.10.00-6 – **CAIXA** ou
Crédito – 1.1.2.00.00-2 – **Depósitos Bancários** ou
Crédito – 1.1.3.10.00-2 – **BANCO CENTRAL – RESERVAS LIVRES EM ESPÉCIE**

Esquema 13. Obrigações por Recebimentos Especiais

ESQUEMA DE REGISTRO CONTÁBIL – Nº 13 – OBRIGAÇÕES POR RECEBIMENTOS ESPECIAIS

CONTABILIDADE BANCÁRIA
ESQUEMAS DE REGISTROS CONTÁBEIS – CONTABILIZAÇÃO
Esquema 13 – Obrigações por Recebimentos Especiais
    Tributos federais (inclui CPMF)
    Tributos estaduais e municipais
    Contribuição sindical
    IOF
    PROAGRO
    FGTS – Fundo de Garantia do Tempo de Serviço
    Contribuições previdenciárias
NOTA DO COSIFE: Veja:
    COSIF 1.13.2 – Tributos, Contribuições Previdenciárias, Sindicais e Outras no que se refere à transferência dos recursos para a agência CENTRALIZADORA.

Contabilidade Bancária e de Instituições Financeiras 321

COSIF 1.5.5 – Recurso em Trânsito de Terceiros
Contas 4.9.1.00.00-0 – Cobrança e Arrecadação de Tributos e Assemelhados.

Tributos federais (inclui CPMF)- 1
1.1 Recebimento
Débito – 1.1.1.10.00-6 – **CAIXA** ou
(pelo recebimento no caixa)
Débito – 4.1.1.00.00-0 – **Depósitos à Vista**
(pelo débito na conta corrente do devedor)
Crédito – 4.9.1.50.00-7 – **RECEBIMENTOS DE TRIBUTOS FEDERAIS**
(subtítulo de uso interno: por tipo de tributo)
1.2 Recolhimento
Débito – 4.9.1.50.00-7 – **RECEBIMENTOS DE TRIBUTOS FEDERAIS**
(subtítulo de uso interno: por tipo de tributo)
Crédito – 1.1.1.10.00-6 – **CAIXA** ou
Crédito – 4.1.1.00.00-0 – **Depósitos à Vista**
(pelo crédito na conta do órgão público na mesma instituição)
Crédito – 1.1.2.00.00-2 – **Depósitos Bancários**
(pela transferência dos recursos para o órgão público em outra instituição)
1.3 Pela transferência à dependência centralizadora
Débito – 4.9.1.50.00-7 – **RECEBIMENTOS DE TRIBUTOS FEDERAIS**
Crédito – 4.5.1.30.00-7 – **COBRANÇA DE TERCEIROS EM TRÂNSITO**
1.4 Pelo recebimento da transferência pela dependência centralizadora
Débito–4.5.1.30.00-7–**COBRANÇADETERCEIROSEMTRÂNSITO**
Crédito – 4.9.1.50.00-7 – **RECEBIMENTOS DE TRIBUTOS FEDERAIS**

Tributos estaduais e municipais – 2
2.1 Recebimento
Débito – 1.1.1.10.00-6 – **CAIXA** ou
(pelo recebimento no caixa)
Débito – 4.1.1.00.00-0 – **Depósitos à Vista**
(pelo débito na conta corrente do devedor)
Crédito – 4.9.1.40.00-0 – **RECEBIMENTOS DE TRIBUTOS ESTADUAIS E MUNICIPAIS**
(subtítulo de uso interno: por Estado ou Município e por tipo de tributo)
2.2 Recolhimento
Débito – 4.9.1.40.00-0 – **RECEBIMENTOS DE TRIBUTOS ESTADUAIS E MUNICIPAIS**

322 *Inácio Dantas*

(subtítulo de uso interno: por Estado ou Município e por tipo de tributo)
Crédito – 1.1.1.10.00-6 – **CAIXA** ou
Crédito – 4.1.1.00.00-0 – **Depósitos à Vista**
(pelo crédito na conta do órgão público, na mesma instituição)
Crédito – 1.1.2.00.00-2 – **Depósitos Bancários**
(pela transferência dos recursos para o órgão público, em outra instituição)
2.3 Pela transferência à dependência centralizadora
Débito – 4.9.1.40.00-0 – **RECEBIMENTOS DE TRIBUTOS ESTADU-
AIS E MUNICIPAIS**
Crédito – 4.5.1.30.00-7 – **COBRANÇA DE TERCEIROS EM TRÂNSI-
TO**
**2.4 Pelo recebimento da transferência pela dependência centraliza-
dora**
Débito – 4.5.1.30.00-7 – **COBRANÇA DE TERCEIROS EM TRÂNSITO**
Crédito – 4.9.1.40.00-0 – **RECEBIMENTOS DE TRIBUTOS ESTADU-
AIS E MUNICIPAIS**

Contribuição sindical – 3
3.1 Recebimento
Débito – 1.1.1.10.00-6 – **CAIXA** ou
(pelo recebimento no caixa)
Débito – 4.1.1.00.00-0 – **Depósitos à Vista**
(pelo débito na conta corrente do devedor)
Crédito – 4.9.1.30.00-3 – **RECEBIMENTOS DE CONTRIBUIÇÃO SIN-
DICAL**
3.2 Recolhimento
Débito – 4.9.1.30.00-3 – **RECEBIMENTOS DE CONTRIBUIÇÃO SIN-
DICAL**
Crédito – 1.1.1.10.00-6 – **CAIXA** ou
Crédito – 4.1.1.00.00-0 – **Depósitos à Vista**
(pelo crédito na conta do órgão público na mesma instituição)
Crédito – 1.1.2.00.00-2 – **Depósitos Bancários**
(pela transferência dos recursos para o órgão público em outra instituição)
3.3 Pela transferência à dependência centralizadora
Débito – 4.9.1.30.00-3 – **RECEBIMENTOS DE CONTRIBUIÇÃO
SINDICAL**
Crédito – 4.5.1.30.00-7 – **COBRANÇA DE TERCEIROS EM TRÂNSITO**
**3.4 Pelo recebimento da transferência pela dependência centraliza-
dora**
Débito – 4.5.1.30.00-7 – **COBRANÇA DE TERCEIROS EM TRÂNSITO**
Crédito – 4.9.1.30.00-3 – **RECEBIMENTOS DE CONTRIBUIÇÃO SIN-
DICAL**

Contabilidade Bancária e de Instituições Financeiras 323

IOF – 4
4.1 Recebimento
Débito – 1.1.1.10.00-6 – **CAIXA** ou
(pelo recebimento no caixa)
Débito – 4.1.1.00.00-0 – **Depósitos à Vista**
(pelo débito na conta corrente do devedor)
Crédito – 4.9.1.10.00-9 – **IOF A RECOLHER**
4.2 Recolhimento
Débito – 4.9.1.10.00-9 – **IOF A RECOLHER**
Crédito – 1.1.1.10.00-6 – **CAIXA** ou
Crédito – 4.1.1.00.00-0 – **Depósitos à Vista**
(pelo crédito na conta do órgão público na mesma instituição)
Crédito – 1.1.2.00.00-2 – **Depósitos Bancários**
(pela transferência dos recursos para o órgão público em outra instituição)
4.3 Pela transferência à dependência centralizadora
Débito – 4.9.1.10.00-9 – **IOF A RECOLHER**
Crédito – 4.5.1.30.00-7 – **COBRANÇA DE TERCEIROS EM TRÂNSI-TO**
4.4 Pelo recebimento da transferência pela dependência centraliza-dora
Débito – 4.5.1.30.00-7 – **COBRANÇA DE TERCEIROS EM TRÂNSITO**
Crédito – 4.9.1.10.00-9 – **IOF A RECOLHER**

PROAGRO – 5
5.1 Recebimento
Débito – 1.1.1.10.00-6 – **CAIXA** ou
(pelo recebimento no caixa)
Débito – 4.1.1.00.00-0 – **Depósitos à Vista**
(pelo débito na conta corrente do devedor)
Crédito – 4.9.1.20.00-6 – **PROAGRO A RECOLHER**
5.2 Recolhimento
Débito – 4.9.1.20.00-6 – **PROAGRO A RECOLHER**
Crédito – 1.1.1.10.00-6 – **CAIXA** ou
Crédito – 4.1.1.00.00-0 – **Depósitos à Vista**
(pelo crédito na conta do órgão público, na mesma instituição)
Crédito – 1.1.2.00.00-2 – **Depósitos Bancários**
(pela transferência dos recursos para o órgão público em outra instituição)
5.3 Pela transferência à dependência centralizadora
Débito – 4.9.1.20.00-6 – **PROAGRO A RECOLHER**
Crédito – 4.5.1.30.00-7 – **COBRANÇA DE TERCEIROS EM TRÂNSI-TO**

324   *Inácio Dantas*

5.4 Pelo recebimento da transferência pela dependência centralizadora

Débito – 4.5.1.30.00-7 – **COBRANÇA DE TERCEIROS EM TRÂNSITO**
Crédito – 4.9.1.20.00-6 – **PROAGRO A RECOLHER**

FGTS – Fundo de Garantia do Tempo de Serviço – 6
6.1 Recebimento de depósitos, juros e correção monetária
Débito – 1.1.1.10.00-6 – **CAIXA**
(pelo recebimento no caixa)
Débito – 4.1.1.00.00-0 – **Depósitos à Vista**
(pelo débito na conta corrente do devedor)
Crédito – 4.9.1.60.00-4 – **RECEBIMENTOS DO FGTS**
6.2 Recebimento de multas, taxas remuneratórias e outras receitas
Débito – 1.1.1.10.00-6 – **CAIXA** ou
Débito – 4.1.1.00.00-0 – **Depósitos à Vista**
(pelo débito na conta corrente do devedor)
Crédito – 4.9.1.60.00-4 – **RECEBIMENTOS DO FGTS**
6.3 Transferência, à dependência centralizadora, de valores recebidos, a repassar
Débito – 4.9.1.60.00-4 – **RECEBIMENTOS DO FGTS** – Transferências ou
Débito – 4.9.1.60.00-4 – **RECEBIMENTOS DO FGTS** – Eventuais
Crédito – 4.5.1.30.00-7 – **COBRANÇA DE TERCEIROS EM TRÂNSITO**
6.4 Correspondência, pela dependência centralizadora de repasses, de valores recebidos por outra agência
Débito – 4.5.1.30.00-7 – **COBRANÇA DE TERCEIROS EM TRÂNSITO**
Crédito – 4.9.1.60.00-4 – **RECEBIMENTOS DO FGTS** – Arrecadação a Repassar
6.5 Contabilização em subtítulo específico dos valores recebidos pela própria dependência centralizadora, para transferência ao órgão centralizador
Débito – 4.9.1.60.00-4 – **RECEBIMENTOS DO FGTS** – Transferências ou
Débito – 4.9.1.60.00-4 – **RECEBIMENTOS DO FGTS** – Eventuais
Crédito – 4.9.1.60.00-4 – **RECEBIMENTOS DO FGTS** – Arrecadação a Repassar
6.6 Transferência, ao órgão centralizador, dos valores arrecadados pela dependência centralizadora do repasse
Débito – 4.9.1.60.00-4 – **RECEBIMENTOS DO FGTS** – Arrecadação a Repassar
Crédito – 1.1.1.10.00-6 – **CAIXA** ou
Crédito – 4.1.1.00.00-0 – **Depósitos à Vista**

Contabilidade Bancária e de Instituições Financeiras 325

(pelo crédito na conta do órgão público na mesma instituição)
Crédito – 1.1.2.00.00-2 – **Depósitos Bancários**
(pela transferência dos recursos para o órgão público em outra instituição)

Contribuições previdenciárias – 7
7.1 Recebimentos das contribuições
7.1.1 Pela arrecadação das contribuições da Previdência Social
Débito – 1.1.1.10.00-6 – **CAIXA** ou
(pelo recebimento no caixa)
Débito – 4.1.1.00.00-0 – **Depósitos à Vista**
(pelo débito na conta corrente do devedor)
Crédito – 4.9.1.35.00-8 – **RECEBIMENTOS DE CONTRIBUIÇÕES**
PREVIDENCIÁRIAS
    7.1.2 Pela transferência à dependência centralizadora
Débito – 4.9.1.35.00-8 – **RECEBIMENTOS DE CONTRIBUIÇÕES**
PREVIDENCIÁRIAS
Crédito – 4.5.1.30.00-7 – **COBRANÇA DE TERCEIROS EM TRÂNSITO**
    7.1.2 Pelo recebimento da transferência pela dependência centraliza-
dora
Débito – 4.5.1.30.00-7 – **COBRANÇA DE TERCEIROS EM TRÂNSITO**
Crédito – 4.9.1.35.00-8 – **RECEBIMENTOS DE CONTRIBUIÇÕES**
PREVIDENCIÁRIAS
    7.1.4 Pelo repasse dos valores arrecadados
Débito – 4.9.1.35.00-8 – **RECEBIMENTOS DE CONTRIBUIÇÕES**
PREVIDENCIÁRIAS
Crédito – 1.1.1.10.00-6 – **CAIXA** ou
Crédito – 4.1.1.00.00-0 – **Depósitos à Vista**
(pelo crédito na conta do órgão público na mesma instituição)
Crédito – 1.1.2.00.00-2 – **Depósitos Bancários**
(pela transferência dos recursos para o órgão público em outra instituição)
    7.2 Pagamento de benefícios
    7.2.1 Pelo recebimento da provisão da Previdência Social
Débito – 1.1.1.10.00-6 – **CAIXA** ou
Débito – 1.1.2.00.00-2 – **Depósitos Bancários**
Crédito – 4.9.9.25.00-5 – **OBRIGAÇÕES POR CONVÊNIOS OFICIAIS**
    7.2.2 Pelo pagamento de benefícios
    Débito – 4.9.9.25.00-5 – **OBRIGAÇÕES POR CONVÊNIOS OFI-**
CIAIS
Crédito – 1.1.1.10.00-6 – **CAIXA** ou
(pelo pagamento no caixa)
Crédito – 4.1.1.00.00-0 – **Depósitos à Vista**
(pelo crédito na conta do beneficiário)

326   *Inácio Dantas*

Esquema 14. Ordens de Pagamento

ESQUEMA DE REGISTRO CONTÁBIL – Nº 14 – ORDENS DE PAGA-MENTO

CONTABILIDADE BANCÁRIA
ESQUEMAS DE REGISTROS CONTÁBEIS – CONTABILIZAÇÃO
Esquema 14 – Ordens de Pagamento
    Sobre dependência da instituição
    Sobre correspondente
    NOTA DO COSIFE:
    Ver o COSIF 1.5.6 – Ordens de Pagamento

    Sobre dependência da instituição – 1
    1.1 Na dependência emitente
    Débito – 1.1.1.10.00-6 – CAIXA
(pelo recebimento por caixa)
Débito – 4.1.1.00.00-0 – Depósitos à Vista
(pelo débito da conta corrente do remetente)
Crédito – 4.5.1.40.00-4 – ORDENS DE PAGAMENTO
    1.2 Na dependência cumpridora
    Débito – 4.5.1.40.00-4 – ORDENS DE PAGAMENTO
Crédito – 1.1.1.10.00-6 – CAIXA
(pelo pagamento por caixa)
Crédito – 4.1.1.00.00-0 – Depósitos à Vista
(pelo crédito na conta corrente do favorecido)

Sobre correspondente – 2
    2.1 Diretamente
    2.1.1 Na dependência emitente
    Débito – 1.1.1.10.00-6 – CAIXA
(pelo recebimento por caixa)
Débito – 4.1.1.00.00-0 – Depósitos à Vista
(pelo débito da conta corrente do remetente)
Crédito – 4.5.1.40.00-4 – ORDENS DE PAGAMENTO
    2.1.2 No correspondente – cumprimento da ordem pelo correspondente, quando bancário
    Débito – 1.4.4.10.00-2 – CORRESPONDENTES DO EXTERIOR EM MOEDA NACIONAL
Débito – 1.4.4.30.00-6 – CORRESPONDENTES NO PAÍS
Crédito – 1.1.1.10.00-6 – CAIXA
(pelo pagamento por caixa)

Contabilidade Bancária e de Instituições Financeiras 327

Crédito – 4.1.1.00.00-0 – Depósitos à Vista
(pelo crédito na conta corrente do favorecido)
2.1.3 Dependência emitente – liquidação após a comunicação do correspondente
Débito – 4.5.1.40.00-4 – ORDENS DE PAGAMENTO
Crédito – 1.4.4.10.00-2 – CORRESPONDENTES DO EXTERIOR EM MOEDA NACIONAL
Crédito – 1.4.4.30.00-6 – CORRESPONDENTES NO PAÍS

Esquema 16. Serviço de Compensação de Cheques e Outros Papéis

ESQUEMAS DE REGISTROS CONTÁBEIS – Nº 16

<u>CONTABILIDADE BANCÁRIA</u>

ESQUEMAS DE REGISTROS CONTÁBEIS – CONTABILIZAÇÃO

Esquema 16 – Serviço de Compensação de Cheques e Outros Papéis
Pagamentos (na dependência centralizadora) – Cheques e Outros Papéis contra outras instituições remetidos ao Serviço Pagamentos Brasileiro
<u>No dia da sessão de troca – cheques e documentos liquidáveis pelo Serviço de Compensação, recebidos no expediente</u>
<u>No dia da sessão de troca – cheques e documentos remetidos ao Serviço de Compensação</u>
<u>No dia da sessão de troca – cheques e documentos que não alcançarem a sessão de troca</u>
<u>No dia da sessão de devolução – cheques e documentos devolvidos pelo Serviço de Compensação</u>
<u>No dia da sessão de devolução – cheques e documentos remetidos ao Serviço de Compensação e acolhidos</u>
<u>Pela transferência do saldo no Banco do Brasil S.A. para Reserva Bancária depositada no Banco Central</u>
<u>No dia da sessão de devolução – crédito ao cedente dos cheques acolhidos</u> (registro 2.2)
<u>No dia da sessão de devolução – remessa ao Serviço de Compensação dos cheques e outros papéis que não alcançarem a sessão de troca do dia anterior</u> (registro 3)
1. No dia da sessão de troca – cheques e documentos liquidáveis pelo Serviço de Compensação recebidos no expediente
Débito – 1.1.1.10.00-6 – **<u>CAIXA</u>**
(pelos cheques recebidos em depósito)

328   *Inácio Dantas*

Crédito – 4.5.2.10.00-6 – **CHEQUES E DOCUMENTOS A LIQUIDAR** – Centralizadora
NOTA DO COSIFE: Veja:
COSIF 1.12
COSIF 1.5.1. Serviço de Compensação de Cheques e Outros Papéis.
MNI 3 – Serviço de Pagamentos Brasileiro
2. No dia da sessão de troca – cheques e documentos remetidos ao Serviço de Compensação
2.1. Recebidos por caixa
Débito – 1.4.1.30.00-7 – **CHEQUES E OUTROS PAPÉIS REMETI-DOS AO SERVIÇO DE COMPENSAÇÃO**
Crédito – 1.1.1.10.00-6 – **CAIXA**
(pela remessa ao serviço de compensação dos cheques em caixa, recebidos na centralizadora)
2.2. Recebidos de congêneres não participantes da compensação integrada a que a dependência centralizadora se vincular ou de correspondentes
Débito – 1.4.1.30.00-7 – **CHEQUES E OUTROS PAPÉIS REMETI-DOS AO SERVIÇO DE COMPENSAÇÃO**
Crédito – 4.5.2.10.00-6 – **CHEQUES E DOCUMENTOS A LIQUIDAR** – Dependências no País
Crédito – 4.5.2.10.00-6 – **CHEQUES E DOCUMENTOS A LIQUIDAR** – Correspondentes no País
(pela remessa ao serviço de compensação dos cheques recebidos de dependências e correspondentes não participantes da compensação)
3. No dia da sessão de troca – cheques e documentos que não alcançarem a sessão de troca
Débito – 1.4.1.20.00-0 – **CHEQUES E OUTROS PAPÉIS A REME-TER AO SERVIÇO DE COMPENSAÇÃO**
Crédito – 1.4.1.30.00-7 – **CHEQUES E OUTROS PAPÉIS REMETIDOS AO SERVIÇO DE COMPENSAÇÃO**
4. No dia da sessão de devolução – cheques e documentos devolvidos pelo Serviço de Compensação
4.1. Cheques e documentos recebidos no expediente
Débito – 4.5.2.10.00-6 – **CHEQUES E DOCUMENTOS A LIQUI-DAR** – Centralizadora
Crédito – 1.4.1.30.00-7 – **CHEQUES E OUTROS PAPÉIS REMETIDOS AO SERVIÇO DE COMPENSAÇÃO**
4.2. Devolução de valores para as dependências participantes do Serviço de Compensação (centralizadas)

Contabilidade Bancária e de Instituições Financeiras   329

Débito – 4.5.2.10.00-6 – **CHEQUES E DOCUMENTOS A LIQUIDAR**
Crédito – 1.4.1.30.00-7 – **CHEQUES E OUTROS PAPÉIS REMETIDOS AO SERVIÇO DE COMPENSAÇÃO**

4.3 Devolução de valores para as congêneres não participantes da compensação integrada a que a dependência centralizadora se vincular ou a correspondentes
Débito – 4.5.2.10.00-6 – **CHEQUES E DOCUMENTOS A LIQUIDAR**
Crédito – 1.4.1.30.00-7 – **CHEQUES E OUTROS PAPÉIS REMETIDOS AO SERVIÇO DE COMPENSAÇÃO**
Débito – 4.1.1.00.00-0 – **Depósitos à Vista**
Débito – 4.1.2.00.00-3 – **Depósitos de Poupança**
Débito – 4.1.3.00.00-6 – **Depósitos Interfinanceiros**
Débito – 4.1.4.00.00-9 – **Depósitos sob Aviso**
Débito – 4.1.5.00.00-2 – **Depósitos a Prazo**
Débito – 4.1.8.00.00-1 – **Depósitos em Moedas Estrangeiras**
(pelo estorno do depósito em cheque em razão da devolução do cheque depositado)
Crédito – 4.1.1.00.00-0 – **Depósitos à Vista**
Crédito – 4.1.2.00.00-3 – **Depósitos de Poupança**
Crédito – 4.1.3.00.00-6 – **Depósitos Interfinanceiros**
Crédito – 4.1.4.00.00-9 – **Depósitos sob Aviso**
Crédito – 4.1.5.00.00-2 – **Depósitos a Prazo**
Crédito – 4.1.8.00.00-1 – **Depósitos em Moedas Estrangeiras**
(pelo registro do cheque depositado e devolvido pelo Serviço de Compensação)

5. No dia da sessão de devolução – cheques e documentos remetidos ao Serviço de Compensação e acolhidos
Débito – 1.1.3.10.00-2 – **BANCO CENTRAL – RESERVAS LIVRES EM ESPÉCIE**
Crédito – 1.4.1.30.00-7 – **CHEQUES E OUTROS PAPÉIS REMETIDOS AO SERVIÇO DE COMPENSAÇÃO**

6. Pela transferência do saldo no Banco do Brasil S.A. para Reserva Bancária depositada no Banco Central
Débito – 1.1.3.10.00-2 – BANCO CENTRAL – RESERVAS LIVRES EM ESPÉCIE
Crédito – 1.1.2.10.00-9 – BANCO DO BRASIL S.A. – CONTA DEPÓSITOS

7. No dia da sessão de devolução – crédito ao cedente dos cheques acolhidos (registro 2.2)
Débito – 4.5.2.10.00-6 – **CHEQUES E DOCUMENTOS A LIQUIDAR**

330 — *Inácio Dantas*

Crédito – 1.5.2.40.00-6 – **DEPENDÊNCIAS NO PAÍS**
Crédito – 4.4.4.30.00-7 – **CORRESPONDENTES NO PAÍS**
Crédito – 4.1.1.00.00-0 – **Depósitos à Vista**
Crédito – 4.1.2.00.00-3 – **Depósitos de Poupança**
Crédito – 4.1.3.00.00-6 – **Depósitos Interfinanceiros**
Crédito – 4.1.4.00.00-9 – **Depósitos sob Aviso**
Crédito – 4.1.5.00.00-2 – **Depósitos a Prazo**
Crédito – 4.1.8.00.00-1 – **Depósitos em Moedas Estrangeiras**
(pela liberação do depósito em cheque)

8. No dia da sessão de devolução – remessa ao Serviço de Compensação dos cheques e outros papéis que não alcançarem a sessão de troca do dia anterior (registro 3)
Débito – 1.4.1.30.00-7 – **CHEQUES E OUTROS PAPÉIS REMETIDOS AO SERVIÇO DE COMPENSAÇÃO**
Crédito – 1.4.1.20.**00-0** – **CHEQUES E OUTROS PAPÉIS A REMETER AO SERVIÇO DE COMPENSAÇÃO**

Esquema 17. Disponibilidades

ESQUEMA DE REGISTRO CONTÁBIL – Nº 17 – DISPONIBILIDADES

CONTABILIDADE BANCÁRIA
ESQUEMAS DE REGISTROS CONTÁBEIS – CONTABILIZAÇÃO
Utilização da conta Caixa no movimento diário
Depósitos Bancários
Aplicações Temporárias em Ouro
Disponibilidades em Moedas Estrangeiras
Reservas Livres em Espécie
Transferência de numerário entre dependências
Transferência de numerário entre instituições financeiras
Diferenças de numerário
Redesconto no Banco Central
NOTA DO COSIFE:
Ver o Cosif – Plano Contábil das Instituições do SFN:
COSIF 2.2 Função da conta – **Disponibilidades**
COSIF 1.3. **Disponibilidades** – Note-se que o COSIF 1.3.4 determina a conciliação dos lançamentos por ocasião dos balancetes e dos balanços, porém, menciona que as pendências devem ser regularizadas antes do encerramento do semestre. Isto é, o Banco Central admite que as diferenças fiquem pendentes em até seis meses, contrariando os princípios fundamentais de contabilidade.

Contabilidade Bancária e de Instituições Financeiras 331

COSIF 1.28.2. **Disponibilidades em Moedas Estrangeiras**
Ver o MNI – Manual de Normas e Instruções:
MNI 2-1-7 – Disponibilidades de Recursos
**MNI 2-1-24 – Movimentação de Numerário entre Instituições Finan-
ceiras**
MNI 2-10 – Redesconto do Banco Central
MNI 6-1 – Padrão Monetário
MNI 6-23 – Porte e Transporte de Moeda Nacional e Estrangeira
(Revisado em 24-11-2014)

Utilização da conta Caixa no movimento diário

ESQUEMA DE CONTABILIZAÇÃO 17 – DISPONIBILIDADES
CONTABILIDADE BANCÁRIA
ESQUEMAS DE REGISTROS CONTÁBEIS – CONTABILIZAÇÃO
Esquema 17 – Disponibilidades
Utilização da conta Caixa no movimento diário – 17.1
Veja também Esquema 17.2. **Depósitos Bancários**
(Revisado em 24-11-2014)
1. Recebimentos de clientes:
Débito – 1.1.1.10.00-6 – **CAIXA**
Crédito – 1.8.4.30.00-2 – **DEVEDORES – CONTA LIQUIDAÇÕES**
PENDENTES ou
Crédito – 4.9.5.30.00-5 – **CREDORES – CONTA LIQUIDAÇÕES PEN-**
DENTES
2. Pagamento de pequenas despesas:
Débito – 8.1.7.24.00-6 – **DESPESAS DE MATERIAL** ou
Débito – 8.1.7.66.00-2 – **DESPESAS DE TRANSPORTE** ou
Débito – 8.1.7.75.00-0 – **DESPESAS DE VIAGEM NO PAÍS** ou
Débito – 8.1.7.99.00-0 – **OUTRAS DESPESAS ADMINISTRATIVAS**
Crédito – 1.1.1.10.00-6 – **CAIXA**
3. Cheques que não puderam ser depositados em contas bancárias:
Débito – 1.8.8.15.00-5 – **CHEQUES A RECEBER**
Crédito – 1.1.1.10.00-6 – **CAIXA**
4. Pelo depósito dos cheques que não puderam ser depositados no dia
anterior:
Débito – 1.1.2.00.00-2 – **DEPÓSITOS BANCÁRIOS**
Crédito – 1.8.8.15.00-5 – **CHEQUES A RECEBER**

332   *Inácio Dantas*

Depósitos Bancários

ESQUEMA DE CONTABILIZAÇÃO 17 – DISPONIBILIDADES
CONTABILIDADE BANCÁRIA

ESQUEMAS DE REGISTROS CONTÁBEIS – CONTABILIZAÇÃO

Esquema 17 – Disponibilidades

Depósitos Bancários

Suprimento de Caixa

Depósito de cheques recebidos em caixa

Depósito em conta bancária dos cheques recebidos

Valor do numerário remetido ao Banco Central do Brasil

(Revisado em 24-11-2014)

1 – Suprimento de Caixa

Débito – 1.1.1.10.00-6 – **CAIXA**

Crédito – 1.1.2.00.00-2 – **DEPÓSITOS BANCÁRIOS**

(pelo numerário sacado de contas bancárias)

Crédito – 1.1.3.10.00-2 – **BANCO CENTRAL – RESERVAS LIVRES EM ESPÉCIE**

(pelo valor do numerário sacado no Banco Central do Brasil)

2. Depósito de cheques recebidos em caixa

Débito – 1.1.2.00.00-2 – **DEPÓSITOS BANCÁRIOS**

Crédito – 1.1.1.10.00-6 – **CAIXA**

3. Depósito em conta bancária dos cheques recebidos

NOTA DO COSIFE:

Os bancos comerciais e múltiplos usam as contas do serviço de compensação de cheques e outros papéis – **Esquema de Contabilização 16**.

Débito   –   1.1.2.00.00-2   –   **DEPÓSITOS BANCÁRIOS**

Crédito – 1.1.1.10.00-6 – **CAIXA**

4. Valor do numerário remetido ao Banco Central do Brasil

Débito – 1.1.3.10.00-2 – **BANCO CENTRAL – RESERVAS LIVRES EM ESPÉCIE**

(troca de cédulas e moedas)

Crédito – 1.1.1.10.00-**6 – CAIXA**

Aplicações Temporárias em Ouro

ESQUEMA DE CONTABILIZAÇÃO 17 – DISPONIBILIDADES
CONTABILIDADE BANCÁRIA

ESQUEMAS DE REGISTROS CONTÁBEIS – CONTABILIZAÇÃO

Esquema 17 – Disponibilidades

Aplicações Temporárias em Ouro

Contabilidade Bancária e de Instituições Financeiras 333

Compra de ouro bruto em postos (PCO)
Remessa do ouro à fundidora
Refino do ouro e remessa do ouro para custódia
Pagamento das despesas com o refino e o transporte do ouro
Venda dos resíduos do ouro
Atualização monetária mensal do estoque de ouro
Venda do ouro com apuração do resultado na operação
NOTA DO COSIFE:
Veja o Roteiro de Pesquisa e Estudo sobre **OPERAÇÕES COM OURO**.
Sobre o Suprimento de Caixa, veja o Esquema 17.2. **Depósitos Bancá-rios**.

Sobre os contratos de **Mútuo de Ouro**, veja o **Esquema de Contabiliza-ção 51**.

Sobre **Arbitragem** no mercado de câmbio, veja o **Esquema de Contabi-lização 47**.

O controle das quantidades físicas por tipo de ouro pode ser feito utilizan-do-se contas de compensação (3.0.4.99.00-7 – **CUSTÓDIA EM OURO,** em contrapartida com 9.0.4.99.00-9 – **OURO EM CUSTÓDIA**), com subtítulos adequados a cada tipo de ouro. Também podem ser utilizados controles extra-contábeis em conformidade com as normas constantes do **MNI 2-12**).

(Revisado em 24-11-2014)
1. Compra de ouro bruto em postos (PCO)
Débito – 1.1.4.10.00-5 – **APLICAÇÕES TEMPORÁRIAS EM OURO** – Ouro Bruto
Crédito – 1.1.1.10.00-6 – **CAIXA**
Débito – 3.0.9.87.00-7 – **VALOR TOTAL DA EXPOSIÇÃO CAMBIAL**
Crédito – 9.0.9.87.00-9 – **EXPOSIÇÃO CAMBIAL – VALOR TOTAL**
NOTA DO COSIFE:
Quanto à abertura de subtítulos de uso interno, ver as anotações na conta **APLICAÇÕES TEMPORÁRIAS EM OURO**.
2. Remessa do ouro à fundidora
Débito – 1.1.4.10.00-5 – APLICAÇÕES TEMPORÁRIAS EM OURO – Ouro Bruto Remetido à Fundidora
Crédito – 1.1.4.10.00-5 – APLICAÇÕES TEMPORÁRIAS EM OURO – Ouro Bruto
3. Refino do ouro e remessa do ouro para custódia
Débito – 1.1.4.10.00-5 – **APLICAÇÕES TEMPORÁRIAS EM OURO** – Ouro Fino
(valor do ouro fino)
Débito – 1.9.8.20.00-6 – **MERCADORIAS – CONTA PRÓPRIA**
(valor dos resíduos do ouro – prata, estanho e outros metais)

Crédito – 1.1.4.10.00-5 – **APLICAÇÕES TEMPORÁRIAS EM OURO** – Ouro Bruto Remetido à Fundidora
Débito – 3.0.4.99.00-7 – **CUSTÓDIA EM OURO**
Crédito – 9.0.4.99.00-9 – **OURO EM CUSTÓDIA**

4. Pagamento das despesas com refino e transporte do ouro

Débito – 8.1.7.63.00-5 – **DESPESAS DE SERVIÇOS TÉCNICOS ESPE-CIALIZADOS**
Débito – 8.1.7.66.00-2 – **DESPESAS DE TRANSPORTE**
Crédito – 1.1.1.10.00-6 – **CAIXA** ou
Crédito – 1.1.2.00.00-2 – **Depósitos Bancários**

5. Venda dos Resíduos do Ouro

Débito – 1.1.1.10.00-6 – **CAIXA** ou
Débito – 1.1.2.00.00-2 – **Depósitos Bancários**
Crédito – 1.9.8.20.00-6 – **MERCADORIAS – CONTA PRÓPRIA**
Débito – 8.1.9.99.00-6 – **OUTRAS DESPESAS OPERACIONAIS** ou
(quando houver prejuízo na venda)
Crédito – 7.1.9.99.00-9 – **OUTRAS RENDAS OPERACIONAIS**
(quando houver lucro na venda)

6. Atualização monetária mensal do estoque de ouro

6.a. Com prejuízo:

Débito – 8.1.5.80.00-6 – **TVM – AJUSTE NEGATIVO AO VALOR DE MERCADO**
Crédito – 1.1.4.10.00-5 – **APLICAÇÕES TEMPORÁRIAS EM OURO** – Ouro Fino

6.b. Com lucro:

Débito – 1.1.4.10.00-5 – **APLICAÇÕES TEMPORÁRIAS EM OURO** – Ouro Fino
Crédito – 7.1.5.90.00-6 – **TVM – AJUSTE POSITIVO AO VALOR DE MERCADO**

7. Venda do ouro com apuração do resultado na operação

Débito – 1.1.1.10.00-6 – **CAIXA** ou
Débito – 1.1.2.00.00-2 – **Depósitos Bancários**
Crédito – 1.1.4.10.00-5 – **APLICAÇÕES TEMPORÁRIAS EM OURO** – Ouro Bruto
Crédito – 1.1.4.10.00-5 – **APLICAÇÕES TEMPORÁRIAS EM OURO** – Ouro Fino
Débito – 8.1.5.70.00-9 – **PREJUÍZOS EM APLICAÇÕES EM OURO**
Crédito – 7.1.5.70.00-2 – **RENDAS DE APLICAÇÕES EM OURO**
Débito – 9.0.9.87.00-9 – **EXPOSIÇÃO CAMBIAL – VALOR TOTAL**
Crédito – 3.0.9.87.00-7 – **VALOR TOTAL DA EXPOSIÇÃO CAMBIAL**

Contabilidade Bancária e de Instituições Financeiras 335

Débito – 9.0.4.99.00-9 – **OURO EM CUSTÓDIA**
Crédito – 3.0.4.99.**00-7 – CUSTÓDIA EM OURO**

Reservas Livres em Espécie

ESQUEMA DE CONTABILIZAÇÃO 17 – DISPONIBILIDADES
CONTABILIDADE BANCÁRIA
ESQUEMAS DE REGISTROS CONTÁBEIS – CONTABILIZAÇÃO
Esquema 17 – Disponibilidades
Reservas Livres em Espécie
NOTA DO COSIFE:
Veja também:
A liquidação de operações compromissadas entre instituições do SFN, no
Esquema 19. Títulos de Renda Fixa e Operações Compromissadas
As operações de **redesconto no Banco Central** e de **Assistência Finan-
ceira (esquema de contabilização 10)** no **Esquema 18 – Recolhimento
Compulsório.**
Veja ainda o suprimento de numerário em dependências e entre institui-
ções financeiras a seguir.
(Revisado em 24-11-2014)
1. Valor do numerário remetido ao Banco Central do Brasil:
Débito – 1.1.3.10.00-2 – **BANCO CENTRAL – RESERVAS LIVRES EM
ESPÉCIE**
(troca de cédulas e moedas)
Crédito – 1.1.1.10.00-6 – **CAIXA**
2. Valor do numerário obtido no Banco Central do Brasil:
Débito – 1.1.1.10.00-6 – **CAIXA**
Crédito – 1.1.3.10.00-2 – **BANCO CENTRAL – RESERVAS LIVRES
EM ESPÉCIE**
(suprimento de numerário)

1.1.3.00.00-5 RESERVAS LIVRES

TÍTULO:	Plano Contábil das Instituições do SFN – COSIF
CAPÍTULO:	**Elenco de Contas** – 2
SEÇÃO:	Função e Funcionamento das Contas – 2.2
SUBSEÇÃO:	1.0.0.00.00-7 – **ATIVO CIRCULANTE E REALIZÁVEL A LONGO PRAZO**
GRUPO:	1.1.0.00.00-6 **DISPONIBILIDADES**
SUBGRUPO:	1.1.3.00.00-5 RESERVAS LIVRES

**CONTA: 1.1.3.10.00-2 – BANCO CENTRAL – RESERVAS LIVRES
EM ESPÉCIE**

336 *Inácio Dantas*

FUNÇÃO:
Registrar a parcela do saldo da reserva compulsória em espécie, excedente à exigibilidade relativa ao recolhimento compulsório, junto ao Banco Central no último dia do mês.
Nos balancetes e balanços, observar o **COSIF 1.5.2.5**
BASE NORMATIVA: (Circular BCB nº 1.273)
NOTAS DO COSIF:
FUNCIONAMENTO:
– Debitada pela transferência de parcela excedente à exigibilidade do recolhimento compulsório.
– Creditada pela reversão da transferência.

Transferência de numerário entre dependências

ESQUEMA DE CONTABILIZAÇÃO 17 – DISPONIBILIDADES
CONTABILIDADE BANCÁRIA
ESQUEMAS DE REGISTROS CONTÁBEIS – CONTABILIZAÇÃO
Esquema 17 – Disponibilidades
Transferência de numerário entre dependências
Em numerário
Cessão de disponibilidades
(Revisado em 24-11-2014)
1. Em numerário
1.1 Pela Remessa do numerário:
Débito – 1.5.2.50.00-3 – **NUMERÁRIO EM TRÂNSITO**
Crédito – 1.1.1.10.00-6 – **CAIXA**
1.2 Pelo Recebimento do numerário:
Débito – 1.1.1.10.00-6 – **CAIXA**
Crédito – 1.5.2.50.00-3 – **NUMERÁRIO EM TRÂNSITO**
2. Cessão de disponibilidades
2.1 Ao suprir:
Débito – 1.5.2.60.00-0 – **SUPRIMENTOS INTERDEPENDÊNCIAS**
Crédito – 1.1.2.00.00-2 – **DEPÓSITOS BANCÁRIOS**
2.2 Ao ser suprido:
Débito – 1.1.1.10.00-6 – **CAIXA**
Crédito – 1.5.2.60.00-0 – **SUPRIMENTOS INTERDEPENDÊNCIAS**

Transferência de numerário entre instituições financeiras

ESQUEMA DE CONTABILiZAÇÃO 17 – DISPONIBILIDADES

Contabilidade Bancária e de Instituições Financeiras 337

CONTABILIDADE BANCÁRIA
ESQUEMAS DE REGISTROS CONTÁBEIS – CONTABILIZAÇÃO

Esquema 17 – Disponibilidades
Transferência de numerário entre instituições financeiras
Na instituição remetente
Na instituição recebedora
(Revisado em 24-11-2014)
1. **Na instituição remetente**
1.a. **Pela remessa do numerário:**
Débito – 1.5.2.50.00-3 – **NUMERÁRIO EM TRÂNSITO**
Crédito – 1.1.1.10.00-6 – **CAIXA**
1.b. **Pela confirmação do numerário recebido:**
Débito – 1.4.4.10.00-2 – **CORRESPONDENTES DO EXTERIOR EM MOEDA NACIONAL**
Débito – 1.4.4.30.00-6 – **CORRESPONDENTES NO PAÍS**
Crédito – 1.5.2.50.00-3 – **NUMERÁRIO EM TRÂNSITO**
2. **Na instituição recebedora**
Débito – 1.1.1.10.00-6 – **CAIXA**
Crédito – 1.4.4.10.00-2 – **CORRESPONDENTES DO EXTERIOR EM MOEDA NACIONAL**
Crédito – 1.4.4.30.00-6 – **CORRESPONDENTES NO PAÍS**

Diferença de numerário

ESQUEMA CONTABILIZAÇÃO 17 – DISPONIBILIDADES
CONTABILIDADE BANCÁRIA
ESQUEMAS DE REGISTROS CONTÁBEIS – CONTABILIZAÇÃO
Esquema 17 – Disponibilidades
Diferença de numerário
Quando a menor (falta)
Quando a maior (sobra)
(Revisado em 24-11-2014)
1. **Quando a menor (falta)**
1.1 **Pela diferença a regularizar, registro em subtítulo específico:**
Débito – 1.8.8.92.00-4 – **DEVEDORES DIVERSOS – PAÍS**
Crédito – 1.1.1.10.00-6 – **CAIXA**
NOTA DO COSIFE:
A exemplo dos lançamentos efetuados em **DEVEDORES – CONTA LI-QUIDAÇÕES PENDENTES** e **CREDORES – CONTA LIQUIDAÇÕES PENDENTES,** o registro dos fatos contábeis pode ser efetuado durante o mês, na conta **CREDORES DIVERSOS – PAÍS.**

338   *Inácio Dantas*

Na data do encerramento dos balancetes e balanços, os saldos devedores serão obrigatoriamente transferidos para a conta **DEVEDORES DIVERSOS – PAÍS**.

1.2 Diferença regularizada
Débito – 1.1.1.10.00-6 – **CAIXA**
Crédito – 1.8.8.92.00-4 – **DEVEDORES DIVERSOS – PAÍS**
1.3 Diferença não regularizada:
Débito – 8.3.9.10.00-7 – **PERDAS DE CAPITAL**
Crédito – 1.8.8.92.00-4 – **DEVEDORES DIVERSOS – PAÍS**
2 Quando a maior (sobra)
2.1 Pela diferença a regularizar, registro em subtítulo específico:
Débito – 1.1.1.10.00-6 – **CAIXA**
Crédito – 4.9.9.90.00-9 – **CREDORES DIVERSOS – PAÍS**
2.2 Diferença regularizada:
Débito – 4.9.9.90.00-9 – **CREDORES DIVERSOS – PAÍS**
Crédito – 1.1.1.10.00-6 – **CAIXA**
2.3 Diferença não regularizada:
Débito – 4.9.9.90.00-9 – **CREDORES DIVERSOS – PAÍS**
Crédito – 7.3.9.10.00-0 – **GANHOS DE CAPITAL**

Esquema 18. Recolhimento Compulsório

ESQUEMA DE REGISTRO CONTÁBIL – N° 18 – RECOLHIMENTO COMPULSÓRIO

CONTABILIDADE BANCÁRIA
ESQUEMAS DE REGISTROS CONTÁBEIS – CONTABILIZAÇÃO
Esquema 18 – Recolhimento Compulsório
    Em dinheiro
    Em Títulos
NOTA DO COSIFE:
Veja:
MNI 2-11 – Recolhimentos Compulsórios e Encaixes Obrigatórios

Em dinheiro – 4.18.1
    4.18.1.1 Recolhimento e ajustes de parcelas:
Débito – 1.4.2.28.00-5 – **RESERVAS COMPULSÓRIAS EM ESPÉCIE NO BANCO CENTRAL**
Crédito – 1.1.3.10.00-2 – **BANCO CENTRAL – RESERVAS LIVRES EM ESPÉCIE**
    4.18.1.2 Liberação parcial de Depósito:

Contabilidade Bancária e de Instituições Financeiras 339

Débito – 1.1.3.10.00-2 – **BANCO CENTRAL – RESERVAS LIVRES EM ESPÉCIE**
Crédito – 1.4.2.28.00-5 – **RESERVAS COMPULSÓRIAS EM ESPÉCIE NO BANCO CENTRAL**
4.18.1.3 Pagamento de pena pecuniária, custos financeiros e encargos complementares:
Débito – 8.1.9.99.00-6 – **OUTRAS DESPESAS OPERACIONAIS**
Crédito – 1.1.3.10.00-2 – **BANCO CENTRAL – RESERVAS LIVRES EM ESPÉCIE**

Em Títulos – 4.18.2
4.18.2.1 Vinculação pelo custo de aquisição atualizado:
Débito – 1.3.4.20.00-0 – **BANCO CENTRAL – RESERVAS COMPULSÓRIAS EM TÍTULOS**
Crédito – 1.3.1.10.00-4 – **TÍTULOS DE RENDA FIXA**
4.18.2.2 Apropriação da receita do período, pela fluência do prazo:
Débito – 1.3.4.20.00-0 – **BANCO CENTRAL – RESERVAS COMPULSÓRIAS EM TÍTULOS**
Crédito – 7.1.5.10.00-0 – **RENDAS DE TÍTULOS DE RENDA FIXA**
4.18.2.3 Liberação dos recolhimentos:
Débito – 1.3.1.10.00-4 – **TÍTULOS DE RENDA FIXA**
Crédito – 1.3.4.20.00-0 – **BANCO CENTRAL – RESERVAS COMPULSÓRIAS EM TÍTULOS**
Obs. do autor: Ver critérios do Compulsório no tópico "Regras do recolhimento compulsório sobre recursos a prazo"

Recolhimentos compulsórios – poupança

MNI 02-11-08 – RECURSOS DE DEPÓSITOS DE POUPANÇA
MNI – MANUAL DE NORMAS E INSTRUÇÕES
TÍTULO: NORMAS OPERACIONAIS DE INSTITUIÇÕES FINANCEIRAS E ASSEMELHADAS – 2
CAPÍTULO: Recolhimentos Compulsórios e Encaixes Obrigatórios – 11
SEÇÃO: Recursos de Depósitos de Poupança – 8

(Revisado em 02/07/2012)
MNI 02-11-08
1 – Constituem Valores Sujeitos a Recolhimento (VSR) os saldos inscritos nas seguintes rubricas contábeis do Plano Contábil das Instituições do Sistema Financeiro Nacional (Cosif): (**Circ nº 3.093,** art. 2º, I, II)
a) **4.1.2.00.00-3** Depósitos de Poupança; (**Circ nº 3.093,** art. 2, I)

340   *Inácio Dantas*

b) **6.2.1.00.00-3** APE – Recursos de Associados Poupadores; e (**Circ. n°
3.093,** art. 2°, II)

c) os valores inscritos na rubrica contábil 4.1.2.60.40-7 Depósitos de Poupança Vinculada – Vinculadas a Carta de Crédito, do Cosif, são isentos do encaixe obrigatório. (**Circ. n° 3.093,** art. 2°, parágrafo único)

2 – A base de cálculo da exigibilidade de encaixe obrigatório sobre recursos de depósitos de poupança corresponde à media aritmética da soma dos saldos inscritos nas rubricas de que tratam as alíneas "a" e "b" do item 1, relativos aos dias úteis do período de cálculo. (**Circ. n° 3.093,** art. 3°)

3 – O período de cálculo compreende os dias úteis de uma semana, com início na segunda-feira e término na sexta-feira. (**Circ. n° 3.093**, art. 3°, parágrafo único)

4 – A exigibilidade de encaixe obrigatório para cada modalidade de depósito de poupança e apurada aplicando-se a alíquota de 20% (vinte por cento) sobre a base de cálculo de que trata o item anterior. (**Circ. n° 3.093,** art. 4°; Circ. n° 3.128, art. 1°)

5 – A exigibilidade de encaixe obrigatório apurada para cada modalidade de depósito de poupança vigora da segunda-feira da segunda semana posterior ao encerramento do período de cálculo até a sexta-feira subsequente. (**Circ. n° 3.093**, art. 5°, parágrafo 1°/4°)

a) o recolhimento deve ser efetuado exclusivamente em espécie, por intermédio de instituição titular de conta Reservas Bancárias, que comandará a respectiva transferência a crédito da conta de recolhimento correspondente a cada modalidade de depósito de poupança; (**Circ. n° 3.093**, art. 5° Parágrafo 1°)

b) o saldo de encerramento diário da conta de recolhimento correspondente a cada modalidade de depósito de poupança deve corresponder a 100% (cem por cento) da exigibilidade; (**Circ. n° 3.093**, art. 5°, parágrafo 2°)

c) a conta de recolhimento correspondente a cada modalidade de depósito de poupança pode ser livremente movimentada pela instituição titular, a crédito de conta Reservas Bancárias de sua livre escolha a cada movimentação; e (**Circ. n° 3.093**, art. 5°, parágrafo 3°)

d) a movimentação da conta de recolhimento correspondente a cada modalidade de depósito de poupança observa o horário estabelecido para o funcionamento do Sistema de Transferência de Reservas (STR) do Banco Central do Brasil. (**Circ. n° 3.093**, art. 5°, parágrafo 4°)

6 – A instituição financeira que não observar as normas relativas à manutenção de saldo na conta de recolhimento correspondente a cada modalidade de

Contabilidade Bancária e de Instituições Financeiras 341

depósito de poupança incorre no pagamento de custo financeiro, na forma prevista na regulamentação em vigor. (**Circ. nº 3.093**, art. 6º)

7 – O saldo de encerramento diário da conta de recolhimento correspondente a cada modalidade de depósito de poupança, no Banco Central do Brasil, limitado à respectiva exigibilidade, faz jus à remuneração, creditada a respectiva conta de recolhimento as 16h30 do dia útil seguinte e calculada com base na Taxa Referencial (TR), acrescida dos juros abaixo, como segue: (**Circ. nº 3.093**, art. 7, parágrafo 1º, 2º)

$R = S \times [(1+TR)^{1/n} -1] + [S \times (1+TR)^{1/n}] \times [(1+a)^{1/365} -1]$, onde:

R = remuneração a ser creditada, expressa com duas casas decimais, com arredondamento matemático;

S = saldo de encerramento diário da conta de recolhimento correspondente a cada modalidade de depósito de poupança;

TR = TR de cada dia útil, no formato unitário, expressa com quatro casas decimais, válida para o período com término no dia correspondente do mês subsequente;

n = número de dias úteis entre o dia de referência da TR utilizada para o cálculo da remuneração e o dia correspondente ao dia de referência da TR no mês seguinte;

a = acréscimo à TR, correspondendo a:

– 0,03 (três centésimos), no caso do encaixe obrigatório sobre os depósitos de poupança da modalidade poupança vinculada;

– 0,0617 (seiscentos e dezessete décimos de milésimos), no caso do encaixe obrigatório sobre as demais modalidades de depósitos de poupança;

a) quando inexistente o dia correspondente ao dia de referência da TR no mês seguinte, será considerado como término do período o dia primeiro do mês posterior; (**Circ. nº 3.093**, art. 7º, parágrafo 1º)

b) os resultados parciais de multiplicação, divisão e potenciação utilizados na expressão algébrica do cálculo da remuneração devem conter oito casas decimais, com arredondamento matemático. (**Circ. nº 3.093**, art. 7º, parágrafo 2º)

8 – A instituição financeira deve fornecer, até o dia útil imediatamente anterior ao da vigência da respectiva exigibilidade, os dados diários relativos à correspondente base de cálculo (**Circ. nº 3.093**, art. 8º, parágrafo 1º/3º)

a) a instituição está dispensada de prestar as respectivas informações, caso a base de cálculo do encaixe obrigatório sobre recursos de depósitos de poupança permaneça inalterada em relação à do período de cálculo anterior; (**Circ. nº 3.093**, art. 8º, parágrafo 1º)

b) na hipótese de ausência de informações relativas a um período de cálculo até o prazo fixado no *caput* deste item, será atribuído à base de

342 — Inácio Dantas

cálculo o valor relativo ao do período anterior; e (**Circ. nº 3.093**, art. 8º, parágrafo 2º)

c) a instituição financeira que informar ou alterar os dados após o prazo fixado no *caput* deste item incorre no pagamento de multa, na forma prevista na regulamentação em vigor. (**Circ. nº 3.093**, art. 8º, parágrafo 3º)

9 – Além das informações diárias para cálculo da exigibilidade de encaixe obrigatório, as instituições financeiras devem informar, até o penúltimo dia útil da primeira quinzena de cada mês, os dados necessários à verificação do direcionamento obrigatório dos recursos de poupança captados pelas entidades integrantes do Sistema Brasileiro de Poupança e Empréstimo (SBPE). No dia 1º de dezembro de 2006, os CodItens 6.156 e 6.725 entraram em vigor e devem compor o demonstrativo referente à posição de novembro de 2006, da seguinte forma: (**Res. nº 3.347**, Regulamento anexo (RA), art. 1º, I a, b; **Res. nº 3.409,** art. 2º; **Circ. nº 3.093,** art. 9º; **Cta-Circ. nº 3.250,** 1 I, II; Com 15.084)

a) 6156-SFH Finan. Taxas Prefixadas: informar os valores das operações computadas para atendimento da exigibilidade de aplicação no âmbito do Sistema Financeiro da Habitação (SFH), contratadas a taxas prefixadas; e (**Res 3347** RA art. 1º I a; **Cta Circ. 3250** 1 I)

b) 6725-IMERC Finan.Taxas Prefixadas: informar os valores das operações computadas para atendimento da exigibilidade de aplicação em operações de financiamento imobiliário contratadas a taxas de mercado, contratadas a taxas prefixadas. (**Res 3347** RA art. 1º I b; **Cta Circ. 3250** 1 II)

10 – A instituição financeira sujeita ao encaixe obrigatório de que trata esta seção, não titular de conta Reservas Bancárias, devera indicar a instituição financeira titular de conta Reservas Bancárias a qual serão encaminhadas as cobranças, pertinentes a custos financeiros e multas, e creditadas eventuais devoluções. (**Circ. nº** 3.093, art. 10)

Atualização MNI 1.732, de 20/12/2006

Esquema 28. Operações de Crédito

OPERAÇÕES DE CRÉDITO – CONTABILIZAÇÃO

CONTABILIDADE BANCÁRIA
ESQUEMAS DE REGISTROS CONTÁBEIS – CONTABILIZAÇÃO
Esquema 28 – Operações de Crédito
Desconto
- Pagamento ou crédito ao tomador
- Apropriação mensal de receitas

Contabilidade Bancária e de Instituições Financeiras 343

- Receitas sobre títulos vencidos
- Resgate do título
- Resgate do título antes do vencimento
Empréstimos
- Pagamento ou crédito ao mutuário
- Apropriação mensal de receitas nas operações com encargos prefixados
- Apropriação mensal de receitas nas operações com encargos pós-fixados
- Amortização ou liquidação
Apropriação de Rendimentos de Créditos em Atraso
Classificação das Operações de Crédito por Nível de Risco e Aprovisionamento
OBSERVAÇÕES:
As demais modalidades de operações de crédito seguem o mesmo esquema de Empréstimos e Títulos Descontados, observadas as contas pertinentes.
Ver **COSIF 1.6**. Operações de Crédito
Desconto – 1
1.1 Pagamento ou crédito ao tomador
Débito – TÍTULOS DESCONTADOS
Crédito – 1.1.1.10.00-6 – **CAIXA** ou
Crédito – Depósitos à Vista
(pelo líquido da operação)
Crédito – RENDAS A APROPRIAR DE TÍTULOS DESCONTADOS (receitas totais) [Ver NOTA 1.1]
Crédito – IOF A RECOLHER (imposto devido)
NOTA DO COSIFE:
As contas de RENDAS A APROPRIAR devem ser utilizadas como subtítulo de uso interno, de conformidade com o previsto no COSIF 1.1.5.9.
1.2 Apropriação mensal de receitas em decorrência de fluência de prazo
[Ver NOTA 1.1]
Débito – RENDAS A APROPRIAR DE TÍTULOS DESCONTADOS
Crédito – RENDAS DE TÍTULOS DESCONTADOS
1.3 Receitas sobre títulos vencidos - juros de mora, comissão de permanência e outros encargos apropriados mensalmente
Débito – TÍTULOS DESCONTADOS
Crédito – RENDAS DE TÍTULOS DESCONTADOS
1.4 Resgate do título
1.4.1 No vencimento
Débito – 1.1.1.10.00-6 – **CAIXA** ou outra conta adequada
Crédito – TÍTULOS DESCONTADOS
1.4.2 Após o vencimento, com juros de mora ou comissão de permanência

344 *Inácio Dantas*

Débito – 1.1.1.10.00-6 – **CAIXA** ou outra conta adequada
Crédito – TÍTULOS DESCONTADOS (valor do título e comissão de permanência apropriada conforme o item 1.3)
Crédito – RENDAS DE TÍTULOS DESCONTADOS (comissão de permanência calculado no ato da liquidação)
1.5 Resgate do título antes do vencimento, autorizado pelo sacado, a conceder abatimento
1.5.1 Se o sacador depositar antecipadamente o valor do abatimento
Débito – 1.1.1.10.00-6 – **CAIXA** ou outra conta adequada
Crédito – DEPÓSITOS VINCULADOS
1.5.2 No resgate
Débito – 1.1.1.10.00-6 – **CAIXA** ou outra conta adequada
Débito – DEPÓSITOS VINCULADOS
Crédito – TÍTULOS DESCONTADOS
1.5.3 No resgate, se não houver o depósito antecipado e a instituição debitar o sacador ou cedente pelo valor do abatimento
Débito – 1.1.1.10.00-6 – **CAIXA** ou outra conta adequada (valor líquido)
Débito – Adequada conta de Depósitos
Crédito – TÍTULOS DESCONTADOS
Empréstimos – 2
2.1 Pagamento ou crédito ao mutuário
Débito – EMPRÉSTIMOS
Crédito – 1.1.1.10.00-6 – **CAIXA** ou outra conta adequada (líquido da operação)
Crédito – RENDAS DE EMPRÉSTIMOS (comissão de abertura de crédito)
Crédito – RENDAS A APROPRIAR DE EMPRÉSTIMOS (receitas totais calculadas previamente) [Ver NOTA 1.1]
2.2 Apropriação mensal de receitas, em decorrência da fluência de prazo nas operações com encargos prefixados [Ver NOTA 1.1]
Débito – RENDAS A APROPRIAR DE EMPRÉSTIMOS
Crédito – RENDAS DE EMPRÉSTIMOS
2.3 Apropriação mensal de receitas nas operações com encargos pós-fixados
Débito – EMPRÉSTIMOS
Crédito – RENDAS DE EMPRÉSTIMOS
2.4 Amortização ou liquidação
Débito – 1.1.1.10.00-6 – **CAIXA** ou outra conta adequada
Crédito – EMPRÉSTIMOS
Apropriação de Rendimentos de Créditos em Atraso – 3.
3.1 Apropriação das rendas enquanto for obrigatória pela legislação tributária e pelas normas do Banco Central do Brasil
3.1.1 Empréstimos e Títulos Descontados

Contabilidade Bancária e de Instituições Financeiras 345

Débito – EMPRÉSTIMOS ou
Crédito – RENDAS DE EMPRÉSTIMOS
ou
Débito – TÍTULOS DESCONTADOS
Crédito – RENDAS DE TÍTULOS DESCONTADOS
3.1.1.4 Amortização ou liquidação
Débito – 1.1.1.10.00-6 – **CAIXA** ou outra conta adequada (pelo valor atualizado da operação)
Crédito – EMPRÉSTIMOS E TÍTULOS DESCONTADOS EM ATRASO
Débito – EMPRÉSTIMOS E TÍTULOS DESCONTADOS EM ATRASO
(pela efetivação das rendas a apropriar, se houver)
(-) Rendas a Apropriar
Crédito – RENDAS DE EMPRÉSTIMOS ou
Crédito – RENDAS DE TÍTULOS DESCONTADOS
Classificação das Operações de Crédito por Nível de Risco e Aprovisionamento de Créditos em liquidação – 4

CONTABILIZAÇÃO DOS TÍTULOS DE CRÉDITO

MTVM – MANUAL DE TÍTULOS E VALORES MOBILIÁRIOS
TÍTULOS DE CRÉDITO IMOBILIÁRIO E BANCÁRIO
CONTABILIZAÇÃO DOS TÍTULOS DE CRÉDITO
PELA INSTITUIÇÃO FINANCEIRA QUE CONCEDEU O EMPRÉSTIMO
PELA ENTIDADE TOMADORA DO EMPRÉSTIMO
PELA ENTIDADE INVESTIDORA QUE COMPROU O TÍTULO DE CRÉDITO
Os títulos de crédito de modo geral são emitidos com base em operações de crédito (empréstimos) e são utilizados pelas instituições que concedem os empréstimos (operações ativas realizadas pelo credor) como lastro para captação de recursos financeiros de terceiros a serem emprestados ao mutuário, que realiza a operação passiva na qualidade de devedor (tomador do empréstimo).
A contabilização dos títulos de crédito será efetuada de três formas, uma em cada entidade envolvida direta ou indiretamente na operação.
PELA INSTITUIÇÃO FINANCEIRA QUE CONCEDEU O EMPRÉSTIMO
O valor da operação de empréstimo propriamente dita será debitado no Ativo como Empréstimo Concedido e será creditado à conta Caixa ou Bancos pela saída do dinheiro. A diferença entre o valor de liquidação futura do empréstimo (valor de resgate) e o dinheiro efetivamente liberado ao tomador do empréstimo são os juros a receber, que serão debitados ao Empréstimo

Concedido em contrapartida (a crédito) de Receitas de Juros a Apropriar, para apropriação mensal, pelo Regime de Competência. Vejamos:

a) Pela liberação do valor líquido do empréstimo concedido:

D – Empréstimo Concedido a Receber

C – Caixa ou Bancos

b) Pelos juros a apropriar mensalmente:

D – Empréstimo Concedido a Receber

C – Receitas de Juros a Apropriar

c) Pela apropriação mensal dos juros:

D – Receitas de Juros a Apropriar

C – Receita de Juros de Empréstimos Concedidos

Os títulos obtidos como garantia à concessão do empréstimo devem ser contabilizados pelas instituições fornecedoras dos empréstimos em Contas de Compensação como Títulos Disponíveis para Venda até a data de sua efetiva colocação no mercado de capitais.

Os títulos recebidos em garantia podem servir de lastro para emissão de Certificados de Cédulas de Crédito Bancário (pelas instituições financeiras) e para emissão de Certificados de Recebíveis Imobiliários (pelas Companhias de Securitização de Créditos).

Na data em que os títulos emitidos forem vendidos a terceiros como forma de captação de recursos financeiros, o valor recebido deve ser debitado na conta Caixa ou Bancos. Os títulos são registrados no Passivo como Captação de Recursos Financeiros a Resgatar. O valor dos juros (deságio) será contabilizado como débito de Despesas de Juros a Apropriar, para apropriação mensal, pelo Regime de Competência. E a soma desses dois valores (dinheiro captado + juros a pagar) deve ser igual ao valor nominal ou de resgate do título de crédito, que foi lançado em Obrigações a Pagar como Captação de Recursos Financeiros a Resgatar.

PELA ENTIDADE TOMADORA DO EMPRÉSTIMO

Na contabilidade do tomador do empréstimo, o valor líquido recebido como empréstimo (dinheiro) será debitado em Caixa ou Bancos.

O valor de resgate ou de liquidação do empréstimo (dinheiro recebido + juros) será lançado a crédito do Passivo em Empréstimos a Pagar.

A diferença entre o valor efetivamente recebido e o valor a pagar na data de vencimento do empréstimo será debitada em Despesas de Juros a Apropriar, que serão apropriadas mensalmente, pelo Regime de Competência.

D – Caixa ou Bancos

D – Despesas de Juros a Apropriar

C – Empréstimos a Pagar

As despesas de juros serão apropriadas mensalmente, pelo Regime de Competência.

Contabilidade Bancária e de Instituições Financeiras

D – Despesas de Juros
C – Despesas de juros a Apropriar
PELA ENTIDADE INVESTIDORA QUE COMPROU O TÍTULO DE CRÉDITO
O adquirente do título de crédito (investidor) deve contabilizá-lo a débito de Títulos e Valores Mobiliários (no Ativo), pelo seu valor nominal ou de resgate futuro. Em contrapartida, serão efetuados os lançamentos:
D – Títulos e Valores Mobiliários (pelo valor de resgate do título adquirido)
C – Caixa ou Bancos (pelo valor efetivamente pago pelo Investimento
C – Receitas de Juros a Apropriar (pelo valor do deságio recebido, que é a diferença entre o valor de resgate e o efetivamente pago na aquisição do título).
As Receitas serão apropriadas mensalmente, pelo Regime de Competência.
D – Receitas de Juros a Apropriar
C – Receitas de Juros de Títulos e Valores Mobiliários

Esquema 33. Bens e Imobilizações

ESQUEMA DE REGISTRO CONTÁBIL – N° 33

CONTABILIDADE BANCÁRIA
ESQUEMAS DE REGISTROS CONTÁBEIS – CONTABILIZAÇÃO
Esquema 33 – Bens e Imobilizações
Destinados ao uso da instituição
Reavaliação de imóveis de uso
Venda à vista de bens do imobilizado de uso
Venda a prazo de bens do imobilizado de uso
Imobilizações em curso
Bens não de uso que passem a ser utilizados
Bens não de uso próprio
Inventários – Diferenças apuradas em inventários
NOTA DO COSIFE: Veja:
COSIF 1.11.6 – Aplicações no Imobilizado de Uso
COSIF 1.11.7 – Provisão para Depreciação do Imobilizado de Uso.
ESQUEMA 35 – Atualização Monetária
Destinados ao uso da instituição – 1
1.1 Aquisição à vista
Débito – 2.2.0.00.00-2 – IMOBILIZADO DE USO

348   *Inácio Dantas*

Crédito – 1.1.1.10.00-6 – **CAIXA** ou outra conta adequada

1.2 Aquisição a prazo

Débito – 8.1.9.99.00-6 – **OUTRAS DESPESAS OPERACIONAIS**
(encargos financeiros do período em curso)
Débito – DESPESAS A APROPRIAR DE OBRIGAÇÕES DIVERSAS [Ver NOTA 1.2]
(encargos financeiros de períodos futuros)
Débito – 2.2.0.00.00-2 – IMOBILIZADO DE USO
(Valor de aquisição – correspondente ao preço à vista)
Crédito – OBRIGAÇÕES POR AQUISIÇÃO DE BENS E DIREITOS
(Compromisso total da compra)

NOTA DO COSIFE:

A Conta DESPESAS A APROPRIAR DE OBRIGAÇÕES DIVERSAS não mais existe, ela pode ser utilizada como subtítulo de uso interno, em conformidade com o previsto no COSIF 1.1.5.9, da conta OBRIGAÇÕES POR AQUISIÇÃO DE BENS E DIREITOS.

1.3 Apropriação mensal dos encargos financeiros

Débito – 8.1.9.99.00-6 – **OUTRAS DESPESAS OPERACIONAIS**
Crédito – DESPESAS A APROPRIAR DE OBRIGAÇÕES DIVERSAS

1.4 Amortização ou liquidação da dívida

Débito – OBRIGAÇÕES POR AQUISIÇÃO DE BENS E DIREITOS
Crédito – 1.1.1.10.00-6 – **CAIXA** ou outra conta adequada

1.5 Constituição da provisão para depreciação do imobilizado

Débito – DESPESAS DE DEPRECIAÇÃO
Crédito – Adequada conta de Depreciação Acumulada [Ver NOTA 1.5]

NOTA DO COSIFE:

As contas onde ficam espelhados os valores das Depreciações Acumuladas são:

2.2.3.99.00-5 – DEPRECIAÇÃO ACUMULADA DE IMÓVEIS DE USO EDIFICAÇÕES

2.2.4.96.00-1 – DEPRECIAÇÃO ACUMULADA DE INSTALAÇÕES

2.2.4.99.00-8 – DEPRECIAÇÃO ACUMULADA DE MÓVEIS E EQUIPAMENTOS DE USO

2.2.9.99.00-3 – DEPRECIAÇÃO ACUMULADA DE OUTRAS IMOBILIZAÇÕES DE USO

2.3.2.90.00-0 – DEPRECIAÇÃO ACUMULADA DE BENS ARRENDADOS.

Reavaliação de imóveis de uso – 2

NOTA DO COSIFE:

O Banco Central do Brasil não permite o aumento de capital com base em Reserva de Reavaliação (Circular BCB nº 1.862), exceto depois da reali-

Contabilidade Bancária e de Instituições Financeiras

zação por depreciação (parcela anual contabilizada) e por alienação (descontado o prejuízo eventualmente apurado).

Uma saída legal para evitar essa situação seria o *"LEASEBACK"*, ou seja, a venda do bem para uma empresa de arrendamento mercantil e sua imediata locação, considerando, ainda, que o Banco Central não permite a obtenção de recursos para aumento de capital mediante empréstimos.

2.1 Pela diferença entre a nova avaliação e o valor contábil
Débito – IMÓVEIS DE USO
Crédito – RESERVA DE REAVALIAÇÃO DE IMÓVEIS DE USO PRÓPRIO

2.2 Venda de imóvel reavaliado

2.2.1 Baixa da provisão, se for o caso
Débito – DEPRECIAÇÃO ACUMULADA DE IMÓVEIS DE USO – EDIFICAÇÕES
Crédito – IMÓVEIS DE USO

2.2.2 Reversão parcial da reserva correspondente à diferença entre o novo valor contábil decorrente da reavaliação e o preço de venda

2.2.2.1 Na hipótese de o valor de venda ser inferior ao valor contábil após a reavaliação
Débito – RESERVA DE REAVALIAÇÃO DE IMÓVEIS DE USO PRÓPRIO
Crédito – IMÓVEIS DE USO

2.2.3 Reversão da reserva por motivo de venda do imóvel reavaliado
Débito – RESERVA DE REAVALIAÇÃO DE IMÓVEIS DE USO PRÓPRIO
Crédito – LUCROS OU PREJUÍZOS ACUMULADOS

Venda à vista de bens do imobilizado de uso – 3

3.1 Pelo valor contábil (líquido, após a baixa da depreciação acumulada)
Débito – 1.1.1.10.00-6 – **CAIXA** ou outra conta adequada
Crédito – 2.2.0.00.00-2 – IMOBILIZADO DE USO

3.2 Com lucro
Débito – 1.1.1.10.00 6 – **CAIXA** ou outra conta adequada
(valor da transação)
Crédito – 2.2.0.00.00-2 – IMOBILIZADO DE USO
(valor contábil do bem)
Crédito – LUCROS NA ALIENAÇÃO DE VALORES E BENS
(lucro apurado – diferença entre o preço de venda à vista e o valor contábil)

3.3 Com prejuízo
Débito – 1.1.1.10.00-6 – **CAIXA** ou outra conta adequada
(valor da transação)
Débito – PREJUÍZOS NA ALIENAÇÃO DE VALORES E BENS

(Prejuízo apurado – diferença entre o preço de venda à vista e o valor contábil)
Crédito – 2.2.0.00.00-2 – IMOBILIZADO DE USO
(valor contábil do bem)

Venda a prazo de bens do imobilizado de uso – 4

4.1 Pelo valor contábil (líquido, após a baixa da depreciação acumulada)
Débito – DEVEDORES POR COMPRA DE VALORES E BENS
Crédito – 2.2.0.00.00-2 – IMOBILIZADO DE USO

4.2 Com lucro
Débito – DEVEDORES POR COMPRA DE VALORES E BENS
(valor da transação)
Crédito – 2.2.0.00.00-2 – IMOBILIZADO DE USO
(valor contábil do bem)
Crédito – LUCROS NA ALIENAÇÃO DE VALORES E BENS
(lucro apurado)

4.3 Com prejuízo
Débito – DEVEDORES POR COMPRA DE VALORES E BENS
(valor da transação)
Débito – PREJUÍZOS NA ALIENAÇÃO DE VALORES E BENS
(prejuízo apurado)
Crédito – 2.2.0.00.00-2 – IMOBILIZADO DE USO
(valor contábil do bem)

4.4 Venda a prazo com lucro e encargos de financiamento

4.4.1 Valor da Transação
Débito – DEVEDORES POR COMPRA DE VALORES E BENS
(valor da transação)
Débito – 2.2.0.00.00-2 – IMOBILIZADO DE USO
(valor contábil do bem)
Crédito – LUCROS NA ALIENAÇÃO DE VALORES E BENS
(lucro – diferença entre o preço à vista correspondente e o valor contábil)
Crédito – OUTRAS RENDAS NÃO OPERACIONAIS
(encargos do período em curso
Crédito – RENDAS A APROPRIAR DE OUTROS CRÉDITOS
(encargos de períodos seguintes)

NOTA DO COSIFE:

A conta RENDAS A APROPRIAR DE OUTROS CRÉDITOS não mais existe, ela pode ser utilizada, em conformidade com o COSIF 1.1.5.9, como subtítulo da conta DEVEDORES POR COMPRA DE VALORES E BENS.

4.4.2 Apropriação mensal dos encargos em razão da fluência do prazo
Débito – RENDAS A APROPRIAR DE OUTROS CRÉDITOS
Crédito – OUTRAS RENDAS NÃO OPERACIONAIS

4.5 Amortização ou liquidação do crédito a receber pela venda a prazo

Contabilidade Bancária e de Instituições Financeiras 351

Débito – 1.1.1.10.00-6 – **CAIXA** ou outra conta adequada
Crédito – DEVEDORES POR COMPRA DE VALORES E BENS
Imobilizações em curso – 5
5.1 Dispêndios parciais para aquisição ou construção de bens destinados a uso
Débito – IMOBILIZAÇÕES EM CURSO
Crédito – 1.1.1.10.00-6 – **CAIXA** ou outra conta adequada
5.2 Terminada a construção ou no recebimento dos bens
Débito – 2.2.0.00.00-2 – IMOBILIZADO DE USO
Crédito – IMOBILIZAÇÕES EM CURSO
Bens não de uso que passem a ser utilizados – 6
6 Bens não de uso que passem a ser utilizados pela instituição
Débito – 2.2.0.00.00-2 – IMOBILIZADO DE USO
Crédito – BENS NÃO DE USO PRÓPRIO
Bens não de uso próprio – 7
7.1 Contabilização do bem
Débito – BENS NÃO DE USO PRÓPRIO
Crédito – 1.6.0.00.00-1 – OPERAÇÕES DE CRÉDITO
(no caso de liquidação de dívida mediante dação em pagamento – valor do bem igual ao valor contábil do crédito)
Crédito – 2.2.0.00.00-2 – IMOBILIZADO DE USO
(no caso de transferência de bens de uso para não de uso colocados à venda)
Crédito – RECUPERAÇÃO DE CRÉDITOS BAIXADOS COMO PREJUÍZO
(no caso de recebimento de bens para liquidação de créditos já compensados em provisão)
7.2 No caso de liquidação da dívida mediante dação em pagamento
7.2.1 Valor do bem superior ao valor contábil do crédito
Débito – BENS NÃO DE USO PRÓPRIO
Crédito – Adequada conta de Operações de Crédito ou
de Operações de Arrendamento Mercantil
Crédito – OPERAÇÕES DE CRÉDITO EM LIQUIDAÇÃO ou
CRÉDITOS DE ARRENDAMENTO EM LIQUIDAÇÃO
7.2.2 Valor do bem inferior ao valor contábil do crédito
Débito – BENS NÃO DE USO PRÓPRIO
Débito – PROVISÃO PARA OPERAÇÕES DE CRÉDITO DE LIQUIDA-
ÇÃO DUVIDOSA ou
PROVISÃO PARA CRÉDITOS DE ARRENDAMENTO DE LIQUIDA-
ÇÃO DUVIDOSA
Crédito – Adequada conta de Operações de Crédito [Ver NOTA 7.1] ou
de Operações de Arrendamento Mercantil [Ver NOTA 7.2.2]
Crédito – OPERAÇÕES DE CRÉDITO EM LIQUIDAÇÃO ou
CRÉDITOS DE ARRENDAMENTO EM LIQUIDAÇÃO

NOTA 7.2.2:

Ver o grupamento 1.7.0.00.00-0 – OPERAÇÕES DE ARRENDAMENTO MERCANTIL.

7.3 Venda à vista

7.3.1 Pelo valor contábil dos bens

Débito – 1.1.1.10.00-6 – **CAIXA** ou outra conta adequada

Crédito – BENS NÃO DE USO PRÓPRIO

7.3.2 Com lucro

Débito – 1.1.1.10.00-6 – **CAIXA** ou outra conta adequada

(valor da transação)

Crédito – BENS NÃO DE USO PRÓPRIO

(valor contábil do bem – valor de registro na contabilidade)

Crédito – LUCROS NA ALIENAÇÃO DE VALORES E BENS

(lucro apurado – diferença entre o preço de venda à vista e o valor contábil)

7.3.3 Com prejuízo

Débito – 1.1.1.10.00-6 – **CAIXA** ou outra conta adequada

(valor da transação)

Débito – PREJUÍZOS NA ALIENAÇÃO DE VALORES E BENS

(prejuízo apurado – diferença entre o preço de venda à vista e

o valor contábil)

Crédito – BENS NÃO DE USO PRÓPRIO

(valor contábil do bem)

7.4 Venda a prazo

7.4.1 Pelo valor contábil dos bens

Débito – DEVEDORES POR COMPRA DE VALORES E BENS

Crédito – BENS NÃO DE USO PRÓPRIO

7.4.2 Com lucro

Débito – DEVEDORES POR COMPRA DE VALORES E BENS

(valor da transação)

Crédito – BENS NÃO DE USO PRÓPRIO

(valor contábil do bem)

Crédito – LUCROS NA ALIENAÇÃO DE VALORES E BENS

(lucro)

7.4.3 Com prejuízo

Débito – DEVEDORES POR COMPRA DE VALORES E BENS

(valor da transação)

Débito – PREJUÍZOS NA ALIENAÇÃO DE VALORES E BENS

(prejuízo apurado)

Crédito – BENS NÃO DE USO PRÓPRIO

(valor contábil do bem)

7.4.4 Venda a prazo com lucro e encargos de financiamento

Contabilidade Bancária e de Instituições Financeiras 353

7.4.4.1 Na venda
Débito – DEVEDORES POR COMPRA DE VALORES E BENS
(valor da transação)
Crédito – BENS NÃO DE USO PRÓPRIO
(valor contábil do bem)
Crédito – LUCROS NA ALIENAÇÃO DE VALORES E BENS
(lucro – diferença entre o preço à vista correspondente e o valor contábil)
Crédito – 7.1.9.99.00-9 – OUTRAS RENDAS OPERACIONAIS
(encargos do período em curso)
Crédito – RENDAS A APROPRIAR DE OUTROS CRÉDITOS (Ver NOTA
4.4.1)
(encargos de períodos seguintes)
7.4.4.2 Apropriação mensal dos encargos em razão da fluência de prazo
Débito – RENDAS A APROPRIAR DE OUTROS CRÉDITOS
Crédito – 7.1.9.99.00-9 – OUTRAS RENDAS OPERACIONAIS
7.4.5 Amortização ou liquidação do crédito a receber pela venda a prazo
Débito – 1.1.1.10.00-6 – CAIXA ou outra conta adequada
Crédito – DEVEDORES POR COMPRA DE VALORES E BENS
Inventários – 8
8 Inventários – Diferenças apuradas em inventários
8.1 A menor aVer NOTA 8.1]
NOTA 8.1:
Sempre que houver diferenças na apuração de inventários, os valores devem ser debitados aos responsáveis diretos pelos bens não encontrados. No caso em que os responsáveis sejam pessoas ligadas direta ou indiretamente à empresa, o correspondente valor será considerado distribuição disfarçada de lucros (artigos 432 a 438 do RIR/94), devendo, portanto, ser adicionado no LALUR.
8.1.1 Na fase de investigação, pelas diferenças encontradas
Débito – 1.8.8.92.00-4 – **DEVEDORES DIVERSOS   PAÍS**
Crédito – 2.2.0.00.00-2 – IMOBILIZADO DE USO
8.1.2 Apropriação de diferenças comprovadas não regularizadas [Ver NOTA 8.1]
Débito – PERDAS DE CAPITAL
Crédito – 1.8.8.92.00-4 – **DEVEDORES DIVERSOS – PAÍS**
8.2 A maior
8.2.1 Na fase de investigação, pelas diferenças encontradas
Débito – 2.2.0.00.00-2 – IMOBILIZADO DE USO
Crédito – 4.9.9.92.00-7 – **CREDORES DIVERSOS – PAÍS**
8.2.2 Apropriação de diferenças comprovadas e não regularizadas
Débito – 4.9.9.92.00-7 – **CREDORES DIVERSOS – PAÍS**
Crédito – GANHOS DE CAPITAL

354   *Inácio Dantas*

Ativo Diferido/Intangível – Benfeitorias em Imóveis de Terceiros

BENFEITORIAS EM IMÓVEIS DE TERCEIROS

PADRON – PLANO DE CONTAS PADRONIZADO
<u>FUNÇÃO E FUNCIONAMENTO DAS CONTAS</u>
2.000. ATIVO NÃO CIRCULANTE
2.300. ATIVO PERMANENTE
2.330. <u>DIFERIDO</u>
2.334. Benfeitorias em Imóveis de Terceiros
2.334.01. IMÓVEL A
2.334.02. IMÓVEL B
2.334.03. IMÓVEL C
2.334.04. IMÓVEL D
2.334.05.
2.334.06.
2.334.07.
2.334.08.
2.334.09. Amortizações Acumuladas – Benfeitorias em Imóveis de Terceiros
(Revisado em 12/09/2011)
FUNÇÃO:
A conta registra nos subtítulos apropriados o valor dos gastos com benfeitorias em imóveis de terceiros. Esses gastos podem ser pré-operacionais ou de reforma das instalações da empresa em imóveis de terceiros.

Esta conta de BENFEITORIAS EM IMÓVEIS DE TERCEIROS é uma daquelas que devem ser transferidas para o grupamento do INTANGÍVEL sob a denominação de FUNDO DE COMÉRCIO, conforme explica o texto a seguir.

Segundo o <u>**item V do artigo 179 da Lei nº 6.404/1976,**</u> com alterações introduzidas pela Lei nº 11.638/2007 e pela Lei nº 11.941/2009, considerando-se ainda o disposto no RIR/1999, quando se refere às **Amortizações**, no <u>**ATIVO INTANGÍVEL**</u>, criado em substituição ao antigo ATIVO DIFERIDO, devem ser contabilizadas as despesas pré-operacionais e os gastos de reestruturação que contribuirão, efetivamente, para o aumento do resultado de mais de um exercício social, de forma que não configurem tão-somente uma redução de custos ou acréscimo na eficiência operacional.

Ainda segundo a Lei nº 6.404/1976, com as alterações introduzidas pela Medida Provisória nº 449/2008, convertida na Lei nº 11.941/2009, ficou estabelecido em seu <u>**artigo 299-A**</u> que o saldo existente em 31 de dezembro de 2008, no Ativo Diferido que, pela sua natureza, não puder ser alocado a outro grupo de contas, poderá permanecer no ativo sob essa classificação (DIFERI-

Contabilidade Bancária e de Instituições Financeiras

DO) até sua completa amortização, sujeito à análise sobre a recuperação de que trata o § 3º do **art. 183 da Lei nº6 .404/1976**.

É importante observar que o § 1º do **artigo 274 do RIR/99 – Regulamento do Imposto de Renda**, baseado no Decreto-Lei nº 1.598/1977, determina que também as demais pessoas jurídicas apurem seu lucro com base na Lei das Sociedades por Ações, que são chamadas de companhias.

Como exemplo, podem ser citados os gastos com a adequação de imóveis alugados ou recebidos em comodato, assim como as eventuais construções em terrenos de terceiros para ampliação das instalações.

No passado, em muitos casos, esses gastos serviram como forma de distribuição disfarçada de lucros, quando os imóveis que recebiam as benfeitorias pertenciam a pessoas direta ou indiretamente ligadas à empresa locatária. Por esta razão, tais gastos eram impugnados pela autoridade fazendária e tributados como distribuição disfarçada de lucros.

No texto intitulado **Benfeitorias em Imóveis de Terceiros** – Ativo Intangível ou Imobilizado de Uso –, é discutido o questionamento feito por usuário do Cosif em razão do disposto no item 19 da NBC-TG-13, equivalente ao item 19 do Pronunciamento CPC13, que se refere aos bens adquiridos através de Arrendamento Mercantil Financeiro.

FUNCIONAMENTO

– Debitada pelos gastos em contrapartida com Caixa, Bancos ou Fornecedores de Bens para o Permanente.

– Creditada pela contabilização das Amortizações em contrapartida com Despesa de Amortizações ou Creditada pela baixa por obsolescência.

CONCILIAÇÕES

O saldo e a movimentação dos subtítulos da conta devem ser periodicamente conciliados. Essa conciliação de saldos será obrigatoriamente efetuada por ocasião do levantamento dos balancetes mensais, dos balanços patrimoniais e dos balanços ou balancetes intermediários, com regularização das pendências mediante o seu registro na contabilidade, devidamente comprovadas por documentos hábeis.

Os papéis de trabalho relativos à conciliação, devidamente autenticados pelo funcionário que a procedeu, devem ficar arquivados junto aos demais documentos contábeis para que possam ser averiguados pela auditoria interna ou por auditores independentes.

AVALIAÇÃO

A contabilização da provisão para desvalorização, para trazer o saldo ao valor de mercado, deve ser efetuada mensalmente. Esta última não será dedutível para efeito do Imposto de Renda, em conformidade com a legislação em vigor. Por esse motivo, será contabilizada tendo como contrapartida a conta 5.740 – **Ajustes de Avaliação Patrimonial**

356 — Inácio Dantas

Também deve ser providenciada a apuração dos créditos de liquidação duvidosa em Entidades em Regime Especial (liquidação extrajudicial, intervenção, recuperação judicial e falência) para efeito de constituição da provisão, conforme prevê a legislação societária, ou do lançamento em despesas, conforme prevê a legislação do Imposto de Renda.

Veja outras explicações na Conta 5.740 – **Ajustes de Avaliação Patrimonial** e na legislação e normas indicadas a seguir.

LEGISLAÇÃO E NORMAS REGULAMENTARES

Textos Elucidativos

Provisões e Contingências

Ajustes de Avaliação Patrimonial

NBC – Normas Brasileiras de Contabilidade

NBC-T-19.1 – Imobilizado

NBC-T-19.7 – Provisões, Contingências

NBC-T-19.8 – Ativo Intangível

Lei nº 6.404/76 – Lei das Sociedades por Ações

Critérios de Avaliação de Ativos

RIR/1999 – Regulamento do Imposto de Renda

Provisões

Créditos de Liquidação Duvidosa = Perdas no Recebimento de Créditos

Investimento em Sociedades Coligadas ou Controladas Avaliado pelo Valor de Patrimônio Líquido (do art. 384 ao art. 391)

Prejuízo na Alienação de Ações, Títulos ou Quotas de Capital (art. 393)

Resultado na Alienação de Investimento (do art. 425 ao art. 427)

Participação Extinta em Fusão, Incorporação ou Cisão (art. 430)

Reavaliação na Subscrição de Capital ou Valores Mobiliários (art. 439)

Reavaliação na Fusão, Incorporação ou Cisão (art. 440 e art. 441)

Custos, Despesas Operacionais e Encargos

Disposições Gerais

Amortização

Reavaliação de Bens do Permanente

Esquema 36. Apuração de Resultado

ESQUEMA DE REGISTRO CONTÁBIL – Nº 36

CONTABILIDADE BANCÁRIA
ESQUEMAS DE REGISTROS CONTÁBEIS – CONTABILIZAÇÃO
Esquema 36 – Apuração de Resultado
Imposto de Renda, Contribuição Social e Participações

Contabilidade Bancária e de Instituições Financeiras 357

Apuração de resultado
Transferência do resultado do período
Distribuição do lucro líquido
NOTA DO COSIFE:
Antes dos lançamentos de Apuração e de Distribuição dos Resultados, devem ser tomadas todas as providências descritas no COSIF 1.20 – Levantamento de Balancetes e de Balanços, Apuração e Distribuição de Resultados.
Veja também:
COSIF 1.20.4 – Apuração de Resultado
COSIF 1.20.5 – Distribuição do Resultado
Imposto de Renda, Contribuição Social e Participações nos Lucros – 1
1.1 Aprovisionamento do Imposto de Renda [Ver NOTA 1.1]
Débito – Imposto de Renda
(contabilização)
Crédito – 4.9.4.15.00 3 PROVISÃO PARA IMPOSTOS E CONTRIBUIÇÕES SOBRE LUCROS
(do exercício)
Crédito – 4.9.4.30.00-2 – PROVISÃO PARA Imposto de Renda DIFERIDO
(de exercícios futuros)
NOTA DO COSIFE:
Veja COSIF 1.14.1 Imposto de Renda e Contribuição Social.
1.2 Contribuição Social
Débito – CONTRIBUIÇÃO SOCIAL
Crédito – PROVISÃO PARA PAGAMENTOS A EFETUAR
1.3 Aprovisionamento de participações e contribuições estatutárias no lucro (ou proposta à AGO para a deliberação)
Débito – PARTICIPAÇÕES NO LUCRO
(contabilização)
Crédito – GRATIFICAÇÕES E PARTICIPAÇÕES A PAGAR
(parcela a scr paga)
Crédito – PARTICIPAÇÕES PAGAS ANTECIPADAMENTE
(parcela paga antecipadamente)
Apuração de resultado – 2
2.1 Encerramento das contas de resultado devedoras
Débito – APURAÇÃO DE RESULTADO
Crédito – 8.0.0.00.00-6 – CONTAS DE RESULTADO DEVEDORAS
(adequadas contas do grupamento)
2.2 Encerramento das contas de resultado credoras
Débito – 7.0.0.00.00-9 – CONTAS DE RESULTADO CREDORAS
(adequadas contas do grupamento)
Crédito – APURAÇÃO DE RESULTADO
Transferência do resultado do período – 3
3.1 No caso de lucro líquido

Débito – APURAÇÃO DE RESULTADO
Crédito – LUCROS OU PREJUÍZOS ACUMULADOS
3.2 No caso de prejuízo
Débito – LUCROS OU PREJUÍZOS ACUMULADOS
Crédito – APURAÇÃO DE RESULTADO
Distribuição do lucro líquido – 4
Débito – LUCROS OU PREJUÍZOS ACUMULADOS
Crédito – 6.2.5.00.00-5 – Reservas de Lucros
(adequadas contas do grupamento)
Crédito – DIVIDENDOS E BONIFICAÇÕES A PAGAR
(dividendos e bonificações em dinheiro)
Crédito – 4.9.4.20.00-5 – **IMPOSTOS E CONTRIBUIÇÕES A RECO-LHER**
(Imposto de Renda e Contribuição Social)

Esquema 36 – Provisão para Imposto de Renda – Apuração de Resultados

CONTA: 8.9.4.10.00-6 Imposto de Renda

TÍTULO:	Plano Contábil das Instituições do SFN – COSIF
CAPÍTULO:	**Elenco de Contas** – 2
SEÇÃO:	Função e Funcionamento das Contas – 2.2
SUBSEÇÃO:	8.0.0.00.00-6 – **CONTAS DE RESULTADO DEVEDORAS**
GRUPO:	8.9.0.00.00-7 – **APURAÇÃO DE RESULTADO**
SUBGRUPO:	8.9.4.00.00-9 – Imposto de Renda

CONTA: 8.9.4.10.00-6 Imposto de Renda

SUBTÍTULOS:

CÓDIGOS	TÍTULOS CONTÁBEIS	ATRIBUTOS	F	E	P
8.9.4.10.10-9	Provisão para Imposto de Renda – Valores Correntes	UBDKIFJACTSWER-LMNH-Z	---	712	890
8.9.4.10.20-2	Provisão para Imposto de Renda – Valores Diferidos	UBDKIFJACTSWER-LMNH-Z	---	712	890
8.9.4.10.30-5	Ativo Fiscal Diferido	UBDKIFJACTSWER-LMNH-Z	---	712	892

FUNÇÃO:
Registrar as parcelas necessárias à constituição ou reversão de provisão para Imposto de Renda, bem como dos valores relativos à constituição e baixa de créditos tributários, observando que:

Contabilidade Bancária e de Instituições Financeiras 359

a) no subtítulo Provisão para Imposto de Renda – Valores Correntes, código 8.9.4.10.10-9, devem ser registrados os valores da provisão para Imposto de Renda a pagar ou a recuperar relativos ao resultado tributável do período;

b) no subtítulo Provisão para Imposto de Renda – Valores Diferidos, código 8.9.4.10.20-2, devem ser registrados os valores da provisão para Imposto de Renda a pagar em períodos futuros, escriturados como obrigação fiscal diferida;

c) no subtítulo Ativo Fiscal Diferido, código 8.9.4.10.305, devem ser registrados os valores correspondentes aos créditos tributários de Imposto de Renda;

BASE NORMATIVA: (**Circular BCB nº 1.872,** art. 9º; **Carta-Circular BCB nº 3.093,** 3, III)

NOTAS DO COSIF:
A **Circular BCB nº 1.872/1990** foi REVOGADA pela **Circular BCB nº 3.081/2002,** que revogou circulares e cartas-circulares sem função por decurso de prazo ou por regulamentação superveniente.

FUNCIONAMENTO:
– Debitada pelos valores da espécie.
– Creditada por ocasião do balanço semestral, pelo encerramento do saldo, em contrapartida com APURAÇÃO DE RESULTADO.

Esquema 37. Imposto de Renda

ESQUEMA DE REGISTRO CONTÁBIL – Nº 37

CONTABILIDADE BANCÁRIA
ESQUEMAS DE REGISTROS CONTÁBEIS – CONTABILIZAÇÃO
Esquema 37 – Imposto de Renda e Contribuição Social
NOTA DO COSIFF: Veja:
4.9.4.30.00.-2 – PROVISÃO PARA Imposto de Renda DIFERIDO.
COSIF 1.14.1 – Imposto de Renda e Contribuição Social.
COSIF 1.7 – Receitas e Despesas, a Classificação das Receitas e Despesas (1.7.1) e o Regime de Competência (1.7.2).
Contas do grupamento 8.0.0.00.00-6 – CONTAS DE RESULTADO DEVEDORAS
Contas do grupamento 7.0.0.00.00-9 – CONTAS DE RESULTADO CREDORAS.
Antes dos lançamentos de Apuração e de Distribuição dos Resultados, devem ser tomadas todas as providências descritas no COSIF 1.20 – levan-

360   *Inácio Dantas*

tamento de Balancetes e de Balanços, Apuração e Distribuição de Resultados. Veja especialmente o COSIF 1.20.4 – Apuração de Resultado e o COSIF 1.20.5 – Distribuição do Resultado.

    1. Antecipação de Imposto de Renda sob a forma de duodécimos

Débito – Imposto de Renda A COMPENSAR

Crédito – 1.1.1.10.00-6 – **CAIXA** ou outra conta adequada

    2. Imposto de Renda do período calculado com base no lucro contábil assim ajustado:

    – Inclusões – despesas não dedutíveis – despesas cuja dedutibilidade seja diferida

    – Exclusões – receitas não tributáveis – receitas cuja tributação seja diferida

Débito – Imposto de Renda

Crédito – 4.9.4.15.00-3 – PROVISÃO PARA IMPOSTOS E CONTRIBUIÇÕES SOBRE LUCROS

    3. Registro de crédito tributário sobre despesas somente dedutíveis em períodos seguintes [Ver NOTA 3]

Débito – CRÉDITOS TRIBUTÁRIOS – Imposto de Renda

Crédito – 4.9.4.15.00-3 – PROVISÃO PARA IMPOSTOS E CONTRIBUIÇÕES SOBRE LUCROS

NOTA 3:

O lançamento certo, neste caso, seria [Ver COSIF 1.9.7.5]:

Débito – CRÉDITOS TRIBUTÁRIOS – Imposto de Renda

Crédito – LUCROS OU PREJUÍZOS ACUMULADOS

O raciocínio lógico desse lançamento é exatamente o inverso do primeiro, abaixo, de constituição do Imposto de Renda A PAGAR (11.1), ou igual ao segundo, em ambos os casos, trocando-se a conta Imposto de Renda A PAGAR por CRÉDITOS TRIBUTÁRIOS – Imposto de Renda (esta última poderia substituir, no Plano Contábil, as contas Imposto de Renda A COMPENSAR e Imposto de Renda A RECUPERAR, usando-se essas denominações como subtítulos de uso interno, se for o caso). Vejamos:

    11.1 Com imposto a pagar

Débito – LUCROS OU PREJUÍZOS ACUMULADOS

Crédito – 4.9.4.15.00-3 – PROVISÃO PARA IMPOSTOS E CONTRIBUIÇÕES SOBRE LUCROS

    11.2 Com redução do imposto a pagar

Débito – IMPOSTOS DE RENDA A PAGAR

Crédito – LUCROS OU PREJUÍZOS ACUMULADOS

    A mesma falha podemos observar no COSIF 1.9.7 – Créditos Tributários (1.9.7.6). Chamamos especial atenção para o COSIF 1.9.7.5 e para o artigo 3º da Circular BCB nº 2.104, onde se lê:

Contabilidade Bancária e de Instituições Financeiras 361

"Art. 3°. Será objeto de registro, no Ativo Realizável a Longo Prazo, quando houver evidência de realização futura, o efeito tributário sobre os valores contabilizados a título de despesas de depreciação, de amortização e demais formas de realização do ativo, relativas à correção complementar do IPC X BTNF, adicionados na apuração do lucro real nos períodos-base de 1.991 e 1.992, conforme previsto nos parágrafos 1° e 2° do art. 39 do Decreto n° 332, de 04.11.91." (GRIFO NOSSO)

4. Imposto de Renda sobre receitas, inclusive lucro inflacionário, cujo pagamento seja diferido

Débito – Imposto de Renda

Crédito – PROVISÃO PARA Imposto de Renda DIFERIDO [Ver NOTA 3.36.1.1]

5 Correção monetária dos créditos tributários decorrentes de prejuízos reais de períodos anteriores

Débito – CRÉDITOS TRIBUTÁRIOS – Imposto de Renda

Crédito – 7.1.9.99.00-9 – **OUTRAS RENDAS OPERACIONAIS** [Ver NOTA 5]

NOTA 5:

Para efeito de cálculo do imposto a diferir sobre eventual LUCRO INFLACIONÁRIO, recomenda-se a utilização da conta RESULTADO DA CORREÇÃO MONETÁRIA. Porém, o Banco Central – DENOR – não criou subtítulos nas contas de receita e despesa de correção monetária que permitam esse lançamento. Assim sendo, deve ser utilizado nas contas 7.1.9.99.00-9 – **OUTRAS RENDAS OPERACIONAIS** e 8.19.99.00-6 – **OUTRAS DESPESAS OPERACIONAIS**, subtítulo de uso interno.

6. Correção monetária do Imposto de Renda diferido sobre lucros inflacionários

Débito – 8.1.9.99.00-6 – **OUTRAS DESPESAS OPERACIONAIS** [Ver NOTA 5]

Crédito – PROVISÃO PARA Imposto de Renda DIFERIDO [Ver NOTA 3.36.1.1]

7. Compensação de Imposto de Renda pago antecipadamente

Débito – 4.9.4.15.00-3 – PROVISÃO PARA IMPOSTOS E CONTRIBUIÇÕES SOBRE LUCROS

Crédito – Imposto de Renda A COMPENSAR

8. Baixa do crédito tributário sobre despesas cuja dedutibilidade foi diferida em períodos anteriores

Débito – Imposto de Renda

Crédito – CRÉDITOS TRIBUTÁRIOS – Imposto de Renda

9. Imposto de Renda decorrente da inclusão no lucro real de receitas de tributação diferido em períodos anteriores

Débito – PROVISÃO PARA Imposto de Renda DIFERIDO [Ver NOTA 3.36.1.1]

Crédito – 4.9.4.15.00-3 – PROVISÃO PARA IMPOSTOS E CONTRIBUI-ÇÕES SOBRE LUCROS

10. Correção monetária do Imposto de Renda a pagar, no caso de opção pelo recolhimento parcelado

Débito – 8.1.9.99.00-6 – **OUTRAS DESPESAS OPERACIONAIS**

Crédito – 4.9.4.15.00-3 – PROVISÃO PARA IMPOSTOS E CONTRIBUI-ÇÕES SOBRE LUCROS

11. Quando houver ajustes de LUCROS OU PREJUÍZOS ACUMULA-DOS que afetem o lucro real

11.1 Com imposto a pagar

Débito – LUCROS OU PREJUÍZOS ACUMULADOS

Crédito – 4.9.4.15.00-3 – PROVISÃO PARA IMPOSTOS E CONTRIBUI-ÇÕES SOBRE LUCROS

11.2 Com redução do imposto a pagar

Débito – 4.9.4.15.00-3 – PROVISÃO PARA IMPOSTOS E CONTRI-BUIÇÕES SOBRE LUCROS

Crédito – LUCROS OU PREJUÍZOS ACUMULADOS

12. Pagamento do Imposto de Renda, pelo global ou em parcelas

Débito – 4.9.4.15.00-3 – PROVISÃO PARA IMPOSTOS E CONTRI-BUIÇÕES SOBRE LUCROS

Crédito – 1.1.1.10.00-6 – **CAIXA** ou outra conta adequada

Esquema 40. Cobrança Simples

ESQUEMA DE REGISTRO CONTÁBIL – Nº 40

CONTABILIDADE BANCÁRIA
ESQUEMAS DE REGISTROS CONTÁBEIS – CONTABILIZAÇÃO
Esquema 40 – Cobrança Simples
Cobrança Simples – Na praça
Entrada dos títulos
Realização da cobrança
Baixa do registro em compensação
Cobrança Simples – A cargo de congênere
Na dependência titular – entrada e remessa dos títulos
Na dependência cobradora
Na dependência titular
Cobrança Simples – A cargo do correspondente

Contabilidade Bancária e de Instituições Financeiras 363

Na dependência titular – entrada e remessa dos títulos
No correspondente
Na agência titular
Cobrança Simples – A cargo do correspondente, através de outra dependência
Na dependência titular
Na dependência intermediária
No correspondente
Na dependência intermediária
Na dependência titular
NOTA 4.40:
Ver COSIF 1.18.4 – Contas de Compensação – Cobrança

1 – Cobrança Simples – Na praça
1.1 Entrada dos títulos
Débito – 3.0.5.30.00-7 – **TÍTULOS EM COBRANÇA DIRETA**
Crédito – COBRANÇA POR CONTA DE TERCEIROS
1.2 Realização da cobrança
Débito – 1.1.1.10.00-6 – **CAIXA** ou outra conta adequada
Crédito – Adequada conta de Depósitos ou outra conta [Ver NOTA 1.2]
NOTA 1.2:
Ver as contas do grupamento 4.1.0.00.00-7 – DEPÓSITOS
1.3 Baixa do registro em compensação
Débito – COBRANÇA POR CONTA DE TERCEIROS
Crédito – 3.0.5.30.00-7 – **TÍTULOS EM COBRANÇA DIRETA**

2 – Cobrança Simples – A cargo de congênere
2.1 Na dependência titular – entrada e remessa dos títulos
Débito – MANDATÁRIOS POR COBRANÇA
Crédito – COBRANÇA POR CONTA DE TERCEIROS
2.2 Na dependência cobradora
2.2.1 Entrada dos títulos
Débito – 3.0.5.30.00-7 – **TÍTULOS EM COBRANÇA DIRETA**
Crédito – 9.0.5.30.00-3 – **COBRANÇA POR CONTA DE AGÊNCIAS**
2.2.2 Realização da cobrança
Débito – 1.1.1.10.00-6 – **CAIXA** ou outra conta adequada
Crédito – 4.5.1.30.00-7 – **COBRANÇA DE TERCEIROS EM TRÂNSITO**
2.2.3 Baixa de registro de entrada dos títulos
Débito – 9.0.5.30.00-3 – **COBRANÇA POR CONTA DE AGÊNCIAS**
Crédito – 3.0.5.30.00-7 – **TÍTULOS EM COBRANÇA DIRETA**
2.3 Na dependência titular
2.3.1 Liquidação da cobrança

364   *Inácio Dantas*

Débito–4.5.1.30.00-7–**COBRANÇADETERCEIROSEMTRÂNSITO**
Crédito – Adequada conta de Depósitos ou outra conta [Ver NOTA 1.2]
2.3.2 Baixa dos registros dos títulos
Débito – COBRANÇA POR CONTA DE TERCEIROS
Crédito – MANDATÁRIOS POR COBRANÇA

3 – Cobrança Simples – A cargo do correspondente
3.1 Na dependência titular – entrada e remessa dos títulos
Débito – MANDATÁRIOS POR COBRANÇA
Crédito – COBRANÇA POR CONTA DE TERCEIROS
3.2 No correspondente
3.2.1 Entrada de títulos
Débito – 3.0.5.30.00-7 – **TÍTULOS EM COBRANÇA DIRETA**
Crédito – COBRANÇA POR CONTA DE TERCEIROS
3.2.2 Realização da cobrança pelo correspondente
Débito – 1.1.1.10.00-6 – **CAIXA** ou outra conta adequada
Crédito – CORRESPONDENTES NO PAÍS
3.2.3 Baixa do registro dos títulos
Débito – COBRANÇA POR CONTA DE TERCEIROS
Crédito – 3.0.5.30.00-7 – **TÍTULOS EM COBRANÇA DIRETA**
3.3 Na agência titular
3.3.1 Liquidação da cobrança
Débito – CORRESPONDENTES NO PAÍS
Crédito – Adequada conta de Depósitos ou outra conta [Ver NOTA 1.2]
3.3.2 Baixa do registro original
Débito – COBRANÇA POR CONTA DE TERCEIROS
Crédito – MANDATÁRIOS POR COBRANÇA

4 – Cobrança Simples – a cargo do correspondente, através de outra dependência
4.1 Na dependência titular
4.1.1 Entrada e remessa dos títulos
Débito – MANDATÁRIOS POR COBRANÇA
Crédito – COBRANÇA POR CONTA DE TERCEIROS
4.2 Na dependência intermediária
4.2.1 Entrada e remessa dos títulos ao correspondente
Débito – MANDATÁRIOS POR COBRANÇA
Crédito – 9.0.5.30.00-3 – **COBRANÇA POR CONTA DE AGÊNCIAS**
4.3 No correspondente
4.3.1 Entrada dos títulos
Débito – 3.0.5.30.00-7 – **TÍTULOS EM COBRANÇA DIRETA**
Crédito – COBRANÇA POR CONTA DE TERCEIROS
4.3.2 Realização da cobrança

Contabilidade Bancária e de Instituições Financeiras 365

Débito – 1.1.1.10.00-6 – **CAIXA** ou outra conta adequada
Crédito – CORRESPONDENTES NO PAÍS
4.3.3 Baixa do registro
Débito – COBRANÇA POR CONTA DE TERCEIROS
Crédito – 3.0.5.30.00-7 – **TÍTULOS EM COBRANÇA DIRETA**
4.4 Na dependência intermediária
4.4.1 Liquidação da cobrança
Débito – CORRESPONDENTES NO PAÍS
Crédito – 4.5.1.30.00-7 – **COBRANÇA DE TERCEIROS EM TRÂNSI-TO**
4.4.2 Baixa do registro de entrada dos títulos
Débito – 9.0.5.30.00-3 – **COBRANÇA POR CONTA DE AGÊNCIAS**
Crédito – MANDATÁRIOS POR COBRANÇA
4.5 Na dependência titular
4.5.1 Liquidação da cobrança
Débito–4.5.1.30.00-7–**COBRANÇA DE TERCEIROS EM TRÂNSITO**
Crédito – Adequada conta de Depósitos ou outra conta [Ver NOTA 1.2]
4.5.2 Baixa do registro dos títulos
Débito – COBRANÇA POR CONTA DE TERCEIROS
Crédito – MANDATÁRIOS POR COBRANÇA

Capítulo 6

6.1. Modelos de Formulários Contábeis

6.2. Documento nº 1 – Balancete / Balanço Geral – para Entrega por Meio Magnético

1. Balancete / Balanço Patrimonial Analítico

Finalidade: remessa ao Banco Central
Códigos dos documentos: 4010 e 4016
Forma de entrega: meio magnético
Normas Básicas: 1.22.2, 1.23.1, 1.25.4, 1.26.2-3, 1.29.1, 1.30.1

2. Balancete / Balanço Patrimonial Analítico Consolidado – Posição da Sede e Dependências no Exterior

Finalidade: remessa ao Banco Central
Códigos dos documentos: 4020 e 4026
Forma de entrega: meio magnético
Normas Básicas: 1.22.2, 1.23.1, 1.25.4, 1.26.2-3, 1.29.1, 1.30.1

3. Modelo
BALANCETE / BALANÇO PATRIMONIAL ANALÍTICO
BALANCETE / BALANÇO PATRIMONIAL ANALÍTICO CONSOLI-
DADO – POSIÇÃO DA SEDE E DEPENDÊNCIAS NO EXTERIOR
Em __/__/__

Instituição:	
C.G.C.:	Código Cadoc:
	Valores em R$, inclusive centavos

DISCRIMINAÇÃO DOS VERBETES	NÚMERO CÓDIGO	TOTAL	REALIZÁVEL Até 3 m	Após 3 m
CIRCULANTE E REALIZÁVEL A LONGO PRAZO	1.0.0.00.00-7			
DISPONIBILIDADES	1.1.0.00.00-6			

Contabilidade Bancária e de Instituições Financeiras

Caixa	1.1.1.00.00-9			
CAIXA	1.1.1.10.00-6			
Depósitos Bancários	1.1.2.00.00-2			
BANCO DO BRASIL S.A. – CONTA DEPÓSITOS	1.1.2.10.00-9			
CAIXA ECONÔMICA FEDERAL – CONTA DEPÓSITO	1.1.2.20.00-6			
OUTROS BANCOS OFICIAIS – CONTA DEPÓSITOS	1.1.2.60.00-4			
BANCOS PRIVADOS – CONTA DEPÓSITOS	1.1.2.80.00-8			
DEPÓSITOS BANCÁRIOS	1.1.2.92.00-3			
Fundo Comum	1.1.2.92.10-6			
Fundo de Reserva	1.1.2.92.20-9			
Reservas Livres	1.1.3.00.00-5			
BANCO CENTRAL – RESERVAS LIVRES EM ESPÉCIE	1.1.3.10.00-2			
Aplicações em Ouro	1.1.4.00.00-8			
APLICAÇÕES TEMPORÁRIAS EM OURO	1.1.4.10.00-5			
Disponibilidades em Moedas Estrangeiras	1.1.5.00.00-1			
BANCOS – DEPÓSITOS EM MOEDAS ESTRANGEIRAS NO PAÍS – TAXAS FLUTUANTES	1.1.5.10.00-8			
DEPÓSITOS NO EXTERIOR EM MOEDAS ESTRANGEIRAS	1.1.5.20.00-5			
DEPÓSITOS NO EXTERIOR EM MOEDAS ESTRANGEIRAS – TAXAS FLUTUANTES	1.1.5.30.00-2			
– – – – – – – –	-	-	-	-
– – – – – – – -	-	-	-	-
– – – – – – – –	-	-	-	-
Operações de Risco Nível H	3.1.9.00.00-7			
OPERAÇÕES DE CRÉDITO NÍVEL H	3.1.9.10.00-4			
Operações em Curso Normal	3.1.9.10.10-7			
Operações Vencidas	3.1.9.10.20-0			

368   *Inácio Dantas*

OPERAÇÕES DE ARRENDAMENTO MERCANTIL DE NÍVEL H	3.1.9.20.00-1			
Operações em Curso Normal	3.1.9.20.10-4			
Operações Vencidas	3.1.9.20.20-7			
OUTROS CRÉDITOS DE NÍVEL H	3.1.9.30.00-8			
Operações em Curso Normal	3.1.9.30.10-1			
Operações Vencidas	3.1.9.30.20-4			
T O T A L G E R A L D O A T I V O	3.9.9.99.99-3			
CIRCULANTE E EXIGÍVEL A LONGO PRAZO	4.0.0.00.00-8			
DEPÓSITOS	4.1.0.00.00-7			
Depósitos à Vista	4.1.1.00.00-0			
DEPÓSITOS À VISTA DE LIGADAS	4.1.1.05.00-5			
Pessoas Físicas	4.1.1.05.10-8			
Pessoas Jurídicas	4.1.1.05.20-1			
Administração Direta – Governo Federal	4.1.1.05.30-4			
Administração Indireta – Governo Federal	4.1.1.05.40-7			
Administração Direta – Governo Estadual	4.1.1.05.50-0			
Administração Indireta – Governo Estadual	4.1.1.05.60-3			
Atividades Empresariais – Governo Federal	4.1.1.05.70-6			
Atividades Empresariais – Governo Estadual	4.1.1.05.80-9			
DEPÓSITOS DE PESSOAS FÍSICAS	4.1.1.10.00-7			
DEPÓSITOS DE PESSOAS JURÍDICAS	4.1.1.20.00-4			
DEPÓSITOS DE EMPRESAS LOCALIZADAS EM ZONAS DE PROCESSAMENTO PARA EXPORTA-ÇÃO – ZPEs	4.1.1.25.00-9			
DEPÓSITOS DE INSTITUIÇÕES DO SISTEMA FI-NANCEIRO	4.1.1.30.00-1			
Instituições Autorizadas a Funcionar pelo Banco Central	4.1.1.30.30-0			
Entidades do Mercado Segurador e de Previ-dência Privada	4.1.1.30.40-3			
Outras Instituições	4.1.1.30.99-1			
DEPÓSITOS DE GOVERNOS	4.1.1.40.00-8			
Administração Direta – Federal	4.1.1.40.10-1			

Contabilidade Bancária e de Instituições Financeiras

Administração Indireta – Federal	4.1.1.40.15-6			
Administração Direta – Estadual	4.1.1.40.20-4			
Administração Indireta – Estadual	4.1.1.40.25-9			
Administração Direta – Municipal	4.1.1.40.30-7			
Administração Indireta – Municipal	4.1.1.40.35-2			
Atividades Empresariais Federais	4.1.1.40.40-0			
Atividades Empresariais Estaduais	4.1.1.40.50-3			
Atividades Empresariais Municipais	4.1.1.40.60-6			
– – – – – – – –	-	-	-	-
– – – – – – – ·	-	-	-	-
– – – – – – –	-	-	-	-
SFH – FINANCIAMENTOS CONTRATADOS A LIBERAR	9.0.9.80.00-6			
SFH – FINANCIAMENTOS COMPROMETIDOS	9.0.9.85.00-1			
CRÉDITOS CONTRATADOS A LIBERAR	9.0.9.86.00-0			
INSTRUMENTOS RECEBIDOS – CCR	9.0.9.88.00-8			
CAPITALIZAÇÃO DE VALORES REMETIDOS AO EXTERIOR	9.0.9.90.00-3			
DESPESAS RECUPERADAS DE DEPÓSITOS A PRAZO DE REAPLICAÇÃO AUTOMÁTICA	9.0.9.95.00-8			
CAPITAL REALIZADO E PATRIMÔNIO LÍQUIDO MÍNIMOS DE PARTICIPADAS	9.0.9.96.00-7			
EXIGÊNCIA DE PATRIMÔNIO LÍQUIDO PARA COBERTURA DO RISCO DE MERCADO	9.0.9.97.00-6			
PARTICIPAÇÕES INDIRETAS NO PAÍS	9.0.9.98.00-5			
OUTRAS CONTAS DE COMPENSAÇÃO PASSIVAS	9.0.9.99.00-4			
CLASSIFICAÇÃO DA CARTEIRA DE CRÉDITOS	9.1.0.00.00-2			
Operações de Crédito c Arrendamento Mercantil	9.1.1.00.00 5			
CARTEIRA DF CRÉDITOS CLASSIFICADOS	9.1.1.10.00-2			
T O T A L G E R A L D O P A S S I V O	9.9.9.99.99-5			

Diretor Responsável pela Área Contábil/Auditoria

Local e Data

Diretor

Profissional de Contabilidade
CRC: CPF:

6.2. Documento n° 2 – Balancete / Balanço Patrimonial – Finalidade Publicação

1. Balancete e Balanço Patrimonial

Finalidade: publicação
Normas Básicas: 1.22.2-3-4, 1.26.2, 1.30.1

2. Modelo

BALANCETE / BALANÇO PATRIMONIAL
Em __ / __ / __

Instituição ou Conglomerado:
Endereço:
CNPJ:

CÓD.	DISCRIMINAÇÃO DOS VERBETES	VALORES (em R$ mil)
	ATIVO CIRCULANTE	
110	DISPONIBILIDADES	
	APLICAÇÕES INTERFINANCEIRAS DE LIQUIDEZ	
121	Aplicações no Mercado Aberto	
122	Aplicações em Depósitos Interfinanceiros	
124	Aplicações Voluntárias no Banco Central	
126	Aplicações em Depósitos de Poupança	
128	(Provisões para Perdas)	( )
	TÍTULOS E VALORES MOBILIÁRIOS E INSTRUMENTOS FINANCEIROS DERIVATIVOS	
131	Carteira Própria	
132	Vinculados a Compromissos de Recompra	
140	Instrumentos Financeiros Derivativos	
137	Vinculados ao Banco Central	
138	Moedas de Privatização	
134	Vinculados à Prestação de Garantias	
136	Títulos Objeto de Operações Compromissadas com Livre Movimentação	
139	(Provisões para Desvalorizações)	( )
	RELAÇÕES INTERFINANCEIRAS	
141	Pagamentos e Recebimentos a Liquidar	

Contabilidade Bancária e de Instituições Financeiras 371

	Créditos Vinculados	
142	Depósitos no Banco Central	
144	Convênios	
145	Tesouro Nacional – Recursos do Crédito Rural	
146	SFH – Sistema Financeiro da Habitação	
147	Repasses Interfinanceiros	
148	Correspondentes	
149	Centralização Financeira – Cooperativas	
	RELAÇÕES INTERDEPENDÊNCIAS	
151	Recursos em Trânsito de Terceiros	
152	Transferências Internas de Recursos	
	OPERAÇÕES DE CRÉDITO	
161	Operações de Crédito	
	Setor Público	
	Setor Privado	
168	Operações de Crédito Vinculadas à Cessão	
169	(Provisão para Operações de Crédito de Liquidação Duvidosa)	( )
	OPERAÇÕES DE ARRENDAMENTO MERCANTIL	
171	Arrendamentos e Subarrendamentos a Receber	
	Setor Público	
	Setor Privado	
172	Operações de Arrendamento Mercantil Vinculadas à Cessão	
178	(Rendas a Apropriar de Arrendamento Mercantil)	( )
179	(Provisão para Créditos de Arrendamento Mercantil de Liquidação Duvidosa)	( )
	OUTROS CRÉDITOS	
181	Créditos por Avais e Fianças Honrados	
182	Carteira de Câmbio	
183	Rendas a Receber	
184	Negociação e Intermediação de Valores	
185	Créditos Específicos	
186	Operações Especiais	
187	Diversos	
189	(Provisão para Outros Créditos de Liquidação Duvidosa)	( )
	OUTROS VALORES E BENS	
191	Investimentos Temporários	

192	(Provisões para Perdas)	( )
194	Outros Valores e Bens	
197	(Provisões para Desvalorizações)	( )
199	Despesas Antecipadas	
	ATIVO REALIZÁVEL A LONGO PRAZO	
	(Repetir os verbetes que possuem saldo no Longo Prazo)	
	PERMANENTE	
	INVESTIMENTOS	
311	Dependências no Exterior	
	Participações em Coligadas e Controladas	
312	No País	
314	No Exterior	
315	Outros Investimentos	
319	(Provisões para Perdas)	( )
	IMOBILIZADO DE USO	
323	Imóveis de Uso	
325	Reavaliações de Imóveis de Uso	
324	Outras Imobilizações de Uso	
329	(Depreciações Acumuladas)	( )
	IMOBILIZADO DE ARRENDAMENTO	
332	Bens Arrendados	
339	(Depreciações Acumuladas)	( )
	INTANGÍVEL	
351	Ativos Intangíveis	
359	(Amortização Acumulada)	( )
	DIFERIDO	
341	Gastos de Organização e Expansão	
349	(Amortização Acumulada)	( )
	T O T A L D O A T I V O	
	PASSIVO CIRCULANTE	
	DEPÓSITOS	

Contabilidade Bancária e de Instituições Financeiras 373

411	Depósitos à Vista
412	Depósitos de Poupança
413	Depósitos Interfinanceiros
414	Depósitos a Prazo
419	Outros Depósitos
	CAPTAÇÕES NO MERCADO ABERTO
421	Carteira Própria
422	Carteira de Terceiros
423	Carteira de Livre Movimentação
	RECURSOS DE ACEITES E EMISSÃO DE TÍTULOS
431	Recursos de Aceites Cambiais
432	Recursos de Letras Imobiliárias, Hipotecárias, de Crédito e Similares
434	Recursos de Debêntures
435	Obrigações por Títulos e Valores Mobiliários no Exterior
437	Certificados de Operações Estruturadas
438	Emissões de Não Autorizadas
	RELAÇÕES INTERFINANCEIRAS
441	Recebimentos e Pagamentos a Liquidar
442	Obrigações Vinculadas
443	Repasses Interfinanceiros
444	Correspondentes
445	Centralização Financeira – Cooperativas
	RELAÇÕES INTERDEPENDÊNCIAS
451	Recursos em Trânsito de Terceiros
452	Transferências Internas de Recursos
	OBRIGAÇÕES POR EMPRÉSTIMO
461	Empréstimos no País – Instituições Oficiais
462	Empréstimos no País – Outras Instituições
463	Empréstimos no Exterior
464	Obrigações por Aquisição de Títulos Federais
	OBRIGAÇÕES POR REPASSES DO PAÍS – INSTITUIÇÕES OFICIAIS
467	Tesouro Nacional
468	Banco do Brasil
469	BNDES

470	CEF	
471	FINAME	
472	Outras Instituições	
	INSTRUMENTOS FINANCEIROS DERIVATIVOS	
485	Instrumentos Financeiros Derivativos	
	OBRIGAÇÕES POR REPASSES DO EXTERIOR	
481	Repasses do Exterior	
	OUTRAS OBRIGAÇÕES	
491	Cobrança e Arrecadação de Tributos e Assemelhados	
492	Carteira de Câmbio	
493	Sociais e Estatutárias	
494	Fiscais e Previdenciárias	
495	Negociação e Intermediação de Valores	
496	Operações com Loterias	
497	Fundos e Programas Sociais	
498	Fundos Financeiros e de Desenvolvimento	
501	Operações Especiais	
503	Diversas	
504	Instrumentos Híbridos de Capital e Dívida	
505	Dívidas Subordinadas	
506	Instrumentos de Dívida Elegíveis a Capital	
	PASSIVO EXIGÍVEL A LONGO PRAZO	
	(Repetir os verbetes que possuem saldo no Longo Prazo)	
	RESULTADOS DE EXERCÍCIOS FUTUROS	
581	Resultados de Exercícios Futuros	
	PATRIMÔNIO LÍQUIDO	
	Capital	
605	De Domiciliados no País	
607	De Domiciliados no Exterior	
608	(Capital a Realizar)	( )
609	Recursos de Associados Poupadores	
613	Reservas de Capital	
614	Reservas de Reavaliação	
615	Reservas de Lucros	
616	Ajustes de Avaliação Patrimonial	

Contabilidade Bancária e de Instituições Financeiras

617	Sobras ou Perdas Acumuladas	
618	Lucros ou Prejuízos Acumulados	
619	(Ações em Tesouraria)	( )
641	Participação de Não Controladores	
	CONTAS DE RESULTADO	
705	Receitas Operacionais	
805	(Despesas Operacionais)	( )
828	Receitas Não Operacionais	
830	(Despesas Não Operacionais)	( )
890	(Imposto de Renda)	( )
891	(Contribuição Social)	( )
892	(Ativo Fiscal Diferido – Impostos e Contribuições)	( )
893	(Participações no Lucro)	( )
	T O T A L D O P A S S I V O	

Diretor Responsável pela Área Contábil/Auditoria   Local e Data

---

Diretor   Profissional de Contabilidade
CRC:
CPF:

Fonte: <http://www4.bcb.gov.br/NXT/gateway.dll?f=templates&fn=default.htm&vid=nmsDenorCosif:idvDenorCosif>.

6.3. Demonstração de Resultado

4. Demonstração Consolidada do Resultado do Exercício

Finalidade: publicação
Normas Básicas: 1.21.2, 1.24.3, 1.24.5

376 _Inácio Dantas_

5. Modelo

DEMONSTRAÇÃO DO RESULTADO
Em __/__/__

Instituição ou Conglomerado:
Endereço:
CNPJ: Valores em R$ mil

CÓDIGO	DISCRIMINAÇÃO	SEMESTRE / EXERCÍCIO ATUAL	SEMESTRE / EXERCÍCIO ANTERIOR
10	RECEITAS DA INTERMEDIAÇÃO FINANCEIRA		
711	– Operações de Crédito		
713	– Operações de Arrendamento Mercantil		
715	– Resultado de Operações com Títulos e Valores Mobiliários		
716	– Resultado com Instrumentos Financeiros Derivativos		
717	– Resultado de Operações de Câmbio		
719	– Resultado das Aplicações Compulsórias		
718	– Operações de Venda ou de Transferência de Ativos Financeiros		
15	DESPESAS DA INTERMEDIAÇÃO FINANCEIRA		
812	– Operações de Captação no Mercado		
814	– Operações de Empréstimos e Repasses		
816	– Operações de Arrendamento Mercantil		
(*)	– Resultado de Operações de Câmbio		
818	– Operações de Venda ou de Transferência de Ativos Financeiros		
820	– Provisão para Créditos de Liquidação Duvidosa		
20	RESULTADO BRUTO DA INTERMEDIAÇÃO FINANCEIRA (10 – 15)		
50	OUTRAS RECEITAS/DESPESAS OPERACIONAIS		
721	– Receitas de Prestação de Serviços		
722	– Rendas de Tarifas Bancárias		
822	– Despesas de Pessoal		
824	– Outras Despesas Administrativas		
826	– Despesas Tributárias		

Contabilidade Bancária e de Instituições Financeiras 377

723	– Resultado de Participações em Coligadas e Controladas		
725	– Outras Receitas Operacionais		
832	– Outras Despesas Operacionais		
60	RESULTADO OPERACIONAL (20 + 50)		
65	RESULTADO NÃO OPERACIONAL (828 e 830)		
75	RESULTADO ANTES DA TRIBUTAÇÃO SOBRE O LUCRO E PARTICIPAÇÕES (60 + 65)		
80	Imposto de Renda E CONTRIBUIÇÃO SOCIAL		
890	Provisão para Imposto de Renda		
891	Provisão para Contribuição Social		
892	Ativo Fiscal Diferido		
85	PARTICIPAÇÕES ESTATUTÁRIAS NO LUCRO (893)		
90	LUCRO LÍQUIDO (PREJUÍZO) (75 – 80 – 85)		
92	JUROS SOBRE CAPITAL PRÓPRIO		
95	LUCRO POR AÇÃO:		

_____

Diretor Responsável pela Área Contábil/Auditoria

_____
Local e Data

_____

Diretor

Profissional de Contabilidade
CRC: CPF:

(*) Utilizar o verbete somente quando o resultado for negativo.

Fonte: <http://www4.bcb.gov.br/NXT/gateway.dll?f=templates&fn=default.htm&vid=nmsDenorCosif:idvDenorCosif>.

378   *Inácio Dantas*

6.4. "Razonetes" Padrão Cosif e "Apuração de Resultados – ARE"

DEMONSTRAÇÃO DO RESULTADO DO EXERCÍCIO

**LIVROS, REGISTROS E DEMONSTRATIVOS CONTÁBEIS
DEMONSTRAÇÕES CONTÁBEIS
DEMONSTRAÇÃO DO RESULTADO DO EXERCÍCIO – CONHE-
CIMENTOS BÁSICOS
APURAÇÃO DO RESULTADO DO EXERCÍCIO** – Razonetes
DEMONSTRAÇÃO DO RESULTADO DO EXERCÍCIO
Regime de Competência
Lei nº 6.404/76 (art. 187)
ESQUEMA DE CONTABILIZAÇÃO nº 30 – Encerramento das Contas
de Resultado
LALUR – DEMONSTRAÇÃO DO LUCRO REAL = e-LALUR –
Lalur Eletrônico
DEMONSTRAÇÃO DO LUCRO OU PREJUÍZO ACUMULADO
(Revisado em 09-03-2013)
APURAÇÃO DO RESULTADO DO EXERCÍCIO – RAZONETES

A apuração do resultado permite saber se houve lucro ou prejuízo ao final de um período. A apuração é feita mediante uma conta especial que pode ser denominada como **ARE – Apuração do Resultado do Exercício**. Desta resultará a Demonstração do Resultado do Exercício. Para aquela conta (ARE), devem ser transferidos os saldos de todas as contas de resultado credoras e devedoras.

Assim sendo, encerram-se as contas de receita transferindo-se os seus respectivos saldos credores para crédito da mencionada conta de Apuração do Resultado. Por sua vez, serão transferidos os saldos devedores das contas de custos e despesas para débito da referida conta de Apuração do Resultado.

Depois de todos esses lançamentos de receitas, custos e despesas efetuados, a conta ARE – Apuração do Resultado do Exercício – também deve ser encerrada. Seu saldo (credor ou devedor) será transferido para uma conta do grupamento do Patrimônio Líquido. Se o resultado da ARE for credor, será transferido para **Lucros Acumulados**. Se o saldo for devedor, será transferido para **Prejuízos Acumulados**.

É importante observar que existem dois tipos de prejuízos: um é dedutível, para efeito do cálculo do Imposto de Renda e o outro não é dedutível. O prejuízo dedutível é chamado de PREJUÍZO FISCAL e pode ser compensado com lucros de exercícios seguintes somente quando a empresa optar pela tributação com base no chamado LUCRO REAL. Neste caso, torna-se importante

Contabilidade Bancária e de Instituições Financeiras 379

que os prejuízos não dedutíveis sejam imediatamente deduzidos de eventuais Lucros Acumulados ou das Reservas existentes.

Veja as mencionadas subdivisões em **Prejuízos Acumulados**.

EXEMPLO DE RAZONETES COM O ENCERRAMENTO DAS CONTAS DE RESULTADO:

RECEITAS:

RECEITAS DE VENDAS			RECEITAS DE JUROS			DESPESAS DE ALUGUEL		
Débito	Crédito	Saldo	Débito	Crédito	Saldo	Débito	Crédito	Saldo
(1) 50.000	50.000	(50.000) -0-	(1) 10.000	10.000	(10.000) -0-	10.000	(2) 10.000	10.000 -0-

CUSTOS E DESPESAS:

DESPESAS COM MATERIAIS DE ESCRITÓRIO			DESPESAS COM TELEFONES			CUSTO DAS MERCADORIAS VENDIDAS		
Débito	Crédito	Saldo	Débito	Crédito	Saldo	Débito	Crédito	Saldo
5.000	(2) 5.000	5.000 -0-	3.000	(2) 3.000	3.000 -0-	30.000	(2) 30.000	30.000 -0-

APURAÇÃO DO RESULTADO E TRANSFERÊNCIA PARA LUCROS OU PREJUÍZOS ACUMULADOS

ARE – Apuração do Resultado do Exercício			LAC/PAC – Lucros ou Prejuízos Acumulados		
Débito	Crédito	Saldo	Débito	Crédito	Saldo
(2) 48.000 (3) 12.000	(1) 60.000	(60.000) (12.000)		3) 12.000	(12.000)

EXEMPLO DE ESCRITURAÇÃO DO DIÁRIO (manuscrito):

Lançamentos constantes dos razonetes acima:
Lançamento nº 1
Diversos
@ ARE – Apuração do Resultado do Exercício
Receitas de Vendas: R$ 50.000
Receitas de Juros: R$ 10.000
Lançamento nº 2
ARE – Apuração do Resultado do Exercício
@ Diversos
@ Custos das Mercadorias Vendidas: R$ 30.000
@ Despesas com Aluguel: R$ 10.000

@ Despesas com Material de Escritório: R$ 5.000
@ Despesas com Telefones: R$ 3.000
Lançamento nº3
ARE – Apuração do Resultado do Exercício
@ LAC/PAC – Lucros ou Prejuízos Acumulados: R$ 12.000
(...)
Fonte: <http://www.cosif.com.br/mostra.asp?arquivo=contabil06resultexerc>.

Levantamento de Balancetes e de Balanços, Apuração e Distribuição de Resultados

A instituição, com vistas ao levantamento de balancetes e balanços, apuração e distribuição de resultados, além das disposições legais e regulamentares vigentes, deve observar as seguintes regras e procedimentos: (Circ. n° 1.273)

1. Ajustamentos

1 – Cálculo das Receitas: calcular as receitas do período com base nas disposições contratuais e em normas legais e regulamentares, observando, ainda, no que couber, o disposto nos itens 1.1.10.1 a 9. (Circ. n° 1.273)

2 – Cálculo das Despesas: proceder ao cálculo dos encargos do período, com base nas condições contratuais e em normas legais e regulamentares, observando, ainda, no que couber, o disposto nos itens 1.1.10.1 a 9. (Circ. n° 1.273)

3 – Provisão para Desembolsos: apropriar como despesa efetiva os gastos do período, tais como aluguéis, impostos, taxas, água, energia, gás, salários, honorários, férias, obrigações sociais e serviços prestados por terceiros, cujo pagamento só ocorra em data posterior, inclusive os relacionados com adiantamentos sujeitos à prestação de contas, adotando, para os casos de gastos variáveis, ou de valor ainda não conhecido, critérios de estimativa razoáveis. (Circ. n° 1.273)

4 – Créditos de Difícil Liquidação: observar as normas regulamentares sobre créditos de difícil liquidação ou que devam ser compensados como prejuízo. (Circ. n° 1.273)

5 – Avaliação do Ativo e do Passivo: avaliar os elementos do Ativo e do Passivo, sendo: (Circ. n° 1.273)
   a) os direitos e títulos de crédito, conforme a orientação contida nas seções 1.3 e 1.5 a 1.9;
   b) os valores mobiliários, inclusive os classificados como investimentos temporários ou permanentes, segundo o que contêm as seções 1.4, 1.10 e 1.11;

Contabilidade Bancária e de Instituições Financeiras 381

c) os bens do Imobilizado, o valor do capital aplicado no Diferido, os bens não de uso próprio e outros valores e bens, de acordo com as seções 1.10 e 1.11;

d) as obrigações, encargos e riscos conhecidos e calculáveis, inclusive Imposto de Renda a pagar, na forma das seções 1.12, 1.13 e 1.14.

6 – O sistema de distribuição de resultados internos entre os departamentos e dependências não deve abrigar, nos balancetes globais da instituição, quaisquer diferenças entre os saldos devedores e credores da conta RATEIO DE RESULTADOS INTERNOS, devendo ser regularizadas antes do encerramento dos balancetes. (Circ. n° 1.273)

7 – Todos os bens, direitos e obrigações, obrigatória e adequadamente registrados nas respectivas contas patrimoniais ativas e passivas, bem como os atos administrativos escriturados nas contas do sistema de compensação, devem ser inventariados no mínimo por ocasião do levantamento do balanço geral do exercício, em 31 de dezembro de cada ano, sendo que: (Circ. n° 1.273)

a) considera-se válido o inventário realizado durante o exercício, de acordo com a rotina da instituição, comprovando-se, por registros internos, as eventuais modificações ocorridas até a data do balanço;

b) os comprovantes relativos às conciliações e ao inventário, tais como mapas, listagens, atas de conferência, constituem documentos de contabilidade, devendo ser arquivados em locais apropriados devidamente autenticados pelos responsáveis pelo inventário, para futuras averiguações, podendo ser microfilmados e incinerados, observados os prazos legais e regulamentares vigentes;

c) os valores não ajustados, mas ainda sujeitos à conciliação, registram-se, transitoriamente, em DEVEDORES DIVERSOS – PAÍS ou CREDORES DIVERSOS – PAÍS, em subtítulos de uso interno apropriados. As diferenças consideradas definitivas apropriam-se imediatamente e os valores pendentes de regularização, no máximo, até o término do semestre seguinte, em PERDAS DE CAPITAL ou GANHOS DE CAPITAL.

8 – Documentação: arquivar em locais apropriados, devidamente autenticados, para futuras averiguações, os documentos de contabilidade relativos ao inventário geral previsto no item anterior, tais como mapas, relatórios, listagens de computador, atas de conferências, bem como as respectivas conciliações contábeis. (Circ. n° 1.273)

2. Compensação e Balanceamento de Saldos

1 – Os débitos e créditos da instituição em relação a terceiros, inclusive de ligadas, se da mesma natureza, de um mesmo cliente e cuja compensação

seja facultada por lei ou contrato, devem ser compensados, em nível de dependência ou em nível global do estabelecimento. (Circ. nº 1.273)

2 – Sujeitam-se a balanceamento obrigatório, por ocasião do levantamento de balancetes e balanços, em nível de dependências ou em nível global da instituição, os débitos e os créditos entre as dependências, resultantes de operações registradas nas contas: (Circ. nº 1.273)

– CHEQUES DE VIAGEM
– COBRANÇA PRÓPRIA EM TRÂNSITO
– COBRANÇA DE TERCEIROS EM TRÂNSITO
– DEPENDÊNCIAS NO PAÍS
– NUMERÁRIO EM TRÂNSITO
– ORDENS DE PAGAMENTO
– PAGAMENTOS EM TRÂNSITO DE SOCIEDADES LIGADAS
– PAGAMENTOS EM TRÂNSITO DE TERCEIROS
– RECEBIMENTOS EM TRÂNSITO DE SOCIEDADES LIGADAS
– RECEBIMENTOS EM TRÂNSITO DE TERCEIROS
– SUPRIMENTOS INTERDEPENDÊNCIAS

3 – Entende-se por balanceamento o procedimento extracontábil realizado pela simples subtração do total de saldos devedores do total de saldos credores em uma mesma conta, lançando-se a diferença nos balancetes ou no balanço geral, tanto em nível de cada dependência quanto em nível da instituição como um todo. (Circ. nº 1.273)

3. Apuração de Resultado

1 – O resultado do semestre ou do exercício apura-se com observância do esquema previsto no documento nº 8. (Circ. nº 1.273)

2 – Base de cálculo de participações, dividendos e reservas: (Circ. nº 1.273)
a) base de cálculo das participações de empregados, administradores e outras:

Resultado do período.	(1)
Menos (3 + 4 + 5 + 6).	(2)
– Prejuízos Acumulados.	(3)
– Imposto de Renda e Contribuição Social.	(4)
– Reservas de Lucros a Realizar constituídas no período	(5)
– Lucros nas vendas a prazo a ligadas	(6)
Mais (8 + 9 + 10).	(7)
– Reservas de Lucros a Realizar revertidas para Lucros ou Prejuízos Acumulados	(8)
– Reservas de Reavaliação transferidas para Lucros ou Prejuízos Acumulados	(9)
– Lucros realizados financeiramente de venda a prazo a ligadas	(10)
BASE DE CÁLCULO DAS PARTICIPAÇÕES DE EMPREGADOS (1 – 2 + 7).	(11)
Menos – participações de empregados (% sobre 11)	(12)

Contabilidade Bancária e de Instituições Financeiras 383

BASE DE CÁLCULO DAS PARTICIPAÇÕES DE ADMINISTRADORES (11-12)................ (13)
Menos – participações de administradores (% sobre 13)............................ (14)
BASE DE CÁLCULO DE OUTRAS PARTICIPAÇÕES (13 - 14)........................... (15)

b) base de cálculo da reserva legal:

Resultado do período.. (1)
Menos (3 + 4)... (2)
– Imposto de Renda e Contribuição Social..................................... (3)
– Participações estatutárias no lucro.. (4)
BASE DE CÁLCULO DA RESERVA LEGAL (1 - 2).................................... (5)

c) base de cálculo de dividendos:

LUCRO LÍQUIDO DO PERÍODO.. (1)
Menos (3 + 4 + 5 + 6 + 7)... (2)
– Reserva Legal constituída no período....................................... (3)
– Reservas para Contingências constituídas no período........................ (4)
– Reservas de Lucros a Realizar constituídas no período...................... (5)
– Prejuízos Acumulados.. (6)
– Ajustes devedores em Lucros ou Prejuízos Acumulados........................ (7)

Mais (9 + 10 + 11 + 12)... (8)
– Reservas de Contingências constituídas em períodos anteriores revertidas
para Lucros ou Prejuízos Acumulados... (9)
– Reservas de Lucros a Realizar constituídas em períodos anteriores revertidas
Para Lucros ou Prejuízos Acumulados... (10)
– Reservas de Reavaliação transferidas para Lucros ou Prejuízos Acumulados........... (11)
– Ajustes credores em Lucros ou Prejuízos Acumulados......................... (12)
BASE DE CÁLCULO DE DIVIDENDOS (1 - 2 + 8)................................... (13)

3 – Os esclarecimentos sobre ajustes em LUCROS OU PREJUÍZOS ACU-
MULADOS, obrigatoriamente constantes das Notas Explicativas, devem
alcançar os efeitos desses ajustes nas bases de cálculo de dividendos, participações e reservas em períodos anteriores. (Circ. nº 1.273)

4. Distribuição do Resultado

1 – O resultado do semestre transfere-se para LUCROS OU PREJUÍZOS ACU-
MULADOS ou SOBRAS OU PERDAS ACUMULADAS. (Circ. nº 1.273)

2 – O prejuízo apurado no exercício deve ser obrigatoriamente absorvido pelos lucros acumulados, pelas reservas de lucros e pela reserva legal, nessa
ordem. Depois de esgotados os lucros acumulados e as reservas de lucros,
pode ser absorvido pelas reservas de capital de que trata o item 1.16.3.1.
(Circ. nº 1.273)

3 – O lucro líquido correspondente ao resultado do período, após os ajustes prescritos em lei, e obedecidas às disposições estatutárias, é destinado a: (Circ. nº 1.273)
– Reserva Legal
– Reservas Estatutárias
– Reservas para Contingências
– Reservas para Expansão
– Reservas de Lucros a Realizar
– Reservas Especiais de Lucros
– Dividendos

4 – No encerramento do exercício social, os lucros não destinados nos termos da regulamentação em vigor deverão ser distribuídos, sendo que a conta de lucros ou prejuízos acumulados não deverá apresentar saldo positivo. (Res. nº 36.05, art. 5º)

5 – O saldo de lucros acumulados existente na data da entrada em vigor da Resolução nº 3.605, de 2008, deve ser destinado até 31 de dezembro de 2010. (Res. nº 3.605, art. 5º,parágrafo único)

6 – O prejuízo apurado pelas instituições e por administradoras de consórcio, nos balanços de 30 de junho e de final de exercício, pode ser absorvido com a utilização de recursos dos acionistas ou dos sócios quotistas, após a absorção dos saldos existentes em lucros acumulados, reservas de lucros e reservas de capital, desde que previsto em estatuto ou contrato social, cabendo observar: (Circ. nº 2.403, art. 2º)

a) a absorção pode ser efetuada em qualquer época do ano, observado o disposto no item 1.20.3.2.;

b) em se tratando de instituição com participação de capital estrangeiro, a absorção de prejuízos, com a utilização de recursos externos originários de operações financeiras de curto, médio e longo prazos, fica condicionada à prévia autorização do Departamento de Capitais Estrangeiros (FIRCE) e/ou do Departamento de Câmbio (DECAM), observada a competência respectiva;

c) o valor correspondente à absorção é levado a débito da adequada conta de natureza passiva que tenha registrado a contrapartida do ingresso de disponibilidades e a crédito de LUCROS OU PREJUÍZOS ACUMULADOS.

7 – A instituição deve considerar as disposições legais, estatutárias e contratuais sobre a distribuição de dividendos prioritários e obrigatórios, participações, gratificações e constituição de Reservas, uma vez que a forma de distribuição do resultado prevista nesta seção é de caráter geral. (Circ. nº 1.273)

Contabilidade Bancária e de Instituições Financeiras

385

5. Lucro por Ação e Montante de Dividendo por Ação do Capital Social

1 – No cálculo do lucro por ação, considera-se a estrutura do capital (ações de espécies e classes diversas e com direitos e vantagens diferenciadas uma das outras) e ainda eventuais aumentos de capital ocorridos no período. O critério de cálculo utilizado deve ser divulgado nas notas explicativas que integram as demonstrações financeiras. (Circ. nº 1.273)

2 – Na Demonstração das Mutações do Patrimônio Líquido, deve ser evidenciado o dividendo por ação do capital social. No cálculo, deve-se considerar fatores como capital formado por espécie e classe de ações diversas, que tenham direito a dividendos diferentes, dividendos preferenciais mínimo ou fixo. Igualmente, devem ser objeto de notas explicativas os critérios adotados para o cálculo. (Circ. nº 1.273)

6. Sobras ou Perdas Acumuladas

1 – Os procedimentos previstos nesta seção para a conta LUCROS OU PREJUÍZOS ACUMULADOS aplicam-se, no que couber, ao título SOBRAS OU PERDAS ACUMULADAS, privativo das cooperativas de crédito. (Circ. nº 1.273)

Fonte: <http://www4.bcb.gov.br/NXT/gateway.dll?f=templates&fn=default.htm&vid=nmsDenorCosif:idvDenorCosif>.

6.5.Publicação das Demonstrações Contábeis

COSIF 1.22.3 – PUBLICAÇÃO

COSIF – Plano Contábil das Instituições do SFN
COSIF 1 – Normas Básicas
COSIF 1.22 – Elaboração e Publicação de Demonstrações Financeiras
COSIF 1.22.3 – Publicação
NOTA DO COSIFE: Onde está escrito "**Demonstrações Financeiras**", leia-se "**Demonstrações Contábeis**", porque somente estas devem estar sob a responsabilidade dos contabilistas, conforme determina o **COSIF 1.1.2.8**
(Revisado em 04-11-2012)
1.22.3.1 – Os seguintes documentos do Plano Contábil das Instituições do Sistema Financeiro Nacional – COSIF devem ser publicados: (**Circ. nº 2.804,** art. 2º; **Res. nº 3.604,** art. 1º e 5º; **Cta-Circ. nº 3.414**)
a) Balancete Patrimonial, com periodicidade mensal (**documento 2**);
b) relativos às demonstrações financeiras das datas-base de 30 de junho e 31 de dezembro:

386 — Inácio Dantas

I – Balanço Patrimonial (documento n° 2);

II – Demonstração do Resultado do Semestre/Exercício (**documento n° 8**);

III – Demonstração das Mutações do Patrimônio Líquido (**documento n° 11**)

IV – Demonstração dos Fluxos de Caixa.

1.22.3.2 – A publicação das demonstrações financeiras deve obedecer aos seguintes prazos: (**Circ.** n° **2.804,** art. 4°)

a) o Balancete Patrimonial (documento n° 2) deve ser publicado dentro de 30 dias da data-base;

b) as referentes à data-base de 30 de junho, até 60 (sessenta) dias da data-base;

c) as referentes à data-base de 31 de dezembro, até 90 (noventa) dias da data-base;

1.22.3.3 – As publicações das demonstrações financeiras devem ser efetuadas da seguinte forma:

a) – As demonstrações financeiras semestrais e anuais devem se publicadas em jornal de grande circulação na localidade em que situada a sede da instituição. (**Circ.** n° **2.804,** art. 1°)

b) – Em se tratando de demonstrações mensais, é suficiente a publicação em revista especializada ou em boletim de informação e divulgação de entidade de classe ou, ainda, a divulgação em meio alternativo de comunicação, de acesso geral, em sistema informatizado. (**Circ.** n° **2.804,** art. 1°, § 1°)

1.22.3.4 – É obrigatória a publicação das demonstrações financeiras, a partir da data de publicação da autorização para seu funcionamento, no Diário Oficial. (**Circ.** n° **2.039,** art. 1°)

1.22.3.5 – As publicações aqui previstas devem ser feitas sempre no mesmo jornal ou publicação especializada, e qualquer mudança deve ser precedida de aviso aos acionistas no extrato da ata da Assembleia Geral Ordinária, devendo a instituição manter à disposição deste órgão cópia dos documentos comprobatórios das publicações obrigatórias, pelo prazo de 5 (cinco) anos. (**Circ.** n° **2.804,** art. 1°, § 2°)

1.22.3.6 – As demonstrações financeiras de 30 de junho e 31 de dezembro devem ser publicadas acompanhadas do Parecer da Auditoria Independente e do Relatório da Administração sobre os negócios sociais e os principais fatos administrativos do período. (**Circ. n° 2**.804, art. 2° § 2°)

1.22.3.7 – As demonstrações financeiras devem ser sempre publicadas com os valores expressos em milhares de unidades de moeda nacional. (**Circ. n° 2**.804, art. 2°, § 2°)

1.22.3.8 – Sem prejuízo das publicações obrigatórias previstas nesta seção, a instituição pode publicar demonstrações em forma reduzida, a título de

Contabilidade Bancária e de Instituições Financeiras   387

publicidade, desde que indique o jornal e a data da publicação das demonstrações completas. (**Circ. nº 2**.804, art. 1º, § 3º)

1.22.3.9 – As demonstrações financeiras relativas às datas-base de 30 de junho e 31 de dezembro devem ser publicadas de forma comparada com as do período anterior, cabendo observar: (**Circ. nº 2**.804, art.3º; **Res. nº** 3.604, art. 5º)

a) data-base de 30 de junho:

I. Balanço Patrimonial: posição em 30 de junho corrente comparada com a posição de 30 de junho anterior;

II. Demonstração do Resultado e Demonstração das Mutações no Patrimônio Líquido: primeiro semestre corrente comparado com o primeiro semestre do exercício anterior;

b) data-base de 31 de dezembro:

I. Balanço Patrimonial: posição de 31 de dezembro corrente comparada com a de 31 de dezembro anterior;

II. Demonstração do Resultado e Demonstração das Mutações do Patrimônio Líquido: além das demonstrações referentes ao segundo semestre, publicam-se as do exercício corrente comparadas com as do exercício anterior, sendo que as demonstrações podem ser apresentadas em três colunas, de modo que a primeira corresponda ao segundo semestre e as outras duas, ao exercício corrente e ao anterior, respectivamente.

1.22.3.10 – As publicações do Balancete Patrimonial (**documento nº 2**) devem conter referências ao **regime de competência** adotado, bem como esclarecimentos sobre os procedimentos de apropriação mensal das receitas, despesas e equivalência patrimonial, de modo que se possibilite o entendimento da posição das contas de resultado. (Circ. nº 1.273)

NOTA DO COSIFE: Foi retirada do texto original a inscrição "correção monetária patrimonial" sem que a Circular nº 1.273 tenha sido alterada por outro normativo. A correção monetária foi extinta a partir de 01/01/96, pela Lei nº 9.249/1995.

1.22.3.11 – Sempre que, entre a data do levantamento do balancete ou do balanço e a data da respectiva publicação, ocorrer fato relevante que modifique ou possa vir a modificar a posição patrimonial e/ou influenciar substancialmente os resultados futuros, tal fato dever ser indicado com circunstanciados esclarecimentos em **notas explicativas**. (Circ. nº 1.273; **Circ. nº 2**.804, art. 6º)

1.22.3.12 – O Banco Central pode determinar, sem prejuízo das medidas cabíveis, a republicação de demonstrações financeiras, com as corrigendas que se fizerem necessárias, para fiel expressão da realidade econômica e financeira da instituição. (**Circ. nº 2**.804, art. 5º)

1.22.3.13 – Na hipótese de divulgação de dados incorretos ou incompletos, deve ser providenciada nova divulgação, que se dará pelas mesmas vias e

388   *Inácio Dantas*

com os mesmos destaques, sob menção explícita dos fatos determinantes da republicação. (**Circ. nº 2**.804, art. 5º, parágrafo único)

1.22.3.14 – Para efeito de elaboração e publicação da Demonstração do Resultado do Semestre/Exercício, o montante da despesa incorrida, relativa ao pagamento dos juros referentes à remuneração do capital próprio, deve ser objeto de ajuste, mediante reclassificação para Lucros ou Prejuízos Acumulados, de modo que seus efeitos, inclusive os tributários, sejam eliminados do resultado do semestre/exercício. (**Circ. nº 2.739,** art. 3º)

1.22.3.15 – O valor do ajuste de que trata o item anterior deve ser apresentado na Demonstração das Mutações do Patrimônio Líquido do Semestre/Exercício (**documento nº 11**), como destinação do resultado, em verbete específico. (**Circ. nº 2.739,** art. 3º, § 1º)

1.22.3.16 – O critério de remuneração do capital, bem como o tratamento tributário e os efeitos no Resultado e no Patrimônio Líquido, devem ser objeto de divulgação em nota explicativa às demonstrações financeiras do semestre/exercício. (**Circ. nº 2**.739, art. 3º, § 2º)

1.22.3.17 – Para efeito de elaboração e publicação das demonstrações financeiras do semestre/exercício da entidade investidora, quando aplicável a avaliação pelo método da equivalência patrimonial, os efeitos do recebimento de juros relativos à remuneração do capital próprio devem ser objeto de ajuste mediante reclassificação dos valores registrados no título **OUTRAS RENDAS OPERACIONAIS** para as adequadas contas de investimento, de modo que seus efeitos sejam eliminados do resultado do semestre/exercício. (**Circ. nº 2**.739, art. 4º)

1.22.3.18 – As instituições que detenham dependências no exterior devem efetuar a publicação das demonstrações financeiras com a posição consolidada das operações realizadas no Pais e no exterior. (**Circ. nº 2**.804, art. 2º, § 1º)

1.22.3.19 – É permitida a inclusão de dados nos modelos de documentos de publicação que melhorem a qualidade e a transparência das informações. (**Circ. nº 2.804,**art. 2º, § 3º)

1.22.3.20 – ~~As sociedades de crédito ao microempreendedor não se aplica a obrigatoriedade de submeter suas demonstrações financeiras, inclusive as notas explicativas, à auditoria independente~~. (Circ. **nº 3.076,** art. 5º)

NOTA DO COSIFE: A **Circular BCB nº 3.076/2002** foi REVOGADA pelo artigo 13 da **Circular BCB nº 3.182/2003**, mas o artigo 7º desta, que continha a mesma disposição do artigo 5º da Circular BCB **nº** 3.076/2002, foi REVOGADO pelo artigo 3º da **Circular BCB nº 3.192/2003**.

Fonte: <http://www.cosif.com.br/mostra.asp?arquivo=nb-2203>.

Contabilidade Bancária e de Instituições Financeiras

6.6.Observações

1 – Os atributos constantes da relação de contas, representados pelas letras UBDKIFJACTSWEROLMNHPZ, identificam os títulos que cada instituição deve utilizar, conforme abaixo: (Cta-Circ. **n°** 2.720, 2)
   U – Bancos múltiplos;
   B – Bancos Comerciais e Bancos de Câmbio;
   D – Bancos de Desenvolvimento;
   K – Agências de Fomento ou de Desenvolvimento;
   I – Bancos de Investimento;
   F – Sociedades de Crédito, Financiamento e Investimento;
   J – Sociedades de Crédito ao Microempreendedor;
   A – Sociedades de Arrendamento Mercantil;
   C – Sociedades Corretoras de Títulos e Valores Mobiliários e Câmbio;
   T – Sociedades Distribuidoras de Títulos e Valores Mobiliários;
   S – Sociedades de Crédito Imobiliário e Associações de Poupança e Empréstimo;
   W – Companhias Hipotecárias;
   E – Caixas Econômicas;
   R – Cooperativas de Crédito;
   O – Fundos de Investimento;
   L – Banco do Brasil S.A.;
   M – Caixa Econômica Federal;
   N – Banco Nacional de Desenvolvimento Econômico e Social;
   H – Administradoras de Consórcio;
   P– Grupos de Consórcio;
   Z – Empresas em Liquidação Extrajudicial.
2 – As aglutinações destinam-se a identificar os títulos em que são aglutinados nos verbetes para fins de:

   F – Estatística Econômico-Financeira (oc. n° 15);
      11 – Créditos de Risco de Nível AA;
      12 – Créditos de Risco de Nível A;
      13 – Créditos de Risco de Nível B;
      14 – Créditos de Risco de Nível C;
      15 – Créditos de Risco de Nível D;
      16 – Créditos de Risco de Nível E;
      17 – Créditos de Risco de Nível F;
      18 – Créditos de Risco de Nível G;
      19 – Créditos de Risco de Nível H;
      20 – Provisões para Créditos de Liquidação Duvidosa;
   E – Estatística Bancária (Doc. n° 13)

P – Publicação (Doc. n° 2 e 8)

3 – As contas assinaladas com o sinal + (mais) são de exclusivo uso interno, não devendo aparecer nos modelos analíticos de balancetes e balanços, porém devem ser consignadas, quando for o caso, no documento da Estatística Bancária das Agências.

Fonte: <http://www4.bcb.gov.br/NXT/gateway.dll?f=templates&fn=default.htm&vid=nmsDenorCosif:idvDenorCosif>.

6.7.Princípios Gerais

1. Objetivo

1 – As normas consubstanciadas neste Plano Contábil têm por objetivo uniformizar os registros contábeis dos atos e fatos administrativos praticados, racionalizar a utilização de contas, estabelecer regras, critérios e procedimentos necessários à obtenção e divulgação de dados, possibilitar o acompanhamento do sistema financeiro, bem como a análise, a avaliação do desempenho e o controle, de modo que as demonstrações financeiras elaboradas, expressem, com fidedignidade e clareza, a real situação econômico-financeira da instituição e conglomerados financeiros. (Circ. n° 1.273)

2 – As normas e procedimentos, bem como as demonstrações financeiras padronizadas previstas neste Plano, são de uso obrigatório para: (Res. n° 2.122, art. 7°; Res. n° 2.828, art. 8°; Res. n° 2.874, art. 10, III; Circ. n° 1.273; Circ. n° 1.922, art. 1°; Circ. 2.246, art. 1°; Circ. n° 2.381, art. 24; Res. n° 3.426)

a) os bancos múltiplos;

b) os bancos comerciais;

c) os bancos de desenvolvimento;

d) as caixas econômicas;

e) os bancos de investimento;

f) os bancos de câmbio;

g) as sociedades de crédito, financiamento e investimento;

h) as sociedades de crédito ao microempreendedor;

i) as sociedades de crédito imobiliário e associações de poupança e empréstimo;

j) as sociedades de arrendamento mercantil;

l) as sociedades corretoras de títulos e valores mobiliários e câmbio;

m) as sociedades distribuidoras de títulos e valores mobiliários;

n) as cooperativas de crédito;

o) os fundos de investimento;

Contabilidade Bancária e de Instituições Financeiras 391

p) as companhias hipotecárias;
q) as agências de fomento ou de desenvolvimento;
r) as administradoras de consórcio;
s) as empresas em liquidação extrajudicial.

3 – Sendo o Plano Contábil um conjunto integrado de normas, procedimentos e critérios de escrituração contábil de forma genérica, as diretrizes nele consubstanciadas, bem como a existência de títulos contábeis, não pressupõem permissão para a prática de operações ou serviços vedados por lei, regulamento ou ato administrativo, ou dependente de prévia autorização do Banco Central. (Circ. n° 1.273)

4 – Os capítulos do Plano estão hierarquizados na ordem de apresentação. Assim, nas dúvidas de interpretação entre Normas Básicas e Elenco de Contas, prevalecem as Normas Básicas. (Circ. n° 1.273)

2. Escrituração

1 – É competência do Conselho Monetário Nacional expedir normas gerais de contabilidade e estatística a serem observadas pelas instituições financeiras. Tal competência foi delegada ao Banco Central do Brasil, em reunião daquele Conselho, em 19/07/78. (Res. n° 1.120, RA art. 15; Res. n° 1.655, RA art. 16; Res. n° 1.724, art. 1°; Res. n° 1.770, RA art. 12; Circ. n° 1.273)

2 – Cabe ao Banco Central do Brasil e à Comissão de Valores a expedição de normas para avaliação dos valores mobiliários registrados nos ativos das sociedades corretoras e distribuidoras de títulos e valores mobiliários. (Res. n° 1.120, RA art. 15, parágrafo único; Res. n° 1.655, RA art. 16, parágrafo único; Res. n° 1.724, art. 1°)

3 – A escrituração deve ser completa, mantendo-se em registros permanentes todos os atos e fatos administrativos que modifiquem ou venham a modificar, imediatamente ou não, sua composição patrimonial. (Circ. n° 1.273)

4 – O simples registro contábil não constitui elemento suficientemente comprobatório, devendo a escrituração ser fundamentada em comprovantes hábeis para a perfeita validade dos atos e fatos administrativos. No caso de lançamentos via processamento de dados, tais como: saques em caixa eletrônico, operações *"on line"* e lançamentos fita a fita, a comprovação faz-se mediante listagens extraídas dos registros em arquivos magnéticos. (Circ. n° 1.273)

5 – A par das disposições legais e das exigências regulamentares específicas atinentes à escrituração, observam-se, ainda, os princípios fundamentais de contabilidade, cabendo à instituição: (Circ. n° 1.273, Res. n° 4.007)

a) adotar métodos e critérios uniformes no tempo, sendo que as modificações relevantes devem ser evidenciadas em notas explicativas, quantificando os efeitos nas demonstrações financeiras, observado o disposto no Anexo 6 a este plano contábil;

b) registrar as receitas e despesas no período em que elas ocorrem e não na data do efetivo ingresso ou desembolso, em respeito ao regime de competência;

c) fazer a apropriação mensal das rendas, inclusive mora, receitas, ganhos, lucros, despesas, perdas e prejuízos, independentemente da apuração de resultado a cada seis meses;

d) apurar os resultados em períodos fixos de tempo, observando os períodos de 1º de janeiro a 30 de junho e 1º de julho a 31 de dezembro;

e) proceder às devidas conciliações dos títulos contábeis com os respectivos controles analíticos e mantê-las atualizadas, conforme determinado nas seções próprias deste Plano, devendo a respectiva documentação ser arquivada por, pelo menos, um ano.

6 – A forma de classificação contábil de quaisquer bens, direitos e obrigações não altera, de forma alguma, as suas características para efeitos fiscais e tributários, que se regem por regulamentação própria. (Circ. nº 1.273)

7 – O fornecimento de informações inexatas, a falta ou atraso de conciliações contábeis e a escrituração mantida em atraso por período superior a 15 (quinze) dias, subsequentes ao encerramento de cada mês, ou processados em desacordo com as normas consubstanciadas neste Plano Contábil, colocam a instituição, seus administradores, gerentes, membros do conselho de administração, fiscal e semelhantes, sujeitos a penalidades cabíveis, nos termos da lei. (Circ. nº 1.273)

8 – O profissional habilitado, responsável pela contabilidade, deve conduzir a escrituração dentro dos padrões exigidos, com observância dos princípios fundamentais de contabilidade, atentando, inclusive, à ética profissional e ao sigilo bancário, cabendo ao Banco Central providenciar comunicação ao órgão competente, sempre que forem comprovadas irregularidades, para que sejam aplicadas as medidas cabíveis. (Circ. nº 1.273)

9 – Eventuais consultas quanto à interpretação de normas e procedimentos previstos neste Plano, bem assim a adequação a situações específicas, devem ser dirigidas ao Banco Central/Departamento de Normas do Sistema Financeiro, com trânsito, para instrução, pela Delegacia Regional sob cuja jurisdição encontra-se a sede da instituição, obrigatoriamente firmadas pelo diretor e pelo profissional habilitado responsáveis pela contabilidade. (Circ. nº 1.273)

10 – A existência de eventuais consultas sobre a interpretação de normas regulamentares vigentes ou até mesmo sugestões para o reexame de deter-

Contabilidade Bancária e de Instituições Financeiras 393

minado assunto não exime a instituição interessada do seu cumprimento. (Circ. n° 1.273)

3. Exercício Social

1 – O exercício social tem duração de um ano e a data de seu término, 31 de dezembro, deve ser fixada no estatuto ou contrato social. (Circ. n° 1.273)

4. Elenco de Contas

1 – Cada uma das instituições relacionadas no item 1.1.1.2 tem elenco de contas próprio, sendo que as associações de poupança e empréstimo devem utilizar o das sociedades de crédito imobiliário. Tais contas são aquelas constantes do COSIF 2.1, sendo permitida, a cada instituição, a utilização, apenas, dos títulos contábeis ali previstos, com o atributo próprio da instituição, observado o contido no item seguinte. (Circ. n° 1.273)

2 – A disposição dos títulos contábeis no Elenco de Contas observa, na Relação de Contas, a sequência do código de contas, e, na Função das Contas, a ordem alfabética. (Circ. n° 1.273)

3 – A codificação das contas observa a seguinte estrutura: (Circ. n° 1.273)
   a) 1° dígito – GRUPOS
      I – Ativo:

1 – Circulante e Realizável a Longo Prazo;

2 – Permanente;

3 – Compensação;
      II – Passivo:

4 – Circulante e Exigível a Longo Prazo;

5 – Resultados de Exercícios Futuros;

6 – Patrimônio Líquido;

7 – Contas de Resultado Credoras;

8 – Contas de Resultado Devedoras;

9 – Compensação.
   b) 2° dígito – SUBGRUPOS
   c) 3° dígito – DESDOBRAMENTOS DOS SUBGRUPOS
   d) 4° e 5° dígitos – TÍTULOS CONTÁBEIS
   e) 6° e 7° dígitos – SUBTÍTULOS CONTÁBEIS
   f) 8° dígito – CONTROLE (dígito verificador)

4 – O dígito de controle da conta é obtido segundo a regra abaixo: (Circ. n° 1.273)

a) multiplica-se cada algarismo do código, respectivamente, por 3, 7 e 1, da direita para a esquerda;

b) somam-se as 7 (sete) parcelas resultantes;

c) divide-se o total obtido por 10 (dez);

d) a diferença entre 10 (dez) e o resto (R) dessa divisão, ou seja, (10 - R) é o dígito de controle, conforme exemplo abaixo:

Código: 1.1.1.10.00

3 1 7 31 73

| | | | || || 3 X 0 = 0

| | | | || | 7 X 0 = 0

| | | | || 1 X 0 = 0

| | | | 3 X 1 = 3

| | | 7 X 1 = 7

| | 1 X 1 = 1

| 3 X 1 = 3

Soma   14 : 10 = 1, resto = 4

CONTROLE (dígito verificador) = 10 - 4

CONTROLE = 6

e) se o resto da divisão for 0 (zero), o dígito de controle também será 0 (zero).

5 – A instituição não pode alterar ou modificar qualquer elemento caracterizador da conta padronizada, ou seja: código, título, subtítulo ou função. (Circ. n° 1.273)

5. Classificação das Contas

1 – Ativo – as contas dispõem-se em ordem decrescente de grau de liquidez, nos seguintes grupos: (Circ. n° 1.273; Res. n° 3.617, art. 1° e 2°; Res. n° 3.642, art. 1°)

a) Circulante:

    I – disponibilidades;

    II – direitos realizáveis no curso dos doze meses seguintes ao balanço;

    III – aplicações de recursos no pagamento antecipado de despesas de que decorra obrigação a ser cumprida por terceiros no curso dos doze meses seguintes ao balanço;

b) Realizável a Longo Prazo:

    I – direitos realizáveis após o término dos doze meses subsequentes ao balanço;

    II – operações realizadas com sociedades coligadas ou controladas, diretores, acionistas ou participantes no lucro da instituição que, se autorizadas, não constituam negócios usuais na exploração do objeto social;

    III – aplicações de recursos no pagamento antecipado de despesas de

Contabilidade Bancária e de Instituições Financeiras   395

que decorra obrigação a ser cumprida por terceiros após o término dos doze meses seguintes ao balanço;

c) Permanente:

   I – Investimentos:
- participações permanentes em outras sociedades, inclusive subsidiárias no exterior;
- capital destacado para dependências no exterior;
- investimentos por incentivos fiscais;
- títulos patrimoniais;
- ações e cotas;
- outros investimentos de caráter permanente;

   II – Imobilizado:
- direitos que tenham por objeto bens corpóreos destinados à manutenção das atividades da entidade ou exercidos com essa finalidade, inclusive os decorrentes de operações que transfiram à entidade os benefícios, riscos e controle desses bens. Os bens objeto das operações de arrendamento mercantil devem ser registrados no ativo imobilizado das instituições arrendadoras, conforme regulamentação específica;

   III – Diferido:
- despesas pré-operacionais e os gastos de reestruturação que contribuirão, efetivamente, para o aumento do resultado de mais de um exercício social e que não configurem tão-somente redução de custos ou acréscimo de eficiência operacional;

   IV – Intangível
- direitos adquiridos que tenham por objeto bens incorpóreo destinados à manutenção da entidade ou exercidos com essa finalidade, inclusive aqueles correspondentes à prestação de serviços de pagamento de salários, proventos, soldos, vencimentos, aposentadorias, pensões e similares.

2   Passivo – as contas classificam-se nos seguintes grupos: (Circ. n° 1.273)

a) Circulante:
- obrigações, inclusive financiamentos para aquisição de direitos do Ativo Permanente, quando vencerem no curso dos doze meses seguintes ao balanço;

b) Exigível a Longo Prazo:
- obrigações, inclusive financiamentos para aquisição de direitos do Ativo Permanente, quando vencerem após o término dos doze meses subsequentes ao balanço;

3 – Resultados de Exercícios Futuros – representam recebimentos antecipados de receitas antes do cumprimento da obrigação que lhes deu origem, diminuídas dos custos e despesas a elas correspondentes, quando conhecidos,

a serem apropriadas em períodos seguintes e que de modo algum sejam restituíveis. (Circ. n° 1.273)

4 – Patrimônio Líquido – divide-se em: (Circ. n° 1.273)
   a) Capital Social;
   b) Reservas de Capital;
   c) Reservas de Reavaliação;
   d) Reservas de Lucros;
   e) Lucros ou Prejuízos Acumulados.

5 – No Circulante e no Longo Prazo, a classificação das contas obedece às seguintes normas:
   a) nos balancetes de março, junho, setembro e dezembro a classificação observa segregação de direitos realizáveis e obrigações exigíveis até três meses seguintes ao balancete dos realizáveis ou exigíveis após o término desse prazo; (Circ. n° 1.273)
   b) o levantamento dos valores realizáveis ou exigíveis até três meses e após esse prazo, pode ser realizado extracontabilmente ao final de cada trimestre civil. Os relatórios e demais comprovantes utilizados no levantamento constituem documentos de contabilidade, devendo permanecer arquivados, juntamente com o movimento do dia, devidamente autenticados, para posteriores averiguações; (Circ. n° 1.273)
   c) quando houver pagamentos e recebimentos parcelados, a classificação se faz de acordo com o vencimento de cada uma das parcelas; (Circ. n° 1.273)
   d) as operações de prazo indeterminado, para efeito de segregação nos balancetes nos quais é exigida, classificam-se, as ativas no realizável após três meses e as passivas no exigível até três meses, ressalvados, contudo, os fundos ou programas especiais alimentados com recursos de governos ou entidades públicas e executados na forma de disposições legais ou regulamentares que, devido a suas características de longo prazo, devem ser classificados no exigível após três meses; (Circ. n° 1.273)
   e) na classificação, levam-se em conta o principal, rendas e encargos do período, variações monetária e cambial, rendas e despesas a apropriar; (Circ. n° 1.273)
   f) observada a ordem das contas, os valores correspondentes ao realizável ou exigível até três meses e após três meses inscrevem-se nas colunas verticais auxiliares dos modelos de balancete e balanço geral; (Circ. n° 1.273)
   g) para fins de publicação, além das demais disposições, os valores realizáveis e exigíveis até um ano e após um ano devem ser segregados,

Contabilidade Bancária e de Instituições Financeiras　　397

respectivamente, em Circulante e Longo Prazo, na forma da Lei. (Circ. 1503 item 2)

h) para fins de publicação, os títulos e valores mobiliários classificados na categoria títulos para negociação devem ser apresentados no ativo circulante, independentemente do prazo de vencimento. (Circ. 3068 art. 7° § único)

6 – Contas Retificadoras – figuram de forma subtrativa, após o grupo, subgrupo, desdobramento ou conta a que se refiram. (Circ. n° 1.273)

7 – Contas de Compensação – utilizam-se Contas de Compensação para registro de quaisquer atos administrativos que possam transformar-se em direito, ganho, obrigação, risco ou ônus efetivos, decorrentes de acontecimentos futuros, previstos ou fortuitos. (Circ. n° 1.273)

8 – Desdobramentos – para efeito de evidenciar a fonte do recurso, o direcionamento do crédito e a natureza das operações, o Ativo e o Passivo são desdobrados nos seguintes níveis: (Circ. n° 1.273)

a) 1° grau – grupo;

b) 2° grau – subgrupo;

c) 3° grau – desdobramentos do subgrupo;

d) 4° grau – título;

e) 5° grau – subtítulo.

9 – Subtítulos de Uso Interno – a instituição pode adotar desdobramentos de uso interno ou desdobrar os de uso oficial, por exigência do Banco Central ou em função de suas necessidades de controle interno e gerencial, devendo, em qualquer hipótese, ser passíveis de conversão ao sistema padronizado. (Circ. n° 1.273)

10 – A vinculação das despesas e dos gastos registrados no Ativo Diferido com o aumento do resultado de mais de um exercício social deve ser baseada em estudo técnico elaborado pela entidade, coerente com as informações utilizadas em outros relatórios operacionais, demonstrando, no mínimo: (Res 3617 art. 2° § único)

a) as condições mencionadas no item 1.1.5.1.c.III;

b) o cálculo da estimativa do período em que serão usufruídos os benefícios decorrentes das aplicações.

11– Os saldos existentes no Ativo Imobilizado e no Ativo Diferido constituídos antes da entrada em vigor da Resolução n° 3.617, de 30 de setembro de 2008, que tenham sido registrados com base em disposições normativas anteriores, devem ser mantidos até a sua efetiva baixa. (Res 3617 art. 3°)

6. Livros de Escrituração

1 – A instituição deve manter o Livro Diário ou o livro Balancetes Diários e Balanços e demais livros obrigatórios com observância das disposições previstas em leis e regulamentos. (Circ. nº 1.273)

2 – A substituição do Livro Diário pelo livro Balancetes Diários e Balanços, uma vez deliberada pela instituição, deve ser programada para que se processe na mesma data em todas as suas dependências. Em tal hipótese, escritura-se o Livro Diário normalmente até a véspera e, ao fim desse expediente, lavra-se o termo de encerramento. (Res 487; Circ 623 itens 1,3; Circ. nº 1.273)

3 – No emprego de qualquer sistema mecanizado ou eletrônico na escrituração, será permitido substituir os livros comerciais obrigatórios por formulários contínuos, folhas soltas, cartões ou fichas, desde que: (Circ. nº 1.273)
   a) sejam numerados sequencialmente, mecânica, eletrônica ou tipograficamente, e encadernados em forma de livros e com os mesmos requisitos legais destes;
   b) a instituição os apresente aos órgãos do Departamento Nacional de Registro do Comércio – DNRC, para autenticação, nos prazos e forma determinados por aquele Órgão.

4 – O livro Balancetes Diários e Balanços deve consignar, em ordem cronológica de dia, mês e ano, a movimentação diária das contas, discriminando em relação a cada uma delas: (Circ. 623 item 2 a; Circ. nº 1.273)
   a) o saldo anterior;
   b) os débitos e os créditos do dia;
   c) o saldo resultante, com indicação dos credores e dos devedores.

5 – A instituição deve possuir o Livro Diário, ou o livro Balancetes Diários e Balanços, legalizado no órgão competente. (Circ. nº 1.273)

6 – O banco comercial, ou banco múltiplo com carteira comercial, que mantiver contabilidade descentralizada deve possuir para a sede e cada uma das agências o Livro Diário ou o livro Balancetes Diários e Balanços, legalizado no órgão competente. (Circ. nº 1.273)

7 – O banco comercial, ou banco múltiplo com carteira comercial, que possua contabilidade de execução centralizada, com uso de um único livro Balancetes Diários e Balanços, ou Livro Diário, devidamente legalizado no órgão competente deve manter, nas agências, cópias da contabilização dos respectivos movimentos e dos balancetes diários e balanços, admitindo-se o arquivo sob a forma de microfilme. (Circ. nº 1.273)

8 – No livro Balancetes Diários e Balanços, ou Livro Diário, da dependência centralizadora, inscrevem-se, em 30 de junho e 31 de dezembro de cada ano, os seguintes documentos, devidamente assinados por, no mínimo, 2

Contabilidade Bancária e de Instituições Financeiras　　399

(dois) administradores estatutários e pelo profissional de contabilidade habilitado: (Circ. 623 itens2 b I/III, 2 c; Circ. nº 1.273; Res. nº 3.604, art. 5º)

a) o balancete geral, o balanço geral, a demonstração do resultado e a demonstração das mutações do patrimônio líquido;

b) o balanço geral e a demonstração de resultado da sede e de cada uma das agências, no caso de banco comercial que possua a contabilidade descentralizada;

c) as notas explicativas e o parecer da auditoria independente.

9 – Nas agências de banco comercial, ou banco múltiplo com carteira comercial, que adote contabilidade de execução descentralizada, a assinatura dos termos de abertura e encerramento do livro Balancetes Diários e Balanços, ou Livro Diário, faz-se pelo profissional de contabilidade habilitado, que será responsável pela escrituração. (Circ. nº 1.273)

10 – Dentro de 60 (sessenta) dias do encerramento do balanço anual, o livro Balancetes Diários e Balanços da dependência centralizadora do banco comercial ou do banco múltiplo com carteira comercial deve ser apresentado para o respectivo "visto" do juiz competente sob cuja jurisdição estiver a sede do estabelecimento. (Circ. 1837 art. 1º)

11 – As fichas de lançamento devem conter: local, data, identificação adequada das contas, histórico ou código do histórico da operação e o valor expresso em moeda nacional. Os documentos, inclusive cheques, podem substituir as fichas de lançamento, desde que neles sejam inseridas todas as características de lançamento contábil. Quando a instituição utilizar históricos codificados, deve incluir em cada movimento diário a respectiva tabela de codificação ou arquivo contendo memória das tabelas de codificação utilizadas. (Circ. 623 item 2 e; Circ. nº 1.273)

12 – Na instituição que adote o livro Balancetes Diários e Balanços, as fichas de lançamento correspondentes ao movimento diário, ordenadas na sequência dos códigos das contas e numeradas com uma série para cada dia, encadernam-se com requisitos de segurança que as tornem invioláveis, lavrando-se, na capa, termo datado e assinado que mencione o número de fichas e seu valor total, observadas as demais disposições regulamentares vigentes. (Circ. 623 item 2 f; Circ. nº 1.273)

13 – Os documentos comprobatórios das operações objeto de registro devem ser arquivados sequencialmente junto ao movimento contábil, ou em arquivo próprio segundo sua natureza, e integram, para todos os efeitos, os movimentos contábeis. (Circ. 623 item 2 d; Circ. nº 1.273)

14 – As fichas de lançamento devidamente autenticadas e respectivos documentos constituem registro comprobatório dos assentamentos transcritos no livro Balancetes Diários e Balanços. (Circ. nº 1.273)

400 — *Inácio Dantas*

15 – A adoção do livro Balancetes Diários e Balanços obriga a manutenção de controles analíticos que permitam identificar, a qualquer tempo, a composição dos saldos das contas. (Circ. n° 1.273)

16 – A instituição que adote o Livro Diário deve escriturar o Livro Razão de forma que se permita a identificação, a qualquer tempo, da composição dos saldos das contas, podendo este ser substituído por fichas ou formulários contínuos. (Circ. n° 1.273)

17 – No Livro Razão, quando utilizado, devem ser elaborados históricos elucidativos dos eventos registrados, com indicação da conta (nome ou número-código) em que se registra a contrapartida do lançamento contábil ou com indicação do número sequencial da respectiva ficha de lançamento no movimento diário, desde que a mesma contemple a informação relativa à contrapartida. (Circ. n° 1.273)

18 – O Livro Diário ou Balancetes Diários e Balanços, o Livro Razão, as fichas de lançamento e respectivos documentos e as conciliações contábeis podem ser conservados sob forma de microfilme, observados os dispositivos legais e regulamentares específicos que regem a matéria. (Circ. n° 1.273)

19 – A agência pioneira, o Posto de Atendimento Bancário (PAB), o Posto de Atendimento Transitório (PAT), o Posto de Compra de Ouro (PCO), o Posto de Atendimento Bancário Eletrônico (PAE) e o Posto de Atendimento Cooperativa (PAC) não têm escrita própria e, em consequência, o seu movimento diário se incorpora à contabilidade da sede ou agência a que estiverem subordinados. A incorporação do movimento na escrita da dependência a que se subordina é feita na mesma data, não se admitindo valorização de lançamentos. (Res 2099 RA III art. 1°; Circ. n° 1.273)

20 – A instituição pode centralizar a contabilidade das agências de um mesmo município em agência da mesma praça, observado o seguinte: (Res 2099 RA III art. 2° § único; Res 2212 art. 8° item II)
a) prévia comunicação ao Banco Central do Brasil, que pode adotar procedimentos específicos relativamente às operações de câmbio;
b) utilização de um único livro Balancetes Diários e Balanços, ou Livro Diário, para registro do movimento contábil das agências de um mesmo município;
c) manutenção dos livros escriturados em uma única agência, a ser indicada pela instituição, pertencente ao mesmo município.

21 – A contabilização do Posto Avançado de Atendimento – PAA deve ficar a cargo da sede ou de agência da instituição, com registros independentes. (Res 2396 art. 1°, item II)

Contabilidade Bancária e de Instituições Financeiras 401

7. Bancos Estrangeiros

1 – Aplicam-se às agências de bancos comerciais estrangeiros instalados no País as normas deste Plano, cabendo à dependência principal no Brasil as atribuições de sede. (Circ. nº 1.273)

8. Câmbio

1 – As normas e procedimentos contábeis relativos às operações e serviços de câmbio constam deste Plano, principalmente em sua seção 28. (Circ. 2106 art. 2º item VII)

9. Sociedades Ligadas

1 – Para fins deste Plano, são consideradas ligadas as sociedades coligadas, controladas ou controladoras, conforme definido na Lei das Sociedades por Ações, bem como as sociedades que, mediante controle comum direto ou indireto, integrem o mesmo conglomerado financeiro ou econômico-financeiro da instituição. (Circ. nº 1.273)

10. Critérios de Avaliação e Apropriação Contábil

1 – Operações com Taxas Prefixadas:
   a) as operações ativas e passivas contratadas com rendas e encargos prefixados contabilizam-se pelo valor presente, registrando-se as rendas e os encargos a apropriar em subtítulo de uso interno do próprio título ou subtítulo contábil utilizado para registrar a operação; (Circ. nº 1.273; Circ 2568 art. 2º)
   b) as rendas e os encargos dessas operações são apropriados mensalmente, a crédito ou a débito das contas efetivas de receitas ou despesas, conforme o caso, em razão da fluência de seus prazos, admitindo-se a apropriação em períodos inferiores a um mês; (Circ. nº 1.273)
   c) as rendas e os encargos proporcionais aos dias decorridos no mês da contratação da operação devem ser apropriados dentro do próprio mês, "pró rata temporis", considerando-se o número de dias corridos; (Circ. nº 1.273; Circ 3020 art. 1º)
   d) a apropriação das rendas e dos encargos mensais dessas operações faz-se mediante a utilização do método exponencial, admitindo-se a apropriação segundo o método linear naquelas contratadas com cláusula de juros simples. (Circ. nº 1.273)

2 – Operações com Taxas Pós-fixadas ou Flutuantes:
   a) as operações ativas e passivas contratadas com rendas e encargos pós-fixados ou flutuantes contabilizam-se pelo valor do principal, a débito ou a crédito das contas que as registram. Essas mesmas contas acolhem os juros e os ajustes mensais decorrentes das variações da unidade

de correção ou dos encargos contratados, no caso de taxas flutuantes; (Circ. n° 1.273)

b) as rendas e os encargos dessas operações são apropriados mensalmente, a crédito ou a débito das contas efetivas de receitas ou despesas, conforme o caso, em razão da fluência de seus prazos, admitindo-se a apropriação em períodos inferiores a um mês; (Circ. n° 1.273)

c) as rendas e os encargos proporcionais aos dias decorridos no mês da contratação da operação devem ser apropriados dentro do próprio mês, *"pro rata temporis"*, considerando-se o número de dias corridos; (Circ. n° 1.273; Circ. n° 3.020, art. 1°)

d) a apropriação das rendas e dos encargos mensais dessas operações faz-se mediante a utilização do método exponencial, admitindo-se a apropriação segundo o método linear naquelas contratadas com cláusula de juros simples, segundo o indexador utilizado para correção do mês seguinte em relação ao mês corrente, *"pro rata temporis"*, no caso de operações com taxas pós-fixadas, ou com observância às taxas contratadas, no caso de operações com encargos flutuantes; (Circ. n° 1.273)

e) as operações ativas e passivas contratadas com cláusula de reajuste segundo a variação da Unidade Padrão de Capital (UPC) atualizam-se mensalmente, *"pro rata temporis"*, com base na variação da OTN. Caso ocorram liquidações no transcorrer do trimestre, a instituição deve proceder aos estornos pertinentes. (Circ. n° 1.273)

3 – Operações com Correção Cambial:

a) as operações ativas e passivas contratadas com cláusula de reajuste cambial contabilizam-se pelo seu contravalor em moeda nacional, principal da operação, a débito ou a crédito das contas que as registrem. Essas mesmas contas acolhem, mensalmente, os ajustes decorrentes de variações cambiais, calculados com base na taxa de compra ou de venda da moeda estrangeira, de acordo com as disposições contratuais, fixada por este Órgão, para fins de balancetes e balanços, bem como os juros do período; (Circ. n° 1.273; Cta Circ 2476 item 1 inciso II)

b) as rendas e os encargos dessas operações, inclusive o Imposto de Renda, são apropriados mensalmente, a crédito ou a débito das contas efetivas de receitas ou despesas, conforme o caso, em razão da fluência de seus prazos, admitindo-se a apropriação em períodos inferiores a um mês; (Circ. n° 1.273)

c) as rendas e os encargos proporcionais aos dias decorridos no mês da contratação da operação devem ser apropriados dentro do próprio mês, "pro rata temporis", considerando-se o número de dias corridos; (Circ. n° 1.273; Circ 3020 art. 1°)

Contabilidade Bancária e de Instituições Financeiras 403

d) a apropriação das rendas e dos encargos mensais dessas operações faz--se mediante a utilização do método exponencial, admitindo-se a apropriação segundo o método linear naquelas contratadas com cláusula de juros simples. (Circ. nº 1.273)

4 – Operações do Sistema Financeiro da Habitação (SFH) – além das disposições previstas nos itens 1.1.10.1, 2 e 3 anteriores, as receitas e despesas incidentes sobre os saldos dos contratos contabilizam-se em períodos mensais, cabendo: (Circ. 1205 item 4; Circ. nº 1.273)

a) considerar o cálculo "pro rata" dia, com base no vencimento mensal das parcelas;

b) aplicar o índice de atualização previsto regulamentarmente;

c) destacar as receitas e despesas decorrentes dessas atualizações em títulos específicos, até que sejam incorporados à nova representação dos direitos e obrigações a que se referirem.

5 – As rendas e despesas a apropriar, decorrentes, respectivamente, de operações ativas e passivas com remuneração prefixada, devem ser registradas em subtítulo de uso interno do próprio título ou subtítulo contábil utilizado para registrar a operação. (Circ. 2.568, art. 2º)

6 – A apropriação contábil de receitas e despesas decorrentes das operações ativas e passivas deve ser realizada *"pro rata temporis"*, considerando-se o número de dias corridos. (Circ. 3.020, art. 1º)

7 – Contagem de Prazo – no cálculo de encargos de operações ativas e passivas, para efeito do regime de competência, deve ser incluído o dia do vencimento e excluído o dia da operação. (Circ. nº 1.273)

8 – Dia de Aniversário – para fins de ajuste de operações ativas e passivas contratadas com cláusula de variação monetária, entende-se como "dia do aniversário" aquele correspondente ao dia do vencimento, em qualquer mês, do título ou obrigação. Nos casos em que o dia da liberação for menor ou maior do que o "dia do aniversário", deve ser efetuado o cálculo complementar referente ao número de dias compreendido entre o "dia do aniversário" e o da liberação, complementando ou reduzindo a apropriação efetuada no primeiro mês. (Circ. nº 1.273)

9 – Data-base para elaboração de balancete ou balanço – para efeito de elaboração de balancetes mensais e balanços, as receitas e despesas devem ser computadas até o último dia do mês ou semestre civil, independentemente de ser dia útil ou não, data que prevalecerá no preenchimento das demonstrações financeiras. (Circ. nº 1.273)

Fonte: <http://www4.bcb.gov.br/NXT/gateway.dll?f=templates&fn=default.htm&vid=nmsDenorCosif:idvDenorCosif>.

Bibliografia

Portais:

Disponível em: <www.cosif.com.br>. Acesso em:

Disponível em: <www.econoinfo.com.br>.

Disponível em: <http://www4.bcb.gov.br/NXT/gateway.dll?f=templates&fn=default.htm&vid=nmsDenorCosif:idvDenorCosif>.

Disponível em: <http://www.bcb.gov.br/htms/novaPaginaSPB/Resumo_das_normas_dos_compuls%C3%B3rios.pdf>.

Disponível em: <www.bcb.gov.br>.

Disponível em: <http://www4.bcb.gov.br/pec/gci/port/focus/faq%20 11-fun%C3%A7%C3%B5es%20do%20banco%20central%20do%20brasil.pdf>.

Disponível em: <http://www4.bcb.gov.br/NXT/denorcosif/DOWNLOAD/nb-14.PDF>.

Disponível em: <http://www.bcb.gov.br/pre/normativos/circ/1987/pdf/circ_1273_v1_o.pdf>.

Disponível em: <http://www2.tribanco.com.br/middle/Pages/EmprestimosFinanciamentos/fianca-bancaria.aspx>.

Portais:

FILGUEIRAS, Cláudio. **Manual de Contabilidade Bancária**. Rio de Janeiro: Campus, 2005.

ASSAF Neto, Alexandre. **Estrutura e Análise de Balanços** – Bancos Comerciais e Múltiplos. São Paulo: Atlas, 2012.

NIYAMA, Jorge Ketsumi; GOMES, Amaro L. Oliveira. **Contabilidade de Instituições Financeiras**. São Paulo: Atlas,